CÉSPED
Manual de cultivo y conservación
Nueva edición revisada y ampliada
DR. D.G. HESSAYON

LEOPOLD
BLUME

Título original:
The Lawn Expert

Traducción:
Luisa Moysset
Licenciada en Ciencias Biológicas

Traducción y revisión de la nueva edición:
Anna Domínguez Puigjaner
Licenciada en Ciencias Biológicas

Primera edición en lengua española 1986
Reimpresión 1994, 1996
Nueva edición revisada y ampliada 1998
Reimpresión 2000, 2001

© 1994 Naturart, S.A. Editado por BLUME
Av. Mare de Déu de Lorda, 20
08034 Barcelona
Tel. 93 205 40 00 • Fax 93 205 14 41
E-mail: info@blume.net
© 1986 edición española, Editorial Blume, S.A., Barcelona
© 1982 D. G. Hessayon

I.S.B.N.: 84-8076-286-1
Depósito legal: B-2291-2001
Impreso en Grafos, S.A., Arte sobre papel, Barcelona

CONSULTE EL CATÁLOGO DE PUBLICACIONES *ON-LINE*
INTERNET: HTTP://WWW.BLUME.NET

LEOPOLD
BLUME

Contenido

CAPÍTULO 1

INTRODUCCIÓN

Se dice que el tamaño de un jardín promedio es de unos 300 m², pero la diferencia entre un jardín y otro puede ser enorme. En las ciudades abundan los jardines de patio pequeños, y en las zonas rurales es posible encontrarlos muy dispersos, pero todos ellos tienen un rasgo en común. Casi siempre el propietario considera una tarea no práctica, sin atractivo y casi imposible el cubrir toda la zona con una mezcla de flores, árboles, arbustos y/u hortalizas entre las cuales se deja un espacio.

Por consiguiente, existe una necesidad universal de cubrir de forma permanente el suelo, y combinarlo con los arriates, las rocallas, los invernaderos, los estanques, etc. Generalmente se utiliza más de un tipo de cobertura, pero en la mayoría de jardines éste papel lo desempeña el césped de gramíneas.

El césped de gramíneas es una zona cubierta por tepes de gramíneas entrelazadas, segada regularmente de forma que se mantenga igualado y sea capaz de resistir cierto tráfico por encima suyo. Algunos tipos de césped pueden tolerar el constante trajín de los más pequeños, pero no es el caso de otros —algunos tienen una apariencia aterciopelada mientras que otros parecen toscos, descuidados y llenos de malas hierbas y musgo, pero todos son césped de gramíneas.

Para la mayoría de nosotros un jardín no es un jardín si no tiene césped, y en las grandes extensiones que rodean las casas de campo, el césped suele estar presente, pero en el jardín medio, esta posición suele variar. Aquí queremos tener una visión desde la ventana con flores y arbustos, un lugar para el invernadero y las hortalizas, de modo que no resulta extraño encontrar que el césped sólo ocupa la mitad del jardín. Por otro lado, existe otra razón para limitar el espacio o cantidad de tepes: no sirve para cubrirlo todo. En el caso de tener senderos, y otras zonas sujetas a continuas pisadas o al paso de vehículos, es mejor colocar elementos duros como ladrillos, gravilla, hormigón, etc. Para cubrir los espacios entre los arbustos y los árboles obviamente no podemos plantar césped, y en su lugar utilizamos plantas cobertoras.

Resumiendo, existen tres materiales cobertores utilizados comúnmente en el jardín promedio: césped de gramíneas, elementos paisajísticos duros como el pavimento o la grava, y plantas cobertoras; el porcentaje en que se utilizan puede variar ampliamente de un jardín a otro. En uno reducido encontramos más elementos duros que césped, y en el jardín en el que no se desea realizar demasiado trabajo encontramos mayor cantidad de plantas cobertoras, dejando las malas hierbas entre las plantas leñosas, y reduciendo la necesidad de riego en condiciones de sequía.

Además de estos tres tipos principales, podemos encontrar otros que desempeñan su papel en ciertas situaciones. El prado constituye la alternativa más importante: solamente se siega ocasionalmente. Ésta será una característica del jardín grande cuando no resulte práctico o incluso deseable tener todo el césped cortado. Como se apunta en el capítulo 9 también desempeña su papel en un jardín de dimensiones menores, lo que parece más atractivo en nuestros días —un prado con flores silvestres en el que sembrar flores de dichas características. Los otros dos tipos de elementos cobertores del suelo son el césped sintético de plástico y el césped no integrado por gramíneas, sino por camomila, tomillo u otras plantas rastreras. Ninguno de estos tipos resulta realmente práctico, por lo que esta breve introducción a los materiales cobertores del suelo abarca desde los más utilizados hasta los menos comunes.

CÉSPED DE GRAMÍNEAS

7 MANERAS DE CUBRIR EL SUELO

CÉSPED SINTÉTICO

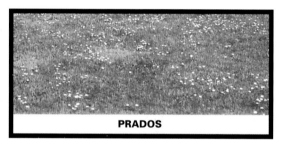

PRADOS

PRADOS DE FLORES SILVESTRES

ELEMENTOS DUROS DEL PAISAJE

PLANTAS COBERTORAS DEL SUELO

CÉSPED DE ESPECIES NO GRAMÍNEAS

CAPÍTULO 2
EL CÉSPED DE GRAMÍNEAS

Un libro sobre el césped es poco atrayente. Muchos jardineros disfrutan hojeando libros sobre flores y rosas, con sus vistosas ilustraciones, pero una guía del césped es eminentemente práctica, llena de normas y advertencias.

Por esto a nadie le gusta un libro sobre el césped, pero a todos les gusta el césped. En verano es el nexo que aúna los diversos y coloristas elementos de la escena: los arriates florales, los arbustos, los macizos y la rocalla. En invierno se invierten los papeles, ahora es el césped el que da vida y verdor. Todos los propietarios lo saben y quieren un césped de primera clase, un césped que parezca una bolera. Esto nos conduce a la primera lección básica en lo que concierne al césped. Existen dos clases de césped de primera clase, no una. El tipo bolera es un césped lujoso, pero no resulta una buena elección para el jardín común. Necesita una rutina en cuanto al abonado, desyerbado, aireación y acondicionado, así como cortarlo cada pocos días en verano si desea mantenerlo en buenas condiciones. Si su césped va a tener que soportar las continuas idas y venidas de los niños y ciertos abandonos ocasionales, entonces la mejor elección será la de un césped de tipo utilitario.

La diferencia entre las dos clases de césped estriba en la naturaleza del mismo, por lo que es preciso poner atención al realizar la elección en su proveedor habitual. Este libro enseña qué buscar, y cómo mejorar un césped lujoso de calidad pobre con el tipo adecuado de semilla.

También presenta el modo de seguir la segunda regla básica, esto es, planificar cuidadosamente los pasos cuando se diseñe un césped nuevo o se cambie el ya existente. El césped no debería ser nunca un obstáculo para la máquina cortacésped. Una zona de césped en el que se dispersan árboles aislados, montículos de flores, rincones, senderos estrechos y elementos del mobiliario puede resultar tan trabajoso de cortar como un césped en el que se ha llevado a cabo un buen diseño. Si se dispone de tiempo suficiente y la práctica de ejercicio no constituye un problema, no habrá ninguna dificultad, pero se debe cortar el césped unas treinta semanas entre primavera y otoño, y esto no resulta un trabajo edificante para muchos jardineros.

La tercera regla básica está relacionada con la máquina cortacésped. Ésta debería ser lo suficientemente grande y potente como para operar lo más rápido y fácil, dentro de un presupuesto.

Si se eligen las especies adecuadas, un buen diseño y un buen cortacésped proporcionarán la base para un césped de primera, pero no servirá de nada si no se cuida. Y es ahí donde interviene el libro sobre el césped. Él os enseñará a saber qué tipo de césped tenéis y qué es lo que debéis hacer cuando algo va mal. En el césped, cualquier problema resulta enojoso, ya que todo el mundo puede verlo.

En jardinería no hay nada tan desagradable como ver un césped deteriorado hasta tal punto que dañe la vista, porque parece un mosaico de verdes y marrones. Durante siglos los que viajan a Inglaterra quedan maravillados ante la calidad del césped inglés, si bien tampoco hay que atribuirlo exclusivamente a una singular habilidad de los ingleses, sino también a que gozan de un clima casi perfecto para las gramíneas y a que les es relativamente fácil librarlo de enfermedades.

De hecho, la mayor parte de los céspedes ingleses no reciben más cuidados que una siega semanal, un abonado ocasional y una rociada de herbicida cuando los musgos y los hierbajos comienzan a imponerse. Un césped necesita mucho más, necesita una cuidadosa preparación y luego, para que se conserve en óptimas condiciones, una serie de atenciones periódicas. Este libro os enseñará cómo hacerlo.

SIGNIFICADO DE LAS PALABRAS

MARGEN
Banda estrecha de césped situada entre los macizos, arriates, senderos, muros, etc.

CÉSPED
Extensión plana de terreno cubierta por una cobertera herbácea

TEPE
Dícese de la cobertera herbácea que es segada regularmente y que resiste un tráfico razonable

CUBIERTA DE HIERBAS

LANOSA
Dícese de la superficie del suelo cuando todas las hojas están orientadas en una misma dirección

CORRUGADO
Ondulaciones seriadas cuyas crestas están separadas unos 15-20 cm, formando ángulo recto con la dirección de la segadora. Causa y solución en página 82

ACANALADO
Una serie de filas estrechas de césped corto y largo en el ángulo derecho a la dirección del corte. Causa y solución en página 82

«SOLDADOS»
Tallos de gramínea que la segadora no ha conseguido cortar - los más frecuentes son los de las espigas del raygrass perenne. Hay que eliminarlos individualmente con las tijeras

RASTRILLO

ESCARIFICADO
Operación consistente en trabajar vigorosamente el césped con un rastrillo o una herramienta similar para eliminar la paja; se realiza en otoño, nunca en primavera. También sirve para eliminar el musgo después de ser tratado con un musgicida de plena confianza

RASTRILLADO
Operación consistente en pasar suavemente el rastrillo o una herramienta similar para eliminar de la superficie las hojas caídas o los residuos e impedir el acúmulo excesivo de paja. Sirve también para enderezar el follaje

AIREACIÓN

PUNZADO
Técnica que crea canales de aireación de más de 7 cm de profundidad. Sirve para aliviar la compactación, mejorando el drenaje y estimulando la formación de raíces nuevas en el césped antiguo

PERFORACIÓN
Técnica que crea canales de aireación de menos de 7 cm de profundidad. Sirve para romper la estera superficial de vegetación marchita y facilita la penetración del agua y los fertilizantes

FIELTRO
Es la capa de material fibroso que se acumula sobre el suelo. Cuando está entremezclado con la capa superficial del suelo se dice que forma una estera.
El fieltro de menos de 1,5 cm de espesor es útil: confiere flexibilidad y restringe las pérdidas de agua en superficie.
El fieltro de más de 2,5 cm de espesor es perjudicial: reduce la penetración del agua y aumenta el riesgo de enfermedades en el césped establecido

COMPACTACIÓN
Las siegas continuadas y el tráfico constante pueden apelmazar las partículas del suelo, expulsando el aire e impidiendo el desarrollo de las raíces. El espesor de la capa compactada raramente supera los 7 cm. Prueba de compactación: si con la yema del pulgar podéis introducir completa y fácilmente una cerilla en el suelo es señal de que no está compactado

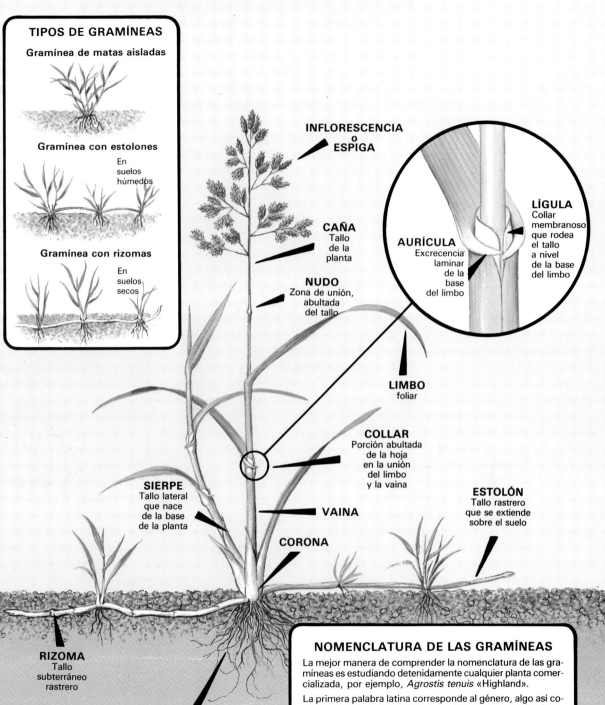

TIPOS DE GRAMÍNEAS

Gramínea de matas aisladas

Gramínea con estolones

En suelos húmedos

Gramínea con rizomas

En suelos secos

INFLORESCENCIA o **ESPIGA**

CAÑA
Tallo de la planta

NUDO
Zona de unión, abultada del tallo

AURÍCULA
Excrecencia laminar de la base del limbo

LÍGULA
Collar membranoso que rodea el tallo a nivel de la base del limbo

LIMBO
foliar

COLLAR
Porción abultada de la hoja en la unión del limbo y la vaina

SIERPE
Tallo lateral que nace de la base de la planta

ESTOLÓN
Tallo rastrero que se extiende sobre el suelo

VAINA

CORONA

RIZOMA
Tallo subterráneo rastrero

RAÍCES
Las raíces de las gramíneas son siempre fasciculadas. No hay ninguna raíz pivotante

NOMENCLATURA DE LAS GRAMÍNEAS

La mejor manera de comprender la nomenclatura de las gramíneas es estudiando detenidamente cualquier planta comercializada, por ejemplo, *Agrostis tenuis* «Highland».

La primera palabra latina corresponde al género, algo así como el apellido. La segunda palabra latina corresponde a la especie, como si fuera su patronímico. El conjunto de las dos identifica una gramínea vigorosa, de follaje suave, ampliamente utilizada para crear céspedes de primera clase.

La tarea del floricultor consiste en obtener formas mejoradas de *Agrostis tenuis*. Las mejores de estas variedades cultivadas (cultívares) o razas selectas son comercializadas y cada una de ellas tiene una ventaja particular. Cuando lo importante es el verdor invernal hay que comprar Agrostis tenuis «Highland».

DETALLES DEL DISEÑO DE UN CÉSPED

ÁRBOLES

Conservar el césped bajo un árbol de copa frondosa es muy difícil. La sombra y la escasez de nutrientes y de agua dificultan la vida de las gramíneas, y el agua que gotea de la cúpula hojosa es perjudicial. El resultado suele ser un césped ralo con musgo abundante que precisa ser resembrado anualmente. Abordad el problema cortando las ramas inferiores, regando al primer síntoma de sequía y segando la hierba con menor frecuencia que el resto del césped. Punzadlo en otoño y resembradlo con una mezcla especial para lugares sombreados. Si se trata de un haya o una encina lo mejor es rendirse, arrancar la hierba alrededor de su tronco y crear un gran macizo con bulbos, plantas perennes y arbustos de sombra. Si queréis plantar un árbol en medio del césped o en sus inmediaciones habrá de ser uno de hoja pequeña, como el abedul o el codeso.

TALUDES

Las segadoras eléctricas ligeras pueden actuar sin grandes dificultades sobre un terreno inclinado por lo que actualmente el césped puede extenderse sobre los taludes. No obstante, hay dos reglas que siguen vigentes: el espesor del suelo del talud no puede ser menor que el del resto del terreno y la pendiente ha de ser inferior a 30°. Si la pendiente es superior, cubridlo con plantas de cobertera o levantad un muro de contención y convertidlo en una terraza.

BULBOS

Los heraldos de primavera, los narcisos trompones, son encantadores, pero en el césped resultan problemáticos. Si se quiere que al año próximo crezcan bien, es necesario dejar que las hojas se marchiten naturalmente, pero esto implica no segar la zona durante varias semanas. Obviamente en un césped de primera clase los bulbos no tienen cabida ya que dejarlo durante un período prolongado sin segar puede significar su deterioro. Una solución sería plantarlos en una zona de césped ordinario, pero en un jardín pequeño esto no es posible. Una buena alternativa es plantarlos en el césped bajo los árboles —allí un retraso en la siega no tendrá consecuencias graves.

FORMA Y EMPLAZAMIENTO

Podéis hacerlo de la forma que más os guste; no proyectéis un césped que no sea de vuestro agrado sólo porque los «expertos» digan que esto es lo correcto. Un buen proyecto es el maridaje de una forma atractiva y una forma de fácil mantenimiento; un césped impresionante que sea difícil de segar es un césped mal proyectado. La forma tradicional y la que cuesta menos trabajo es el cuadrado o el rectángulo, pero los proyectistas de jardines creen que un contorno irregular simple es más bonito. Evitad a toda costa las curvas cerradas y los rincones difíciles. El césped debe ser casi horizontal; una suave pendiente de unos 4° es bastante satisfactoria. Todas las zonas deben quedar bañadas por el sol durante unas horas del día —cualquier sombra espesa causará problemas. Si uno de los rincones tiene muy poco drenaje, en vez de sembrar césped, convertidlo en un macizo para plantas amantes de la humedad.

MACETAS Y MUEBLES

Los sillones pesados y las macetas grandes son objetos poco manejables que no tienen cabida en el césped. Segar la hierba que los rodea representa un trabajo suplementario y también lo es trasladarlos de sitio cada vez que se siega el césped. Es mucho mejor colocar las macetas y los muebles de jardín en cualquier otro lugar.

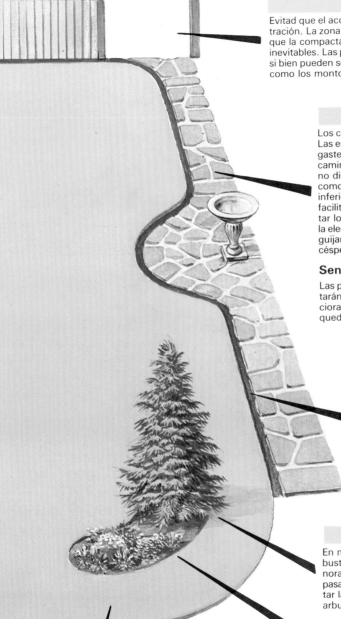

ACCESO

Evitad que el acceso al césped sea restringido, como en la ilustración. La zona de entrada sufrirá un desgaste excesivo con lo que la compactación del suelo y las manchas sin hierba serán inevitables. Las paredes y las cercas deben reducirse al mínimo, si bien pueden ser necesarias para ocultar vistas desagradables como los montones de compost.

CAMINOS

Los caminos no deben conducir directamente al césped. Las entradas y salidas continuadas comportarían un desgaste excesivo y la compactación de la zona en la que el camino desemboca en el césped. Procurad que el camino discurra a lo largo de uno de los bordes del césped, como en la ilustración. El nivel del camino debe ser algo inferior al del césped, dejando una franja sin hierba para facilitar la siega y el acabado de los bordes. Para pavimentar los caminos existe una amplia gama de materiales y la elección queda en vuestras manos; evitad la grava y los guijarros sueltos que, al caminar, podrían ser lanzados al césped estropeando luego las cuchillas de la segadora.

Senderos en el césped

Las pasaderas a base de piedras insertas en el césped evitarán un desgaste excesivo en las rutas de más paso. Cercioraos siempre de que la parte superior de cada piedra queda por debajo del nivel de la superficie del suelo.

FRANJA DE SIEGA

En todo el contorno del césped debe dejarse una franja desprovista de hierba, la franja de siega; esto significa que el césped no debe extenderse hasta la base de los muros, las vallas, los árboles o los caminos elevados. Esta zona desnuda ha de ser suficientemente ancha para que, al segar, no os desolléis los nudillos. Acondicionar una franja de siega representa un trabajo suplementario, pero reduce o elimina la necesidad de recortar los bordes con las tijeras después de segar. Colocad los ladrillos o losetas ligeramente por debajo del nivel del césped de modo que el cortacésped pueda moverse sobre la superficie dura.

RAMAS COLGANTES

En muchos jardines las ramas bajas de los árboles y arbustos invaden el césped y lo que no podéis hacer es ignorar el problema y apartarlas cada vez que tengáis que pasar la segadora. Podéis elegir entre dos soluciones: cortar las ramas o eliminar el césped de la base del árbol o arbusto.

MÁRGENES

Los márgenes estrechos que quedan entre los macizos y los senderos dificultan la siega. Como mínimo deben tener 75 cm de anchura.

MACIZOS-ISLA

Los puristas opinan que los macizos florales no tienen cabida en el césped. Verdaderamente, en una extensión reducida de césped los macizos hacen que parezca aún más reducida y es indudable que las islas de flores de vivos colores salpicando la superficie verde pueden producir un efecto muy recargado. Pero los puristas olvidan que a algunas personas les gusta que sus jardines estén recargados y superpoblados, y esto sólo a ellas les incumbe. Sin embargo, si queréis seguir las normas de un buen esquema recordad los puntos siguientes. Limitaos a crear uno o dos macizos y procurad que estén proporcionados con la extensión del césped. En vez de situarlos en el centro hacedlo en un rincón y en vez de plantar un grupo de flores de macizo plantad una conífera de porte vertical u otro árbol o arbusto en solitario. Al preparar el césped, sembrad toda la zona y cuando la hierba haya crecido, recortad macizos.

CÓMO SABER QUÉ TIPO DE CÉSPED TENÉIS

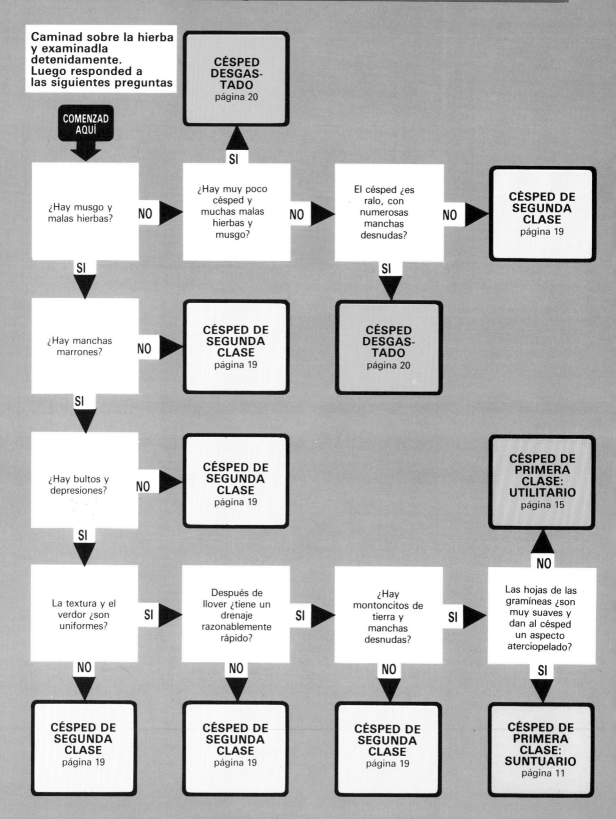

Caminad sobre la hierba y examinadla detenidamente. Luego responded a las siguientes preguntas

COMENZAD AQUÍ

¿Hay musgo y malas hierbas?

NO → ¿Hay muy poco césped y muchas malas hierbas y musgo?

SI ↑ **CÉSPED DESGASTADO** página 20

NO → El césped ¿es ralo, con numerosas manchas desnudas?

NO → **CÉSPED DE SEGUNDA CLASE** página 19

SI ↓

¿Hay manchas marrones?

NO → **CÉSPED DE SEGUNDA CLASE** página 19

SI → **CÉSPED DESGASTADO** página 20

SI ↓

¿Hay bultos y depresiones?

NO → **CÉSPED DE SEGUNDA CLASE** página 19

SI ↓

La textura y el verdor ¿son uniformes?

SI → Después de llover ¿tiene un drenaje razonablemente rápido?

SI → ¿Hay montoncitos de tierra y manchas desnudas?

SI → Las hojas de las gramíneas ¿son muy suaves y dan al césped un aspecto aterciopelado?

NO ↑ **CÉSPED DE PRIMERA CLASE: UTILITARIO** página 15

NO ↓ **CÉSPED DE SEGUNDA CLASE** página 19

NO ↓ **CÉSPED DE SEGUNDA CLASE** página 19

NO ↓ **CÉSPED DE SEGUNDA CLASE** página 19

SI ↓ **CÉSPED DE PRIMERA CLASE: SUNTUARIO** página 11

EL CÉSPED DE PRIMERA CLASE:

Suntuario

El césped suntuario es inconfundible. Su aspecto aterciopelado, que tanto gusta a los que visitan Gran Bretaña, es producto de dos factores. En primer lugar, el césped está formado por gramíneas compactas de follaje fino —las agrostis y las festucas; no hay gramíneas de hoja ancha, como el raygrass perenne. En segundo lugar, el césped se mantiene tupido segándolo regularmente a poca altura con lo que se impide el crecimiento de las gramíneas más gruesas que acabarían con las variedades de follaje suave.

Es el clásico césped ornamental, ideal para las zonas próximas a la casa donde puede ser visto por todos sin ser pisado por nadie. Si queréis tener un césped como quien tiene un objeto precioso, cuyo principal cometido sea provocar la envidia de los vecinos, éste es vuestro césped. Pero ¡cuidado!, antes de salir precipitadamente con la laya y el paquete de semillas a rehacer vuestro antiguo césped utilitario, recordad que el césped suntuario presenta varios inconvenientes y dificultades:

- Un césped suntuario no resiste el desgaste producido por los juegos infantiles y por las constantes idas y venidas al garaje o al huerto.

- Un césped suntuario no soporta el abandono que puede soportar un cesped utilitario. Deberéis estar dispuestos a realizar los trabajos periódicos necesarios para su mantenimiento.

- Las semillas y los tepes para un césped suntuario son más caros que los equivalentes utilitarios. La diferencia entre ambas categorías es mayor en el caso de los tepes que en el de las semillas.

- La consolidación de un césped suntuario a partir de semillas es un proceso muy largo, ya que las gramíneas utilizadas son de crecimiento lento.

- Es vital que, antes de sembrar las semillas o colocar los tepes, el suelo haya sido cuidadosamente preparado. Los montículos o los agujeros que en un césped utilitario resultarían invisibles aquí son bien patentes.

GRAMÍNEAS PARA CÉSPED SUNTUARIO

Agrostis

AGROSTIS TENUE · *Agrostis tenuis*

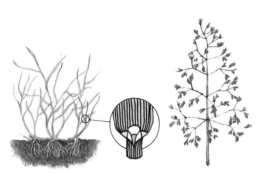

Uso
Es la agrostis más frecuente; suele formar parte de todos los céspedes de Gran Bretaña. Es uno de los componentes básicos de las mezclas de semillas para césped suntuario.

Descripción
Es una gramínea cespitosa con rizomas o estolones cortos. Se consolida lentamente, pero mediante siegas periódicas forma una mata pulcra y compacta que se mezcla con las demás gramíneas cespitosas. Resiste la sequía.

Hojas
Cortas, estrechándose hacia el ápice; nerviaciones finas.

Suelo
Crece en todos los suelos; muy apropiada para suelos secos y ácidos donde puede llegar a imponerse.

AGROSTIS CANINA · *Agrostis canina montana*

Uso
Crece espontáneamente en los céspedes de zonas arenosas y empinadas. No tiene la calidad de las cepas modernas de *Agrostis tenuis*. No se emplea en las mezclas comerciales de semillas.

Descripción
Es una gramínea cespitosa compacta con rizomas rastreros. Se consolida lentamente, pero mediante siegas periódicas forma una mata pulcra y compacta. Su cualidad más destacada es su extraordinaria resistencia a la sequía.

Hojas
Haz rugoso. Más estrechas que las de *Agrostis tenuis*. A veces parecen crin.

Suelo
Crece en todos los suelos; el preferido es el suelo arenoso y turboso de las tierras altas.

AGROSTIS ESTOLONÍFERA · *Agrostis stolonifera*

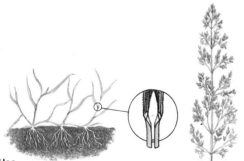

Uso
Se encuentra en varios tipos de césped; es uno de los constituyentes del césped de Cumberland. A veces se emplea en las mezclas de semillas, especialmente para suelos calcáreos, pero es poco frecuente. Hace algunos años se vendía en forma de plántulas.

Descripción
Es una gramínea cespitosa que se extiende rápidamente mediante estolones rastreros. Segándola periódicamente forma una mata compacta, pero enraíza superficialmente, lo que significa que resiste mal la sequía y el desgaste.

Hojas
Cortas y puntiagudas; haz liso.

Suelo
En suelos fértiles y no ácidos.

AGROSTIS CANINA · *Agrostis canina canina*

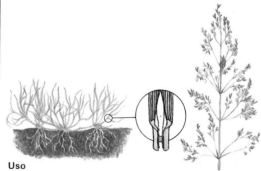

Uso
Se encuentra en varios céspedes. Pese a su follaje fino no es frecuente en las mezclas de semillas; no es adecuada en suelos arenosos.

Descripción
Es una gramínea cespitosa que se extiende mediante estolones rastreros; bastante similar a *Agrostis stolonifera*. Al segar las matas suelen desgarrarse y en suelos secos se produce una acumulación de fibras muertas.

Hojas
Suaves (no rígidas como las de *Agrostis canina montana*). Más finas que las de *Agrostis tenuis* y *A. stolonifera*. Las lígulas son características: largas y estrechándose hacia el ápice.

Suelo
Apropiada para sitios húmedos; crece bastante bien a la sombra.

Festucas

FESTUCA — *Festuca rubra commutata*

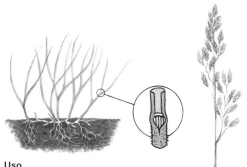

Uso
Es uno de los componentes básicos de las mezclas de semillas para césped suntuario. Se mezcla bien con otras gramíneas, aunque tiende a ser desplazada por otras variedades más agresivas.

Descripción
Es una gramínea cespitosa densa que no produce rizomas. Se consolida más rápidamente que *Agrostis tenuis* (su acompañante habitual en las mezclas de semillas de calidad superior) pero es menos duradera. Tolera las siegas profundas si bien los ápices tienden a decolorarse después de los cortes. Buena resistencia a la sequía.

Hojas
Rígidas, como crin, con vainas tubulares, no abiertas como las de *Festuca ovina* y *F. longifolia*.

Suelo
Crece en todos los suelos excepto en los arcillosos densos. Puede vivir en áreas secas.

FESTUCA ROJA — *Festuca rubra rubra*

Uso
Muy utilizada en mezclas de semillas para céspedes suntuarios y campos deportivos. Forma matas bastante laxas por lo que, para conseguir un césped denso y compacto, debe mezclarse con otras variedades.

Descripción
Es una gramínea rastrera, de rizomas delgados que a intervalos regulares forma matas pequeñas. Puede resistir el frío y la sequía, pero no las siegas profundas.

Hojas
Como crin, con vainas tubulares, no abiertas como las de *Festuca ovina* y *Festuca longifolia*

Suelo
En todos los suelos excepto en los arcillosos densos. Mejor en suelo arenoso.

FESTUCA OVINA — *Festuca ovina*

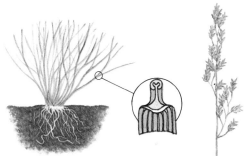

Uso
En las mezclas de semillas para césped suntuario las de *F. ovina* son raras. Como substitutivo barato de *Festuca rubra* suele emplearse la variedad de follaje fino de *F. ovina*.

Descripción
Es una gramínea muy compacta que no emite rizomas. Tiende a formar mogotes por lo que no se mezcla con otras gramíneas. Resiste extraordinariamente bien tanto la sequía como las siegas profundas.

Hojas
Rígidas, como crin, las más estrechas de las de todas las festucas. Vaina foliar abierta, no tubular como en *F. rubra commutata*.

Suelo
En todos los suelos excepto en los arcillosos densos. Crece en suelos secos.

FESTUCA — *Festuca longifolia*

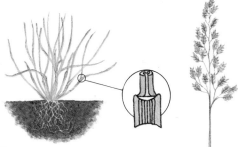

Uso
Suele venderse bajo el nombre de *Festuca duriuscula*, un sustitutivo barato de *Festuca rubra commutata*. Algunas veces se emplea en las mezclas para césped, pero es más frecuente en las mezclas para campos deportivos donde su porte bajo y su resistencia a la sequía son muy estimados.

Descripción
Es una gramínea cespitosa que no produce rizomas. Se mezcla bien con otras gramíneas y resiste sin dificultad la sequía, pero tarda mucho en afianzarse. Tolera las siegas profundas.

Hojas
Las hojas basales son como crin pero las del tallo son más anchas. Vaina foliar abierta, no tubular como en *F. rubra commutata*.

Suelo
En todos los suelos excepto en los arcillosos densos. También en suelos secos.

Césped suntuario

Las variedades suntuarias de césped de gramíneas dominan este césped escocés. Para mantener la apariencia aterciopelada de las zonas sombrías es necesario un poco de habilidad y una nueva siembra ocasional. ▷

◁ Una franja estrecha de tepe suntuario sin duda resulta más fácil de mantener que el césped de arriba, pero en este caso el problema lo constituye el continuo ir y venir.

△ Un magnífico y suntuario césped en un marco encantador. El efecto visual a rayas conseguido no tiene nada que ver con la calidad o el buen estado del césped: es obra del cortacésped.

EL CÉSPED DE PRIMERA CLASE:

Utilitario

Un césped en el que domine el raygrás perenne, o inglés, y otras gramíneas cespitosas de hoja ancha, no puede compararse con un césped suntuario bien cuidado, compuesto enteramente por agrostiș y festucas. Sin embargo, si no queréis el césped sólo para contemplarlo sino para hacer vida en él, necesitáis un césped utilitario.

El césped utilitario de primera clase soportará los triciclos, los juegos y el pisoteo cotidiano, cumpliendo todos los requisitos de un césped que sirve de prolongación exterior de la sala de estar. Esto representa una ventaja importante, pero no es la única; el césped utilitario puede resistir un abandono moderado y algunos errores en su mantenimiento sin deteriorarse demasiado. Una siega mal hecha, que en este tipo de césped sólo producirá un aspecto desaseado, en el césped suntuario podría dar lugar a la formación de extensas manchas desnudas. Aquí, la mayor parte de las toscas gramíneas espontáneas que invaden los céspedes quedan disimuladas; en el césped suntuario se imponen como malas hierbas. Otras ventajas adicionales son el bajo coste de las semillas o los tepes y la facilidad con que se consolidan las plantas.

Claro que también tiene sus desventajas. Así, a finales de primavera y durante todo el verano la hierba crece rápidamente, por lo que es necesario segarla con frecuencia. Además, no tiene la apariencia aterciopelada del césped suntuario, pero esto puede compensarse empleando una buena segadora de tambor que le dé un aspecto listado; esta alternancia de bandas claras y oscuras le confiere gran categoría.

El césped utilitario de primera clase es una alfombra gruesa y tupida con algunos agrostis y festucas entre las gramíneas, cespitosas más toscas. En las páginas 16-17 se describen las más frecuentes, si bien hay cierto desacuerdo entre los expertos en cuanto a los méritos relativos de la mayoría de ellas.

Las raygrás perennes han gozado de una gran controversia en el pasado. Algunos expertos consideraban que no debían incluirse en las mezclas de semillas, pero ahora que se dispone de cepas con hojas más finas y de crecimiento más lento, reconocen su útil papel.

GRAMÍNEAS PARA CÉSPED UTILITARIO

Poas

POA DE LOS PRADOS — *Poa pratensis*

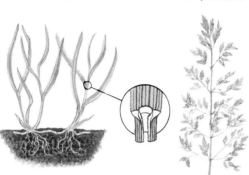

Uso
Es la mejor poa para césped. Es un componente frecuente de las mezclas de semillas para césped utilitario, especialmente indicado en suelos ligeros y lugares sombreados.

Descripción
Es una gramínea rastrera que produce rizomas delgados. Tarda bastante en consolidarse, pero cuando lo hace se extiende rápidamente y forma un césped resistente al desgaste y a la sequía. No tolera siegas intensas frecuentes.

Hojas
Lisas, verdes o verdegrisáceas, con vainas foliares lisas.

Suelo
En una amplia gama de suelos, excepto en los húmedos y calcáreos. Crece bien en terreno arenoso y gravoso.

POA COMÚN — *Poa trivialis*

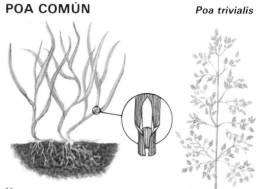

Uso
Es uno de los componentes de las mezclas de semillas para césped utilitario, muy útil para emplazamientos húmedos y sombreados, aunque generalmente de menor calidad que *Poa pratensis*; en tiempo seco se vuelve rojiza y la segadora suele quebrar sus estolones.

Descripción
Es una gramínea cespitosa que se extiende por medio de cortos estolones rastreros. Se consolida más rápidamente que *Poa pratensis*, pero es menos resistente tanto al desgaste como a la sequía.

Hojas
Lisas, verdes o verdepurpúreas, con vainas foliares rugosas.

Suelo
Sobrevive en suelos francos y pesados, pero crece mejor en lugares húmedos y ricos.

POA — *Poa nemoralis*

Uso
Es un componente frecuente de las mezclas que deben sembrarse bajo los árboles o en otros lugares sombreados. Por desgracia sólo es adecuada para zonas que se sieguen muy poco, ya que no tolera los cortes frecuentes.

Descripción
Es una gramínea cespitosa que no produce rizomas. Se mezcla bien con otras gramíneas y puede crecer en lugares muy sombríos, pero las siegas frecuentes la estropean hasta hacerla desaparecer.

Hojas
Suaves y de vivo color verde, con vainas foliares lisas. Los limbos son tan estrechos como los de algunas gramíneas suntuarias.

Suelo
A diferencia de casi todas las demás gramíneas cespitosas, puede vivir a la sombra y en suelos muy húmedos.

POA ANUAL — *Poa annua*

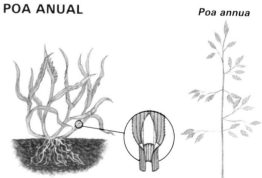

Uso
Se encuentra en casi todos los céspedes, en los que aparece espontáneamente, y se extiende por medio de las semillas. Es muy útil en diversos céspedes utilitarios, especialmente en lugares difíciles como bajo los árboles, pero en un césped suntuario es una mala hierba.

Descripción
Es una gramínea cespitosa que a veces tiene estolones cortos. Forma semillas durante casi todo el año por lo que puede colonizar rápidamente extensas zonas desnudas. Tolera la siega profunda, pero en tiempo seco se vuelve amarilla y puede morir.

Hojas
Suaves, frecuentemente arrugadas en su fase juvenil. Vainas foliares lisas.

Suelo
Crece en todo tipo de suelos.

Raygrás fleo y cinosur

RAYGRÁS PERENNE — *Lolium perenne*

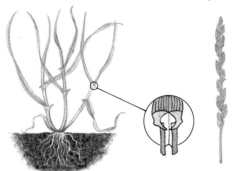

Uso
Es uno de los componentes de la mayoría de las mezclas de semillas para césped utilitario. Es resistente, tolera los suelos pesados y se consolida rápidamente; sin embrgo, durante mucho tiempo ha sido tenido por una gramínea inferior. Entre sus inconvenientes figura el de crecer demasiado de prisa y el de desaparecer gradualmente si las siegas son intensas. Actualmente existen variedades nuevas excelentes.

Descripción
En su fase juvenil, las vainas de las hojas basales son rosáceas. Las variedades modernas, como Manhattan y Hunter, tienen hojas estrechas, crecen más lentamente y toleran mejor la siega profunda que el raygrás perenne normal.

Hojas
Lisas, verdes o verdeoscuras. En la base del limbo tienen unas «aurículas» características.

Suelo
En todo tipo de suelos; mejor en terreno húmedo y fértil.

COLA DE PERRO — *Cynosurus cristatus*

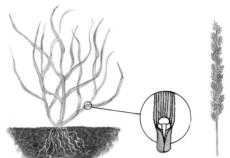

Uso
Es uno de los componentes de muchas mezclas de semillas para césped utilitario. Hay quien la considera una gramínea para césped suntuario, pero en realidad no armoniza con los agrostis y las festucas y además produce tallos duros que dificultan la siega.

Descripción
Es una gramínea similar a *Lolium perenne* pero sin «aurículas» en la base del limbo y con vainas foliares verdes. Crece lentamente, pero forma una alfombra extremadamente resistente al desgaste y a la sequía.

Hojas
De color verde oscuro, bastante estrechas, sobre todo hacia el ápice.

Suelo
Es adecuada para la mayoría de suelos incluyendo los calcáreos y densos.

FLEO — *Phleum pratense*

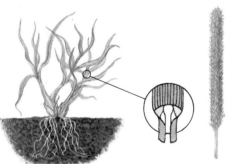

Uso
Es uno de los componentes de las mezclas de semillas para césped utilitario de suelos densos. Totalmente inadecuado para céspedes suntuarios —tiene hojas anchas y no resiste las siegas muy intensas. La variedad recomendada es la S. 48.

Descripción
Es una planta cespitosa con las bases de los tallos engrosadas. Las semillas germinan rápidamente para producir una alfombra resistente que se conserva verde incluso durante los inviernos más crudos.

Hojas
Rugosas, verdes o verdegrisáceas. Los limbos son anchos, pero se estrechan gradualmente hacia el ápice.

Suelo
Crece en suelos densos y húmedos. Enraíza superficialmente y no es adecuada para terrenos secos, poco profundos.

FLEO — *Phleum bertolonii*

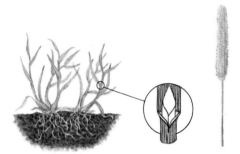

Uso
Es uno de los componentes de las mezclas de semillas para césped utilitario para suelos densos. Suele ser mejor que *Phleum pratense* —las hojas son más estrechas y resiste una siega más profunda. Combina bien con las agrostis y las festucas. La variedad recomendada es la S.50.

Descripción
Es una planta cespitosa que a veces produce estolones hojosos. La base de los tallos es abultada. Forma una alfombra resistente al desgaste y a los rigores invernales.

Hojas
Lisas, verdes o verdegrisáceas. Limbos bastante estrechos, sobre todo hacia el ápice.

Suelo
Crece en suelos húmedos y densos.

Césped utilitario

Las gramíneas resistentes como las raygrás perennes son un rasgo esencial en un tepe que deba soportar el trajín diario. Ejemplo de ello lo constituye un césped en una zona de juego o una pista de tenis, como en este caso. ▷

◁ *Cuando el césped es extenso, se ahorra mucho tiempo en su mantenimiento respecto a un césped suntuario.*

△ *Si el césped es de tamaño reducido como el de un jardín trasero, el de tipo utilitario soluciona el problema de la sombra y del tráfico regular mucho mejor que el caso del césped suntuario.*

EL CÉSPED DE SEGUNDA CLASE

La inmensa mayoría de los céspedes comúnmente utilizados son de segunda clase ya que, aunque constituyen una cubierta de gramíneas cespitosas satisfactoria, presentan algunos de los problemas citados en la página 47. Lo primero que hay que hacer es descubrir por qué es de segunda clase para poder aplicar el remedio adecuado y, una vez restaurado a primera clase, averiguar cómo impedir que vuelva a deteriorarse.

- Cuando va a crearse un césped nuevo debe prestarse mucha atención al acondicionamiento del terreno, al drenaje y a la selección de los tepes o las semillas. Cualquier descuido en esta etapa tendrá como resultado probable un césped de segunda clase.

- La causa más común de un césped de este tipo es el abandono. Olvidarse de segarlo significa que, cuando finalmente se corte, la hierba habrá crecido demasiado y tendrá mal aspecto. Otra causa frecuente es segarlo demasiado intensamente a intervalos regulares. Dejar de abonarlo, regarlo o desherbarlo son causas adicionales de la degradación de un césped.

- Un tratamiento inadecuado excesivo puede ser tan perjudicial como un tratamiento correcto insuficiente. Encalar cuando no es necesario, abonar demasiado en otoño y rular con gran frecuencia son operaciones que pueden arruinar un buen césped.

- Muchos de los problemas graves no tienen nada que ver ni con la ignorancia ni con la desidia del propietario. Por ejemplo, la sombra excesiva, las plagas y enfermedades, los orines de los animales domésticos, el tránsito continuado y el goteo del agua de las ramas de los árboles próximos.

El césped de segunda clase puede ser elevado a la categoría superior porque persiste lo primordial, la distribución uniforme de la hierba. Una vez descubierta la causa, aplicad el remedio, que en el caso de un problema único, como la aparición de lombrices, puede ser un simple tratamiento. Si el césped ha sufrido un abandono prolongado y presenta daños diversos, el proceso puede ser largo: seguid el programa de renovación de la página 87. Un césped suntuario de segunda clase puede mejorarse mucho sobresembrando la hierba con una mezcla de raygrás perenne.

EL CÉSPED DESGASTADO

Este tipo de césped se distingue fácilmente de los que se han descrito en este capítulo —sin duda habréis visto muchos ejemplos en los parques, las avenidas e incluso, y por desgracia, en vuestro propio jardín.

La característica principal del césped desgastado es la ausencia de gramíneas cespitosas deseables descritas en las páginas 12-13 y 16-17. Puede haber una cobertura dispersa, manchas aisladas o nada de nada. Las gramíneas cespitosas han sido reemplazadas por el musgo, las gramíneas toscas, las malas hierbas de hoja ancha o el suelo desnudo. En casi todos los casos produce un efecto muy desagradable, pero existe el caso especial del césped verde y aparentemente aceptable que, examinado detenidamente, resulta estar formado en su totalidad por musgos y *Sagina*.

Si toda la extensión está en estas condiciones y queréis tener un buen césped, lo único que podéis hacer es limpiar el terreno y comenzar de nuevo, siguiendo las normas para la creación de un césped indicadas en el capítulo 7.

Muchas veces no todo el césped está en estas condiciones sino sólo parte del mismo. Si se trata únicamente de una mancha pequeña, arrancad la hierba y seguid la técnica recuperadora prescrita para manchas desnudas; véase página 83. Si la zona desgastada es grande y no queréis originar una mancha desnuda extensa, podéis intentar la aplicación de arena para césped a finales de primavera y, al cabo de unas tres semanas, rastrillar todo el musgo y las malas hierbas muertas, resembrando luego la zona en la proporción de 30 g por metro cuadrado. Emplead una mezcla de semillas que contenga las gramíneas del césped circundante: para identificarlas servíos de las fichas de las páginas 12-13 y 16-17. La única excepción será el área desgastada bajo los árboles que deberéis resembrar con una mezcla específica para lugares sombríos.

CAPÍTULO 3
EL CUIDADO DEL CÉSPED

Todo el mundo quiere tener un césped del que pueda enorgullecerse y, al viajar, vemos magníficos ejemplos. Su extensión puede ser tan reducida como la de una alfombra de salón o tan grande como la del terreno que circunda una mansión señorial, pero siempre nos hacemos la misma pregunta: «¿por qué mi césped no puede ser como éste?»

Uno de los factores que determinan el aspecto del césped es el tipo de gramíneas que lo componen, pero la causa fundamental de su deterioro es la falta de un mantenimiento adecuado. Son miles los jardines cuyo césped está deslucido porque sus propietarios no han comprendido en absoluto el principio básico del cuidado del mismo. Segamos el césped bastante a menudo (excepto cuando nos vamos de vacaciones) y mantenemos aseados los bordes (especialmente cuando han de visitarnos nuestros parientes). Pero, salvo esto, dejamos que el césped cuide de sí mismo, menos cuando surge algún problema. Cuando la hierba pierde su color compramos un fertilizante y cuando, después de varios días sin llover se vuelve marrón, corremos a regarla. Entonces aparecen las malas hierbas y el musgo, y cuando se han extendido lo suficiente para desfigurar la superficie nos apresuramos a comprar un paquete de cualquier cosa que pueda erradicar el problema. En resumen, esperamos a que aparezcan los síntomas de abandono y entonces, si somos responsables, intentamos atajarlos.

Para que sea decorativo, un césped necesita un tratamiento mejor. El principio básico del cuidado del césped es llevar a cabo una serie continuada de tareas rutinarias encaminadas a conservar las hierbas atractivas y vigorosas lo que significa mantener a raya los problemas. Por esto un buen programa de mantenimiento no es una serie de tratamientos de emergencia sino una serie de medidas preventivas.

Desgraciadamente, la lista de las tareas indicadas en los libros (incluido éste) es bastante alarmante. Cada otoño deberíais acondicionar la superficie; antes de segar la hierba mojada deberíais desbrozarla; de vez en cuando deberíais punzar el césped compactado... Para la mayoría de la gente este consejo de perfección de los expertos es imposible de seguir. Está muy bien para el que tiene el césped como «hobby» y dispone de mucho tiempo; de otro modo es necesario decidirse por un esquema de trabajo intermedio entre lo que para el jardinero medio representa un abandono parcial y el programa completo desarrollado por el perfeccionista.

En la página siguiente figura una relación de las labores que debéis realizar a lo largo del año si queréis que vuestro césped no represente un problema constante; en la página 24 encontraréis los detalles del equipo necesario para ellas. Se citan como esenciales cierto número de herramientas y tareas, aunque lo primordial es comprar una buena segadora y aprender a utilizarla correctamente. Un error en la siega lo echa todo a perder; ni el desherbado, ni el abonado, ni el acondicionado, ni todo lo demás podrán reparar el daño causado. Olvidaos de los anuncios que dicen que tal o cual segadora proporciona un aterciopelado soberbio. Lo verdaderamente esencial es que la segadora tenga la potencia suficiente para hacer frente a la extensión de césped en cuestión y que las cuchillas sean afiladas y estén adecuadamente dispuestas. Luego deberéis usarla frecuente y regularmente cortando la hierba a la altura correcta. La investigación ha demostrado que uno de los procedimientos más rápidos de estropear el césped doméstico es segarlo intensamente. En la página 31 encontraréis instrucciones detalladas, pero una buena regla es dejar la hierba de 1,8-2,5 cm de alto una vez a la semana.

En la página 23 hay una relación de tareas adicionales para el jardinero exigente.

EL CUIDADO DEL CÉSPED LO QUE DEBÉIS HACER

TRABAJOS ESENCIALES

El efecto inmediato de los trabajos esenciales como segar, abonar y desherbar es mantener bonito el césped, pero también hay un efecto vital a largo plazo que es el de conservar y aumentar el vigor de las gramíneas deseadas de modo que los invasores indeseados como las malas hierbas, el musgo y algunas enfermedades encuentren dificultades en ganar pie.

Abonar con un fertilizante rico en nitrógeno en primavera o comienzos de verano

La siega constante del follaje representa una importante disminución de las reservas nutritivas del suelo: es esencial abonarlo periódicamente durante la primera parte de la época de crecimiento de las gramíneas. No abonar para segar menos carece de sentido. La inanición conduce a un césped delgado.

Segar periódicamente

El trabajo esencial por excelencia es segar correctamente. Esto significa empezar y terminar en la época adecuada (véase página 31) con el juego de cuchillas situado a la altura correcta. No hay una altura «preestablecida» para todos los céspedes —dependerá del tipo de césped y de la época del año— véase página 31. Las cuchillas deben estar afiladas y colocadas adecuadamente.

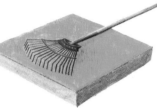

Rastrillar en primavera y en otoño

Rastrillar el césped con un rastrillo de púas flexibles reporta algunos beneficios: evita el acúmulo de paja (página 43) y elimina los resultados superficiales.
En otoño es imprescindible eliminar las hojas muertas: nunca deben permanecer sobre el césped durante el invierno. Rastrillar los tallos rastreros de las malas hierbas antes de la siega contribuye a combatirlas. En la actualidad hay rastrillos con ruedas.

Regar antes de que la hierba se vuelva marrón

El primer efecto de la sequía en el césped es la pérdida de flexibilidad y un amortecimiento general. Cuando hayan transcurrido unos 7 días de tiempo seco en verano o unos 10 días en primavera buscad estos síntomas y regadlo copiosamente como se recomienda en la página 38; la rociada superficial diaria puede ser perjudicial.

Eliminar las lombrices al menor indicio

Las deposiciones de las lombrices jamás deben ignorarse. Al pisarlas, el suelo cede y queda irregular, y la mancha desnuda es un semillero ideal para las malas hierbas. Cuando descubráis estos acúmulos, esparcidlos con una escoba antes de la siega y recoged los recortes utilizando un cajón para hierba. La utilización de arena para césped ayuda a controlar los gusanos.

Recortar los bordes

Un césped con la hierba de los bordes alta no es bonito. Cercioraos de que la segadora puede llegar hasta el margen: véanse las normas para un buen diseño de las páginas 8-9. Por consiguiente, después de la siega recortad los bordes con alguna de las herramientas apropiadas para ello (véase página 40) comprobando que esté bien afilada.

Eliminar las malas hierbas y el musgo en cuanto aparezcan

No esperéis a que los problemas se os escapen de las manos. Las malas hierbas ocasionales pueden arrancarse: las manchas musgosas indican que deben mejorarse las condiciones de cultivo. Al menor síntoma de invasión aplicad un herbicida o un musguicida. Ningún producto es omnivalente; emplead el procedimiento correcto consultando el apartado dedicado a las malas hierbas (páginas 52-79).

TRABAJOS ADICIONALES

Airear el césped

El césped se airea hincando aquí y allá una horquilla u otra herramienta punzante con lo que se alivia la compactación, mejorando el drenaje y estimulando la formación de nuevos brotes. Si el terreno es muy compacto y hay musgo, aireadlo al menos una vez al año; si se emplea una horquilla de púas huecas será suficiente airearlo una vez cada tres años.

Acondicionar el césped

El acondicionamiento consiste en aplicar una gruesa capa de una mezcla de turba, suelo franco y arena. Esta operación debe realizarse cada otoño y es esencial para conseguir un césped de primera clase. Como se dice en la página 35, reporta múltiples beneficios: mejora el drenaje y el vigor de la hierba y elimina los hoyos poco profundos.

Abonar con un fertilizante equilibrado en otoño

El abonado otoñal es muy útil ya que promueve el desarrollo del sistema radicular y aumenta la resistencia a las enfermedades, pero elegid cuidadosamente el tipo de fertilizante. Los abonos ricos en nitrógeno de primavera y verano no son adecuados ya que pueden favorecer la formación de brotes tiernos y aumentar el riesgo de enfermedades. Escoged un producto especialmente indicado para emplearlo en otoño.

Barrer la superficie frecuentemente

Para el buen jardinero la escoba de brezo es una de las piezas fundamentales de sus útiles de trabajo. Antes de segar el césped deben eliminarse siempre las gotas de lluvia o de rocío que hayan quedado sobre la superficie y también es necesario esparcir las deposiciones que dejan las lombrices. El jardinero profesional barre siempre el césped suntuario antes de segarlo, aun cuando no haya rocío ni residuos de lombrices.

Aplicar tratamientos periódicos contra los parásitos y las enfermedades

En cuanto se apoderan de un césped, la mayoría de los problemas tienen difícil solución. Por esto es mejor someterlo anualmente a un programa preventivo tratándolo con arena para césped cada primavera para evitar el musgo, con un herbicida selectivo a finales de la misma y con un pesticida contra lombrices y enfermedades en otoño.

Abordar las manchas pardas tan pronto como aparezcan

El jardinero medio trata de poner remedio a las manchas pardas cuando éstas comienzan a ser demasiado evidentes. Pero en un césped suntuario esto no basta; las manchas deben examinarse detenidamente y someterlas al tratamiento adecuado cuando aún son pequeñas y poco visibles. Las manchas pardas son debidas a numerosas y diversas causas, véanse páginas 80-81.

OTROS TRABAJOS SÓLO EN CASO NECESARIO

Rular, pero sólo si es necesario

En manos del cuidador experimentado el rulo desempeña un papel importante en las tareas de mantenimiento. En manos de un jardinero poco diestro puede tener efectos desastrosos. El césped sólo puede rularse en primavera cuando la superficie está seca y el suelo húmedo. Para más detalles véase la página 46. Recordad la regla: en caso de duda, no rular.

Encalar, pero sólo si es necesario

Pocas veces hace falta encalar. Si el suelo es muy ácido, algunas veces es beneficioso aplicar un encalado ligero, pero hacerlo en un césped que no lo necesita puede causar serios daños. Para más detalles véase la página 46. Recordad la regla: en caso de duda, no encalar.

EL CUIDADO DEL CÉSPED EL EQUIPO QUE NECESITARÉIS

HERRAMIENTAS ESENCIALES

SEGADORA
Es el elemento más importante. A pesar de lo que dicen los anuncios, la segadora ideal para todo tipo de céspedes no existe. La elección correcta dependerá de la extensión de vuestro césped y la capacidad de vuestro bolsillo. Las páginas 26-30 podrían ayudaros a elegir sabiamente.

RASTRILLO DE PÚAS FLEXIBLES
Imprescindible para limpiar la superficie del césped en primavera y para sacar las hojas y otros residuos en otoño. Es un tratamiento tonificante que previene el acúmulo de paja.

TIJERAS DE MANGO LARGO PARA BORDES
Esenciales para recortar los bordes después de la siega. A menos que el césped sea muy pequeño, hacerlo con las tijeras normales implica deslomarse. Para las grandes extensiones existen varios tipos de recortadoras mecánicas.

HORQUILLA DE JARDÍN
Es la manera más sencilla de airear el césped a la profundidad suficiente para aliviar su compactación.

MANGUERA Y ASPERSOR
El efecto de la sequía es mucho más grave que el simple amarronamiento de la hierba; en cuanto vuelven las lluvias el musgo y las malas hierbas invaden la depauperada hierba por lo que, cuando el verano es seco, es imprescindible regarla copiosamente.

ESCOBA DE BREZO
Hay varios trabajos que requieren un barrido, véase la página 42. La escoba de brezo suele considerarse más adecuada que un cepillo rígido. No hace falta comprar una escoba cara pero es necesario reemplazarla cuando se vayan rompiendo las varillas.

REGADERA
Demasiado pequeña para regar, pero muy útil para aplicar herbicidas, musgicidas y fertilizantes líquidos.

TABLA RECTA
Es esencial disponer de una tabla larga (2,5-3 m) para detectar la presencia de bultos y hoyos. También se emplea para recortar los bordes de un césped cuadrado o rectangular con una zapa de media luna.

PALETA O DESPLANTADOR
Para desarraigar las pequeñas malas hierbas de roseta; si intentáis arrancarlas tirando de las hojas, generalmente quedarán las raíces en el suelo.

CUIDAD DE VOSOTROS MISMOS
Cada año, cuando comienza la época de la siega, los hospitales ven aumentar el número de curas de urgencia y, con la popularidad alcanzada por las segadoras eléctricas, la situación ha empeorado. Si no queréis convertiros en una cifra estadística utilizad vuestro sentido común. Desconectad la segadora antes de hacer cualquier ajuste. Pero las segadoras no son la única fuente de problemas: no dejéis nunca un rastrillo sobre el césped con las púas hacia arriba y no hinquéis nunca la horquilla en el suelo sin antes comprobar dónde tenéis los pies. Antes de utilizar productos químicos, leed las precauciones. Es preciso protegerse los ojos al utilizar una recortadora de hilo de nailon.

OTRAS HERRAMIENTAS

DISTRIBUIDOR DE FERTILIZANTE

Si debéis cuidar un césped extenso esta herramienta os será indispensable para aplicar los productos granulados o pulverulentos.

CRIBA

Debe tener una malla de 8 mm. Es necesario para preparar los acondicionadores.

RODILLO

Para utilizarlo en primavera una vez pasado el frío; no es necesario a menos que vuestra segadora no lleve un rodillo trasero incorporado.

ZAPA DE MEDIA LUNA

Muy útil para pulir el borde a comienzos de temporada, pero no debe emplearse demasiado a menudo.

HORQUILLA DE PÚAS HUECAS

Muy útil para airear el césped en profundidad mejorando el drenaje del suelo denso.

AIREADOR DE PÚAS MACIZAS

Sirve para airear la superficie del césped facilitando la penetración del aire y del agua. Produce muy poco efecto en la compactación profunda.

BARREDORA MECÁNICA

Es un cepillo con ruedas capaz de recoger rápida y eficazmente las hojas y los residuos. En otoño, si el césped es grande, os ahorrará mucho tiempo. Se hallan disponibles diversos vaciadores/recogedores.

BANDA METÁLICA ONDULADA

Ideal para impedir que la hierba invada los macizos florales y para contener los bordes del césped.

AIREADOR CORTADOR

Sirve para airear la superficie del césped facilitando la penetración del aire y del agua. A menos que sea muy pesado, produce muy poco efecto en la compactación profunda.

RASTRILLO MECÁNICO

Una herramienta de doble uso muy útil; después de la siega sirve para recoger los recortes y otros residuos superficiales y sirve también para recoger las hojas en otoño.

DILUIDOR CON MANGUERA INCORPORADA

Muy útil para aplicar fertilizantes líquidos o musguicidas sobre grandes extensiones.

BORDEADOR MECÁNICO

Es una recortadora manual o eléctrica que corta verticalmente. Para muchos jardineros es más fácil o más rápido utilizar unas tijeras de mango largo.

CUIDAD VUESTRAS HERRAMIENTAS

Las herramientas deben estar siempre afiladas y desprovistas de herrumbre, si no serán poco eficaces y tendréis que reemplazarlas muy pronto. Después de usarlo, eliminad los restos de hierba y de tierra de todo el equipo: emplead un cepillo de cerdas duras si es necesario. En este momento el barro puede limpiarse con facilidad, luego habrá que rascarlo. Una vez limpias, secad las herramientas y pasadles un trapo mojado en aceite. La corrosión es un peligro. Cercioraos de que el lugar donde guardáis el equipo reune las condiciones necesarias; todas las herramientas deben estar limpias y engrasadas según las instrucciones del fabricante. Existen aerosoles anticorrosivos muy útiles.

RECORTADORA MECÁNICA

Muy útil para cortar la hierba junto a las paredes o alrededor del tronco de los árboles mediante cortes horizontales. La cuerda de nailon de la recortadora es ligera y de fácil manejo.

EL CUIDADO DEL CÉSPED — LA SIEGA

«Los caballeros encontrarán un ejercicio divertido, útil y saludable utilizar mi máquina...», **manifiesto original sob el cortacésped de cilindro de Edwin Budding, 1830.**

Antes sólo había segadoras manuales, pero a partir del año 1900 cualquier jardinero acomodado, con un gran césped que cuidar, pudo adquirir una máquina que le ahorrara trabajo: la segadora cilíndrica a gasolina. Durante los años setenta las segadoras eléctricas ligeras se impusieron a ambas. Hoy en día, el porcentaje de segadoras con motor supera el 90 %.

El término segadora o cortacésped «conducido a motor» puede llevar a engaño. En la mayoría de los casos, la parte mecanizada es la que lleva las cuchillas, no la de las ruedas. Únicamente los modelos más caros de cilindro y rotatorio son automáticos.

Es posible elegir entre cientos de modelos distintos en todas las formas y tamaños, y a pesar de la propaganda no existe la máquina «perfecta» para todas las situaciones. La mejor segadora para vuestro césped será aquella que sea suficientemente grande para realizar el trabajo rápida y cómodamente.

Si queréis una segadora nueva, consultad la tabla de abajo y elegid la clase de energía. Analizad los tipos de segadoras existentes y finalmente responded a las preguntas de la página 30. Ahora estaréis en condiciones de efectuar una buena elección.

TIPOS DE ENERGIA

Antiguamente, si el césped era pequeño y se disponía de poco dinero, se compraba una segadora manual y ¡listos!; la segadora a motor era para la gente que tenía más césped y más dinero. Ahora las cosas son bastante distintas, una segadora eléctrica cuesta menos que una buena máquina manual.

MANUAL

Antes todas las segadoras eran manuales, actualmente más del 90 por ciento son a motor. En un césped pequeño la segadora manual tiene aún sus ventajas, sin averías, sin facturas de carburante, sin ruido y consiguiendo el mejor de los cortes siempre que se emplee un buen modelo de cilindro. Pero tener que empujarla puede ser pesado, especialmente si el terreno está empapado o la hierba ha crecido demasiado.

ELÉCTRICA

Los modelos eléctricos han acaparado el mercado: de cada 5 segadoras vendidas más de 4 son eléctricas. Esta popularidad es debida a las nuevas versiones de peso reducido; son más baratas y muy eficaces en céspedes pequeños. Comparándolas con las de gasolina tienen varias ventajas: son más silenciosas y más fáciles de mantener. Pero la longitud del cable es de 50-70 m como máximo. Para grandes extensiones hace falta una segadora de gasolina.

DE BATERÍA

Hubo un tiempo en que las segadoras de batería fueron muy populares, pues combinaban el silencio y la ligereza de la segadora eléctrica con la ventaja de la ausencia de cable eléctrico en la segadora de gasolina. A pesar de estas ventajas, han desaparecido.

DE GASOLINA

Una segadora de gasolina es más pesada y más cara que una eléctrica pero tiene la gran ventaja de no depender de ninguna fuente de energía fija. Se acabó el tener que arrastrar el cable y correr el peligro de cortarlo.

TIPOS DE SEGADORA

SEGADORAS CONDUCIDAS

Hay modelos de tambor, flotantes y rotatorias con ruedas

UNA ADVERTENCIA

La electricidad por cable es la fuente de energía más popular y desgraciadamente esto conduce a muchos accidentes graves cada año. Si se compra un modelo eléctrico deben leerse cuidadosamente las instrucciones antes de utilizarlo. Los cables y las diferentes conexiones deben estar en perfecto estado, comprobándolas regularmente. Hay que disponer siempre de un interruptor de corriente para cerrar ésta en caso necesario.

SEGADORAS EMPUJADAS

Véanse páginas 28-29

DE TAMBOR

Véase página 28

ROTATORIAS CON RUEDAS

Véase página 29

SEGADORAS FLOTANTES

Véase página 29

SEGADORAS CONDUCIDAS

Para un césped grande en la actualidad existen varios tipos distintos de segadoras conducidas; a partir de una extensión de unos 3000 metros cuadrados este tipo de segadora ya es útil, aunque no imprescindible. La versión más frecuente es la del tractor de cuatro ruedas con cuchilla rotatoria.

Ventajas
Siega rápidamente grandes extensiones. A la mayoría de la gente le gusta porque evita tener que ir andando tras la máquina. Para muchos es un signo externo de riqueza.

Inconvenientes
Es cara y difícil de manejar en rincones delicados. Es preciso que entre el garaje y el césped haya un camino ancho y con poca pendiente. En terreno húmedo puede haber problemas de compactación.

SEGADORA CON ASIENTO ACOPLADO

Es una segadora normal de tambor, rotatoria o flotante, con un asiento acoplado. No es tan cómoda como una segadora de tractor, pero es más fácil de manejar y la versión de tambor produce un acabado mejor. Anchura del corte: 53-75 cm.

SEGADORA DE TRACTOR

Es una verdadera segadora conducida, con un asiento incorporado. Entre las ruedas lleva una o varias cuchillas rotatorias. Algunos modelos cuentan con un depósito para los recortes de hierba. Es ideal para grandes extensiones de hierba gruesa. Anchura del corte 60-125 cm.

TIPOS DE SEGADORA continuación

SEGADORAS EMPUJADAS

SEGADORAS DE TAMBOR

Corte tipo tijera

Consta de una serie de cuchillas móviles que cortan la hierba contra una cuchilla inferior fija. Las cuchillas móviles están dispuestas helicoidalmente alrededor de un eje central y la calidad del corte depende del número de ellas y de su velocidad de rotación.

Lo normal son 5 ó 6 cuchillas, pero para conseguir un acabado aterciopelado hacen falta de 8 a 12. Estas máquinas con mayor número de cuchillas son caras.

Actualmente las más populares son las segadoras de 3 cuchillas sobre un tambor que gira a gran velocidad que, a diferencia de las segadoras de tambor corrientes, pueden cortar hierba bastante alta.

Ventajas
La segadora de tambor es la que produce un mejor acabado. Puede ajustarse para cortar a menor altura que los demás tipos y es la más adecuada para el césped suntuario.

Inconvenientes
Las segadoras de tambor robustas, comparadas con las equivalentes rotatorias o flotantes, son caras. Es esencial que las cuchillas estén dispuestas correctamente y todas las segadoras de tambor con más de 3 cuchillas trabajan mal si la hierba es alta y son incapaces de cortar los tallos largos y rígidos.

SEGADORA MANUAL DE RODILLO

Es ideal para un césped pequeño con macizos florales y rincones difíciles. El rodillo trasero proporciona un buen acabado y el depósito frontal para recoger la hierba es muy eficaz. No produce tantas calvas en el césped como la segadora de ruedas laterales y puede utilizarse para segar los bordes.
Amplitud del corte 25-40 cm

SEGADORA ELÉCTRICA DE TAMBOR

La más popular es la segadora ligera de 30 cm de amplitud de corte; es ideal para un césped ornamental pequeño o mediano, pero no ha sido diseñada para el trabajo pesado ni para grandes extensiones. Para éstas existen modelos autopropulsados. Todas las segadoras eléctricas, tanto las pequeñas como las grandes, son más silenciosas, más baratas y más fáciles de manejar que las equivalentes a gasolina, pero son menos potentes.
Amplitud del corte: 30-35 cm

SEGADORA MANUAL CON RUEDAS LATERALES

Es la segadora más sencilla y barata. Para un césped nuevo o con hierba alta es mejor que la de rodillo, pero tiene el gran inconveniente de no poder llegar hasta el borde. A menudo el depósito para la hierba es trasero y a veces no es demasiado eficaz.
Amplitud del corte: 30-35 cm

SEGADORA CILÍNDRICA DE GASOLINA

Es la más adecuada para un césped suntuario extenso. Las hay de gran amplitud de corte y es la más potente. Para un césped mediano tiene más inconvenientes que ventajas: son máquinas pesadas, ruidosas y de mantenimiento más caro que las equivalentes eléctricas. En realidad son poco frecuentes.
Amplitud del corte: 30-105 cm

TIPOS DE SEGADORA continuación

SEGADORAS ROTATORIAS CON RUEDAS

La hierba es cortada por una cuchilla o un grupo de cuchillas que giran horizontalmente a gran velocidad. La máquina se desplaza sobre el césped mediante un soporte con ruedas o con ruedas y rodillo.

Ventajas
La segadora rotatoria es una excelente herramienta para todos los usos que proporciona un acabado aceptable y es capaz de cortar tanto la hierba gruesa como la alta. El ajuste de la cuchilla es fácil y los modelos grandes son más baratos que los equivalentes de tambor.

Inconvenientes
La calidad del corte no es tan buena como la obtenida con la segadora de tambor. Los modelos pequeños carecen de depósito para recoger la hierba.

SEGADORA ROTATORIA ELÉCTRICA

El modelo ligero de 30 cm ha alcanzado gran popularidad y es una máquina todo uso excelente para el césped utilitario. No ha sido diseñada para operar sobre hierba alta y mojada para la que se precisa mayor potencia y los modelos baratos más pequeños no rulan la hierba ni recogen los recortes. En el mercado existen modelos autopropulsados con depósito para la hierba y rodillos traseros.
Amplitud del corte: 25-45 cm

SEGADORA ROTATORIA A GASOLINA

Es ideal para grandes extensiones de césped utilitario. Si la amplitud del corte es grande, es mejor trabajar con una máquina autopropulsada ya que empujar a través del césped una segadora pesada es muy cansado. Suele ir provista de un depósito trasero para los recortes. Algunas llevan una aspiradora que los recoge y los almacena en el depósito.
Amplitud del corte: 35-75 cm

SEGADORAS FLOTANTES

La hierba es cortada por una cuchilla rotatoria horizontal que gira a gran velocidad. En la parte inferior hay un ventilador que produce un colchón de aire sobre el que la máquina flota.

Ventajas
La segadora flotante es más fácil de mover sobre el césped que los otros tipos de segadora. Opera sin dificultad en los rincones poco accesibles y se desplaza sobre la hierba mojada sin problemas. Puede cortar tanto la hierba áspera como la alta y ocupa poco espacio en el garage.

Inconvenientes
Es difícil de guiar en línea recta y echa el polvo y los recortes de hierba sobre el césped. Es necesario extremar las precauciones para evitar accidentes.

SEGADORA FLOTANTE ELÉCTRICA

En los últimos años la segadora flotante eléctrica ha tenido gran aceptación: es ligera, rápida y de fácil mantenimiento. Algunas personas prefieren el control direccional que proporcionan las ruedas, otras prefieren la libertad del deslizamiento. Los modelos más pequeños no disponen de depósito para los recortes lo que puede ser un problema (véase página 27).
Amplitud del corte: 25-47 cm

SEGADORA FLOTANTE A GASOLINA

La versión a gasolina de la segadora flotante está mucho menos extendida que su equivalente eléctrica. Es más pesada, más ruidosa y más cara, pero no tiene las limitaciones que impone el cable (un peligro en las segadoras flotantes) y puede cortar la hierba gruesa y mojada que podría atascar una máquina eléctrica pequeña.
Amplitud del corte: 37-47 cm

ELECCIÓN DE LA SEGADORA

¿Qué extensión de césped tengo?

Esta suele ser la cuestión fundamental para decidir la compra de una segadora a motor. Ya no se trata del precio; actualmente las segadoras eléctricas son tanto o más baratas que las manuales. Si os gusta hacer ejercicio, un césped de unos 60 metros cuadrados puede segarse fácilmente con una segadora manual, si es más grande es mejor una segadora eléctrica o de gasolina.

¿De cuánto tiempo dispongo?

Generalmente las segadoras flotantes son más rápidas que las rotatorias y las de tambor, pero lo que realmente es decisivo es la amplitud del corte. Os llevará unos 12 minutos segar unos 150 m² con una segadora de cilindro a gasolina —incrementa la amplitud del corte a 35 cm y el tiempo disminuye a 10,5 minutos. La segadora debe responder a la necesidad de tener velocidad y de ahorrar dinero. La amplitud estándar para un césped pequeño (hasta 110 m²) es de 30 cm, y para un césped de tamaño medio (110-220 m²) se recomienda una amplitud de 35 cm. Para un césped extenso (220-740 m²) necesitaréis una amplitud mínima de corte de 40 cm y un valor máximo de 50 cm. Para los más grandes se necesitará una segadora autopropulsada o a gasolina con una amplitud de corte de al menos 55 cm.

El césped ¿es áspero?

Elegid una segadora rotatoria o flotante, no de tambor.

¿Quiero conseguir el mejor acabado?

Con una segadora de tambor tendréis el césped más corto y más limpio; con un depósito para la hierba podréis eliminar los recortes. Si queréis un acabado listado debe tener un rodillo trasero (véase página 32).

La seguridad ¿es prioritaria?

En principio, las segadoras de tambor son más seguras que las rotatorias y las flotantes, pero todas pueden ser peligrosas.

¿Estoy dispuesto a que queden los recortes de hierba sobre el césped?

Los recortes de hierba sobre el césped hacen mal efecto y pueden contribuir a la degeneración del mismo. El sistema de recolección más efectivo es el depósito frontal, si bien el saco o la caja posterior de algunas segadoras rotatorias también es bastante eficaz. Los sistemas de recolección de las segadoras flotantes más grandes no son demasiado efectivos.

¿Qué forma tiene el césped?

Si el césped es cuadrado o rectangular, escoged la segadora más grande que podáis comprar, manejar y guardar; ahorraréis tiempo y trabajo. Pero si hay macizos florales, rincones poco accesibles y márgenes estrechos, es más importante su fácil manejo que su gran amplitud de corte.

¿Hay alguna toma de corriente cerca y todos los puntos del césped quedan dentro de un radio de menos de 60 metros?

Si la respuesta es negativa elegid una segadora a gasolina o buscad una de batería.

¿Es probable que la hierba crezca demasiado?

Durante las vacaciones estaréis unos quince días sin segar el césped, en plena época de crecimiento. La segadora flotante y la rotatoria harán frente al problema fácilmente.

¿Necesito una segadora autopropulsada?

En la mayoría de segadoras a motor éste sirve para mover las cuchillas, pero la segadora debe ser empujada a través del césped. Si la segadora es flotante esto requiere poco esfuerzo, pero en los demás modelos puede resultar muy cansado, especialmente si es un césped grande y la máquina es pesada y poco manejable. Las segadoras rotatorias de amplitud de corte superior a 50 cm y las de tambor de amplitud superior a 40 cm generalmente deben ser autopropulsadas. Si la segadora se desplaza por sí sola, el trabajo de cortar la hierba es mucho más fácil, sobre todo si el terreno es inclinado.

PEQUEÑA SEGADORA FLOTANTE ELÉCTRICA o **PEQUEÑA SEGADORA DE TAMBOR ELÉCTRICA**

Cuando el césped es pequeño o mediano y lo que importa es la rapidez y la facilidad elegid ésta. Puede trabajar tanto en superficies lisas como irregulares. Puede cortar la hierba demasiado crecida, pero es necesario segarla con frecuencia para evitar que los recortes que queden atrás hagan mal efecto.

Cuando el césped es pequeño o mediano y lo que importa es que el acabado sea perfecto elegid ésta. La superficie del césped debe ser lisa. Puede cortar la hierba demasiado crecida pero es necesario segarla con frecuencia para conservar la calidad del césped: una norma que rige para todas las segadoras.

LA OPERACION DE LA SIEGA

El propósito de la siega no es sólo mantener a raya la hierba. Si se realiza correctamente, se consigue un césped vigoroso de calidad superior. El secreto está en **dejar la hierba suficientemente alta para impedir que las raíces pasen hambre, pero suficientemente corta para que haga buen efecto. Esta altura no debe fluctuar demasiado a lo largo de la época de crecimiento.**

De todas las labores que se realizan en un césped, la siega es la que consume más tiempo, y los experimentos han demostrado que es uno de los factores decisivos del aspecto del mismo. En un césped de primera clase las variedades de gramíneas sufren grandes cambios según la siega sea muy alta o muy corta durante un largo período.

La norma es segar con frecuencia, pero no demasiado profundamente. De esta manera se evita un desarrollo foliar excesivo, se disminuye la pérdida de fertilizantes y se reduce la amenaza de malas hierbas, lombrices y gramíneas gruesas. El césped va adquiriendo por sí solo un porte enano y se favorece la formación de sierpes. Estos tallos laterales son los que en verano contribuyen a engrosar el césped.

Segar a poca altura y a intervalos regulares es una práctica errónea demasiado frecuente que conduce a la destrucción cierta del césped de buena calidad, ya que las gramíneas adecuadas se debilitan rápidamente. La alfombra delgada y laxa resultante pronto es invadida por el musgo, la sagina, las pratenses anuales, las margaritas y la milenrama.

ALTURA DEL CORTE

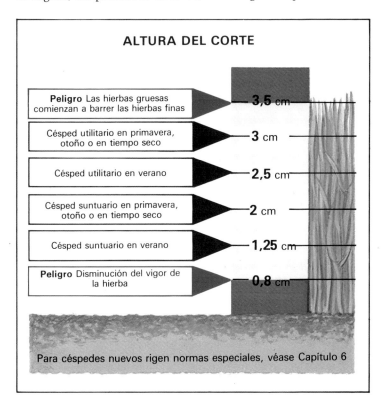

Peligro Las hierbas gruesas comienzan a barrer las hierbas finas	**3,5** cm
Césped utilitario en primavera, otoño o en tiempo seco	**3** cm
Césped utilitario en verano	**2,5** cm
Césped suntuario en primavera, otoño o en tiempo seco	**2** cm
Césped suntuario en verano	**1,25** cm
Peligro Disminución del vigor de la hierba	**0,8** cm

Para céspedes nuevos rigen normas especiales, véase Capítulo 6

CUÁNDO SE DEBE SEGAR

Empezad a comienzos de primavera y terminad a comienzos de otoño, con unos ligeros «recortes» ocasionales a comienzos de invierno cuando el tiempo sea suave.

Durante la época de crecimiento, la frecuencia correcta dependerá de varios factores, como el tipo de césped, la variedad, el tiempo, la fertilidad del suelo, el vigor de la hierba y la época del año. La mejor guía es la altura de la hierba: en época de siega, no debe tener más de 1,5 cm de la altura recomendada. Como regla general:

Cortad dos veces por semana en verano, cuando la hierba crece vigorosamente.

Cortad una vez por semana en primavera, otoño y durante los períodos de sequía prolongados en verano.

Cuando la hierba está creciendo activamente, cortar menos de una vez a la semana implica perder súbitamente gran cantidad de hoja. Esto desequilibra la planta y reduce su vigor y tiene como resultado la formación de un césped abierto y la subsiguiente invasión de musgo y malas hierbas. Si durante vuestras vacaciones la hierba ha crecido mucho, en la primera siega limitaos a cortar las puntas. A los pocos días reducid la altura y luego ya podréis segar a la altura recomendada.

EL DEPÓSITO PARA LA HIERBA

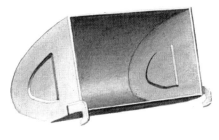

La tentación de dejar los recortes de hierba sobre el césped es grande: se reincorporan los nutrientes al suelo, se mejora la resistencia a la sequía, se inhibe el desarrollo del musgo y os ahorráis el trabajo de ir a echar los recortes.

Sin embargo, en la mayoría de los casos, los inconvenientes superan las ventajas. Las malas hierbas se propagan, el césped se vuelve esponjoso y susceptible a las enfermedades, se favorece extraordinariamente la actividad de las lombrices y se dificulta la aireación.

La norma general es recoger los recortes de hierba cada vez que se siega, pero si el tiempo es seco y caluroso y el césped está razonablemente libre de malas hierbas, dejando los recortes sobre el césped se reducen las pérdidas de agua en superficie.

ANTES DE SEGAR

1 Colocad las cuchillas a la altura correcta. Utilizad como guía la tabla de la página 31 y, para cambiar la altura del corte, seguid las instrucciones del fabricante. Aseguraos de que los dos extremos de las cuchillas están a la misma altura; en el mejor de los casos, un corte inclinado hace feo, en el peor es desastroso.

2 Siempre que sea posible segad el césped cuando el follaje esté seco; al segar la hierba mojada ésta puede desgarrarse y la máquina puede atascarse. También el suelo debería estar bastante seco; al cortar un césped empapado con una segadora rotatoria o de tambor se estropea la superficie ya que el rodillo o las ruedas se hunden en el terreno blando. Obviamente, emplear una segadora eléctrica en un césped empapado es muy peligroso.

3 Limitad la superficie. Quitad las ramillas, las piedras, los huesos, las deposiciones de los animales domésticos, los alambres… en fin, todo aquello que pueda estropear la segadora o formar un amasijo desagradable bajo el peso de la misma.

4 Es muy útil barrer el césped después de haber eliminado los restos visibles, especialmente si la hierba está mojada por el rocío o la lluvia. Así se esparcen los acúmulos producidos por las lombrices y se enderezan las hojas de las gramíneas y los tallos rastreros de las malas hierbas, quedando a merced de las cuchillas. Otra alternativa es rastrillarlo someramente (véase página 43).

5 Planificad la dirección de los cortes; éstos deben formar ángulo recto con los cortes previos. Si éstos fueron hechos de norte a sur, los de ahora deben ser de este a oeste. Esto ayuda a mantener a raya las gramíneas gruesas y evita el corrugado (véase página 86).

6 Familiarizaos con vuestra segadora, especialmente si la habéis comprado hace poco. Sabed cómo pararla rápidamente en caso de emergencia. Llenad el depósito de gasolina antes de comenzar a segar.

7 A finales de otoño o comienzos de invierno no seguéis nunca el césped si hace mucho viento y éste es frío: las puntas de la hierba se quemarían.

AL SEGAR

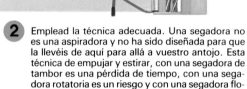

1 Para muchos, el listado tipo zebra a base de bandas alternas claras y oscuras, es signo de calidad. En realidad estas bandas son simplemente el resultado de segar el césped siguiendo trayectos paralelos de dirección alternativamente opuesta con una segadora provista de rodillo como muestra el esquema inferior. Es una técnica muy decorativa y ayuda a disimular las pequeñas imperfecciones y las variaciones de color, pero si no se hace pulcra y cuidadosamente produce muy mal efecto.

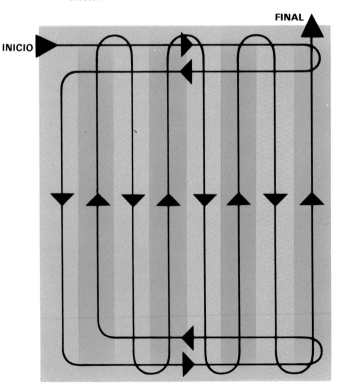

INICIO

FINAL

2 Emplead la técnica adecuada. Una segadora no es una aspiradora y no ha sido diseñada para que la llevéis de aquí para allá a vuestro antojo. Esta técnica de empujar y estirar, con una segadora de tambor es una pérdida de tiempo, con una segadora rotatoria es un riesgo y con una segadora flotante es un verdadero peligro. El procedimiento correcto consiste en empujarla siempre hacia delante a un ritmo regular de paseo. La única excepción es cuando hay que maniobrar en los rincones difíciles.

3 No dejéis nunca la máquina sola con el motor en marcha y las cuchillas libres. Paradla.

4 Si la segadora es eléctrica, cercioraos de que el cable quede fuera de la trayectoria de la máquina y mientras trabajáis mantened alejados del césped las personas y los animales domésticos.

5 Proveeros de un vestido adecuado. Si la zona es inclinada o está resbaladiza es mejor llevar botas o calzado resistente. No seguéis nunca yendo descalzos: esta advertencia debería ser innecesaria, pero los hospitales son testigos de que no lo es.

6 A pesar de lo que digan los anuncios, los terraplenes no son un juego de niños para ningún tipo de segadora. Posiblemente la más adecuada sea la segadora flotante, pero debe manejarse con cuidado. Movedla de un lado para otro en un barrido semicircular.

7 Cuando utilicéis una segadora rotatoria provista de depósito para la hierba, limpiad de vez en cuando los orificios de entrada de aire al mismo para asegurar el funcionamiento correcto del sistema de succión.

8 No hagáis nunca ningún ajuste con el motor en marcha. Por pequeño que sea el problema y por más seguridad y experiencia que tengáis, antes de manipular el mecanismo cortante parad el motor.

DESPUÉS DE SEGAR. MANTENIMIENTO

1 Pasar un trapo por las cuchillas y guardar luego la máquina en el garage o el cobertizo hasta la próxima vez que tengáis que segar el césped no es manera de cuidar vuestra segadora. Después de utilizarla, o bastante antes de volver a hacerlo, debéis limpiarla a fondo y comprobar, que no haya sufrido ningún desperfecto. No hay nada tan enojoso en jardinería como tener que pasar una o dos horas reparando o limpiando la máquina antes de comenzar a segar y encontrarse luego con que ha empezado a llover justo cuando estáis listos para hacerlo.

2 Lo primero que hay que hacer es trasladar la máquina sobre hormigón u otra superficie dura. Si la segadora es eléctrica, cerrad el interruptor y desenchufad el cable. Si es de gasolina, vaciad el depósito y luego dejad rodar las cuchillas con el embrague libre.

3 Con un trapo y un cepillo de cerdas fuertes eliminad todos los recortes de hierba y los restos de tierra. Debéis limpiar el depósito para la hierba, las cuchillas, los rodillos, los cilindros y la parte inferior de la cubierta de las segadoras rotatorias y flotantes. Secad las diversas partes y frotadlas con aceite.

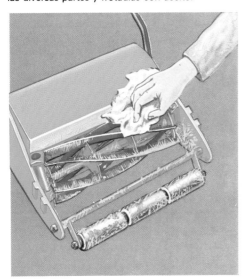

4 Si la segadora es de batería, recargadla inmediatamente después de usarla. Cada quince días examinad el nivel del agua de las celdillas y llenadlas con agua destilada si es necesario. De vez en cuando, frotad los terminales con un cepillo de hierro y untadlos con parafina blanda.

5 Comprobad las cuchillas. Si una cuchilla o una armadura cortante se ha estropeado o se ha perdido y se vuelve a utilizar la segadora sin repararla, puede funcionar mal o ser realmente peligrosa. Si la segadora es rotatoria, comprobad que el perno que sujeta la barra cortante está firme. Si la barra cortante está embotada podréis afilarla fácilmente con una lima para segadoras, pero si está muy gastada o dañada deberéis llevar la máquina al mecánico para que cambie la barra y la equilibre.

6 Volver a afilar las cuchillas estropeadas de una segadora de tambor no es fácil, pero podéis comprar un accesorio sencillo que sirve para afilar el borde de las cuchillas que están en buenas condiciones. Se tratate una banda metálica con una superficie abrasiva que se sujeta sobre la cuchilla fija inferior y luego se hace girar el tambor durante unos minutos.

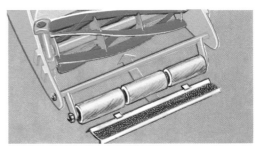

7 Una segadora de tambor, aunque tenga las cuchillas afiladas, puede cortar mal si la distancia entre las cuchillas móviles y la cuchilla fija no es correcta. Verificad el corte poniendo una tira de papel entre una de las cuchillas móviles y la cuchilla fija inferior. Haced girar el tambor: ¡cuidado con los dedos! La tira de papel debe ser cortada limpiamente y lo mismo debe ocurrir a lo largo de todo el filo. Ajustad el corte mediante los tornillos terminales hasta que la brecha esté suficientemente cerrada para cortar limpiamente el papel.

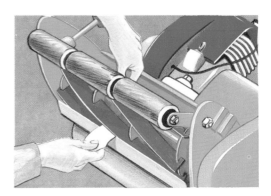

8 Al pasar por encima de una piedra, una de las cuchillas puede mellarse y dificultar el giro del tambor. Limadla con una lima o con una piedra de carborundo.

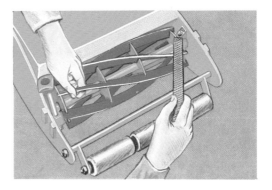

DESPUÉS DE SEGAR. MANTENIMIENTO cont.

9 Proceded regularmente al mantenimiento. Engrasad los rodillos frontales y los cojinetes del tambor cortante. Poned grasa (no aceite) en las cadenas y limpiad los filtros de aire.

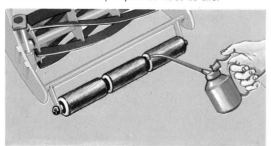

10 Los trabajos de mantenimiento restantes dependerán de la fuente de energía utilizada. En las segadoras a gasolina debéis comprobar el nivel del aceite, añadiendo más en caso necesario; si el aceite del colector es negro, cambiadlo. Verificad que no haya fugas: si el aceite o la gasolina gotean sobre el césped, lo quemarán. Las segadoras eléctricas deben revisarse detenidamente comprobando que todos los cables y enchufes estén en buenas condiciones y firmemente ajustados.

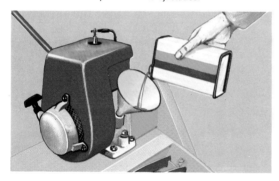

11 Es esencial que la segadora esté guardada en un lugar adecuado, a cubierto, y sin riesgo de que se moje. Las segadoras flotantes deben colgarse de la pared.

Cuando la segadora se niega a funcionar

En la vida de toda segadora a motor siempre hay una ocasión en que se niega a funcionar. Aunque no sepáis nada de mecánica, hay cierto número de comprobaciones que podéis hacer.

- ¿Hay aceite y gasolina en los depósitos?
- La gasolina ¿lleva varios meses en el depósito?
- ¿Están conectados todos los cables?
- ¿Se ha fundido el fusible?
- ¿Está limpio el filtro del aire?

El libro de instrucciones del fabricante os servirá de guía. Antes de que la máquina se estropee, comprobad si tenéis un ejemplar. Repasad la lista de fallos posibles y arregladlo si podéis, pero no pretendáis hacer una reparación complicada a menos que poseáis la habilidad y las herramientas necesarias. Es mucho mejor llevar la segadora al mecánico.

Invernaje

SEGADORA A GASOLINA

Vaciad el aceite y la gasolina. Limpiad y ajustad los electrodos de la bujía.

En otoño proceded al mantenimiento general (véase abajo) y luego llenad con aceite de máquina limpio, siguiendo las instrucciones del fabricante.

SEGADORA DE BATERÍA

Sacad la batería, llenadla de agua destilada, recargadla y guardadla en un lugar abrigado y seco. En otoño, proceded al mantenimiento general (véase más abajo).

SEGADORA ELÉCTRICA

Verificad que no haya conexiones flojas. Examinad el cable en busca de rozaduras o cortes. Reparad los cortes con conectores estancos especiales: no utilicéis cinta aislante. En otoño, proceded al mantenimiento general (véase abajo).

MANTENIMIENTO GENERAL DE OTOÑO - TODOS LOS MODELOS

Eliminad el barro y la hierba, frotad las manchas de herrumbre con un cepillo de púas de acero o con un estropajo metálico. Engrasad todos los cojinetes y pulverizad las partes metálicas al descubierto con un aerosol hidrófugo anticorrosivo. Guardad la segadora sobre madera o aglomerado, no sobre cemento o tierra.

Este programa es aplicable a las segadoras que están en buenas condiciones. Si el corte ha sido defectuoso o la segadora ha perdido potencia, llevadla al servicio de asistencia del fabricante. Hacedlo en otoño, no esperéis a que llegue la primavera y la hierba comience a crecer.

EL CUIDADO DEL CÉSPED | ACONDICIONAMIENTO

El acondicionamiento del suelo consiste en aplicar sobre el mismo una gruesa capa a base de suelo de buena calidad, arena y algún tipo de mantillo. Para el jardinero profesional este acondicionamiento anual forma parte de las tareas rutinarias, pero para casi todos los aficionados es una técnica inaudita. Su propósito es cubrir los pequeños agujeros que han ido apareciendo durante el año e ir formando, con el tiempo, una capa de buen suelo. Si queréis que vuestro césped sea realmente de primera clase debéis imitar a los profesionales y acondicionarlo cada año.

Elaboración de la mezcla

Los componentes deben estar bastante secos y mezclarse homogéneamente. Si el acondicionador está aterronado, pasadlo por un cedazo de 8 mm de malla.

 TURBA Comprad turba de esfagno o de juncia de calidad superior. También podéis emplear mantillo de hojas bien descompuestas. Evitad el compost de jardín: las semillas de las malas hierbas podrían ser un problema.

 SUELO FRANCO Es un suelo que no es ni arcilloso ni arenoso. El mejor suelo franco es el que se obtiene apilando tepes de césped invertido y pasándolos por una criba de 8 mm cuando están bien descompuestos. De todas maneras, cualquier buen suelo de jardín servirá.

 ARENA La arena del mar no sirve ya que no debe ser calcárea. Las partículas no pueden ser demasiado grandes: evitad la arena gruesa.

Para césped sobre suelo denso

1 parte **TURBA** · 2 partes suelo **FRANCO** · 4 partes **ARENA**

Para césped sobre suelo franco

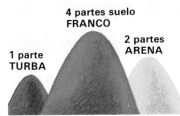

1 parte **TURBA** · 4 partes suelo **FRANCO** · 2 partes **ARENA**

Para césped sobre suelo arenoso

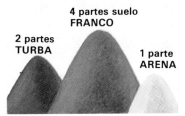

2 partes **TURBA** · 4 partes suelo **FRANCO** · 1 parte **ARENA**

Cómo aplicar el acondicionador

La mejor época es a principios de otoño. Si el fieltro es espeso, escarificad primero el césped (véase página 43). Si el suelo es denso o está compactado y lo punzáis uno o dos días antes, los beneficios producidos por el acondicionador serán mayores.

Distribuid la mezcla a razón de 1,5 kg por metro cuadrado haciendo con la laya varios montones sobre el césped. Trabajadla cuidadosamente sacudiéndola de las hojas y haciendo que penetre hasta el suelo. La hierba no debe quedar nunca sofocada.

A menudo se utiliza una escoba de brezo, pero con ella el acondicionador puede quedar irregularmente distribuido con lo que deja de cumplirse uno de los principales objetivos del tratamiento. Es mejor servirse de la parte plana de un rastrillo de madera o de un rastrillo de jardín normal. Si la extensión de césped es grande, coged una tabla de 1,5 m de longitud y construid un artilugio como el del dibujo.

Sea cual sea el distribuidor empleado, es imprescindible que la mezcla quede uniformemente esparcida de manera que cubra los agujeros y no forme nuevos montículos. Luego puede ser necesario barrer someramente la superficie para que no queden restos de acondicionador sobre las hojas.

Beneficios del acondicionamiento

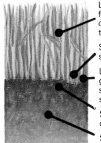

La hierba se hace más tupida, se estimula la formación de brotes nuevos y la capa de acondicionador favorece el desarrollo de tallos rastreros.

Se recubren los agujeros pequeños con lo que se consigue una superficie regular.

La capa de suelo superficial va engrosando gradualmente, la paja tiende a descomponerse en esta capa y se mejora la resistencia a la sequía.

Si el suelo es arenoso, mejora su capacidad de retención del agua.

Si el suelo es denso, mejora el drenaje, especialmente si se efectúa un punzado previo.

EL CUIDADO DEL CÉSPED   ABONADO

A finales de primavera y en verano el césped debe segarse con gran frecuencia ya que la hierba crece muy rápidamente. Los peligros de dejarla crecer demasiado ya han sido señalados por lo que, sea cual sea su ritmo de crecimiento, debe mantenerse siempre a la altura recomendada (véase página 31).

Sobre esta base abonar el césped puede parecer una locura. ¿No es suficiente tener que conservarlo a la altura indicada sin que lo forcemos a crecer más rápidamente? ¿Merece realmente la pena gastar en fertilizantes y tener que segar más a menudo sólo para que la hierba se vea más verde?

La respuesta es muy simple: los nutrientes vegetales contenidos en un fertilizante compuesto para césped hacen mucho más que aumentar su verdor. Su principal cometido es producir una alfombra tupida en la que ni el musgo ni las malas hierbas puedan asentar sus reales.

La siega representa una merma importante de las reservas de los principales nutrientes vegetales del suelo. El nitrógeno se agota con bastante rapidez, los fosfatos y el potasio más lentamente. A menos que las reservas sean restablecidas, la hierba se vuelve pálida y el césped queda ralo y corto. Es necesario abonarlo ni poco ni mucho. Un buen programa de mantenimiento del césped debe incluir un abonado regular.

LO QUE EL CÉSPED NECESITA

NUTRIENTE	USO EN EL CÉSPED	EFECTO	PROCEDENCIA	ÉPOCA DE APLICACIÓN
NITRÓGENO Da verdor a la hierba Estimula el crecimiento foliar	**Esencial** Este nutriente vegetal se agota antes que los demás: se requiere como mínimo una aplicación anual	Estimula la producción de un césped verde y vigoroso. Todos los abonos de primavera y de verano deben tener mayor contenido en nitrógeno que en cualquier otro elemento: si no lo tienen, no los compréis. El nitrógeno puede ser de acción rápida o de acción retardada: debe constar en el envoltorio. El crecimiento activo en invierno no es deseable: el contenido en nitrógeno del abono de otoño debe ser bajo.	Abono compuesto para césped de primavera o de verano	**Primavera y verano**
			Arena para césped	
			Sulfato amónico	
			Sangre desecada	
FOSFATOS Fortalecen el sistema radicular	**Esencial** Algunos fosfatos deberían aplicarse una vez al año	Estimula la formación de un sistema radicular vigoroso. Como resultado, en primavera el desarrollo se inicia antes, en verano pueden regularse las reservas de nutrientes y de agua, y a comienzos de otoño se favorece la formación de brotes laterales.	Abono compuesto para césped de otoño	**Primavera u otoño**
			Harina de huesos	
			Superfosfatos	
POTASIO Favorece un crecimiento saludable	**Aconsejable** Es útil aplicar potasio una vez al año	No es tan vital como el nitrógeno o los fosfatos, pero es evidente que su empleo «endurece» el césped con lo que no es tan propenso a la sequía, a las enfermedades y a la decoloración.	Abono compuesto para césped de primavera o de otoño	**Primavera u otoño**
			Sulfato potásico	

LOS FERTILIZANTES Y EL TIEMPO

Antes de abonar

Consultad el pronóstico meteorológico. A ser posible, escoged un día en que sea probable que llueva. No abonéis en época de sequía. Si tenéis que hacerlo en estas condiciones, poco antes de aplicar el fertilizante regad copiosamente el césped y en cuanto el follaje esté seco efectuad el tratamiento.

Al abonar

La hierba debe estar seca y el suelo húmedo. No abonéis nunca el césped si está lloviendo.

Después de abonar

Si al cabo de 2 días de haber abonado no ha llovido, regad copiosamente el césped tratado para que el fertilizante penetre en el suelo.

QUÉ FERTILIZANTE DEBE UTILIZARSE

No es de extrañar que algún jardinero esté perplejo. Parece como si hubiera tantos programas de abonado como libros sobre el cuidado del césped y los anuncios de las revistas de jardinería ofrecen una amplia gama de productos. Pero esto no significa que abonar el césped sea un hecho fortuito, sin reglas concretas: todos los planes de fertilización tienen la misma base. Lo que varía son sólo los detalles.

En el programa de abonado el nitrógeno hace su aparición en primavera, cuando la hierba ha comenzado a crecer vigorosamente. La primera aplicación suele hacerse en forma de un fertilizante que además de nitrógeno contenga tanto fosfatos como potasio. Algunas marcas contienen al mismo tiempo productos nitrogenados de liberación rápida y otros de liberación lenta; si las malas hierbas invaden todo el césped, utilizad una combinación de abono y herbicida.

Si a comienzos de verano el césped está descolorido y crece mal será necesario proceder a un abonado de verano. No hay consenso general acerca del modo de hacerlo; algunos expertos recomiendan aplicar 15 g de sulfato amónico por metro cuadrado, pero si el tiempo es caluroso y seco esto podría chamuscar la hierba. Otros prefieren un tónico para césped que produce un reverdecimiento rápido sin riesgo de chamuscado. Algunos jardineros creen que lo mejor es aplicar un segundo tratamiento a base de un fertilizante compuesto rico en nitrógeno.

En cuanto llega el otoño deben descartarse los compuestos nitrogenados de acción inmediata. Puede aplicarse un fertilizante a base de fosfatos, potasio y alguna sustancia nitrogenada de liberación lenta, pero no es imprescindible. Si el césped se ha visto seriamente afectado por la sequía estival, considerad el abonar en otoño.

PRIMAVERA
Esencial

VERANO
Aconsejable

OTOÑO
Aconsejable
ocasionalmente

CÓMO DEBEN APLICARSE

Sea cual sea el método utilizado, es esencial que la distribución sea uniforme, si no puede producirse un parcheado o incluso un chamuscado. Debe idearse algún sistema de señalización para evitar el solapamiento o la omisión en determinadas zonas, a menos que se utilice un producto que destaque sobre el césped.

APLICACIÓN MANUAL	Sigue siendo el método más frecuente. Se aplica la mitad del producto arriba y abajo del césped y luego la otra mitad de izquierda a derecha; aplicarlo por zonas no es aconsejable. Puede mejorarse la uniformidad mezclando el fertilizante con arena, pero si lleva incorporado un herbicida no debe hacerse.
DISTRIBUIDOR DE ABONO MANUAL	Existen dos tipos principales. El primero es un pulverizador tipo pistola con un depósito incorporado. El segundo es un aplicador con una boquilla, que distribuye el abono de la tolva.
EN DISOLUCIÓN	Existen fertilizantes solubles, de acción más rápida, que pueden aplicarse con una regadera, si bien resulta un procedimiento lento por más que el césped sea mediano. Es mejor emplear un diluidor con manguera incorporada que permite tratar grandes extensiones con rapidez y eficacia.
DISTRIBUIDOR MECÁNICO	Es como una vagoneta con ruedas que agiliza la aplicación del fertilizante logrando una distribución más uniforme que mediante el procedimiento manual. Sin embargo, si no se procede con cuidado, puede producirse el llamado «efecto vagoneta» al omitir o duplicar la aplicación en determinadas bandas del césped. Después de usarlo, el distribuidor debe limpiarse a fondo ya que el fertilizante húmedo puede ser corrosivo.

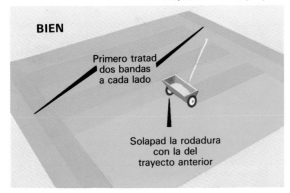

BIEN

Primero tratad
dos bandas
a cada lado

Solapad la rodadura
con la del
trayecto anterior

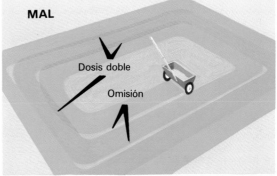

MAL

Dosis doble

Omisión

EL CUIDADO DEL CÉSPED EL RIEGO

La hierba no puede vivir sin agua. En algunos países, como en Inglaterra, las lluvias suelen bastar para proporcionar a las raíces la humedad necesaria. Pero a veces, a finales de primavera y en verano, se producen períodos de sequía prolongados.

En un césped consolidado, los primeros indicios de sequía aparecen cuando se secan los primeros diez centímetros. Si no llega el agua, sea en forma de lluvia o de riego, la hierba amarillea y adquiere mal aspecto. En casos extremos puede morir, y esto suele ocurrir con bastante rapidez cuando se trata de gramíneas poco resistentes como *Poa annua*. Sin embargo, las gramíneas cespitosas raramente llegan a morir por la sequía y en cuanto vuelven las lluvias van recuperándose lentamente. Pero hay un peligro al acecho: algunas malas hierbas, como el trébol y la milenrama, son más resistentes a la sequía que dichas gramíneas y por ello se extienden desenfrenadamente entre las plantas debilitadas.

EL PROBLEMA

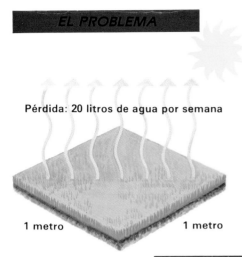

Pérdida: 20 litros de agua por semana

1 metro   1 metro

CÓMO AFRONTAR EL PROBLEMA

❶ Aumentad la resistencia a la sequía

Emplead todos los procedimientos existentes para crear un sistema radicular vigoroso y profundo. Con ello aumenta la resistencia a la sequía y llegará un momento en que podréis confiar plenamente en la capacidad natural del césped para sobrevivir en tales condiciones… Las autoridades tienen la enojosa costumbre de prohibir las mangueras y los aspersores justo cuando el césped necesita desesperadamente una buena ducha.

- Punzad el césped en otoño, cuando hay problemas de compactación (página 45)
- Acondicionadlo en otoño, especialmente después de punzarlo (página 35)
- No lo cortéis nunca a menor altura de la recomendada (página 31). En tiempo seco, dejad que la hierba crezca algo más
- Dejad los recortes de hierba sobre el césped en épocas de sequía
- Abonadlo regularmente. Aplicad un fertilizante fosfatado al menos una vez al año para estimular la actividad radicular
- Eliminad la paja escarificándolo en otoño (página 43)

❷ Regad el césped copiosamente

El riego tiene por objeto volver a llenar el depósito de agua del suelo cuando comienza a secarse. Por desgracia no se trata simplemente de conectar la manguera y rociar el césped hasta que esté empapado. Tan perjudicial es pecar por exceso como por defecto, y esto es lo que ocurre cuando se riega con demasiada frecuencia. Para mantener verde y sano el césped, cuando llegue la sequía seguid las normas que se dan a continuación y en la página siguiente.

CUÁNDO HAY QUE REGAR

El primer síntoma del problema es la pérdida de «flexibilidad» de la hierba; éste es el mejor momento para comenzar a regar. El siguiente síntoma es el cambio de color: el verde vivo se apaga y deja paso a un tinte verde grisáceo. No esperéis más. Si lo retrasáis, la hierba se volverá amarilla y luego marrón y cuando se restablezca de nuevo el equilibrio hídrico surgirán las malas hierbas y el musgo.

Antes de abrir el grifo por vez primera, examinad la superficie del césped. Si está muy agostado o aparece cubierto por una capa pajiza de hierba muerta es mejor perforarlo para favorecer la penetración del agua (véase página 45).

Obviamente el mejor momento para regar es cuando el tiempo es fresco, de forma que la evaporación será mínima; es decir, al atardecer o muy de mañana.

CON QUÉ FRECUENCIA HAY QUE REGAR

Esto dependerá del tipo de suelo y del clima. Los céspedes sobre suelo arenoso sufren más los efectos de la sequía que los que están en suelo franco o denso, y por tanto en zonas de terreno ligero es necesario regar con mayor frecuencia. También es obvio que cuando se produce una ola de calor es preciso regar más frecuentemente que en tiempo fresco.

No hay reglas precisas que regulen la frecuencia de riego. Como regla general, en condiciones normales de sequía, regad una vez por semana. En épocas anormalmente calurosas o en suelo muy permeable se puede aumentar a dos veces por semana y en tiempo fresco se puede disminuir a una vez cada diez días.

En principio es mejor dejar que entre dos riegos consecutivos el césped se seque un poco para que pueda penetrar el aire y estimular el desarrollo de las raíces. Rociarlo cada día, o cada dos, no es bueno. Provocará la expansión del musgo y la sagina y la formación de un sistema radicular superficial.

CÓMO HAY QUE REGAR

REGADERA

Es barata y no hará subir la factura del agua. Sin embargo, a menos que e trate de un césped minúsculo, es poco práctica.

ROCIADOR COMÚN

Sirve para regar márgenes y rincones de difícil acceso, pero no para el resto del césped; utilizad un aspersor.

ASPERSOR FIJO

Es el aspersor más sencillo y más barato. Es un buen sistema. Sale gran cantidad de agua y se distribuye bastante homogéneamente. Los tipos rotatorios cubren una gran extensión.

ASPERSOR ROTATORIO

Los brazos rotatorios producen un círculo de gotitas de agua. Es un tipo muy frecuente y existen modelos de varios brazos y de intensidad y cobertura regulables.

ASPERSOR OSCILATORIO

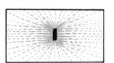

Es un tubo horizontal provisto de una serie de agujeros diminutos que se mueve lentamente de un lado para otro. Produce una distribución rectangular: todos pueden ajustarse según el área a cubrir.

ASPERSOR PULSATORIO A CHORRO

Es un chorro único que produce un arco estrecho de gotitas de agua. Este chorro va girando sincopadamente rociando de forma homogénea un círculo de césped. Cubre una área muy grande.

ASPERSOR TRANSPORTABLE

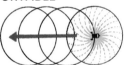

Es un aspersor rotatorio que puede desplazarse hacia delante siguiendo un trayecto preestablecido de unos 30 m de longitud. La distribución del agua es bastante irregular, pero es un artilugio excelente para presumir.

MANGUERA ASPERSORA

Es una manguera aplanada cuya superficie superior está provista de una serie de agujeritos. Muy útil para regar largos senderos cubiertos de césped.

CUÁNTO HAY QUE REGAR

Para saber el alcance del aspersor y el tiempo que tarda en regar adecuadamente la zona tratada podéis serviros de 5 ó 6 botes de mermelada.

Regar no es sólo humedecer la superficie: en vez de beneficioso sería perjudicial. El terreno debe quedar empapado al menos hasta 10 cm de profundidad.

0,8 cm de agua = 10 l de agua, cantidad mínima a aplicar

2,5 cm de agua = 20 l de agua, cantidad necesaria para compensar la pérdida de agua producida durante una semana de tiempo seco.

EL CUIDADO DEL CÉSPED   RECORTADO

Después de segarlo, si las cuchillas estaban afiladas y correctamente dispuestas, el césped queda pulcro y aseado... pero aún queda otra operación por hacer. Hay que recortar la hierba de todos los rincones en donde no ha podido llegar la segadora. Antiguamente esto se hacía con unas tijeras de mango largo, pero hoy en día disponemos de varios tipos de recortadoras manuales y a motor. Como se explica en estas dos páginas, algunas son una verdadera bendición cuando se trata de grandes extensiones de césped, mientras otras no son ni más rápidas ni más fáciles de utilizar que las tijeras. Todas deben manejarse con cuidado.

En el césped tradicional, cuadrado o rectangular, con uno o dos macizos florales y rodeado de caminos y arriates, casi no hay ningún recorte horizontal que hacer. Pero sí que será necesario proceder a un recorte vertical para que el borde quede aseado. Allí donde el borde se desmorona fácilmente vale la pena insertar una banda bordeadora. Se trata de una banda de madera, hormigón, aluminio o plástico que se colocan por debajo del nivel del césped para preservar el borde.

RECORTADO HORIZONTAL

En el césped habrá varios sitios en donde la segadora no podrá llegar: alrededor del tronco de los árboles, debajo de los arbustos y a lo largo de las cercas y paredes. Necesitaréis una recortadora horizontal y podéis elegir entre los modelos que se describen a continuación. Es preciso recordar que con frecuencia la necesidad de recortar puede eliminarse dejando un espacio entre el césped y el obstáculo, de modo que la segadora pueda acceder al extremo del tepe.

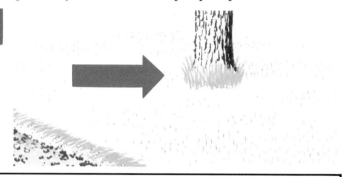

TIJERAS PARA CÉSPED DE MANGO LARGO

Hasta hace poco estas tijeras eran la herramienta más común para cortar la hierba de los lugares poco accesibles. Sus ventajas son obvias: permiten trabajar en posición erecta, no hay averías y son más baratas que las recortadoras a motor. Si están bien afiladas y cuidadas, el trabajo puede realizarse con bastante rapidez.

TIJERAS DE MANGO CORTO PARA CÉSPED

A primera vista puede parecer absurdo comprar unas tijeras que os obliguen a doblar la espalda para poder cortar la hierba. Obviamente la mayoría de la gente prefiere permanecer erguida mientras realiza esta operación, pero para otros es mejor estar más cerca y ver lo que hacen. Estas tijeras ligeras de hojas cortas provistas de un resorte se manejan con una sola mano. El trabajo resulta más lento que con las de mango largo, pero si sólo tenéis que cortar la hierba que rodea la base de un árbol o una pequeña zona similar, vale la pena tenerlas en cuenta.

RECORTADORA DE CUERDA DE NILÓN

Es la recortadora horizontal más moderna, pero la más vendida. Se trata de una recortadora eléctrica rápida y fácil de manejar, provista de una cuerda de nilón reemplazable que gira a gran velocidad cortando la hierba. Muy adecuada para terraplenes inclinados y otras zonas difíciles aunque tiene algunos pequeños inconvenientes: la cuerda se desgasta en seguida si choca con objetos duros o tiene que cortar hierba gruesa y alta; y deberéis utilizar gafas protectoras.

RECORTADORA SIN CABLE

Es un aparato provisto de un par de grandes cuchillas de esquilar que puede sostenerse con la mano o mediante un mango accesorio. Es accionada por un motor pero sin cable de qué preocuparse, su corte es excelente y trabaja a la misma velocidad que unas buenas tijeras de mango largo. Vista en los catálogos resulta una herramienta seductora, pero debéis recordar que al trabajar a pilas su capacidad de acción es sólo de 10-20 metros cuadrados.

RECORTADO VERTICAL

De vez en cuando es necesario recortar verticalmente, o bordear el césped para que tenga buen aspecto. Después de hacerlo, deben eliminarse los recortes de hierba que hayan quedado sobre los macizos o los arriates para evitar que puedan enraizar en el suelo. Podéis elegir entre las tijeras de mango largo y los bordeadores mecánicos: las tijeras normales sólo sirven si el césped es muy pequeño. Es preciso recordar que la necesidad de un recorte vertical puede reducirse o eliminarse mediante una franja de siega.

Después de la primera siega de primavera

Zapa de media luna. Es una laya de jardín que produce un corte festoneado.

tabla de 2,5-3 m

Clavo largo que atraviesa la tabla y la mantiene fija sobre el terreno en la posición adecuada

Después de las siegas siguientes

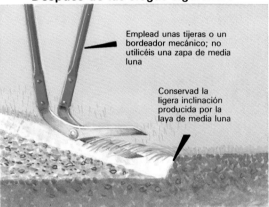

Emplead unas tijeras o un bordeador mecánico; no utilicéis una zapa de media luna

Conservad la ligera inclinación producida por la laya de media luna

TIJERAS BORDEADORAS DE MANGO LARGO

Es el método antiguo de recortar los bordes y, a menos que el césped sea muy grande, sigue siendo el mejor. Si las tijeras están bien dispuestas y afiladas, su manejo será rápido y sencillo, pero debéis comprobar que su altura se ajuste a la vuestra. Antes de comprarlas, sospesadlas y verificad su corte: la longitud del mango puede variar entre 80 y 120 cm.
Algunos modelos llevan un accesorio para sostener la hierba; en algunos casos esto ahorra tiempo pero, si la franja de siega es estrecha y poco profunda, puede resultar un verdadero estorbo. A final de temporada, antes de guardar las tijeras, al engrasar las hojas no os olvidéis de engrasar las tuercas y los pasadores.

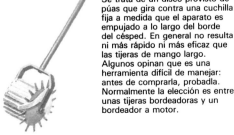

BORDEADOR A TAMBOR

Se trata de un disco provisto de púas que gira contra una cuchilla fija a medida que el aparato es empujado a lo largo del borde del césped. En general no resulta ni más rápido ni más eficaz que las tijeras de mango largo. Algunos opinan que es una herramienta difícil de manejar: antes de comprarla, probadla. Normalmente la elección es entre unas tijeras bordeadoras y un bordeador a motor.

BORDEADOR A MOTOR

Si tenéis un césped grande de bordes firmes y las tijeras bordeadoras os cansan demasiado, podéis emplear un bordeador eléctrico o a batería. Trabajaréis a una velocidad similar, pero con menos esfuerzo físico. Para aprender a mantener el rumbo de este aparato a lo largo del borde hace falta cierta práctica y desde luego no es una herramienta barata: un bordeador a motor es más caro que una segadora eléctrica pequeña.

EL CUIDADO DEL CÉSPED   EL RASTRILLADO Y EL CEPILLADO

A lo largo del año se acumulan sobre el césped gran cantidad de residuos: hojas caídas, ramillas, hierba marchita, deposiciones de lombrices, etc. Para eliminar todos estos restos no basta una sola herramienta; según cuál sea el trabajo a realizar, será mejor una u otra. Las hojas caídas en otoño pueden acumularse con cualquier tipo de barredora —cepillo o de dientes de goma. Como alternativa a las barredoras han aparecido los vaciadores/aspiradores.

En el otro extremo de la escala figuran las herramientas que se clavan firmemente en el césped y arrancan la espesa capa de hierba marchita denominada fieltro: son los escarificadores. Entre ambos tipos están los rastrillos de hierro: una parte esencial del equipo de trabajo.

Los rastrillos eléctricos son una buena herramienta, con tres posiciones: baja para escarificar; media para rastrillar y alta para barrer las hojas. Los restos se depositan en un contenedor incorporado.

CEPILLADO

Consiste en limpiar la superficie del césped con una escoba o una herramienta similar

EN PRIMAVERA: antes de la siega, para eliminar el rocío y las gotas de lluvia de encima de las hojas y para esparcir las deposiciones de las lombrices. La limpieza inicial antes de proceder a la primera siega de primavera debe hacerse rastrillando suavemente, no cepillando.	**ES UN TRATAMIENTO OCASIONAL; MUY ÚTIL CUANDO EL FOLLAJE ESTÁ MONADO**
A FINALES DE PRIMAVERA Y EN VERANO: antes de la siega, para eliminar el rocío y las gotas de lluvia de encima de las hojas y para esparcir las deposiciones de las lombrices. También sirve para enderezar el follaje de las gramíneas y los tallos de las malas hierbas facilitando la siega. Es un tratamiento más suave que el rastrillado, muy ventajoso para asear el césped a finales de primavera.	**ES UN TRATAMIENTO OCASIONAL; MUY ÚTIL CUANDO EL FOLLAJE ESTÁ MOJADO**
EN OTOÑO E INVIERNO: para eliminar las hojas y otros residuos caídos sobre el césped. Hay que hacerlo varias veces para evitar que durante el invierno el césped quede cubierto por una alfombra de hojas muertas.	**ES UN TRATAMIENTO ALTERNATIVO DEL ESCARIFICADO O RASTRILLADO DE FINALES DE VERANO** **ES UN TRATAMIENTO ALTERNATIVO AL RASTRILLADO DE FINALES DE OTOÑO**

VACIADOR

Utilización de un vaciador/aspirador para limpiar la superficie del tepe
En los últimos años ha aparecido una variedad de aspiradores/vaciadores, a mano alzada o con ruedas, que apartan las hojas y otros restos en pilas o en el interior de una bolsa colectora. Resultan útiles para un césped extenso donde el problema de las hojas en otoño sea serio, pero realmente no son necesarias en un césped de tamaño medio.

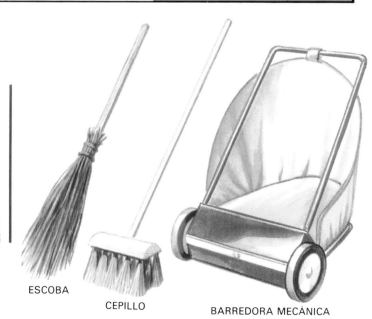

ESCOBA

CEPILLO

BARREDORA MECÁNICA

RASTRILLADO

Consiste en pasar sobre el césped un rastrillo de púas flexibles sin apretar demasiado

EN PRIMAVERA: para eliminar los residuos invernales, esparcid los pequeños acúmulos de paja y enderezad el follaje de las gramíneas y los tallos de las malas hierbas para poder cortarlos.	**ES UN TRATAMIENTO ESENCIAL**
A FINALES DE PRIMAVERA Y EN VERANO: para recoger los recortes de hierba después de la siega. Sirve también para levantar el follaje y los tallos de las malas hierbas pertinaces. En esta época no rastrilléis nunca el césped vigorosamente: una alternativa más suave es el cepillado.	**ES UN TRATAMIENTO OCASIONAL QUE, SI EL CÉSPED ESTÁ LIBRE DE RESIDUOS, NO ES ESENCIAL**
EN OTOÑO: para eliminar las hojas y otros residuos y esparcir pequeños acúmulos de paja. Si los acúmulos son grandes, será necesario escarificar el césped. Después del rastrillado propio del programa de mantenimiento otoñal en invierno puede ser necesario cepillar el césped para eliminar las hojas caídas.	**ES UN TRATAMIENTO ALTERNATIVO DEL ESCARIFICADO O EL CEPILLADO**

EL PROBLEMA DEL FIELTRO

La composición de esta capa fibrosa que se forma sobre la superficie de muchos céspedes ha sido descrita brevemente en la página 6. Cuando esta capa alcanza un espesor de 2,5 cm o más crea una cubierta semiimpermeable que en verano impide la adecuada aireación y restringe la penetración de la lluvia.

En otoño su efecto aún es más grave ya que inhibe el engrosamiento del césped que suele tener lugar en esta época y, al formar una alfombra orgánica permanentemente húmeda, favorece el desarrollo de enfermedades.

En un césped consolidado el fieltro es un problema. En la mayoría de los casos puede evitarse su acumulación rastrillando y cepillando de vez en cuando, pero en suelos muy ácidos y poco permeables puede ser necesaria la protección adicional de un acondicionamiento anual (véase página 31).

Cuando ya hay una espesa capa de fieltro, el aire (véase página 44) se abrirá paso entre la misma, pero para eliminarla hará falta escarificar el césped. Si el área afectada es muy grande, podéis alquilar un escarificador a motor.

Rastrillo de púas flexibles

ESCARIFICADO

Consiste en pasar el rastrillo o una herramienta similar ejerciendo una gran presión hacia abajo

NUNCA EN PRIMAVERA: El rastrillado vigoroso que desgarra la hierba estropearía el césped. En esta época la hierba no produce tallos laterales por lo que el escarificado abriría el césped y lo haría vulnerable a la invasión de malas hierbas.	**NO RECOMENDABLE**
A FINALES DE PRIMAVERA Y EN VERANO: para eliminar las manchas de musgo muerto por habérsele aplicado un tratamiento arenoso o un musguicida apropiado. En esta época no debe escarificarse nunca todo el césped.	**TRATAMIENTO ANTIMUSGO**
A COMIENZOS DE OTOÑO: para eliminar los residuos y el fieltro grueso. Es la mejor época para escarificar el césped, ya que al eliminar el fieltro se estimula la producción de brotes laterales y de tallos rastreros por parte de las gramíneas. Si hay musgo, una o dos semanas antes de escarificar, aplicad un musguicida. Cuando se ha arrancado gran cantidad de fieltro puede ser necesario resembrar ciertas zonas que hayan quedado desnudas.	**ES UN TRATAMIENTO ESENCIAL SI HAY MUCHO FIELTRO**

ASTRILLO DE PÚAS FLEXIBLES

RASTRILLO DE JARDÍN

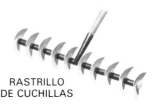

RASTRILLO DE CUCHILLAS

EL CUIDADO DEL CÉSPED   LA AIREACIÓN

El fundamento de la aireación es muy simple. Se trata de crear agujeros o hendiduras para que el aire y el agua puedan penetrar en el suelo. Probablemente la única cosa sencilla que tiene la aireación sea esta definición; el trabajo de airear correctamente una extensa zona es arduo, decidir cuándo es necesario llevarlo a cabo en determinados céspedes no es fácil y escoger el equipo adecuado es difícil. Si leéis atentamente este apartado no tendréis que doblar el espinazo tantas horas como recomiendan algunos libros.

El propósito básico de abrir canales de aireación en profundidad es romper la capa de compactación que suele encontrarse a 5-7 cm de la superficie aunque no siempre está ahí —si las partículas del suelo son comprimidas por el tráfico pesado (el pisoteo de los niños en la zona de juegos, el continuo ir y venir a lo largo de un sendero, etc.) la capa es más superficial. Si el suelo es denso, esta capa de compactación daña seriamente el césped, por lo que es necesario fragmentarla mediante el punzado.

El punzado consiste en clavar en el suelo unas púas, macizas o huecas, hasta una profundidad de al menos 7 cm, con lo que se facilita el vital intercambio gaseoso: el oxígeno, tan indispensable para el desarrollo radicular, penetra en la zona compactada y el dióxido de carbono, tan perjudicial por inhibir el paso del agua a las raíces, se escapa. Hay algo más que un simple intercambio gaseoso; ahora, el agua puede penetrar en las raíces y esto es muy importante tanto en verano como en invierno. En época de sequía las raíces, si no disponen de agua, morirán; en invierno, si la lluvia no puede infiltrarse en el suelo, la superficie del césped sufrirá los efectos del musgo y del fieltro.

Una vez leída la descripción anterior podéis sentir la tentación de precipitaros al jardín y punzar el césped centímetro a centímetro. No lo hagáis. Si el césped es grande, os deslomaréis y, si este tratamiento no es necesario, en vez de beneficioso resultará perjudicial. La norma es punzar sólo cuando la compactación es evidente, hacerlo a comienzos de otoño, una vez al año si se utiliza una horquilla de jardín y no más de una vez cada tres años si se emplea una horquilla de púas huecas.

Además de la capa de compactación la mayoría de céspedes tienen en los tres primeros centímetros superficiales una estera formada de hierbas muertas y suelo compactado. Esta estera debe ser perforada en primavera y verano, pero recordad que este tratamiento no alivia la compactación en profundidad.

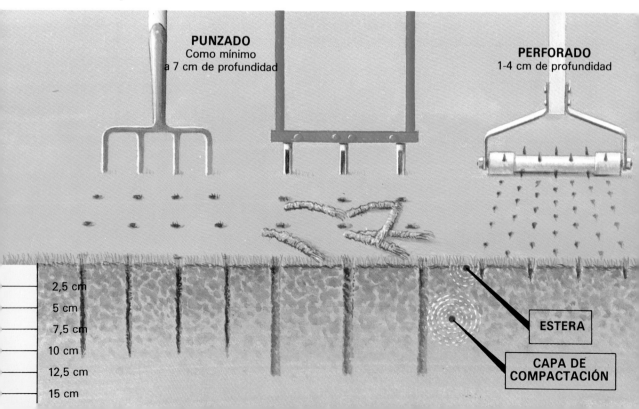

PUNZADO
Como mínimo
a 7 cm de profundidad

PERFORADO
1-4 cm de profundidad

2,5 cm
5 cm
7,5 cm
10 cm
12,5 cm
15 cm

ESTERA

CAPA DE COMPACTACIÓN

PUNZADO

HORQUILLA DE JARDÍN

HORQUILLA DE PÚAS HUECAS

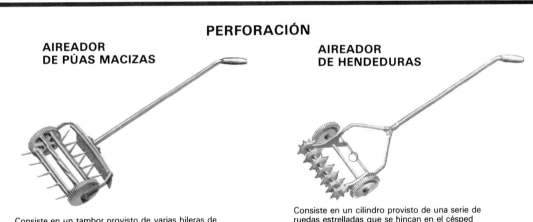

Ideal para zonas reducidas, especialmente si el suelo es arenoso o franco. Introducid la horquilla en vertical hasta unos 10 cm de profundidad, removedla suavemente de un lado para otro y luego sacadla verticalmente. Seguid trabajando el terreno dejando unos 15 cm de distancia entre las hileras de agujeros.

Ideal para suelos pesados. No la utilicéis nunca en suelos arenosos. Cada púa hueca extrae un cilindro de tierra con lo que se crean unos canales de aireación anchos y se evita la compactación de la pared lateral de los agujeros. Los cilindros extraídos deben eliminarse.

PUNZADORA MECÁNICA

Existen varios tipos de punzadoras a motor: con púas macizas, en forma de escoplo, huecas o provistas de profundas hendeduras. Si tenéis que tratar una gran extensión de césped vale la pena que alquiléis un aireador a motor grande.

PERFORACIÓN

AIREADOR DE PÚAS MACIZAS

AIREADOR DE HENDEDURAS

Consiste en un tambor provisto de varias hileras de púas que penetran en el césped a medida que la máquina avanza, perforando la paja y la costra superficial. Algunos de estos aireadores se han hecho muy populares, pero si el terreno es denso pueden resultar difíciles de desplazar.

Consiste en un cilindro provisto de una serie de ruedas estrelladas que se hincan en el césped abriendo una extensión de suelo mayor que el aireador de púas macizas. Según algunos expertos, la poda de raíces resultante estimula su desarrollo. Algunas segadoras a motor están preparadas para alojar en su parte trasera un accesorio de este tipo.

DÓNDE HAY QUE AIREAR

Punzado

Punzad sólo aquellas zonas en las que detectéis dos o más de los siguientes síntomas de compactación:

- Encharcamiento después de la lluvia
- Amarronamiento anormalmente rápido en tiempo seco
- Musgo de tipo rastrero (véase página 78)
- Manchas desnudas debido al tráfico pesado
- Escaso vigor del césped

Perforación

En verano, si al regar en tiempo seco el agua no penetra rápidamente en el suelo, perforad todo el césped.

CUÁNDO HAY QUE AIREAR

Punzado

La mejor época es a comienzos de otoño, un día en que el suelo esté húmedo. Antes escarificad el suelo y después de punzado, acondicionadlo. Este tratamiento mejora el drenaje, y las raíces nuevas que se formarán harán que el verano siguiente el césped resista mejor la sequía.

Perforación

Perforad en verano, antes de abonar o de regar. Hacedlo un día en que el suelo esté húmedo.

EL CUIDADO DEL CÉSPED — EL ENCALADO

El césped raras veces padece deficiencia de calcio y sólo debéis pensar en encalarlo cuando haya señales evidentes de este problema. La hierba será fina y rala y estará invadida por acederillas, lúzulas y musgo. Hay que comprobar la acidez: el pH debe ser inferior a 5,5. Si concurren todas estas señales, en otoño o invierno aplicad unos 60 g de caliza molida por metro cuadrado: no empleéis la cal de jardín corriente.

Si no se presentan estos síntomas no encaléis, ya que en un césped normal cualquier aplicación de cal conlleva un rápido deterioro. Las malas hierbas, las lombrices y las enfermedades fúngicas aumentan y las gramíneas finas disminuyen.

Por regla general, el jardinero ha de procurar aumentar la acidez, no disminuirla. Esto se consigue aplicando arena para césped o incorporando turba al acondicionador otoñal.

EL CUIDADO DEL CÉSPED — EL RULADO

En manos de un jardinero experto el rodillo se convierte en una herramienta muy útil para consolidar la superficie de los céspedes deportivos y lograr un bonito «acabado». En manos de un jardinero normal es casi seguro que hará más mal que bien.

El rulo sirve para afirmar la superficie de un césped que ya sea liso. Emplearlo para eliminar los montículos es un solemne error: generalmente empeora la situación, ya que ahonda aún más los hoyos existentes.

En un césped afianzado, el rodillo sólo puede entrar en acción en primavera para consolidar la hierba que las heladas pueden haber levantado. Si disponéis de una segadora provista de un rodillo trasero, todo lo que tenéis que hacer es recorrer el césped con el cabezal cortante levantado y presionar hacia abajo.

Si vuestra segadora no dispone de rodillo y las heladas han levantado la hierba deberéis pedir prestado o alquilar un rodillo ligero. Cercioraos de que no pesa más de un quintal y pasadlo un día en que la hierba esté seca y el suelo húmedo. Antes de hacerlo barred los residuos superficiales, los restos de lombrices, etc.

EL CUIDADO DEL CÉSPED — LA LECTURA

Es un método insólito de cuidar el césped que no encontraréis en los libros. Sin embargo, hoy en día, leer revistas de jardinería forma parte del cuidado del césped, ya que el equipo se está renovando constantemente. Cada año aparecen nuevas segadoras, nuevas recortadoras, nuevas variedades de gramíneas, nuevos productos químicos y nuevos tipos de césped. Leer artículos y anuncios es el mejor método para mantenerse al día.

CAPÍTULO 4
PROBLEMAS DEL CÉSPED

BAJO LOS ÁRBOLES
Musgo, manchas desnudas y hierba rala.
Véase página 8

ALGAS
Lodo negro sobre hierba anegada.
Véase página 51

TOPERAS
Grandes montículos de tierra. Puede haber largos caballetes.
Véase página 49

HORMIGUEROS
Pequeños montículos de tierra. Suelo arenoso, hormigas a la vista.
Véase página 49

DEPOSICIONES DE LOMBRICES
Pequeños montículos de tierra. Suelo pegajoso.
Véase página 48

MANCHAS PARDAS
Véanse páginas 80-81

LÍQUENES
Láminas imbricadas pardas o grises, blancas por debajo.
Véase página 51

PÁJAROS
La presencia de estorninos picoteando el césped suele indicar la existencia de larvas de típulas.
Véase página 48

ANEGAMIENTO
Punzad el suelo acondicionándolo seguidamente. Si el problema no se soluciona, cread una zona de drenaje en la parte inferior del césped.
Véase página 94

MARGARITAS
Véase página 71

MANCHAS DESNUDAS
Véase página 83

SETAS Y CORROS DE BRUJAS
Círculos de hierba de color verde oscuro.
Véase página 51

MUSGO
Véase página 78

BULTOS Y HOYOS
Véase página 82

MALAS HIERBAS
Véanse páginas 52-77

HIERBA VERDE AMARILLENTA
Suele ser debida a deficiencia de nitrógeno: aplicad un tónico para césped o sulfato amónico.
Véase página 36

SAGINA
Mala hierba con diminutas flores blancas. Véase
Véase página 71

GRAMÍNEAS INDESEADAS
Véase página 79

HIERBA FINA Y RALA
Varias causas: siega incorrecta (página 31), deficiencia de nutrientes (página 36), aireación insuficiente (página 44) y sombra intensa (sin solución)

ARISTADO
Véase página 86

TRÉBOL
Véase página 64

BORDES IRREGULARES
Véase página 82

Plagas

En ciertas partes del globo los que cuidan del césped deben librar una batalla constante contra diversas plagas subterráneas. La más frecuente es la de las lombrices, que felizmente puede ser controlada con relativa facilidad. Los perros ya son otra cosa, ya que no se puede ni pensar en erradicarlos.

LOMBRICES

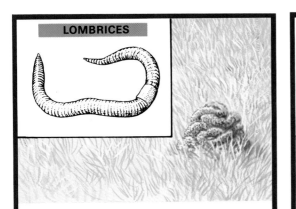

Las lombrices no atacan directamente el césped: de hecho se supone que producen un efecto beneficioso creando agujeros de drenaje en el interior del suelo. En los huertos y en los jardines florales hay varios tipos de lombrices que desempeñan un valioso papel, pero las especies que depositan sus residuos terrosos sobre el césped no son buenas aireadoras del suelo. El daño causado por sus acúmulos serpenteantes de tierra pegajosa supera cualquier hipotético beneficio. Claro está que estas deposiciones hacen mal efecto, pero los perjuicios ocultos aún son más graves. Al ser aplastadas por la segadora o por los pies, hacen que la superficie del césped se vuelva irregular y que la hierba que había debajo quede sofocada. Se forma una superficie fangosa y resbaladiza a merced de las malas hierbas. Además, una gran población de gusanos de tierra en su jardín anima la venida de otros.

Cómo evitar y resolver el problema

Si el suelo es bastante denso y rico en materia orgánica, la actividad de las lombrices puede arruinar su superficie con bastante rapidez. Al segar, eliminad siempre los recortes de hierba y procurad aumentar la acidez del césped. Para ello es necesario acondicionarlo anualmente con turba, empleando un fertilizante (como la arena para césped) que contenga sulfato amónico. No encaléis nunca.
Estas deposiciones suelen aparecer en primavera y en otoño, cuando el tiempo es templado y húmedo. Si son abundantes, antes de segar, esparcidlas con una escoba cuando estén secas. Hasta no hace demasiado tiempo, se disponía de preparaciones químicas para erradicar las plagas de gusanos. El remedio tradicional era el carbaril y la harina de heno, pero actualmente estos pesticidas no se encuentran a la venta, por lo que se deberán utilizar métodos indirectos no químicos. Las dos técnicas son barrer las deposiciones secas y tratar con sustancias acidificantes como arena de césped.

TÍPULAS

Las típulas o gusanos de cuero son la peor plaga de insectos: en céspedes mal drenados, después de un otoño húmedo, pueden producir graves daños. Las típulas depositan sus huevos en el césped a finales del verano; las larvas salen de sus cubiertas en otoño; y en invierno y primavera se alimentan de las raíces y las bases de los tallos de las gramíneas dando lugar a manchas de hierba amarilla o marrón que resultan más evidentes a comienzos del verano, durante los períodos de sequía.
La presencia de estorninos picoteando el césped es una señal inequívoca del ataque de típulas. Podéis comprobarlo regando una zona del césped y cubriéndola durante la noche con una lámina de politeno. A la mañana siguiente aparecerán las larvas, sin patas, grises o marrones, de 2,5 cm de longitud.

Cómo evitar y resolver el problema

Airear el césped para mejorar el drenaje contribuirá a prevenir el ataque (véase página 44), pero en aquellas zonas en que esta peste es frecuente hace falta una acción más enérgica. En otoño regad con un insecticida que contenga HCH, o emplead un producto con carbaril.

LARVAS

En primavera y verano las larvas curvadas y aplanadas de los abejorros de jardín atacan las raíces de las gramíneas, si bien son un problema menos frecuente que las típulas. Aparecen pequeñas manchas pardas de hierba marchita que puede ser arrancada con bastante facilidad.

Cómo evitar y resolver el problema

Excepto en las zonas arenosas, casi nunca es necesario tomar medidas preventivas especiales. El rulado primaveral aplastará las larvas, y el producto empleado para combatir las lombrices y las típulas también combatirá esta peste.

TOPOS

Da pena ver cómo en un abrir y cerrar de ojos los topos pueden arruinar un buen césped. De la noche a la mañana aparecen grandes montones de tierra y la actividad subterránea da lugar a la formación de largos caballones o de depresiones rectilíneas debidas al hundimiento de los túneles.

El ataque de estos animalitos negros es más probable en suelos arenosos desprovistos de piedras y en céspedes descuidados o que soporten poco tráfico. No obstante, pocos céspedes pueden considerarse inmunes.

Cómo evitar y resolver el problema

Cuando se trata de topos es mejor prevenir que curar. Su dieta consiste mayoritariamente en lombrices por lo que es aconsejable que, si detectáis actividad de topos en la vecindad, apliquéis al césped un tratamiento contra las lombrices.

Una vez estos animales se hayan afincado en vuestro césped, os será difícil deshaceros de ellos. En los libros y revistas se describen toda suerte de técnicas y todas ellas han tenido éxito: bolas de alcanfor o naftalina, papeles quemados, creosota, desinfectantes y cartuchos de humo insertos en las vías principales. Si uno de los procedimientos disuasorios falla, probad otro, aunque, a menos que los matéis, los topos suelen volver. Un buen método de erradicación consiste en cazarlos, pero requiere destreza. El secreto consiste en colocar la trampa correcta (del tipo del medio barril) a lo largo de una galería permanente (no bajo una topera antigua) y dejarla lo más tranquila posible. Si podéis, contratad los servicios de un cazador de topos profesional. Un método alternativo de matarlos es el envenenamiento. Dejadlo al profesional.

PERROS

Los perros no respetan el césped y su orina quema la hierba. Las manchas marrones tienen un contorno más o menos circular, con un anillo de hierba oscura y lozana alrededor de cada una de ellas. En tiempo seco los daños son mayores.

Cómo evitar y resolver el problema

Se trata de un problema enojoso y frustrante a la vez, ya que poca cosa puede hacerse para evitarlo o solucionarlo. No existen productos disuasores efectivos con los que pueda tratarse todo un césped y lo único que cabe hacer es regar copiosamente la mancha. Si la zona marrón sigue siendo demasiado evidente, la única solución es resembrarla o reemplazar el tepe.

HORMIGAS

A diferencia de las deposiciones de las lombrices, los hormigueros son característicos de los suelos arenosos y aparecen en pleno verano. No son tan perjudiciales como aquéllas, pero también desfiguran la superficie y pueden dificultar la siega. La culpable más frecuente es la hormiga amarilla del césped y su actividad subterránea puede dañar las raíces y provocar el amarillamiento de las hojas.

Cómo evitar y resolver el problema

Antes de segar, esparcid los montículos con la escoba y, si éstos son numerosos, espolvoread un producto antihormigas alrededor de los hormigueros o depositad unas cuantas gotas de líquido antihormigas cerca de los mismos.

MINADORAS

La abeja minadora carece de aguijón y hace su nido bajo los céspedes y los senderos. El suelo excavado queda depositado en la superficie formando un pequeño cono; a primera vista parece un hormiguero, pero tiene un cráter característico en lo alto.

Cómo evitar y resolver el problema

Los pequeños montículos producidos por las abejas minadoras casi nunca precisan ninguna acción drástica, basta con esparcirlos antes de segar. No obstante, en algunas zonas aparecen en gran número y en un mismo lugar año tras año; en este caso deben espolvorearse los montículos a comienzos de primavera con un producto que contenga HCH (hexaclorociclohexano).

PÁJAROS

En un césped consolidado los pájaros no constituyen un problema serio, si bien los estorninos, en su búsqueda de larvas, algunas veces pueden arrancar porciones de hierba, y los grajos, en su búsqueda de materiales para construir sus nidos, pueden causar ligeros daños. Sin embargo, en un césped recién sembrado, los gorriones llegan a ser un grave problema ya que utilizan el semillero como baño de polvo.

Cómo evitar y resolver el problema

Lo fundamental en la lucha contra los pájaros es acabar con las larvas subterráneas que los atraen. Véanse los apartados sobre las típulas y las larvas de abejorros. Antes de sembrarlas, tratad siempre las semillas con una sustancia que repela los pájaros y tended un hilo negro en zig-zag sobre las zonas resembradas.

Enfermedades

Al igual que todas las cosas vivas, el césped puede padecer enfermedades. La mayoría de ellas son de origen fúngico y algunas, como la fusariosis, pueden ser mortales. La divisoria entre malas hierbas y enfermedad debería ser clara... pero no lo es. Para algunos expertos las algas y los líquenes son malas hierbas, ya que realmente son formas vegetales primitivas, pero en este libro los tratamos como enfermedades, reservando el nombre de malas hierbas a las plantas superiores indeseadas que con demasiada frecuencia invaden nuestros céspedes.

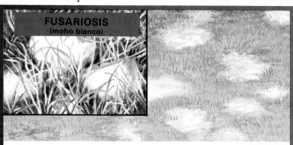

FUSARIOSIS (moho blanco)

La fusariosis es la enfermedad fúngica más frecuente en los céspedes, sobre todo del norte de Europa, donde el clima es más húmedo. El primer indicio del problema es la aparición de unas pequeñas zonas de hierba amarillenta; las manchas crecen hasta tener unos 30 cm de diámetro y luego se fusionan entre sí formando extensas zonas pardas en las que la hierba se muere. En tiempo húmedo los bordes de las zonas enfermas pueden cubrirse de un moho lanoso blanco o rosáceo.

Cómo evitar y resolver el problema
Curar esta enfermedad no es fácil, por lo cual debéis hacer todo lo posible para evitar la infección. No empleéis fertilizantes ricos en nitrógeno ni en otoño ni en invierno y no caminéis sobre el césped cuando esté cubierto de nieve. Los productos químicos pueden ayudar. El quintoceno de algunos fungicidas contribuye a prevenir la infección; si la enfermedad ya se ha apoderado del césped, tratadlo con benlate.

FILAMENTO ROJO (mal rojo)

Los céspedes de hierba fina que casi nunca son abonados son propensos a la infección por *Corticium*. A finales de verano o en otoño aparecen unas manchas blanquecinas irregulares que más tarde se vuelven rosadas. Si en tiempo húmedo las examináis atentamente veréis unas finas agujas rojas que emergen de entre las hojas de las gramíneas. Esta enfermedad no mata la hierba pero le da mal aspecto hasta que las manchas blancas no se recuperan.

Cómo evitar y resolver el problema
El secreto está en cuidar bien el césped. Abonadlo anualmente en primavera o verano, punzadlo y, si el suelo es arenoso, no lo seguéis demasiado corto. Para evitar que la enfermedad se cebe en el césped, aplicad un fungicida —si los filamentos gelatinosos ya han hecho su aparición— tratadlo con benlate.

OPHIOBOLUS

Por fortuna esta enfermedad mortal es poco frecuente. Afecta a las agrostis (véase página 12) y suele asociarse a deficiencias de drenaje, desnutrición y barro. El *Ophiobolus* comienza formando una pequeña zona hundida que, año tras año, va creciendo de tamaño hasta tener más de un metro de diámetro con un cerco de hierba blanquecina en el borde exterior. El rasgo más característico es la colonización de la zona muerta central por malas hierbas y gramíneas gruesas.

Cómo evitar y resolver el problema
Aplicad arena para césped en primavera, no encaléis a menos que sea necesario y punzad el césped en otoño. Tan pronto como se identifique la enfermedad, el tepe de la mancha debe ser reemplazado antes de que ésta crezca.

MANCHA DÓLAR

Si vuestro césped está formado por gramíneas utilitarias, la enfermedad de la mancha dólar no debe preocuparos. Se trata de una enfermedad del césped de hoja fina que sólo suele ser grave en el césped de Cumberland. Las manchas son circulares, de 2,5-5 cm de diámetro, y de color pajizo o pardo dorado. Puede desfigurar seriamente un césped suntuario: las manchas se fusionan y pueden afectar extensas zonas.

Cómo evitar y resolver el problema
Si vuestro césped está formado por *Festuca rubra rubra*, poned un cuidado especial en evitar esta enfermedad fúngica. Abonadlo cada primavera con un fertilizante rico en nitrógeno y a final de temporada tratadlo con un fungicida. El único tratamiento es un fungicida sistémico como la carbenzamina (carbendazim). Mezclad los polvos con agua y aplicad en la zona afectada al primer síntoma.

SETAS Y CORROS DE BRUJAS

En el césped pueden crecer varios tipos de setas y si hay unas pocas esparcidas aquí y allá no hay nada que objetar. La causa usual es la existencia de restos orgánicos enterrados y eliminando éstos suelen desaparecer aquéllas.

Con unos pocos tipos de agáricos se forma un círculo que año tras año se hace más amplio. Si el desarrollo fúngico subterráneo no ocasiona una decoloración de la hierba, estáis ante un corro de brujas de grado 3 que no precisa tratamiento. Algunos agáricos, como el cuesco de lobo y el champiñón, forman un corro de brujas de grado 2 que se reconoce por la hierba de color verde oscuro del borde del anillo. Puede hacer mal efecto, pero es difícil de remediar, por lo que lo mejor es mantener abonado el césped de manera que el color del cerco quede enmascarado por el vivo verde del resto de la hierba.

Marasmius oreades produce un corro de brujas de grado 1 que es un verdadero problema. Se forman dos cercos de color verde oscuro, como se ve en la fotografía, y el espacio que queda entre ellos está desnudo e invadido por el musgo. El cerco puede ser pequeño o abarcar todo el césped y recuperarlo siempre es difícil. Antes de crear un césped, eliminad todos los trozos de leño y luego conservadlo vigoroso siguiendo las normas dadas en el capítulo 3. A pesar de hacerlo todo correctamente aún puede aparecer un corro de brujas de grado 1. De vez en cuando se anuncia una cura milagrosa pero ninguna técnica acuosa ha resultado buena, ya que los micelios subterráneos del hongo impermeabilizan el suelo. Podéis probar con sulfato de hierro (15 g en 5 litros de agua por metro cuadrado) o una solución diluida de detergente, aunque la solución real es eliminar la hierba y el suelo hasta 30 cm de profundidad. La franja excavada debe abarcar hasta 30 cm de los bordes interior y exterior del cerco y la tierra extraída debe depositarse lejos del césped. Rellenad el hoyo con suelo limpio y colocad tepes nuevos.

LÍQUENES

En los céspedes descuidados son frecuentes las placas hojosas de los líquenes, que cuando están húmedas son marrones o casi negras pero cuando se secan se vuelven grisáceas y se arrollan hacia arriba mostrando la parte inferior blanca. Al igual que el musgo, los líquenes indican malas condiciones de crecimiento: poco drenaje, exceso de sombra y falta de nutrientes. En un césped bien cuidado, el único sitio donde es probable que encontréis líquenes es bajo los árboles.

Cómo evitar y resolver el problema

Son fáciles de erradicar; basta con aplicar algún musguicida o arena para césped. No obstante, sólo se podrá evitar una nueva invasión mejorando las condiciones de crecimiento. Lo primero que hay que hacer es punzar el suelo y aplicar un fertilizante. Algunas veces se aconseja encalar el suelo para combatir los líquenes, pero eso sólo debe hacerse después de haber comprobado que el suelo es extremadamente ácido. Véase página 46.

ALGAS

Algunas veces el césped aparece cubierto de un fango verde o negro constituido por innumerables plantas microscópicas (algas verdeazuladas). Este fango es característico de la conjunción de dos factores: una superficie desnuda o con hierba muy dispersa y el anegamiento de la zona. Generalmente se encuentra en la zona de goteo de los árboles, pero también podéis hallarlo en un césped sobre suelo denso, excesivamente rulado, desnutrido o segado demasiado corto. También en zonas recién sembradas sobre suelos poco permeables.

Cómo evitar y resolver el problema

Eliminar las algas es bastante sencillo; basta con regar el área afectada con un musguicida o someterla a un tratamiento a base de arena para césped. Por desgracia, a menos que se corrija la causa que lo originó, el fango volverá a aparecer. Para ello en otoño es necesario punzar y acondicionar la hierba compactada (véanse páginas 35 y 44).

Malas hierbas

Una mala hierba es una planta que crece fuera de lugar y esto en un césped significa cualquier planta que no sea una de las variedades de gramíneas recomendadas.

No es raro ver un césped recién sembrado infestado de hierbajos. Sin embargo, una vez consolidado, las siegas frecuentes producen un cambio espectacular en la población de aquéllas. La mayor parte de las malas hierbas no logran resistir la acción destructora de las cuchillas giratorias, por lo que van desapareciendo. Muchas de las plantas que en el arriate floral resultan difíciles de eliminar, como la grama del norte, las enredaderas y las ortigas, no sobreviven en un césped bien cuidado.

Queda un pequeño grupo de porte rastrero que les permite escapar a las cuchillas de la segadora. Son las malas hierbas del césped que constituyen una amenaza constante. Unas pocas, como *Poa annua* y *Aphanes arvensis*, son anuales, pero la inmensa mayoría son plantas perennes que van extendiéndose año tras año.

Nada se puede hacer para prevenir la aparición ocasional de malas hierbas incluso en el césped mejor cuidado. La semillas transportadas por el viento y los pájaros pueden ser un ejemplo. No hay que culpar a la naturaleza de las grandes manchas de malas hierbas en un césped. Las causas fundamentales son:

- Falta de preparación del terreno a la hora de crear el césped
- Elección equivocada del tipo de gramíneas
- Mantenimiento deficiente o incorrecto

Si el césped está lleno de hierbajos, vuestra es la culpa.

Plantas en roseta

Ejemplos: llantén, diente de león, hierba de halcón

Plantas en estera:

Ejemplos: sagina, milenrama, trébol

DE DÓNDE VIENEN

Semillas traídas por los pájaros. Los excrementos suelen contener semillas de malas hierbas

Semillas o porciones de tallo entre los recortes de césped; si el césped tiene malas hierbas utilizad siempre un depósito para recoger la hierba

Semillas traídas por el viento desde los céspedes vecinos

Semillas o porciones de tallo o de raíz traídos por los perros, mezclados en el compost, pegados a las botas, etc.

Tallos rastreros procedentes de los céspedes vecinos

Las semillas ya están en el suelo. Al cabo de varios años de la creación de un césped, la formación de manchas ralas o desnudas estimula su germinación. Las semillas enterradas en profundidad pueden ser llevadas a la superficie por los gusanos.

POR QUÉ DEBEN DESAPARECER

Flores feas: el césped adquiere un aspecto manchado

Las hojas grandes sombrean las gramíneas delicadas y las desplazan

Hojas feas: el césped pasa a ser de segunda clase. Su aspecto manchado es más acusado en época de sequía

Las raíces absorben agua y nutrientes reduciendo las reservas disponibles para las gramíneas y acelerando el deterioro del césped

Cuando las gramíneas no crecen vigorosamente, las malas hierbas en roseta y en estera que producen tallos rastreros pueden extenderse rápidamente

Cómo evitar las malas hierbas

1 **AL CREAR EL CÉSPED, ANTES DE SEMBRAR LAS SEMILLAS EN OTOÑO, DEJAD EL TERRENO EN BARBECHO**

Durante todo el verano, después de cavar el terreno, se cultiva como si estuviese sembrado. Cada rastrillado lleva a la superficie una nueva remesa de semillas de malas hierbas anuales que germinan. Las plántulas resultantes deben eliminarse antes de que florezcan, ya sea azadonándolas o aplicando un herbicida. De esta manera, cuando se siembren las gramíneas del césped, ya no habrá semillas de malas hierbas anuales en el suelo.

2 **AL CREAR EL CÉSPED, ESCOGED SEMILLAS O TEPES DE BUENA CALIDAD**

Comprad las semillas a un proveedor de confianza. Recordad que las «gangas» a la larga suelen salir caras. La pureza de las semillas de calidad es comprobada antes de ponerla a la venta. Las malas hierbas del césped pocas veces son imputables al proveedor de semillas: la causa más frecuente es no haber tenido el suelo en barbecho antes de sembrarlas.

Los tepes de baja calidad son más frecuentes. Antes de comprarlos examinad una muestra: no compréis nunca material infestado. Antes de colocarlos sobre el terreno, inspeccionadlos detenidamente y eliminad las malas hierbas.

3 **AUMENTAD LA RESISTENCIA DEL CÉSPED CONSOLIDADO CUIDÁNDOLO ADECUADAMENTE**

Si la hierba forma una capa gruesa y vigorosa, el césped estará a salvo de las malas hierbas. Para asentarse, éstas necesitan manchas de terreno desnudas o zonas en que la hierba crezca poco y mal: debéis procurar que este requisito no se cumpla. Para ello es necesario un correcto mantenimiento del césped, tal como ha sido descrito en el capítulo 3, y de entre todas las normas de cultivo allí citadas destacan seis puntos clave:

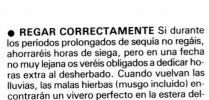

● **SEGAR CORRECTAMENTE** A la altura y con la frecuencia indicadas en la página 31. Los cortes más bajos o los cortes correctos pero a intervalos inadecuados debilitarán la hierba y permitirán la implantación de malas hierbas. Colocar las cuchillas lo más bajo posible con la pretensión de «afeitar» las malas hierbas es una locura. La norma de segar el césped «poco y a menudo» es aún más importante en un césped reciente que en uno ya consolidado.

● **ABONAR CORRECTAMENTE** En la lucha contra las malas hierbas, el papel del abonado es estimular el crecimiento de las gramíneas, reduciendo o eliminando los espacios disponibles para la germinación de las semillas. Además, la fertilidad elevada ayuda a las gramíneas a impedir que las malas hierbas invadan su territorio.

● **REGAR CORRECTAMENTE** Si durante los períodos prolongados de sequía no regáis, ahorraréis horas de siega, pero en una fecha no muy lejana os veréis obligados a dedicar horas extra al desherbado. Cuando vuelvan las lluvias, las malas hierbas (musgo incluido) encontrarán un vivero perfecto en la estera delgada y abierta producida por la sequía.

● **MANTENER A RAYA LAS LOMBRICES** Las lombrices agravan el problema de las malas hierbas de dos maneras: llevan a la superficie las semillas latentes enterradas en profundidad y sus deposiciones constituyen el lugar ideal para que éstas y otras de distinta procedencia germinen. Para detalles del control de las lombrices consúltese la página 48.

● **COMBATIR LAS ENFERMEDADES** El resultado más frecuente del ataque de una enfermedad es una mancha de hierba débil que puede ser colonizada por el musgo o las malas hierbas. Procurad prevenir las enfermedades (véase página 50) y si tenéis la desgracia de que en vuestro césped hay una zona enferma, resembradla o reemplazad los tepes antes de que aparezcan las malas hierbas.

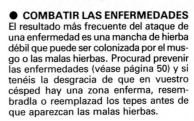

● **ESCARIFICAR CORRECTAMENTE** Rastrillar el césped contribuye a mantener a raya las malas hierbas rastreras y también mejora el vigor de las gramíneas al abrir el fieltro que se forma en la superficie. Pero no rastrilléis muy fuerte, arrancaríais la hierba y dejaríais vía libre a las malas hierbas.

4 **CONTROLAR LOS INVASORES OCASIONALES DEL CÉSPED CONSOLIDADO DESHERBANDO MANUALMENTE O MEDIANTE UN HERBICIDA**

Generalmente no es necesario más que desyerbar manualmente o tratar determinada zona con un herbicida. Pero si las malas hierbas ya se han afincado en el césped, tendréis que someterlo a un tratamiento completo. Consultad las diversas maneras de hacer frente al problema en las páginas 54-57 y emplead el tratamiento apropiado.

Cómo resolver el problema de las malas hierbas

Si no hay más que unas cuantas malas hierbas podéis sentir la tentación de ignorar el problema: desde lejos el césped se ve uniformemente verde y las malas hierbas sólo son visibles de cerca. Pero el problema se agravará. En cuanto las plantas comiencen a florecer el efecto visual será peor y estas intrusas se irán extendiendo cada vez más. El problema debe atajarse antes de que se escape de las manos. Existen métodos de control tanto mecánicos como químicos: el método correcto dependerá del número y el tipo de plantas presentes. Una vez libre de visitantes inoportunos, el césped debe ser cuidado adecuadamente para que aumente el vigor de la hierba y así disminuya el riesgo de una nueva invasión. El tratamiento químico de las malas hierbas no es un sustitutivo de un buen mantenimiento, es sólo una de sus partes importantes.

METODOS MECÁNICOS

DESYERBADO MANUAL Las plántulas dispersas de las malas hierbas anuales pueden eliminarse con facilidad. Sujetad el césped contra el suelo con una mano y arrancad la plántula con la otra.

En un césped consolidado esta técnica de desyerbar a mano no funciona. Desenterrad los hierbajos en una época en que la hierba crezca activamente, empleando una horquilla pequeña y asegurándoos de que desenterréis las raíces. Haced un agujero pequeño y, una vez desarraigada la mala hierba, rellenadlo con compost. Afirmad el césped circundante. El desyerbado manual sólo es práctico para casos de malas hierbas aisladas.

ACUCHILLADO Los herbicidas no tienen ningún efecto sobre las matas de gramíneas gruesas. Lo mejor es desgajar las matas con un cuchillo o una zapa de media luna antes de segar el césped.

RASTRILLADO Antes de segar enderezad los tallos rastreros de las malas hierbas, los tallos de las gramíneas gruesas y las hojas de otras malas hierbas. Así la segadora podrá cortarlos. Si el césped está invadido por los hierbajos, utilizad una segadora provista de depósito para los recortes y no utilicéis éstos para acolchar alrededor de las plantas.

MÉTODOS QUÍMICOS

Es probable que en la jardinería de la esquina encontréis una gama increíble de herbicidas para el césped. El ingrediente, o ingredientes, activos del mismo vienen especificados en la etiqueta de la botella, caja o envoltorio, y estos nombres indican el tipo de herbicida de que se trata. Si en el envoltorio se cita el sulfato ferroso, el producto es una arena para césped; si contiene otros ingredientes se trata de un herbicida selectivo.

ARENA PARA CÉSPED	página 55

HERBICIDA SELECTIVO	páginas 56-57

La naturaleza de estos dos grupos de herbicidas para césped se explica en las tres páginas siguientes; el modo de emplearlos y la forma en que actúan son distintos. Reglas generales:

- Antes de usarlos leed atentamente las instrucciones y las precauciones a tomar... y seguidlas.

- Aplicad la cantidad indicada: doblando la dosis podéis quemar la hierba con lo que disminuirá la acción herbicida. Lo mejor es servirse de un distribuidor mecánico.

- Al aplicar el tratamiento el suelo debe estar húmedo y tanto el césped como las malas hierbas deben estar creciendo activamente. Es decir que la mejor época es a finales de primavera o comienzos de verano.

- No apliquéis el tratamiento ni en tiempo lluvioso ni durante un período prolongado de sequía.

- No seguéis inmediatamente antes del tratamiento.

- Cuando no los uséis, guardad todos los herbicidas en un sitio seguro.

Qué método debe emplearse

TIPO DE MALA HIERBA		MÉTODO DE CONTROL	
	MALAS HIERBAS DE HOJA ANCHA páginas 59-77 El término «de hoja ancha» más que descriptivo es botánico. Algunas de estas malas hierbas, como la sagina, tienen hojas muy estrechas	**ARENA PARA CÉSPED** Véase página 55	Destruye o reduce el crecimiento del brote de muchas malas hierbas, elimina el musgo y reverdece las gramíneas del césped
		o	
		HERBICIDA SELECTIVO Véanse páginas 56-57	Destruye o reduce el crecimiento tanto del brote como de las raíces de muchas malas hierbas. Es más efectivo que la arena para césped, pero no tiene ningún efecto sobre el musgo
	MUSGO página 78	**ARENA PARA CÉSPED** Véase página 55	Destruye o reduce el crecimiento del brote : el musgo vuelve a aparecer si no se eliminan sus causas, o causa
		o	
		MUSGUICIDA	Actualmente existen musguicidas específicos a base de diclorofeno - véase página 78
	MALAS HIERBAS GRAMÍNEAS página 79	**CONTROL MECÁNICO**	No existe ningún método de control químico eficaz. El método de control mecánico más adecuado dependerá del tipo de mala hierba gramínea presente

ARENA PARA CÉSPED

Actualmente los herbicidas selectivos modernos han alcanzado gran popularidad y el antiguo tratamiento con arena para césped no suele figurar en los programas de desherbado del mismo. Es verdad que, si no se aplica con cuidado, su componente activo, el sulfato ferroso, puede chamuscar las gramíneas delicadas, y sólo destruye el brote, pero no la raíz. Sin embargo sirve para atajar una amplia gama de malas hierbas, incluido el musgo. Además produce un efecto beneficioso suplementario, ya que el otro componente, el sulfato amónico, reverdece el césped y ayuda a conservar la tan vital acidez del suelo. La línea divisoria entre la arena de césped y los herbicidas selectivos no está del todo clara. Actualmente, muchos herbicidas para césped contienen los ingredientes activos de ambos tipos.

Cómo usarla

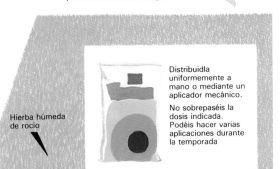

Mañana soleada con pronóstico de buen tiempo

Distribuidla uniformemente a mano o mediante un aplicador mecánico.

No sobrepaséis la dosis indicada. Podéis hacer varias aplicaciones durante la temporada

Hierba húmeda de rocío

Al aplicarla el suelo debe estar húmedo. No hacerlo en tiempo seco

Después de usar la arena para césped

Inmediatamente después del tratamiento:	No seguéis ni caminéis por el césped hasta que haya llovido o hayáis regado.
2 días después:	Si no ha llovido, regad copiosamente.
3 semanas después:	Rastrillad la hierba muerta. Si aún quedan matas de hierba, emplead un herbicida selectivo (véanse páginas 56-57) o aplicad un nuevo tratamiento de arena de césped.

Cómo actúa

El polvo se adhiere a las hojas anchas y rugosas de las malas hierbas chamuscándolas rápidamente

El polvo resbala sobre las hojas lisas y estrechas de las gramíneas finas. A menudo se produce un ennegrecimiento temporal de las hojas de las gramíneas más viejas, pero tan pronto el polvo desaparece de las mismas el césped se recupera

El polvo de las hojas es arrastrado por la lluvia o el agua de riego y penetra en el suelo donde estimula el crecimiento de la hierba aumentando su verdor

Cuándo debe usarse

Época del tratamiento				
COM. PRIM.	MED. PRIM.	FIN PRIM.	COM. VER.	MED. VER.

Mejor época para el tratamiento (finales de primavera). Para controlar el musgo en otoño emplead un musguicida (véase página 78). Para el control otoñal de las malas hierbas emplead un herbicida selectivo líquido (véase página 56).

Efecto de la arena para césped

No tratado   **Tratado**

HERBICIDA SELECTIVO

La arena para césped no destruye el llantén ni los ranúnculos; el descubrimiento del MCPA y el 2.4.D aportó la solución. Éstos fueron los primeros herbicidas «hormonales», obtenidos en Gran Bretaña y Estados Unidos durante la segunda guerra mundial. No son hormonas verdaderas (su nombre correcto es «substancias reguladoras del crecimiento de las plantas») y los productos que contienen se denominan actualmente herbicidas sistémicos, de translocación o selectivos.

Dentro del mantenimiento del césped los productos que contienen estas substancias se han convertido en herramientas básicas. Su principal defecto es que son selectivos: usados en la dosis recomendada, destruyen las malas hierbas susceptibles pero no tienen ningún efecto sobre las plantas resistentes, como las gramíneas. Actúan desde el interior de las plantas, matando tanto las raíces como las hojas.

Por desgracia estos herbicidas hormonales primitivos tienen una banda de actuación limitada: no son demasiado efectivos contra el trébol, la sagina, la milenrama, etc., aunque en la actualidad existen hormonas más modernas que pueden acabar con ellos.

ELECCIÓN DEL PRODUCTO APROPIADO

HERBICIDA SELECTIVO GRANULADO O EN POLVO MÁS FERTILIZANTE 	Es la mejor forma de desherbar y abonar simultáneamente un césped. No hay ninguna duda de que el herbicida selectivo actúa mejor si va acompañado de un fertilizante rico en nitrógeno. Algunos expertos opinan que el tratamiento aún es más efectivo si el fertilizante es aplicado 1-2 semanas antes que el herbicida.
HERBICIDA SELECTIVO LÍQUIDO	Es la forma más rápida de acabar con las malas hierbas del césped. La norma es añadir siempre un fertilizante soluble cuando el tratamiento es general y no añadirlo nunca cuando es localizado. Se hallan disponibles en el mercado diversas mezclas líquidas de abono y herbicidas.
HERBICIDA SELECTIVO EN AEROSOL O EN BARRA	Las malas hierbas de roseta desperdigadas pueden tratarse individualmente con un pellizco de herbicida en polvo, pero para los tratamientos individuales existen productos especiales. Los aerosoles se aplican en el corazón de la mata; las barras se frotan sobre las hojas. Resultan caros si la cantidad de malas hierbas a tratar es numerosa.

INDICACIONES DE LA ETIQUETA

La época en que un producto sólo contenía MCPA o 2.4.D ya ha pasado. El herbicida que compréis debe contener un ingrediente de cada uno de los dos grupos siguientes:

GRUPO 1 **Hormonas primitivas** **MCPA** **2.4.D.**	Efectivas contra leontodón, llantén, ranúnculo, romaza y diente de león. Son de acción lenta y suelen ser necesarios varios tratamientos periódicos. Algunas malas hierbas importantes son resistentes.
GRUPO 2 **Hormonas moderadas** **DICAMBA** **DICLORPROP** **FENOPROP** **MECOPROP**	Efectivas contra muchas de las malas hierbas resistentes a las hormonas del grupo 1, como milenrama, corregüela, sanícula, trébol y sagina. No resulta tan segura para las gramíneas más finas, por lo que hay que vigilar de no sobrepasar la dosis.

Hoy en día muchos productos presentan una acción doble o triple debido a la presencia de ingredientes adicionales. Si contiene diclorofeno o sulfato férrico, el musgo estará controlado, y si además el nitrógeno interviene en la fórmula, favorece el desarrollo. Deben incluirse también los elementos traza hierro y magnesio.

La etiqueta debe indicar que el producto es para uso en el jardín doméstico. La utilización de pesticidas etiquetados para granjas o profesionales de la horticultura resulta ilegal en el caso de los jardineros.

Efecto del herbicida selectivo + fertilizante

No tratado   Tratado

Cómo usarlo

Día caluroso y sin viento con previsión de buen tiempo. El viento arrastraría el herbicida y dañaría las plantas del jardín - si poco después del tratamiento llueve intensamente puede neutralizarse su efecto

Aplicado 1-3 días después de la siega

La hierba debe estar seca y creciendo activamente

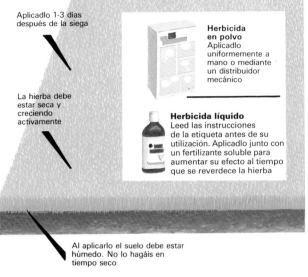

Herbicida en polvo
Aplicadlo uniformemente a mano o mediante un distribuidor mecánico

Herbicida líquido
Leed las instrucciones de la etiqueta antes de su utilización. Aplicadlo junto con un fertilizante soluble para aumentar su efecto al tiempo que se reverdece la hierba

Al aplicarlo el suelo debe estar húmedo. No lo hagáis en tiempo seco

Después de usar un herbicida selectivo

Antes de segar de nuevo esperad al menos 3 días. La mayoría de las malas hierbas morirán a la primera aplicación, pero para otras será necesario hacer un segundo tratamiento unas 6 semanas después.

SEGURIDAD PARA PERSONAS, ANIMALES Y PLANTAS

La palabra «hormona» utilizada hasta ahora no es adecuada —estos herbicidas no son en realidad hormonas y ciertamente no tienen un efecto parecido a esas sustancias sobre el hombre y los animales. Cuando se utiliza siguiendo las instrucciones no perjudica a nadie. Tomad las mismas precauciones que tomaríais con cualquier pesticida: mantenedlo alejado de los peces y no dejéis que los animales domésticos anden por el césped mientras aplicáis el tratamiento. Después de hacerlo, lavaos la cara y las manos. Las plantas de jardín son mucho más sensibles que los animales: el producto no distingue entre una mala hierba susceptible y un arbusto o una flor susceptibles. Debéis protegerlos: reservad una regadera o un rociador especial para aplicar los herbicidas y lavadlos a fondo después de usarlos. Cuidado con las corrientes de aire que van a parar a los macizos o arriates. Guardad el bote, caja o envoltorio lejos de las plantas, no en el invernadero.

MÉTODOS DE APLICACIÓN

Para los herbicidas líquidos el método de aplicación más efectivo es mediante un pulverizador de mochila, pero las gotitas producidas pueden ser llevadas por el viento. Por tanto, en un césped pequeño rodeado de arbustos y flores no debéis utilizarlo; emplead una regadera provista de un rociador fino o de una barra rociadora. Para los herbicidas granulados o en polvo el mejor método es un distribuidor mecánico (véase página 36). Evitad solapar las bandas y dejar zonas sin tratar: existen productos coloreados que os ayudarán a saber por dónde habéis pasado. Si el césped es pequeño podéis distribuir el producto a mano, pero antes de hacerlo esparcid uniformemente una dosis conocida sobre una área determinada: observad el espesor de la capa y luego tratad el resto del césped con un espesor similar.

Cómo actúa

La fracción hormonal es absorbida por las hojas y se distribuye rápidamente a todas las partes de la planta. Si se trata de una variedad susceptible, al principio estimula su crecimiento y produce un marcado retorcimiento y arrollamiento de las hojas. Generalmente el follaje está mucho más enderezado de lo normal y finalmente la mala hierba muere y las hojas se pudren.

No se produce un rápido chamuscado, lo que puede desagradar al jardinero. La muerte tiene lugar a las 2-6 semanas, pero la gran ventaja es que queda afectada toda la planta, no sólo el follaje.

Sí se emplean las dosis indicadas, la cantidad de herbicida absorbido por el césped es pequeña y no le causa ningún daño.

Cuándo debe usarse

COM. PRIM.	MED. PRIM.	FIN PRIM.	COM. VER.	MED. VER.	FIN VER.

Mejor época para el tratamiento (finales de primavera)

Para el tratamiento otoñal emplead un herbicida selectivo líquido sin incorporarle ningún fertilizante rico en nitrógeno.

CÉSPEDES NUEVOS Y RESEMBRADO

Antes de aplicar un herbicida selectivo que no haya sido concebido para céspedes nuevos esperad doce meses si el césped nuevo ha sido sembrado y seis si es a base de tepes. En un césped consolidado, después del tratamiento, al morir las matas de las malas hierbas, pueden quedar manchas desnudas: resembradlas 6 semanas después de haber sido tratadas.

BULBOS EN EL CÉSPED

El tratamiento puede tener lugar en cuanto las hojas de los bulbos estén completamente marchitas. A finales de verano.

ELIMINACIÓN DE LOS RECORTES

Los recortes de césped obtenidos poco antes del tratamiento pueden utilizarse para fabricar compost por el método del reciclado. Véase página 101. No empleéis los recortes para acolchar el suelo alrededor de las plantas hasta que el césped haya sido segado como mínimo cuatro veces después de aplicarle el herbicida.

INDICE DE MALAS HIERBAS

De los cientos de especies que infestan los jardines del país, sólo unas cuantas —20 como máximo— se encuentran con frecuencia en los céspedes. Vale la pena reconocerlas, ya que si una de ellas logra afianzarse podrá colonizar rápidamente una extensa zona. En las páginas siguientes encontraréis el modo de identificar las malas hierbas frecuentes, y las no tan frecuentes, del césped, y también cómo combatirlas.

NOMBRES VULGARES

Nombre en latín

ROMAZAS Y ACEDERAS

En un césped recién sembrado, las dos romazas que infestan nuestros jardines, la romaza rizada y la de hoja ancha, pueden resultar enojosas por lo que, al preparar el terreno, debéis procurar acabar con todas sus raíces. Afortunadamente, en un césped que se siegue con frecuencia, las malas hierbas de hoja ancha no suelen sobrevivir, aunque sí lo hacen las acederas, de follaje más corto. Esas son pues verdaderas malas hierbas del césped.

La acederilla, o acetosilla, puede llegar a ser un problema, mientras que la acedera común es menos frecuente. Aunque sólo crecen en suelos ácidos, no basta con encalar. Para eliminarlas deberéis tratarlas con un herbicida y abonar regularmente.

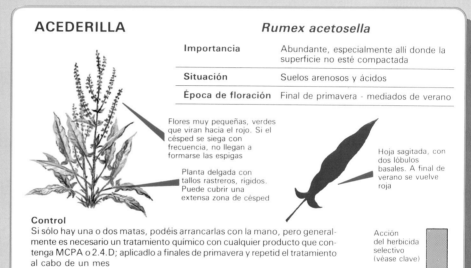

ACEDERILLA

Rumex acetosella

Importancia	Abundante, especialmente allí donde la superficie no esté compactada
Situación	Suelos arenosos y ácidos
Época de floración	Final de primavera - mediados de verano

Flores muy pequeñas, verdes que viran hacia el rojo. Si el césped se siega con frecuencia, no llegan a formarse las espigas

Planta delgada con tallos rastreros, rígidos. Puede cubrir una extensa zona de césped

Hoja sagitada, con dos lóbulos basales. A final de verano se vuelve roja

Control
Si sólo hay una o dos matas, podéis arrancarlas con la mano, pero generalmente es necesario un tratamiento químico con cualquier producto que contenga MCPA o 2.4.D; aplicado a finales de primavera y repetid el tratamiento al cabo de un mes

Acción del herbicida selectivo (véase clave)

ACEDERA VINAGRERA

Rumex acetosa

Flores muy pequeñas, verdes que viran hacia el rojo. Si el césped es segado con frecuencia, las espigas no llegan a formarse

Importancia	Poco abundante
Situación	Suelos ácidos
Época de floración	Finales de verano

De mayor talla que la acederilla: hojas de hasta 12 cm de largo

Hoja oblonga con aurículas basales. Ápices de los lóbulos dirigidos hacia atrás (compárese con acederilla). Se vuelve roja a finales de verano

Control
Si sólo hay una o dos matas podréis arrancarlas a mano, pero generalmente es necesario un control químico con cualquier producto que contenga MCPA o 2.4.D. Aplicadlo a finales de primavera y repetid el tratamiento al cabo de un mes

Acción del herbicida selectivo (véase clave)

ÍNDICE DE MALAS HIERBAS

RANÚNCULOS

Los ranúnculos forman parte del césped. Cuando, por una u otra razón, éste no ha sido segado, aparecen aquí y allá unas bonitas flores amarillas. El más frecuente es el ranúnculo rastrero que crece por todos lados; la celidonia menor es más rara ya que sólo vive en lugares húmedos y sombreados.

Para algunos jardineros, unos cuantos ranúnculos no hacen ningún daño, pero el problema es que los ranúnculos rastreros pueden cubrir una extensa zona con una rapidez alarmante. Afortunadamente se trata de una planta sensible a todos los herbicidas selectivos, por lo que es muy fácil de combatir. Los demás ranúnculos ya son más problemáticos, pero su control nunca es demasiado difícil.

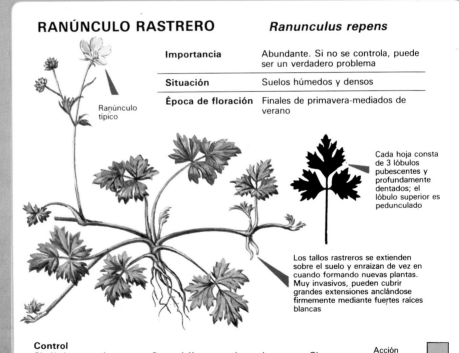

RANÚNCULO RASTRERO *Ranunculus repens*

Importancia	Abundante. Si no se controla, puede ser un verdadero problema
Situación	Suelos húmedos y densos
Época de floración	Finales de primavera-mediados de verano

Ranúnculo típico

Cada hoja consta de 3 lóbulos pubescentes y profundamente dentados; el lóbulo superior es pedunculado

Los tallos rastreros se extienden sobre el suelo y enraizan de vez en cuando formando nuevas plantas. Muy invasivos, pueden cubrir grandes extensiones anclándose firmemente mediante fuertes raíces blancas

Control
Si sólo hay una planta pequeña, podréis arrancarla con las manos. Si se ha extendido, tendréis que aplicar arena para césped. No obstante, lo mejor es utilizar cualquier herbicida selectivo que contenga MCPA o 2.4.D.

Acción del herbicida selectivo (véase clave)

CLAVE DEL CONTROL QUÍMICO

La planta muere a la primera aplicación

La planta puede morir a la primera aplicación, pero suele ser necesario un segundo tratamiento

La planta requiere varias aplicaciones

RANÚNCULO BULBOSO — *Ranunculus bulbosus*

Importancia	Abundante
Situación	Suelos arenosos y calcáreos
Época de floración	Primavera

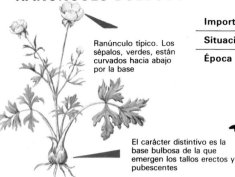

Ranúnculo típico. Los sépalos, verdes, están curvados hacia abajo por la base

El carácter distintivo es la base bulbosa de la que emergen los tallos erectos y pubescentes

Parecido al ranúnculo rastrero, pero más pequeño

Cada hoja consta de 3 lóbulos pubescentes y profundamente dentados; el lóbulo superior es pedunculado

Control
La arena para césped chamuscará el follaje, pero es mejor utilizar un herbicida selectivo. Por desgracia esta planta es más difícil de eliminar que el ranúnculo rastrero: emplead un herbicida selectivo que contenga dos o más substancias y, si es necesario, repetid el tratamiento unas 6 semanas después

Acción del herbicida selectivo (véase clave)

HIERBA BÉLIDA — *Ranunculus acris*

Importancia	Abundante, pero menos frecuente en los céspedes que el ranúnculo rastrero
Situación	Suelos empapados
Época de floración	Finales de primavera-mediados de verano

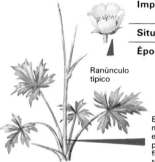

Ranúnculo típico

Es el ranúnculo más alto: en estado silvestre los pedúnculos florales pueden tener 60-90 cm

Cada hoja consta de 5 lóbulos profundamente dentados. El lóbulo superior no tiene pedúnculo, éste es su rasgo característico

Control
Dos aplicaciones de arena para césped, con un intervalo de 6 semanas, bastarán para matar, o mantener a raya, esta mala hierba. También podéis utilizar un herbicida selectivo que contenga dos o más ingredientes, a final de primavera. Repetid el tratamiento al cabo de 6 semanas

Acción del herbicida selectivo (véase clave)

CELIDONIA MENOR — *Ranunculus ficaria*

Importancia	Poco abundante
Situación	Lugares húmedos y sombríos
Época de floración	Comienzos de primavera

Flor estrellada de 8-12 pétalos

Roseta baja con una espesa mata de hojas

Se extiende mediante cortos tallos rastreros que emergen de los bulbillos

Bulbillos subterráneos

Hoja brillante y acorazonada. El margen suele ser ligeramente ondulado

Control
La celidonia menor es bastante resistente a los herbicidas selectivos, por lo que su control químico no es fácil. Aplicad un producto que contenga dos o más ingredientes un día caluroso de finales de primavera y repetid el tratamiento al cabo de 6 semanas. Podéis combatir esta mala hierba mejorando el drenaje y disminuyendo la sombra

Acción del herbicida selectivo (véase clave)

ÍNDICE DE MALAS HIERBAS

LLANTENES

Hay llantenes por todas partes, desde las grandes rosetas de hojas anchas que infestan los céspedes descuidados hasta las matas de llantén mayor que crecen en los acicalados campos de golf litorales. Los llantenes se reconocen fácilmente: matas de hojas coriáceas, de aristas prominentes, con erectas espigas de flores minúsculas. El tamaño de las hojas varía según la especie: las mayores corresponden al llantén mayor, la peor mala hierba de este grupo.

Erradicarlos no es difícil. Las matas aisladas pueden eliminarse manualmente y, si la invasión es mayor, bastará con un solo tratamiento con un herbicida selectivo.

LLANTÉN MAYOR — *Plantago major*

Espiga larga, verdegrisácea

Importancia	Abundante: es un problema grave en muchos céspedes
Situación	Suelo compactado
Época de floración	Mediados de primavera-finales de verano

Roseta aplanada de hasta 30 cm de diámetro. Hojas de 7,5-15 cm de longitud

Hoja ampliamente ovalada con aristas prominentes

El peciolo es casi tan largo como el limbo

Control
Las matas aisladas pueden eliminarse manualmente con la ayuda de un desplantador cuando tanto el césped como las malas hierbas estén creciendo activamente. La arena para césped casi no produce ningún efecto, pero todos los llantenes son muy sensibles a los herbicidas selectivos.

Acción del herbicida selectivo (véase clave)

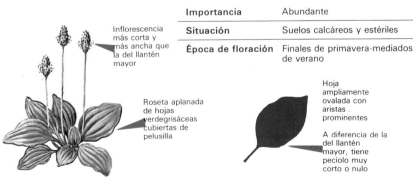

LLANTÉN MEDIANO — *Plantago media*

Inflorescencia más corta y más ancha que la del llantén mayor

Importancia	Abundante
Situación	Suelos calcáreos y estériles
Época de floración	Finales de primavera-mediados de verano

Roseta aplanada de hojas verdegrisáceas cubiertas de pelusilla

Hoja ampliamente ovalada con aristas prominentes

A diferencia de la del llantén mayor, tiene peciolo muy corto o nulo

Control
Las plantas aisladas pueden eliminarse manualmente con la ayuda de un desplantador cuando tanto el césped como las malas hierbas estén creciendo activamente. La arena para césped casi no produce ningún efecto, pero todos los llantenes son extremadamente sensibles a los herbicidas selectivos. Cualquier producto que contenga MCPA o 2.4.D acabará con ellos.

Acción del herbicida selectivo (véase clave)

CLAVE DEL CONTROL QUÍMICO

La planta muere a la primera aplicación

La planta puede morir a la primera aplicación, pero suele ser necesario un segundo tratamiento

La planta requiere varias aplicaciones

LLANTÉN MENOR (lanceola) *Plantago lanceolata*

Inflorescencia corta sobre un pedúnculo largo y delgado

Importancia	Abundante
Situación	Suelos no ácidos
Época de floración	Mediados de primavera-finales de verano

Roseta de hojas lanceoladas cubiertas de pelos sedosos

Hoja estrechamente ovalada con aristas prominentes. El margen suele ser finamente dentado

Control
Las matas aisladas pueden eliminarse manualmente con la ayuda de un desplantador cuando tanto las malas hierbas como el césped están creciendo activamente. La arena para césped es poco eficaz, pero todos los llantenes son muy sensibles a los herbicidas selectivos. Cualquier producto que contenga MCPA o 2.4.D acabará con ellos

Acción del herbicida selectivo (véase clave)

PIE DE CUERVO, HIERBA DEL COSTADO *Plantago coronopus*

Inflorescencias en lo alto de un pedúnculo corto y pubescente

Importancia	Abundante en zonas litorales
Situación	Suelos arenosos y céspedes tipo Cumberland
Época de floración	Mediados de primavera-comienzos de otoño

Roseta pequeña de hojas estrechas y lobuladas, generalmente cubiertas de pelusilla

Hoja larga e irregularmente dentada. A veces es acintada como la del llantén marítimo

Control
Las matas aisladas pueden eliminarse manualmente con la ayuda de un desplantador cuando tanto las malas hierbas como el césped están creciendo activamente. La arena para césped es poco efectiva, pero todos los llantenes son extremadamente sensibles a los herbicidas selectivos.

Acción del herbicida selectivo (véase clave)

LLANTÉN MARINO *Plantago Maritima*

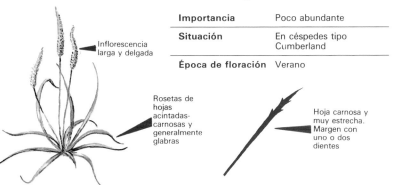

Inflorescencia larga y delgada

Importancia	Poco abundante
Situación	En céspedes tipo Cumberland
Época de floración	Verano

Rosetas de hojas acintadas-carnosas y generalmente glabras

Hoja carnosa y muy estrecha. Margen con uno o dos dientes

Control
Las matas aisladas pueden eliminarse manualmente con la ayuda de un desplantador cuando tanto las malas hierbas como el césped están creciendo activamente. La arena para césped es poco eficaz, pero todos los llantenes son muy sensibles a los herbicidas selectivos. Cualquier producto que contenga MCPA a 2.4.D. acabará con ellos

Acción del herbicida selectivo (véase clave)

ÍNDICE DE MALAS HIERBAS

TRÉBOLES

El trébol es uno de los principales problemas que debe resolver el que cuida un césped. A lo largo de los días secos de verano las matas de vivo color verde destacan sobre la hierba pálida y deslustrada produciendo un efecto manchado de difícil solución hasta que no se descubrieron los nuevos tipos de herbicidas selectivos descritos en la página 56.

Las especies más frecuentes son el trébol blanco y la de corta talla y flores amarillas conocida como trébol menor. Al igual que todos los tréboles, su crecimiento se ve favorecido por la escasez de agua y de nitrógeno. Por tanto, siempre que los tréboles hagan acto de presencia deberéis abonar en primavera con un fertilizante rico en nitrógeno; no utilizéis nunca a comienzo de temporada ningún abono rico en fosfato o en potasio.

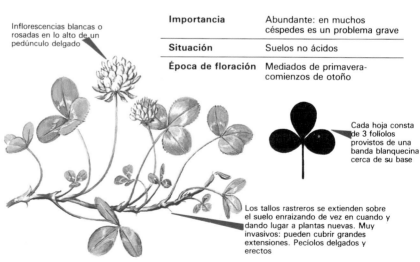

TRÉBOL BLANCO · *Trifolium repens*

Inflorescencias blancas o rosadas en lo alto de un pedúnculo delgado

Importancia	Abundante: en muchos céspedes es un problema grave
Situación	Suelos no ácidos
Época de floración	Mediados de primavera-comienzos de otoño

Cada hoja consta de 3 folíolos provistos de una banda blanquecina cerca de su base

Los tallos rastreros se extienden sobre el suelo enraizando de vez en cuando y dando lugar a plantas nuevas. Muy invasivos: pueden cubrir grandes extensiones. Pecíolos delgados y erectos

CLAVE DEL CONTROL QUÍMICO

La planta muere a la primera aplicación

La planta puede morir a la primera aplicación, pero suele ser necesario un segundo tratamiento

La planta requiere varias aplicaciones

Control

Si el trébol está afianzado deberéis emplear varias técnicas. Antes de segar rastrillad el césped para enderezar los tallos rastreros, con lo que podrán ser cortados por las cuchillas. En época de sequía regad el césped, de lo contrario el trébol se extenderá rápidamente. Además hace falta combatirlo químicamente con arena para césped aplicada en primavera: chamusca los brotes y suministra el nitrógeno necesario para mantener a raya el trébol. Mejores resultados se obtienen con un herbicida selectivo que contenga dos o más ingredientes a principios de verano y repetid el tratamiento al cabo de 6 semanas.

Acción del herbicida selectivo (véase clave)

TRÉBOL AMARILLO — *Trifolium dubium*

Inflorescencias pequeñas: las flores primero son amarillas, luego marrones

Importancia	Abundante; en los céspedes suntuarios puede ser un problema serio
Situación	Suelos no ácidos
Época de floración	Mediados de primavera-comienzos de otoño

Hoja formada por 3 folíolos. A diferencia del trébol blanco, el folíolo central tiene un pecíolo corto

Tallos delgados y postrados, pero no enraízan sobre el suelo como los del trébol blanco. Pueden formar manchas bastante grandes

Control
Véase trébol blanco. El trébol menor es menos sensible a los herbicidas selectivos, por lo que puede ser necesario repetir el tratamiento al cabo de unas 6 semanas. Al ser una planta anual es posible eliminar las matas a mano. Al segar el césped utilizad un depósito para los recortes

Acción del herbicida selectivo (véase clave)

MIELGA MENUDA — *Medicago lupulina*

Inflorescencias pequeñas, similares a las del trébol menor, pero las vainas, al madurar, se vuelven negras y arracimadas.

Importancia	Poco abundante, pero en los céspedes de baja calidad puede ser un problema
Situación	Suelos secos
Época de floración	Comienzos de primavera-mediados de verano

Tallos delgados y postrados, pero no enraízan como los del trébol blanco. Pueden formar manchas bastante grandes

Hoja formada por 3 folíolos. A diferencia del trébol menor y del blanco, los folíolos tienen el ápice puntiagudo (acuminados)

Control
Véase el trébol blanco. La mielga menuda es menos sensible a los herbicidas selectivos, por lo que puede ser necesario repetir el tratamiento al cabo de unas 6 semanas. Al ser una planta anual es posible eliminar las matas a mano. Al segar el césped utilizad un depósito para los recortes

Acción del herbicida selectivo (véase clave)

LOTO CORNICULADO, PIE DE GALLO — *Lotus corniculatus*

Inflorescencia formada por 5-8 flores amariposadas, amarillas con pintas rojas

Importancia	Abundante
Situación	Suelos no ácidos
Época de floración	Mediados de primavera-mediados de verano

Tallos delgados y postrados, pero no enraízan como los del trébol blanco. Pueden formar manchas bastante grandes. Cada mata está anclada mediante una profunda raíz pivotante

Hoja formada por 3 folíolos con dos estípulas tipo folíolo en su base

Control
Véase el trébol blanco. Es una planta menos sensible a los herbicidas selectivos, por lo que puede ser necesario repetir el tratamiento al cabo de unas 6 semanas. Si las matas son pequeñas y aisladas podéis eliminarlas manualmente

Acción del herbicida selectivo (véase clave)

ÍNDICE DE MALAS HIERBAS

MALAS HIERBAS TIPO DIENTE DE LEÓN

Este tipo de malas hierbas puedes desfigurar extraordinariamente un césped, ya que sus grandes hojas se agrupan en extensas rosetas de las que emergen las conocidas inflorescencias amarillas. Las especies invasoras más frecuentes son el diente de león verdadero y la hierba de halcón. Las demás sólo aparecen de vez en cuando y el leontodon otoñal es bastante raro.

Afortunadamente, todas estas malas hierbas pueden eliminarse con una o dos aplicaciones de uno de los modernos herbicidas selectivos realizadas en primavera cuando las plantas crecen activamente.

FALSA ACHICORIA — *Crepis capillaris*

Importancia	Poco abundante, pero puede ser un problema en tiempo seco
Situación	Suelos arenosos
Época de floración	Verano-comienzos de otoño

Varias inflorescencias pequeñas en lo alto de un pedúnculo

Roseta aplanada de hojas sobre una raíz pivotante larga y carnosa

Hoja similar a la del diente de león, pero suele ser más estrecha y de dientes menos acusados

Control
Puede desherbarse a mano. Para un tratamiento general emplead un herbicida selectivo que contenga dos o más substancias. Si es necesario, repetid el tratamiento al cabo de unas 6 semanas. A diferencia de las demás plantas tipo diente de león descritas aquí, ésta no es perenne

Acción del herbicida selectivo (véase clave)

OREJA DE RATÓN, PELOSILLA RASTRERA — *Hieracium pilosella*

Importancia	Poco abundante
Situación	Suelos secos y ácidos
Época de floración	Mediados de primavera-mediados de verano

Una sola inflorescencia en lo alto de un pedúnculo sin hojas. Florecillas de color amarillo limón

Tallos rastreros que emergen de la roseta de hojas rígidas

Hoja oval sin dientes, cubierta de largos pelos blancos

Control
No suele ser posible eliminarla manualmente ya que se extiende sobre el suelo mediante tallos rastreros que enraízan de vez en cuando. La arena para césped es poco eficaz pero es muy sensible a cualquier producto que contenga MCPA o 2.4.D. Generalmente basta con una sola aplicación

Acción del herbicida selectivo (véase clave)

CLAVE DEL CONTROL QUÍMICO

 La planta muere a la primera aplicación

 La planta puede morir a la primera aplicación, pero suele ser necesario un segundo tratamiento

 La planta requiere varias aplicaciones

LEONTODON OTOÑAL

Leontodon autumnalis

Importancia	Rara
Situación	Suelos poco permeables
Época de floración	Mediados de verano-comienzos de otoño

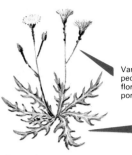

Varias inflorescencias sobre un pedúnculo ramificado. Las florecillas exteriores son rojizas por abajo

Roseta aplanada, más pequeña que la del diente de león y la de la hierba de halcón

Hoja estrecha, puntiaguda y profundamente dentada, de superficie brillante y glabra

Control

Es posible eliminarla manualmente, pero si queda en el suelo un trocito de raíz dará lugar a una nueva planta. Es mejor aplicar un tratamiento químico localizado; para un tratamiento general emplead un herbicida selectivo que contenga dos o más substancias. Si es necesario, repetid el tratamiento unas 6 semanas después. La arena para césped es ineficaz

Acción del herbicida selectivo (véase clave)

DIENTE DE LEÓN

Taraxacum officinale

Importancia	Abundante: en muchos céspedes es un verdadero problema
Situación	En todo tipo de suelos
Época de floración	Primavera-finales de otoño

Gran inflorescencia única sobre un pedúnculo liso y carnoso

Gran roseta plana de hojas sobre una raíz pivotante larga y carnosa

Hoja lanceolada y glabra (compárese con la de la hierba de halcón), con profundos dientes desiguales dirigidos hacia atrás

Control

Es posible eliminarla manualmente, pero si queda en el suelo un trocito de raíz dará lugar a una nueva planta. Es mejor aplicar un tratamiento químico localizado; para un tratamiento general emplead un herbicida selectivo que contenga dos o más substancias. Si es necesario repetid el tratamiento al cabo de unas 6 semanas. La arena para césped es poco eficaz

Acción del herbicida selectivo (véase clave)

HIERBA DE HALCÓN, LECHUGA DE CERDOS

Hypochaeris radicata

Importancia	Abundante: en muchos céspedes es un verdadero problema
Situación	En todo tipo de suelos
Época de floración	Mediados de primavera-finales de verano

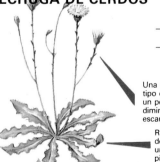

Una o dos inflorescencias tipo diente de león sobre un pedúnculo provisto de diminutas hojas escamiformes

Roseta aplanada de hojas sobre una raíz pivotante larga y carnosa

Hoja lanceolada y dentada como la del diente de león, pero pubescente, carnosa y con los dientes no dirigidos hacia atrás.

Control

Es posible eliminarla manualmente, pero si queda en el suelo un trocito de raíz dará lugar a una nueva planta. Es mejor aplicar un tratamiento químico localizado; para un tratamiento general utilizad un herbicida selectivo que contenga dos o más ingredientes. Repetidlo al cabo de unas seis semanas si es necesario

Acción del herbicida selectivo (véase clave)

ÍNDICE DE MALAS HIERBAS

VERÓNICAS

Las verónicas son pequeñas plantas de bonitas flores azules y algunas aparecen de vez en cuando en nuestros céspedes. La verónica de hojas de tomillo, la mural y la campestre son poco frecuentes, pero la verónica de ojo de pájaro es un problema en muchas zonas. La única verónica que realmente resulta difícil no es una especie silvestre sino una flor de jardín introducida en Gran Bretaña en el siglo XIX: la verónica filiforme. Se extiende mediante las porciones de tallo que se esparcen durante la siega. Hasta hace poco tiempo se utilizaba el ioxinilo, herbicida selectivo, para controlar estas especies, pero no se encuentra disponible. Los demás herbicidas selectivos resultan menos efectivos, incluso tras repetidos tratamientos.

VERÓNICA FILIFORME — *Veronica filiformis*

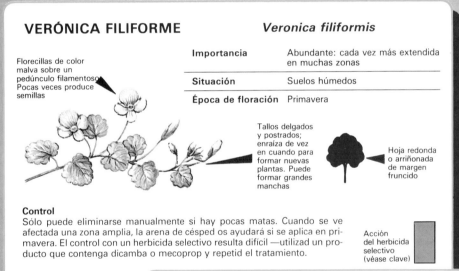

Florecillas de color malva sobre un pedúnculo filamentoso. Pocas veces produce semillas

Importancia	Abundante: cada vez más extendida en muchas zonas
Situación	Suelos húmedos
Época de floración	Primavera

Tallos delgados y postrados; enraíza de vez en cuando para formar nuevas plantas. Puede formar grandes manchas

Hoja redonda o arriñonada de margen fruncido

Control

Sólo puede eliminarse manualmente si hay pocas matas. Cuando se ve afectada una zona amplia, la arena de césped os ayudará si se aplica en primavera. El control con un herbicida selectivo resulta difícil —utilizad un producto que contenga dicamba o mecoprop y repetid el tratamiento.

Acción del herbicida selectivo (véase clave)

VERÓNICA DE OJO DE PÁJARO — *Veronica chamaedrys*

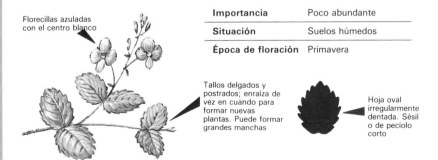

Florecillas azuladas con el centro blanco

Importancia	Poco abundante
Situación	Suelos húmedos
Época de floración	Primavera

Tallos delgados y postrados; enraíza de vez en cuando para formar nuevas plantas. Puede formar grandes manchas

Hoja oval irregularmente dentada. Sésil o de pecíolo corto

Control

Si sólo hay unas pocas matas, pueden eliminarse manualmente. Cuando se ve afectada una zona amplia, la arena de césped os ayudará si se aplica en primavera. El control con un herbicida selectivo resulta difícil —utilizad un producto que contenga dicamba o mecoprop y repetid el tratamiento.

Acción del herbicida selectivo (véase clave)

CLAVE DEL CONTROL QUÍMICO

La planta muere a la primera aplicación

La planta puede morir a la primera aplicación, pero suele ser necesario un segundo tratamiento

La planta requiere varias aplicaciones

HIERBAS PAJARERAS

Las hierbas pajareras pueden ser un problema tanto en el jardín como en el huerto; crecen y se extienden por todas partes a menos que se azadonen y se arranquen sus tallos erráticos de color verde claro. Sin embargo, la hierba pajarera común no resiste las siegas frecuentes por lo que es rara en los céspedes consolidados. Pero hay una especie próxima, la hierba pajarera de oreja de ratón, que no se ve afectada por las siegas y que puede extenderse con alarmante rapidez, especialmente si el suelo es calcáreo y seco. La solución es tratar las manchas plateadas tan pronto como comiencen a formarse. Afortunadamente es sensible a los nuevos herbicidas.

HIERBA PAJARERA DE OREJA DE RATÓN

Cerastium holosteoides

Racimos de florecillas blancas sobre un pedúnculo recto

Importancia	Abundante
Situación	Todos los suelos
Época de floración	Primavera-verano

Espesos racimos de tallos rastreros provistos de hojas postradas. Forman una mata plateada que puede ser muy extensa

Hoja oval y pubescente

Control
Puede ser mantenida a raya con un tratamiento primaveral a base de arena para césped, pero lo mejor es aplicarle un herbicida selectivo que contenga dicamba o mecoprop. Suele ser suficiente con un solo tratamiento cuando tanto el césped como la mala hierba están creciendo activamente

Acción del herbicida selectivo (véase clave)

HIERBA PAJARERA COMÚN, PAMPLINA
Stellaria media

Importancia	Poco importante en los céspedes consolidados
Situación	Céspedes recién sembrados
Época de floración	Mediados de invierno-mediados de otoño

Florecillas blancas con 5 pétalos profundamente divididos. Estambres de color rojo

Hoja acorazonada y peciolada

Los tallos, erráticos y débiles, forman una estera enmarañada. Cada tallo posee una sola banda vertical de pelos

Control
Las siegas frecuentes suelen erradicar esta mala hierba en cuanto el césped se ha afianzado. Si persiste, emplead un herbicida selectivo que contenga dicamba o mecoprop. Suele bastar un solo tratamiento en el momento en que tanto el césped como la mala hierba están creciendo activamente

Acción del herbicida selectivo (véase clave)

ÍNDICE DE MALAS HIERBAS

CARDOS

Los cardos son el tormento de los agricultores y de muchos jardineros, pero en el césped crean pocos problemas. Son pocos los que logran sobrevivir a las siegas constantes y aunque la especie más frecuente (el cardo cundidor) puede resultar enojoso en un césped nuevo, va sucumbiendo gradualmente bajo las cuchillas. Sólo hay una especie que las resiste, el cardo enano, que produce una roseta de hojas en el centro de la cual se abren las flores.

Para eliminar los cardos aislados podéis arrancarlos manualmente o aplicarles un tratamiento local, pero si afectan a una extensa zona es mejor pulverizarla con un herbicida selectivo moderno. La arena para césped no actúa sobre los cardos.

CARDO ENANO — *Cirsium acaule*

Inflorescencias rojopurpúreas sésiles

Importancia	Es poco abundante
Situación	Suelos calcáreos
Época de floración	Verano

Roseta de hojas profundamente lobuladas y espinosas

Hoja casi glabra, de márgenes provistos de fuertes espinas

Control
Si sólo hay una o dos plantas, arrancadlas con un desplantador o aplicadles un tratamiento local. Para un tratamiento general emplead un herbicida selectivo que contenga dicamba o mecoprop. Repetid la pulverización al cabo de unas 6 semanas

Acción del herbicida selectivo (véase clave)

CARDO CUNDIDOR — *Cirsium arvense*

Importancia	Poco abundante
Situación	Céspedes recién sembrados
Época de floración	Verano

Racimos de inflorescencias de color lila de aroma melifluo

Tallos erectos producidos por un rizoma rastrero. Estos tallos no tienen espinas

Hoja ondulada y espinosa, de envés a menudo cubierto de pelos blancos

Control
Una vez el césped está consolidado, las siegas frecuentes suelen erradicar esta mala hierba. Si persiste, emplead un herbicida selectivo que contenga dicamba o mecoprop. Repetid el tratamiento al cabo de unas 6 semanas

Acción del herbicida selectivo (véase clave)

CLAVE DEL CONTROL QUÍMICO

La planta muere a la primera aplicación

La planta puede morir a la primera aplicación, pero suele ser necesario un segundo tratamiento

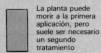
La planta requiere varias aplicaciones

MARGARITAS Y SAGINA

Las margaritas y la sagina no se parecen en nada aunque tienen ciertos rasgos comunes. Ambas crecen en todo tipo de suelos y su emplazamiento preferido es el césped compactado sometido a siegas muy cortas. Obviamente, aumentando la altura del corte y abonando y punzando regularmente se evitará que se extiendan, pero si hay matas grandes será necesario un tratamiento químico. Ambas son sensibles a los herbicidas modernos, pero su principal carácter común es que a muchos jardineros no les molestan: las margaritas sirven para que los niños las cojan y la sagina añade un verdor cespitoso. Pero, ¡cuidado!, ambas pueden extenderse rápidamente y destruir una amplia zona de césped.

MARGARITA — *Bellis perennis*

No hace falta describir la inflorescencia: florecillas radiales blancas alrededor de un centro amarillo. De noche se cierra

Importancia	Abundante, especialmente en céspedes segados a poca altura
Situación	En todos los suelos
Época de floración	Primavera-mediados de otoño

Roseta aplanada de hojas. Al menor descuido los tallos rastreros pueden dar lugar a una alfombra de rosetas

Hoja en forma de cuchara con el margen festoneado

Control
Es fácil de eliminar, por lo que no debéis permitir que se extienda y se convierta en un problema. La arena para césped chamusca el brote apical, pero es mejor emplear un herbicida selectivo que contenga dos o más substancias. Suele bastar con una aplicación, si no repetid el tratamiento al cabo de unas 6 semanas

Acción del herbicida selectivo (véase clave)

SAGINA, MUSGO IRLANDÉS — *Sagina procumbens*

Flor pequeña sobre un pedúnculo delgado, con pétalos blancos o sin ellos

Importancia	Abundante, especialmente en los céspedes cortos
Situación	En todos los suelos
Época de floración	Mediados de primavera-finales de verano

Pequeña roseta empenachada de la que surgen tallos rastreros que enraízan de vez en cuando formando una espesa alfombra

Hoja pequeña y estrecha

Control
Es fácil de eliminar, por lo que no debéis permitir que se extienda y se convierta en un problema. La arena para césped chamusca el brote apical, pero es mejor emplear un herbicida selectivo que contenga dos o más substancias. Puede bastar una aplicación, pero, a menos que abonéis el césped y dejéis de segarlo a poca altura, pronto volverá a aparecer

Acción del herbicida selectivo (véase clave)

ÍNDICE DE MALAS HIERBAS

MILENRAMA Y LÚZULA

A pesar de no estar emparentadas, estas dos plantas suelen ir asociadas en muchos céspedes. Ambas crecen en lugares arenosos pobres en nitrógeno y en humus; indican claramente la pobreza de un suelo. Otro rasgo común es su resistencia a los herbicidas: la milenrama es más fácil de eliminar que la lúzula, pero ambas requieren varios tratamientos para ser mantenidas a raya y si dejáis que se os escapen de las manos necesitaréis varios años para erradicarlas. Los herbicidas modernos son de gran ayuda, pero a menos que mejoréis el césped abonándolo cada primavera y acondicionándolo cada otoño, estas malas hierbas volverán a aparecer.

MILENRAMA, AQUILEA, MILHOJAS — *Achillea millefolium*

Importancia	Abundante
Situación	Suelos secos y pobres
Época de floración	Verano

Racimos aplanados de florecillas blancas. Si el césped se siega con regularidad, no llegan a formarse

Hoja tipo fronde que al estrujarla exhala un olor agradable

Tallos rastreros que enraizan de vez en cuando produciendo grandes matas resistentes a la sequía

Control

Es una planta difícil de eliminar: no basta con un solo tratamiento. En cuanto hagan su aparición, eliminad con la azada las plantas aisladas; antes de segar el césped rastrillad las hojas de las matas grandes y en primavera aplicad un fertilizante rico en nitrógeno. Cuando el césped esté creciendo activamente tratadlo con un herbicida selectivo con dos o más sustancias: repetid al cabo de 6 semanas.

Acción del herbicida selectivo (véase clave)

LÚZULA CAMPESTRE — *Luzula campestris*

Flores de vivo color marrón sobre un pedúnculo delgado

Importancia	Abundante
Situación	Suelos ácidos, arenosos
Época de floración	Mediados de primavera

Matas compactas de hojas que se confunden con las de las gramíneas. Se distinguen por estar provistas de pelos

Hoja tipo gramínea de margen orlado de largos pelos incoloros

Control

Es una planta difícil de eliminar: no basta con un solo tratamiento. Aumentad el vigor del césped abonándolo en primavera. Utilizad un herbicida selectivo con dos o tres substancias cuando la hierba esté creciendo activamente. Repetid el tratamiento al cabo de 6 semanas; si aún persiste repetid el tratamiento a comienzos de otoño

Acción del herbicida selectivo (véase clave)

CLAVE DEL CONTROL QUÍMICO

La planta muere a la primera aplicación

La planta puede morir a la primera aplicación, pero suele ser necesario un segundo tratamiento

La planta requiere varias aplicaciones

SANÍCULA Y PIE DE LEÓN

Estas dos plantas se han agrupado por ser dos malas hierbas muy comunes a las que no suele prestárseles ninguna atención, pero que pueden extenderse rápidamente invadiendo una gran mancha del césped. Aparte de su importancia, no tienen nada más en común. La sanícula es una planta perenne que infesta los suelos densos; el pie de león es una anual que invade los suelos ligeros, empobrecidos y puede ser un grave problema en un césped corto, ya que durante todo el año produce miles de semillas que colonizarán cualquier zona desnuda a su alcance. Como en otros muchos casos de malas hierbas, la solución es combatirlas químicamente al tiempo que se mejora el mantenimiento del césped.

SANÍCULA, HIERBA DE LAS HERIDAS

Prunella vulgaris

Racimos de flores purpúreas con dos hojitas justo debajo de éstas

Importancia	Abundante
Situación	Suelos calcáreos, poco permeables
Época de floración	Verano

Tallos rastreros que enraizan de vez en cuando. Los tallos florales son de sección cuadrangular, erectos y ligeramente pubescentes

Hoja oval, ligeramente pubescente, de márgenes festoneados. Agrupadas por pares

Control
Si no están muy extendidas, la arena para césped acaba con ellas. Las plantas aisladas pueden eliminarse manualmente con la azada, pero si han formado grandes matas es necesario aplicar un herbicida selectivo que contenga dicamba o mecoprop, cuando haga calor, y repetir el tratamiento al cabo de 6 semanas

Acción del herbicida selectivo (véase clave)

PIE DE LEÓN

Aphanes arvensis
(Alchemilla arvensis)

Racimos de florecillas verdes en las axilas de las hojas

Importancia	Abundante, especialmente en céspedes cortos
Situación	Suelos arenosos
Época de floración	Primavera-verano

Es una planta pequeña e insignificante que se extiende rápidamente mediante tallos rastreros, pubescentes

Hojas en forma de abanco, trilobuladas. Lóbulos profundamente dentados

Control
Esta planta aparece en céspedes desnutridos y segados a poca altura. El desyerbado manual resulta práctico solamente en el caso de un número reducido de plantas. En una zona de mayor extensión, aplicad arena de césped en primavera. El control con un herbicida selectivo es difícil —utilizad un producto que contenga dicamba o mecoprop y repetid el tratamiento.

Acción del herbicida selectivo (véase clave)

ÍNDICE DE MALAS HIERBAS

OTRAS MALAS HIERBAS

ESTÁTICA, CÉSPED DEL OLIMPO

Armeria maritima

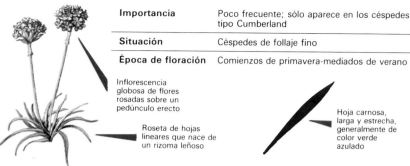

Importancia	Poco frecuente; sólo aparece en los céspedes tipo Cumberland
Situación	Céspedes de follaje fino
Época de floración	Comienzos de primavera-mediados de verano

Inflorescencia globosa de flores rosadas sobre un pedúnculo erecto

Roseta de hojas lineares que nace de un rizoma leñoso

Hoja carnosa, larga y estrecha, generalmente de color verde azulado

Control

Antes de colocar los tepes tipo Cumberland examinadlos atentamente eliminando todos los estáticos que haya. Si aparece en un césped suntuario ya consolidado, no lo estropeéis arrancándolas a mano, aplicadles un tratamiento local con un herbicida selectivo. Es una planta muy sensible y una sola aplicación bastará

Acción del herbicida selectivo (véase clave)

CENTAUREA NEGRA

Centaurea nigra

Inflorescencias oscuras, globulares, con florecillas purpúreas

Importancia	Es poco importante; generalmente sólo aparece en los céspedes ordinarios
Situación	Suelos calcáreos o poco permeables
Época de floración	Verano

Tallos con pelos duros. En lugares herbosos crece bastante, pero en céspedes segados irregularmente puede sobrevivir alcanzando escasa altura

La hoja de la base de la planta es estrecha y dentada

Control

Esta planta no sobrevive si el césped se siega con frecuencia: un mantenimiento del tepe lo mantendrá bajo control. Un herbicida selectivo lo erradicará, aunque son necesarias dos aplicaciones en 6 semanas.

Acción del herbicida selectivo (véase clave)

CLAVE DEL CONTROL QUÍMICO

- La planta muere a la primera aplicación
- La planta puede morir a la primera aplicación, pero suele ser necesario un segundo tratamiento
- La planta requiere varias aplicaciones

ALFILERES, AGUJA DE PASTOR

Erodium cicutarium

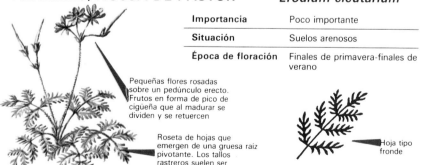

Importancia	Poco importante
Situación	Suelos arenosos
Época de floración	Finales de primavera-finales de verano

Pequeñas flores rosadas sobre un pedúnculo erecto. Frutos en forma de pico de cigüeña que al madurar se dividen y se retuercen

Roseta de hojas que emergen de una gruesa raíz pivotante. Los tallos rastreros suelen ser pubescentes y pegajosos

Hoja tipo fronde

Control

Si el césped se siega con frecuencia, esta planta no logra sobrevivir. Podéis eliminarla mediante un herbicida selectivo que contenga dos o más substancias, pero harán falta dos aplicaciones con un intervalo de 6 semanas

Acción del herbicida selectivo (véase clave)

AGUJA DE PASTOR MARÍTIMA   *Erodium maritimum*

Importancia	Poco importante, restringida a las zonas litorales
Situación	Suelos arenosos
Época de floración	Mediados de primavera-mediados de verano

Flores en lo alto de un pedúnculo erecto, pétalos muy pequeños o sin pétalos. Frutos en forma de largos picos de cigüeña que al madurar se retuercen

Es una planta mucho más pequeña que la aguja de pastor, de porte bajo y tallos postrados pubescentes

Hoja oval, dentada y pubescente

Control
Arrancad las plantas aisladas antes de que formen los frutos. Podéis evitar que se convierta en un problema abonando el césped y segándolo con frecuencia. Si la invasión ya se ha producido, emplead un herbicida específico que contenga dos o más substancias, aplicándolo cuando la hierba esté creciendo activamente; repetid el tratamiento al cabo de unas 6 semanas

Acción del herbicida selectivo (véase clave)

GALIO BLANCO   *Galium saxatile*

Racimos de flores blancas sobre pedúnculos erectos. Frutos pequeños, verdes y de piel rugosa

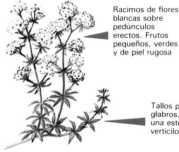

Importancia	Poco abundante
Situación	Suelos ácidos
Época de floración	Verano

Tallos postrados, glabros, formando una estera. Hojas en verticilos de 6 o más

Hoja estrechamente oval y puntiaguda

Control
Esta mala hierba raramente constituye un problema serio que requiera medidas de control especiales pero, si a finales de primavera o comienzos de verano, aplicáis un herbicida selectivo contra las invasoras más importantes, lograréis mantenerlas a raya. Para erradicarlas totalmente puede ser necesario un segundo tratamiento. La arena para césped es poco eficaz

Acción del herbicida selectivo (véase clave)

GERANIO SILVESTRE   *Geranium molle*

Importancia	Poco importante
Situación	Suelos arenosos
Época de floración	Mediados de primavera-finales de verano

Flores en lo alto de un pedúnculo erecto, pétalos rosados, profundamente recortados. Frutos en pico de grulla que se enrollan hacia arriba al madurar

Tallos abiertos cubiertos de pelos blancos

Hoja redondeada con 5-9 lóbulos, de haz pubescente

Control
Eliminad manualmente las plantas aisladas cuando aún no hayan formado frutos. Cuando se vea afectada una zona de mayor extensión, aplicad arena de césped en primavera. El control con herbicidas selectivos resulta difícil, y se debe aplicar un producto que contenga dicamba o mecoprop, repitiendo el tratamiento.

Acción del herbicida selectivo (véase clave)

ÍNDICE DE MALAS HIERBAS

OTRAS MALAS HIERBAS

continuac.

HIERBA LECHERA MARÍTIMA   *Glaux maritima*

Importancia	Es poco importante, sólo se encuentra en los céspedes tipo Cumberland
Situación	Céspedes suntuarios
Época de floración	Verano

Flores rosadas, sésiles, en la axila de la hoja y el tallo

Tallos rastreros que enraizan de vez en cuando. En invierno el ápice de crecimiento se marchita

Hoja carnosa, oval, puntiaguda y sésil

Control
Antes de colocar los tepes tipo Cumberland examinadlos detenidamente y eliminad todas las malas hierbas que veáis. Si la hierba lechera marítima crece en un césped ya consolidado, no lo desfiguréis arrancándola con las manos; tratadla con un herbicida selectivo que contenga dos o más substancias. Basta con una aplicación

Acción del herbicida selectivo (véase clave)

CORREGÜELA, SANGUINARIA MAYOR   *Polygonum aviculare*

Importancia	No es frecuente, pero si la hierba está compactada puede cubrir grandes extensiones
Situación	Terrenos de juego y senderos
Época de floración	Mediados de verano-comienzos de otoño

Grupos de florecillas blancas o rosadas en las axilas foliares

Tallos ramificados, delgados y rígidos, con «nudos» en el nacimiento de las hojas; formaciones hinchadas y rojizas cubiertas por una escama plateada

Hoja lanceolada con un peciolo corto

Control
Es una planta anual, por lo que las matas aisladas pueden eliminarse manualmente. Si ya se han extendido, tratadlas con un herbicida selectivo. Es necesaria una elección que contenga dicamba: la corregüela se ve afectada por los productos químicos. Una aplicación es suficiente.

Acción del herbicida selectivo (véase clave)

PLATEADA, ARGENTINA   *Potentilla anserina*

Importancia	Poco frecuente
Situación	Céspedes poco permeables y descuidados
Época de floración	Finales de primavera-mediados de verano

Flor amarilla, bastante grande, sobre un pedúnculo erecto

Tallos rastreros que emergen de una roseta de hojas, enraizando de vez en cuando

Hoja plateada, compuesta de 6-14 foliolos dentados, con algunos foliolos pequeños intercalados

Control
Rastrillando con frecuencia el césped y segándolo a poca altura a continuación conseguiréis debilitarla. También podéis combatirla con un herbicida selectivo, pero será necesario un segundo tratamiento. Escoged un herbicida que contenga dicamba o mecoprop y aplicadlo cuando la hierba crezca activamente.

Acción del herbicida selectivo (véase clave)

CLAVE DEL CONTROL QUÍMICO

La planta muere a la primera aplicación

La planta puede morir a la primera aplicación, pero suele ser necesario un segundo tratamiento

La planta requiere varias aplicaciones

QUINQUEFOLIO RASTRERO   *Potentilla reptans*

Importancia	Poco frecuente
Situación	Céspedes descuidados
Época de floración	Verano

Flor amarilla, bastante grande, sobre un pedúnculo erecto

Hoja tipo fresal, con 5 lóbulos dentados

Tallos rastreros que emergen de una roseta de hojas, enraizando de vez en cuando

Control
Rastrillando con frecuencia el césped y segándolo a poca altura a continuación conseguiréis debilitarla en gran manera. También podéis combatirla con un herbicida selectivo que contenga dicamba o mecoprop aplicándolo cuando la hierba esté creciendo activamente, pero será necesario un segundo tratamiento.

Acción del herbicida selectivo (véase clave)

HIERBA DE SANTIAGO   *Senecio jacobea*
(HIERBA LOMBRIGUERA)

Importancia	Poco frecuente: suele estar restringida al césped utilitario
Situación	Suelos poco permeables
Época de floración	Finales de primavera-comienzos de otoño

Varias inflorescencias en lo alto de un pedúnculo ramificado

Tallo robusto; entre la hierba gruesa crece mucho y si las siegas son espaciadas queda corto pero logra sobrevivir

Hoja larga e irregularmente hendida

Control
Esta planta no resiste las siegas regulares, por lo que un modo de combatirla es cuidando adecuadamente el césped. Podéis erradicarla con un herbicida selectivo, aplicando dos tratamientos en un intervalo de 6 semanas

Acción del herbicida selectivo (véase clave)

RUBIAL CAMPESTRE   *Sherardia arvensis*

Importancia	Poco abundante
Situación	Suelos arenosos
Época de floración	Mediados de primavera-mediados de otoño

Racimos de flores embudadas de color lila

Pequeña mala hierba anual de tallos abiertos e hirsutos. Verticilos de 4-6 hojas

Hoja oval de márgenes y haz hirsutos

Control
Para mantener a raya esta planta suele ser suficiente segar el césped con regularidad y desherbarlo manualmente. Si es necesario tratarlo químicamente, elegid un herbicida que contenga dos o más substancias y aplicadlo cuando la hierba esté creciendo activamente, a mediados de primavera, repitiendo el tratamiento al cabo de 6 semanas

Acción del herbicida selectivo (véase clave)

ÍNDICE DE MALAS HIERBAS

MUSGO

El musgo es una plantita que no produce flores y que para muchos jardineros representa el peor de los problemas del césped. Lo fundamental es darse cuenta de que el musgo no es la causa primordial de la destrucción de un césped, sino un síntoma de que algo va mal. Esto significa que no basta con aplicar un musguicida; la única manera de librar permanentemente de musgo un césped es averiguando la causa o causas de su aparición y eliminándolas.

Para que el musgo se extienda es imprescindible que el terreno esté muy húmedo, por lo que la primavera y el otoño son las épocas más favorables para la colonización de aquellos céspedes afectados por uno o varios de los problemas determinantes, como la compactación asociada a un mal drenaje. Las zonas anegadas casi siempre se vuelven musgosas.

Pero el exceso de humedad no es el único problema, el musgo es también frecuente en suelos arenosos y estériles, en los que el drenaje es excelente. Las causas pueden ser: falta de abonado, acidez excesiva, demasiada sombra o siegas demasiado rasas. La sequía es otra de las causas.

Si hay grandes zonas musgosas será necesario establecer un programa de erradicación. Eliminando las causas conseguiréis que el problema desaparezca poco a poco y evitaréis que el musgo vuelva a desarrollarse. La erradicación puede acelerarse con un musguicida químico. Es un proceso rápido, de modo que antes de que aparezca el césped, es posible que os encontréis con grandes zonas con tierra desnuda, lo que constituye una invitación a las malas hierbas.

MUSGOS VERTICALES

Tallos erectos; hojas verdes en los ápices, hojas marrones en las bases

Síntomas de suelo seco, ácido

MUSGOS RASTREROS

Tallos plumosos, verdes o dorados, postrados sobre el suelo

Síntoma de sombra o de mal drenaje

MUSGOS EN ALMOHADILLA

Delgados tallos erectos agrupados apretadamente formando almohadillas compactas

Síntoma de siegas demasiado rasas

● **Aplicad un musguicida en primavera.** Tenéis dos opciones: la arena para césped (véase página 55) chamuscará el musgo y al mismo tiempo favorecerá el crecimiento de la hierba. O podéis emplear un producto que contenga diclorofeno, rociando toda la zona afectada. Al cabo de quince días rastrillad el musgo muerto y resembrad las manchas desnudas.

● **Abonad el césped.** Para que la hierba crezca vigorosamente es imprescindible abonarla en primavera o comienzos de verano (véase página 36).

● **Segad a la altura adecuada.** Si segáis el césped más corto de lo recomendado, la hierba se debilitará y ésta es una de las causas principales de la aparición de musgo en los céspedes suntuarios. La solución no es dejar la hierba alta: la hierba demasiado alta y el clima húmedo pueden conducir a la colonización del césped por los musgos rastreros. Segad a la altura correcta (véase página 31) y utilizad un depósito para los recortes.

● **Si podéis, reducid la sombra.** La eliminación de las ramas bajas puede ayudar, pero bajo los árboles es casi inevitable que el césped esté invadido por el musgo.

● **Escarificad y airead el césped.** Dos operaciones importantes del programa de erradicación del musgo son: eliminar la paja rastrillando el césped y mejorar el drenaje punzándolo.

● **Acondicionad el césped.** Aumentando la fertilidad del suelo mediante el acondicionamiento otoñal contribuiréis a erradicar el musgo, especialmente si el suelo es arenoso o poco profundo.

● **Si es necesario, encalad.** Un exceso de acidez puede favorecer el musgo, pero no encaléis a menos que estéis seguros de que es necesario (véase página 46).

● **Aplicad un musguicida en otoño.** Usad un producto mediante la regadera o un pulverizador.

MALAS HIERBAS GRAMÍNEAS

En el césped, no sólo encontraréis malas hierbas de hoja ancha: unas cuantas especies de gramíneas forman también parte de este grupo de plantas indeseadas. Con respecto a las de hoja ancha, las malas hierbas del grupo de las gramíneas tienen un inconveniente adicional: cualquier tratamiento químico para acabar con ellas destruirá también las especies típicas del césped.

Hay dos tipos fundamentales de gramíneas invasoras. El primero está constituido por las especies de follaje grueso cuyas matas desfiguran los céspedes segados a poca altura. El ejemplo más común es el heno blanco, pero hay otras.

El segundo tipo es la poa anual, de bajo porte, que se encuentra en casi todos los céspedes y que, a diferencia de las especies anteriores, no forma matas sino que se entremezcla con las variedades útiles de gramíneas cespitosas; actualmente, en algunos casos, es considerada también como una especie útil puesto que crece bajo los árboles o en terrenos muy compactos donde no puede vivir ninguna otra gramínea. Sin embargo, si la alfombra de césped es débil y laxa, la poa anual se extenderá rápidamente por toda la zona, reemplazando total o parcialmente las verdaderas gramíneas cespitosas. En este caso os enfrentaréis a un grave problema ya que esta planta es sensible a las enfermedades y a la sequía y puede decolorarse o marchitarse en pleno verano.

CONTROL DE LAS MALAS HIERBAS GRAMÍNEAS

- Cuando vayáis a sembrar un césped nuevo, tomaos el tiempo necesario para preparar el terreno. Seguid las instrucciones dadas en el capítulo 7.
- Adquirid semillas de calidad. Las mezclas de semillas «de oferta» pueden contener semillas de malas hierbas del grupo de las gramíneas.
- Conservad el vigor de la hierba abonando, aireando y regando el césped tal como se ha indicado en el capítulo 3. Si el césped no presenta manchas desnudas es mucho menos probable que la poa anual lo invada.
- Prevenid la formación de las deyecciones de las lombrices, que son el sustrato ideal para la germinación de las semillas de poa anual. Las sustancias químicas para controlar los gusanos ya no se encuentran disponibles: la única solución es barrer las deposiciones.
- Si detectáis una mancha aislada de poa anual o de gramíneas toscas, azadonadla y resembradla o implantad tepes nuevos.
- Si las manchas de estas malas hierbas son demasiado numerosas para desyerbarlas manualmente, antes de segar el césped dividid las matas con un cuchillo o con una laya.
- Después de la siega rastrillad la hierba: cambiad la dirección del corte cada vez que seguéis.
- Si las gramíneas pratenses anuales son un problema, utilizad un depósito recogedor.

LA GRAMA EN EL CÉSPED

En los parterres y arriates esta mala hierba gramínea puede ser un problema, pero en el césped no lo es. Cuando preparéis el terreno para crear un nuevo césped eliminad todas las raíces y tallos que os vengan a mano, pero si luego aparecen algunos brotes entre las hierbas selectas no os preocupéis; sucumbirán rápidamente en cuanto las siegas se regularicen y a final de temporada ya habrán muerto.

HENO BLANCO
Holcus lanatus

Hojas suaves y pubescentes

POA ANUAL
Poa annua

De corta talla; hojas plegadas

MANCHAS MARRONES

Las manchas marrones del césped pueden ser debidas a varias causas. Incluso el jardinero más experimentado puede hacer un diagnóstico equivocado, pero con la ayuda de la tabla adjunta podréis averiguar, con bastante exactitud, la causa más probable de la aparición de aquéllas en vuestro césped.

FORMA DE LA ZONA AFECTADA	COLOR DE LA ZONA AFECTADA	ÉPOCA DEL AÑO EN QUE SON VISIBLES	SÍNTOMAS ESPECIALES	PREGUNTA CLAVE PARA IDENTIFICACIÓN
Manchas irregulares o todo el césped	Pajizo	Finales de primavera o verano	Debajo de la superficie el suelo es anormalmente seco	Las manchas pardas ¿han aparecido después de un largo período de sequía?
Manchas circulares o irregulares de 2,5-30 cm de diámetro	Amarillo o marrón	Otoño en tiempo húmedo	Si el tiempo es húmedo, la zona afectada queda cubierta de moho	Si cogéis un pedazo de césped húmedo y lo guardáis en un tarro durante algunos días ¿se forma un moho blanco?
Manchas irregulares de más de un metro cuadrado	Pajizo, a veces rosado	Finales de verano u otoño	Pequeñas agujas ramificadas rojizas que surgen de las hojas muertas de la hierba	Las manchas ¿son grandes y los tallos de la hierba afectada presentan pelillos rojos, pegajosos en tiempo húmedo?
Manchas circulares de 2,5-5 cm de diámetro	Pajizo o marrón	Finales de verano en tiempo húmedo	Las manchas se mantienen pequeñas e irregulares, si bien pueden unirse entre sí	¿Son pequeñas las manchas y el césped es de festuca roja?
Manchas irregulares que pueden crecer rápidamente	Marrón	Primavera o comienzos de verano	Pájaros en busca de larvas	¿Puede eliminarse fácilmente la hierba marrón y quedan hoyos grises o marrones en el suelo?
Manchas irregulares, o franjas regulares y curvas allí donde se haya utilizado un distribuidor	Marrón o negro	Primavera o verano	Las manchas o las franjas aparecen súbitamente, poco después de aplicar fertilizante	El fertilizante ¿ha sido distribuido uniformemente y en la proporción recomendada?
Manchas aproximadamente circulares	Marrón	Durante todo el año	Cada mancha está rodeada de una franja de hierba de color verde oscuro	¿algún animal doméstico tiene acceso al césped?
Mancha o manchas irregulares	Marrón	Primavera, verano u otoño	Las manchas aparecen súbitamente, pocos días después de la siega	¿Habéis llenado el depósito de gasolina de la segadora, o la habéis engrasado, estando ésta sobre la zona afectada o cerca de ella?
Mancha o manchas irregulares	Amarillo o marrón	Durante todo el año	Césped de reciente creación, sobre un terreno con cascajos u otros desechos	Antes de sembrar la zona o de implantar los tepes ¿había piedras o cascajos sobre el suelo?
Manchas irregulares o todo el césped	Amarillo o marrón	Durante todo el año	Hierba fina y laxa, frecuentemente con musgo. Capa superior del suelo compactado	¿Os es imposible introducir completamente una cerilla en el césped húmedo empujándola con la yema del pulgar?

La causa de las anomalías

SEQUÍA

ENFERMEDAD

PERRO

EXCESO DE
FERTILIZANTE

ACEITE DERRAMADO

COMPACTACIÓN

TÍPULAS

CASCAJOS
ENTERRADOS

LA RESPUESTA ES SÍ, CAUSA PROBABLE	ZONAS MÁS PROBLEMÁTICAS	REMEDIO O PREVENCIÓN
Sequía	Zonas arenosas	Antes de que se produzca la decoloración, si el tiempo es seco, el césped debe regarse copiosamente. Si el amarronamiento ya ha comenzado, punzad la superficie y regad
Fusariosis	Zonas sombreadas y mal drenadas	Véase página 50
Mal rojo	Zonas arenosas. Césped suntuario, sobre todo si está desnutrido	Véase página 50
Mancha dólar	Césped suntuario, sobre todo si está desnutrido	Véase página 50
Típulas	Zonas costeras. Céspedes mal drenados	Véase página 48
Exceso de fertilizante	Todas las zonas	Si al cabo de dos días de haber distribuido el fertilizante no llueve, regad. Si el tiempo es caluroso y seco, emplead un fertilizante líquido. Sea cual sea el producto empleado, seguid las instrucciones del fabricante.
Orina de perro	Todas las zonas	Regad copiosamente la zona afectada, esto reducirá la decoloración, pero no la erradicará. Puede ser necesario resembrar la zona muerta.
Aceite derramado	Todas las zonas	Antes de poner gasolina o aceite, retirad la segadora del césped
Escombros enterrados	Todas las zonas, especialmente los céspedes nuevos	Levantad el césped, eliminad los objetos o escombros enterrados y añadid suelo suficiente para nivelar el terreno. Volved a colocar el césped y rellenad los huecos con suelo cribado.
Compactación	Zonas de suelo denso	Airead el césped compactado en otoño (véase pág. 44) Resembrad o implantad nuevos tepes en la zona afectada. Si el anegamieno persiste será necesario crear algún sistema de drenaje.

REPARACIÓN DEL CÉSPED

Tanto las manchas desnudas como los bordes mellados, los agujeros y las prominencias son problemas graves cuando afectan a gran parte del césped. La conjunción de todos ellos es la causa del aspecto manchado que afea tantos céspedes y también de que la siega sea más difícil de lo normal.

La preparación inadecuada del terreno antes de implantar los tepes o de sembrar las semillas hará que muy pronto sea necesario reparar el césped, pero incluso el césped mejor cuidado llegará un día en que precisará ciertos retoques. Para evitar los desperfectos descritos en estas dos páginas sólo se requiere un poco de esfuerzo.

El secreto está en actuar a tiempo, lo que generalmente significa hacerlo al primer síntoma del problema. Más importante aún es elegir la época adecuada (la mejor es el otoño o, si no es posible, a comienzos de primavera). El tiempo debe ser lluvioso.

La mayoría de estos trabajos implica la sustitución de porciones de césped o la resiembra de pequeñas zonas. Las semillas o los tepes nuevos deben ser de las mismas gramíneas que forman el césped. Para este propósito lo mejor es extraer los tepes de un lugar del césped donde esta pérdida apenas se note y recomponerlo y resembrarlo después.

MARG. MELLADOS

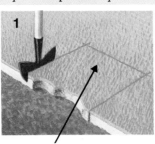

1 Extraed un cuadrado de césped que comprenda el margen afectado. Levantadlo suavemente con la laya para separarlo del suelo.

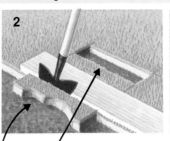

2 Tirad del tepe hacia fuera para que la parte estropeada sobresalga del borde.

Cortadla alineándola con el resto del césped.

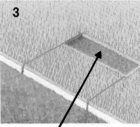

3 Llenad el hueco o bien con un tepe o con suelo que, una vez afirmado, se sembrará con las semillas adecuadas. Si implantáis un tepe, rellenad los intersticios con suelo cribado.

PROMINENCIAS

Al segar, las prominencias son rasuradas por lo que tienden a quedar desnudas. No probéis a apisonarlas: seguramente quedarán peor que antes.

AGUJEROS

La causa más frecuente de una depresión es, o bien una mala consolidación del terreno a la hora de crear el césped o la descomposición de materia orgánica que hubiese quedado enterrada.

En tiempo húmedo, los agujeros drenan más despacio que el resto del césped. En ellos la hierba suele ser más lozana y más verde, y es más propensa a las enfermedades. Los agujeros pequeños pueden llenarse gradualmente incorporando al césped capas de suelo cribado (no más de 1,5 cm de espesor a un tiempo). Los hoyos profundos podrían necesitar una reparación.

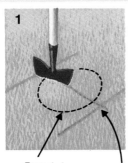

1 Zona de la prominencia o el agujero.

Cortad el césped con la laya y levantad los tepes con cuidado.

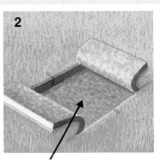

2 Extraed o incorporad suelo según sea necesario para la nivelación del césped. Si la prominencia es alta y el suelo poco profundo, extraed parte del subsuelo y reemplazad el suelo superficial. Pisotead el suelo removido.

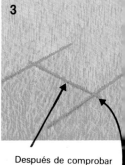

3 Después de comprobar que la zona esté nivelada, afirmad los tepes levantados.

Rellenad las junturas con suelo cribado.

NCHAS DESNUDAS

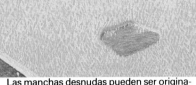

Las manchas desnudas pueden ser originadas por varias causas:

El motivo más frecuente de la desaparición de la hierba es la compactación y la falta de drenaje, que son problemas serios, ya que pueden afectar a una extensa zona de césped.

La extracción de las malas hierbas, el derramamiento de aceite, el goteo de los árboles, el chamuscado producido por la orina de los perros, el exceso de fertilizante y el rasurado de las prominencias durante la siega dan lugar a manchas desnudas de contorno definido y extensión limitada. El pisoteo excesivo puede reducirse a una pequeña zona o ser muy extenso, según la situación del césped... y el número de niños. Siempre que os sea posible, procurad remediar la causa antes de reparar el césped, si no la mancha desnuda reaparecerá en seguida.

1 REIMPLANTACIÓN

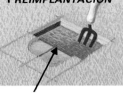

Eliminad la hierba muerta de la mancha y encuadrad el area afectada. Luego removed la superficie del suelo con una horquilla pequeña.

2

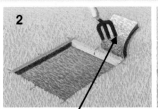

Desmenuzad el suelo que hay debajo de los tepes nuevos con una horquilla pequeña y colocadlos en su lugar.

3

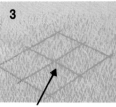

Afirmad los tepes y rellenad las junturas con suelo cribado.

1 RESIEMBRA

Perforad la superficie de la zona afectada con una horquilla.

2

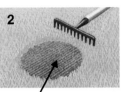

Rastrillad para eliminar los residuos y formar un buen lecho para las semillas. Sembradlas a razón de 30 g por metro cuadrado.

3

Cubrid la zona con una capa delgada de suelo cribado y afirmadla con una tabla. Protejedla de los pájaros con cordeles

CHUPONES

Las raíces de muchos árboles y arbustos emiten chupones, por ejemplo los sauces, las lilas y los rosales. Si dejáis que estos chupones se afiancen en el césped os será difícil segarlo y las cuchillas se estropearán.

Cortad el césped con una laya o una zapa de media luna siguiendo el trayecto de los chupones.

Levantad los tepes con cuidado y eliminad la raíz que emite los chupones.

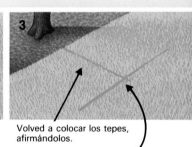

Volved a colocar los tepes, afirmándolos.

Rellenad las junturas con suelo cribado.

MÁRGENES

A medida que los árboles y arbustos crecen suelen extenderse más allá del borde del césped. Esto sucede con demasiada frecuencia cuando se planta una conífera vigorosa en un pequeño parterre-isla.

La siega se hace difícil y si se deja que la hierba de debajo del árbol crezca libremente hace mal efecto. Los arbustos pueden mantenerse a raya recortándolos a menudo, pero suele ser mejor reducir el césped trazando un márgen nuevo.

Para evitar que el problema se reproduzca recordad que cualquier plantita compacta de maceta que compréis, en pocos años puede convertirse en un arbusto abierto y alto. Antes de plantar un árbol o un arbusto en las proximidades de un césped, consultad siempre cuáles son la altura y la envergadura previstas para su madurez.

ES DE LOS ÁRBOLES

Cuando un árbol crece en medio del césped a veces algunas de sus raíces emerge a la superficie y esto es un grave problema: en el mejor de los casos dificulta la siega, en el peor estropea las cuchillas.

Si la raíz es delgada podéis eliminarla siguiendo el procedimiento arriba indicado para los chupones, pero algunas veces la raíz es demasiado gruesa para hacerlo así; entonces lo mejor suele ser crear un macizo alrededor del árbol eliminando el césped del mismo con lo que la raíz quedará fuera del césped.

Allí donde esto no sea posible, una alternativa válida, pero menos satisfactoria, es la de incorporar suelo y formar un suave montículo que cubra la raíz. Afirmad este suelo (debe haber al menos una capa de 5 cm sobre la raíz) y sembradlo con gramíneas.

Problemas del césped nuevo

MANCHAS DESNUDAS

En los céspedes recién sembrados las manchas desnudas son debidas a la falta de semillas o a que no han germinado. Las causas posibles son:

Insuficiente preparación del terreno. El manchado suele ser debido a que en ciertas zonas el subsuelo ha quedado al descubierto por falta de cultivo.

Condiciones climáticas adversas. Las épocas de sequía en los terrenos ligeros y las de humedad prolongada en los terrenos densos suelen motivar el manchado del césped.

Pájaros

Semillas viejas

Germinación desigual. La podredumbre de las semillas es un mal que las destruye antes de que germinen. Esto se agrava cuando el suelo es poco permeable, las semillas son viejas y el clima es frío y húmedo. Para evitarlo lo mejor es tratar las semillas con un fungicida antes de sembrarlas.

MANCHAS DE BROTES AMARILLENTOS O MUERTOS

Si las plántulas están ennegrecidas por la base y dobladas sobre el suelo, la causa es la llamada podredumbre de los semilleros. Las plantas amarillentas pueden ser arrancadas fácilmente y, a menos que se actúe a tiempo, la enfermedad se extenderá con rapidez. Regad la zona afectada, y la circundante, con compuesto de Cheshunt en proporción de 14,175 g en 5,5 l de agua por m². La podredumbre de los semilleros aparece con mayor frecuencia cuando las semillas siempre han estado demasiado densas y el tiempo es húmedo. Las gramíneas más propensas son las agrostis. Si las plántulas no están dobladas sobre el suelo, la causa no es una infección:

Deficiente preparación del terreno. La causa más frecuente es que, al crear el césped, hayan quedado afloramientos del subsuelo. También puede ser debido a la existencia de escombros o cascajos enterrados.

Malas condiciones climáticas o edáficas. Tanto la sequía como el anegamiento de la capa superficial del suelo pueden producir el amarillamiento y posterior muerte de las plántulas de gramíneas.

BROTES DÉBILES Y DISPERSOS

A veces la germinación y el crecimiento de la hierba son satisfactorios pero no se llega a formar una alfombra verde: entre las plantas hay demasiados claros. Las causas posibles son varias:

Baja proporción de semillas. Sembrad 30-45 g por metro cuadrado, o seguid las instrucciones del envoltorio.

Pájaros. No es una causa frecuente: normalmente los pájaros causan manchas desnudas desperdigadas.

Deficiente preparación del terreno. Los errores más frecuentes son: haber descuidado el drenaje, capa superficial poco desmenuzable y afloramiento del subsuelo en superficie. Intentad abonar, pero esto no resolverá el problema.

BROTES PÁLIDOS Y DE CRECIMIENTO LENTO

A veces, las plántulas toman un color verde pálido y dejan de crecer casi por completo. Si esto ocurre en primavera, es necesario tratarlas con un fertilizante rico en nitrógeno para aumentar su vitalidad. En esta primera fase nunca debe utilizarse arena para césped ni ningún combinado fertilizante/herbicida. Aplicad un fertilizante líquido, sin sobrepasar la dosis indicada, mediante una regadera de tamiz fino y procurad no alterar la superficie del césped. Si el césped es de tan sólo pocos meses, aplicad un fertilizante líquido en la proporción más baja que indique el paquete o la botella, pero un crecimiento pobre en este estadio inicial normalmente indica otra causa.

GRIETAS EN LOS CÉSPEDES DE TEPES

A veces los tepes se contraen formándose entre ellos unas feas grietas. Invariablemente, la causa de esto es la escasez de agua, en cantidad suficiente y con la frecuencia necesaria, que se origina cuando el tiempo es seco. Este efecto es aún mayor si, al implantarlos, los tepes no fueron colocados suficientemente juntos y si después de hacerlo no se rellenaron las uniones con suelo arenoso. Para reparar las grietas, regad el césped y esperad a que los tepes se expandan hasta su expansión original. Entonces rellenad las grietas con acondicionador: no apliquéis primero el acondicionador para regar después.

GRIETAS EN LOS CÉSPEDES SEMBRADOS

Los céspedes sembrados pueden agrietarse debido a la falta de agua: un problema frecuente en los céspedes sembrados a comienzos de primavera sobre terreno denso. Regad todo el césped, llenad las grietas con acondicionador y luego sembrad en ellas semillas de gramíneas. Si después de hacerlo se produjera un período de sequía, no os olvidéis de regar antes de que reaparezcan las grietas.

AGUJEROS

En los céspedes de tepes, los agujeros son debidos a una insuficiente preparación del terreno o a una mala implantación de los tepes. La inadecuada preparación del terreno puede ser también la causa de la aparición de agujeros en los céspedes sembrados, pero aquí caben otras posibilidades. Si el terreno es inclinado, las lluvias torrenciales pueden haber formado arroyadas. En cualquier caso, la solución es acondicionar el césped poco a poco, pero regularmente.

MALAS HIERBAS

Si habéis barbechado adecuadamente el terreno (etapa 7, página 95), las malas hierbas no serán un problema grave en el césped recién sembrado. Naturalmente, crecerán algunos hierbajos y las plantas invasoras del arriate floral pueden aparecer bastante amenazadoras, pero las malas hierbas como el zuzón, la hierba pajarera, la grama, las ortigas, la enredadera, la matricaria y el saúco desaparecerán rápidamente en cuanto comiencen las siegas. Las que deben preocuparos son las malas hierbas descritas en las páginas 59-77 y en cuanto veáis alguna debéis arrancarla. Hacedlo cuando la superficie del suelo esté firme; sujetad el césped hacia abajo con una mano y tirad suavemente de la planta con la otra.

En ocasiones, la cantidad de malas hierbas que aparecen en el césped nuevo hace que el desyerbado manual resulte bastante poco práctico. Como ya se ha indicado, lo peor es tener prisa. Es vital que antes de sembrar se haya pasado el azado regularmente, eliminando las malas hierbas anuales con un tratamiento químico. Debéis tratar de solucionar el problema con un herbicida selectivo —se necesita un intervalo de 12 meses entre la siembra y la utilización de estos productos.

PIEDRAS

En un césped recién sembrado las piedras pueden abrirse paso hasta la superficie y, en esta etapa de su vida, muchas cuchillas se han estropeado porque el jardinero se ha olvidado de examinarlo antes de segarlo.

Renovación de un césped recién sembrado

Las zonas ralas y las manchas desnudas deben ser rastrilladas procurando no desnivelar la superficie. Mezclad una parte de semillas del mismo tipo que las sembradas anteriormente con 10 partes de suelo arenoso cribado. Esparcid la mezcla uniformemente sobre el suelo a razón de 300 g por metro cuadrado y volved a rastrillarlo someramente.

Problemas de la siega

RASURADO

El rasurado es muy frecuente: pequeñas manchas prominentes que la segadora ha dejado despobladas. Este problema es más probable que surja cuando se emplea una segadora cilíndrica que si la segadora es rotatoria, y precisa de ciertas medidas preventivas. Si vuestro césped está abollado, aumentad la altura del corte de la segadora y mejorad su nivelación acondicionándolo. Al segar, no presionéis la máquina sobre el césped y no la mováis repetidamente de delante a atrás a la vez que recorréis el césped.

RASURADO MARGINAL

El rasurado normal suele ser debido a irregularidades de la superficie del césped o a una altura inadecuada del corte, pero no al modo de utilizar la segadora. En cambio el rasurado marginal es el producido cuando se emplea una segadora flotante sin seguir las instrucciones del fabricante. Si dejáis que el colchón de aire desaparezca al dirigir la segadora a lo largo del margen del césped las cuchillas rasurarán la hierba. Este tipo de problema puede surgir también si, al comenzar a segar, en vez de colocar la máquina inclinada hacia un lado como está recomendado, la colocáis plana.

AMARRONAMIENTO APICAL

Muchas veces, después de segar la hierba, las puntas se vuelven marrones. Esto puede ser debido a varias causas. La más frecuente es el empleo de una segadora rotatoria de cuchillas poco afiladas que en vez de cortar la hierba la magullan. Afilad siempre las cuchillas rotatorias: es muy fácil. Si la segadora es de cilindro, comprobad las cuchillas del tambor y la cuchilla fija. Otra causa del amarronamiento de las puntas es cortar el césped cuando la hierba está mojada.

ARISTADO

El aristado consiste en la formación de una serie de bandas estrechas alternas de hierba corta y hierba larga, perpendiculares al trayecto de la segadora. Estas bandas son debidas al empleo de una segadora de tambor cuyas cuchillas giran demasiado despacio. Actualmente, con el auge de las segadoras a motor, este problema no suele verse con tanta frecuencia. La solución consiste en eliminar la causa de la excesiva resistencia al giro del tambor: hierba demasiado larga (segad más a menudo), poca altura del corte (subid las cuchillas) o hierba mojada (antes de segar, sacudid las gotas de lluvia o el rocío). Otra de las causas del aristado es el empleo de una segadora cilíndrica manual con pocas cuchillas (véase página 28).

CORRUGADO

El corrugado consiste en una serie de ondulaciones anchas y regulares, perpendiculares al trayecto de la segadora, separadas entre sí unos 15-30 cm. Estas ondas son debidas al hecho de segar siempre en la misma dirección, lo cual produce un efecto vibratorio que riza la superficie del suelo. A diferencia del aristado, el corrugado se ha agravado con el auge de la segadora a motor; con una máquina de tracción a motor deberíais cambiar la dirección del corte cada vez que segarais. Si en vuestro césped aún hay zonas corrugadas, acondicionadlo cada otoño hasta que la superficie vuelva a estar nivelada, a pesar de que una apariencia descuidada desaparecerá a menudo sin tener que llevar a cabo ningún tratamiento, si varía la dirección de la siega.

CAPÍTULO 5
CUIDADO METÓDICO DEL CÉSPED

PROGRAMA DE RENOVACIÓN DE UN CÉSPED DESCUIDADO

A veces, podéis encontraros con que tenéis un césped que ha estado muy descuidado. Por ejemplo, si os habéis mudado de casa y el anterior propietario no prestó la debida atención al jardín, o si durante bastante tiempo habéis estado enfermos o ausentes. Sea cual fuere la causa, un césped descuidado no es más que una colección deprimente de hierbajos y gramíneas demasiado crecidos.

 Examinad detenidamente las malas hierbas y las gramíneas que cubren el terreno. Si el musgo, la sagina y otros hierbajos predominan sobre las gramíneas supervivientes del césped, lo mejor es comenzar de cero, siguiendo las instrucciones dadas en el capítulo 7 para la creación de un césped.

Muchas veces comprobaréis que, a pesar de la presencia de matas de toscas gramíneas y de abundantes malas hierbas, aún predominan las gramíneas típicas del césped. En este caso no hace falta rehacer el césped, sino que lo mejor es renovarlo siguiendo el programa que se detalla a continuación.

2 **Cortad las malas hierbas y las gramíneas** del césped a una altura de unos cinco centímetros con una podadera; no empleéis una guadaña a menos que seáis un experto en su manejo. Lo mejor es alquilar una segadora rotatoria grande. Rastrillad la hierba cortada. La mejor época para renovación es la primavera.

3 **Volved a examinar la superficie del césped** y, guiándoos por lo indicado en el capítulo 4, haced una lista de los problemas existentes.

4 **Rastrillad y cepillad a fondo la superficie** para eliminar todas las plantas muertas y todos los residuos.

5 **Segadlo a la máxima altura que permitan las cuchillas.** A lo largo de las próximas semanas disminuid progresivamente la altura del corte hasta llegar al nivel recomendado (véase página 31).

6 **A comienzos de verano, abonad y desherbad el césped** aplicando un producto combinado fertilizante/herbicida. Tratad las manchas musgosas con un producto que contenga diclorofeno.

7 **Regad en verano y abonad en otoño si es necesario.** No dejéis que la sequía estropee todo el trabajo: regad copiosamente durante un tiempo prolongado de sequía. Utilizad un fertilizante en otoño si el tepe es delgado y de color pálido, sobre todo si no se ha regado en verano.

8 **Al poco tiempo efectuad las reparaciones necesarias** (véanse páginas 82-83). Implantad nuevos tepes o resembrar las manchas desnudas.

9 **Poco después punzad las zonas compactadas** y aplicad un acondicionador. Si la hierba es débil y laxa, mezclad unas cuantas semillas de gramínea con el acondicionador de manera que resulte una siembra de unos 200 g de semillas por m².

10 **A la primavera siguiente ya podréis proceder al programa normal de mantenimiento del césped** (véanse páginas 88-89).

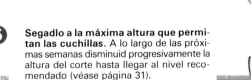

PROGRAMA DE DESHERBADO Y ABONADO PARA UN CÉSPED CUIDADO

No existe un programa «correcto» que se ajuste a todos los céspedes y no hay por qué tirar el dinero aplicando tratamientos innecesarios. Por otra parte, algunos problemas pueden empeorar rápidamente si no se atajan a tiempo, por lo que la única solución es vigilar el césped día a día y emplear el producto o productos adecuados a los problemas que vayan surgiendo.

Lo más sencillo es proceder a un diagnóstico por eliminación a comienzos de primavera, verano y otoño, respondiendo al sencillo cuestionario expuesto en estas dos páginas.

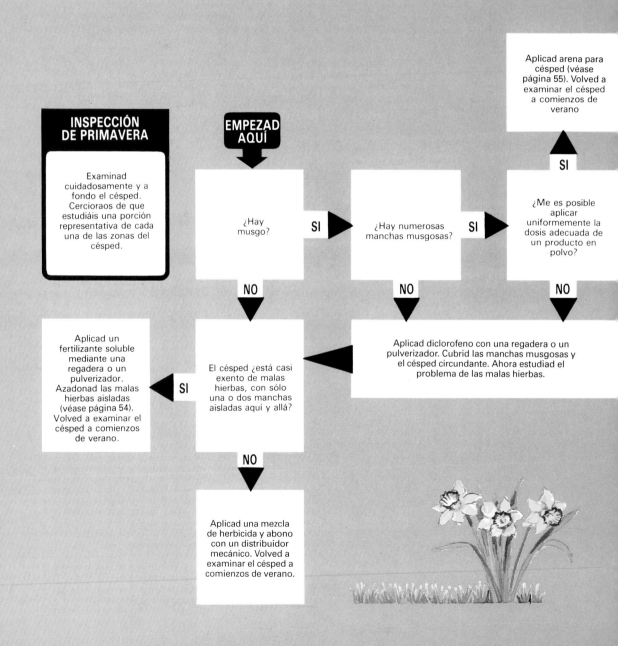

INSPECCIÓN DE PRIMAVERA

Examinad cuidadosamente y a fondo el césped. Cercioraos de que estudiáis una porción representativa de cada una de las zonas del césped.

EMPEZAD AQUÍ

¿Hay musgo? — **SI** → ¿Hay numerosas manchas musgosas? — **SI** → ¿Me es posible aplicar uniformemente la dosis adecuada de un producto en polvo?

SI → Aplicad arena para césped (véase página 55). Volved a examinar el césped a comienzos de verano

NO → Aplicad diclorofeno con una regadera o un pulverizador. Cubrid las manchas musgosas y el césped circundante. Ahora estudiad el problema de las malas hierbas.

El césped ¿está casi exento de malas hierbas, con sólo una o dos manchas aisladas aquí y allá?

SI → Aplicad un fertilizante soluble mediante una regadera o un pulverizador. Azadonad las malas hierbas aisladas (véase página 54). Volved a examinar el césped a comienzos de verano.

NO → Aplicad una mezcla de herbicida y abono con un distribuidor mecánico. Volved a examinar el césped a comienzos de verano.

SERVICIO GRATUITO DE INFORMACION

| Nombre y apellidos | | | | | | | | | | | | | | | | | | | | | | | | | | | | | | | | | | |

Dirección

Población   C.P.

Provincia   Profesión

Teléfono   Fecha Nac.   DNI/CIF

Encontré esta tarjeta en el libro _____

Comprado en _____

¿COMO CONOCIO ESTE LIBRO?

☐ Reseña crítica en Prensa   ☐ Anuncio prensa   ☐ Escaparate
☐ Reseña crítica en Radio/Televisión   ☐ Folleto   ☐ Recomendación personal

Deseo recibir, sin compromiso alguno, información bibliográfica de los siguientes temas:

☐ ARTE, HISTORIA   ☐ NATURALEZA: ECOLOGIA   ☐ DEPORTES   ☐ VIAJES
☐ ARQUITECTURA, DECORACION   ☐ JARDINERIA   ☐ EDUCACION SEXUAL ☐ COCINA
☐ FOTOGRAFIA, DISEÑO, ILUSTRACION   ☐ ENOLOGIA   ☐ CIENCIAS HUMANAS
☐ PINTURA, DIBUJO, MANUALIDADES   ☐ EQUITACION   ☐ INFANTIL

Otros temas de su interés _____

**Deseamos facilitarle un servicio gratuito de información sobre nuestras publicaciones
y agradecerle su amable colaboración. NATURART, S.A.**

♻ IMPRESO EN PAPEL RECICLADO

NATURART
Apartado F.D. 566
08080 BARCELONA

INSPECCIÓN DE VERANO

Examinad cuidadosamente y a fondo el césped. Crecioraos de que estudiáis una porción representativa de cada una de las zonas del césped.

EMPEZAD AQUÍ

Las malas hierbas ¿son un problema grave?

NO → ¿Hay varias matas de malas hierbas o manchas invadidas por éstas?

NO → El césped ¿está descolorido?

NO → No se precisa ningún tratamiento químico. Volved a examinar el césped en otoño.

SI (del primer recuadro) Aplicad una mezcla de abono y herbicida con una regadera. La adición del fertilizante mejora la acción del herbicida y reverdece la hierba. Volved a examinar el césped a comienzos de otoño.

SI → El césped ¿está descolorido?

NO → Tratad las malas hierbas con un herbicida líquido en regadera o pulverizador. Volved a examinar el césped a comienzos de otoño.

SI (del recuadro "El césped ¿está descolorido?" de verano) → Aplicad un fertilizante soluble con una regadera o un pulverizador. Volved a examinar el césped a comienzos de otoño.

Aplicad una mezcla de abono y herbicida, a menos que lo hayáis hecho en primavera. Como alternativa, regad con un abono líquido y tratad las malas hierbas con un herbicida mediante regadera. Volved a examinar el césped a comienzos de otoño.

INSPECCIÓN DE OTOÑO

Examinad cuidadosamente y a fondo el césped. Cercioraos de que estudiáis una porción representativa de cada una de las zonas del césped.

EMPEZAD AQUÍ

El musgo ¿es un problema?

SI → Aplicad diclorofeno mediante una regadera o un pulverizador.

NO → ¿Hay muchas deyecciones de lombrices diseminadas por el césped?

NO → En el césped ¿comienzan a aparecer manchas de hierba enferma? (véase página 50)

NO → A comienzos de otoño ¿se ha aplicado un fertilizante que además de fosfatos y potasio contuviera nitrógeno?

SI (deyecciones) → Aplicad arena de césped en la primavera siguiente.

SI (manchas de hierba enferma) → Aplicad un herbicida otoñal que contenga carbendazim.

SI (mal aspecto) → A partir de mediados de otoño, el césped ¿tiene mal aspecto?

NO → No se precisa ningún tratamiento químico.

SI (fertilizante nitrógeno) → A partir de mediados de otoño, el césped ¿tiene mal aspecto?

NO (fertilizante nitrógeno) → Abonad el césped en otoño.

CAPÍTULO 6
CALENDARIO DEL CÉSPED

COMIENZOS DE PRIMAVERA

Si la hierba crece activamente, a medida que avanza la primavera podéis empezar a desherbar y abonar el césped. Para no aplicar tratamientos innecesarios, seguid la guía de la página 88. Si empleáis arena para césped, cuidad de distribuirla uniformemente y, al cabo de quince días, rastrillad el musgo muerto. Segad con la frecuencia suficiente para que la hierba no crezca demasiado, pero nunca a menos de 2-3 cm de altura, según el tipo de césped (véase pág. 31).

Azadonad las zonas de gramíneas toscas, llenad los agujeros con suelo cribado y luego resembradlo o implantad nuevos tepes rellenando sus junturas.

COMIENZOS DE INVIERNO

Durante esta época en que el tiempo es húmedo y a veces extremadamente frío, a parte de eliminar las hojas muertas, no cabe realizar ningún trabajo que beneficie la hierba de un césped consolidado. Al contrario, si os paseáis sobre la hierba empapada o helada, la dañaréis. Ésta es una buena época para repasar el estado de la segadora y de las demás herramientas que vais a utilizar en primavera.

MEDIADOS DE PRIMAVERA

Continuad segando, aumentando la frecuencia según las necesidades y reduciendo la altura del corte hasta alcanzar el nivel indicado para el verano (véase página 31). Mediada la primavera la siega comienza a ser semanal.

Esta es la mejor época para destruir las malas hierbas ya sea con un herbicida o con arena para césped. Recordad la necesidad de que, al aplicar el herbicida, la hierba esté seca, el suelo húmedo y el tiempo apacible. Si hay poa anual o trébol, antes de segar, cepillad o rastrillad las zonas invadidas; el suelo suele estar húmedo, pero también puede producirse un período de sequía prolongado en cuyo caso deberéis regar el césped antes de que muestre las señales inequívocas del problema y hacerlo siempre copiosamente (véase página 38).

MEDIADOS DE INVIERNO

En las regiones templadas podéis iniciar ahora la temporada de cuidar el césped ya que aparecen las primeras deyecciones de las lombrices. Cuando estén secas, esparcidlas con una escoba. No intentéis segar el césped hasta finales de invierno. Acabad el parcheado de los tepes. Si pensáis sembrar semillas y el tiempo es adecuado, mediado el invierno, comenzad a preparar el suelo.

FINALES DE PRIMAVERA

Ya debe iniciarse el ritmo de siega estival: cuando el suelo está húmedo pueden ser necesarios dos cortes por semana. Si se produce un período de sequía prolongado, segad a mayor altura y no utilicéis el depósito para los recortes.

Es la época de efectuar el abonado y el desherbado estival. Si el césped está descolorido, aplicad un fertilizante nitrogenado de acción rápida, como el sulfato amónico o un tónico soluble. Combatid localmente las malas hierbas que hayan sobrevivido al anterior tratamiento y, antes de segar el césped, rastrilladlo para mantener a raya los estolones de trébol.

Recortad los márgenes de vez en cuando y disponeos a regar si el tiempo se vuelve seco. El calor puede recalentar la superficie del suelo: es aconsejable perforarla ligeramente antes de regar (véase página 45).

FINALES DE INVIERNO

Ahora empieza realmente la época de trabajar activamente en el césped. Tan pronto como la hierba comience a crecer y las condiciones climáticas y edáficas sean favorables, rastrilladlo para eliminar las hojas y los residuos de la superficie; no presionéis demasiado ni dañaréis la hierba. Si las heladas invernales han sido rigurosas, es mejor rular ligeramente el césped para afirmarlo. Podéis hacerlo con una segadora cilíndrica con el cabezal cortante levantado (véase página 46).

La primera siega sólo ha de eliminar las puntas de la hierba: si la siega fuera demasiado corta causaría su amarillamiento. En invierno bastarán dos siegas, eligiendo días en que la superficie del césped esté seca.

Hacia el final del invierno, además de segarlo, habéis de examinar el césped en busca de posibles enfermedades, aplicarle un musguicida en caso necesario y pulir las orillas con una laya de media luna. Si están melladas podéis repararlas (véase página 82).

COMIENZOS DE VERANO

Segad regularmente a la altura indicada para el verano, regad si la sequía es prolongada y rastrillad de vez en cuando tal como se ha recomendado para el final de la primavera.

Si súbitamente el trébol, la sagina y/o la milenrama resultan problemáticos, aplicad un buen herbicida selectivo que contenga 2, o mejor aún, 3 substancias activas. Ya es un poco tarde, pero estas malas hierbas nunca deben ser ignoradas.

Las vacaciones suelen ser un problema. Si vais a estar ausentes más de quince días y os es posible encargad a alguien de vuestro césped.

MEDIADOS DE VERANO

Las mismas tareas generales que al comienzo del verano. Si al volver de vacaciones la hierba ha crecido demasiado, no la cortéis a la altura del verano. Cortad primero sólo las puntas y en las siegas sucesivas id reduciendo la altura del corte (véase página 31).

Este es el último plazo para desherbar y para abonar con un fertilizante rico en nitrógeno. Cerca del final del verano podéis comenzar a sembrar las semillas.

FINALES DE VERANO

El programa otoñal comienza ahora espaciando las siegas y aumentando la altura del corte hasta llegar al nivel otoñal que está unos 6 mm por encima del estival (véase página 31).

En esta época las lombrices reanudan su actividad: tratad el césped con un fungicida que contenga carbaril, el cual, además de controlar las deyecciones de las lombrices, prevendrá la fusariosis, el mal rojo y la mancha dólar, y abonará las raíces de las gramíneas durante el resto del otoño y todo el invierno. En esta época, cuando el tiempo sea lluvioso, reparad el césped rectificando las abolladuras, los agujeros, los bordes mellados y las manchas desnudas siguiendo las instrucciones dadas en las páginas 82-83.

Las tareas que deben realizarse en todos los céspedes en esta época son: primero, escarificarlos (véase página 43), luego punzar todas las zonas compactadas (véase página 45) y finalmente, si os sobra tiempo y fuerzas para tan vital operación, acondicionarlos (véase página 35).

Si ya han aparecido manchas de hierba enferma, tratadlas con el fungicida sistémico carbendazim (véase página 50). Combatid también los topos: en un césped consolidado, esta época es sin lugar a dudas una época realmente ocupada.

También lo es en un césped nuevo: es la mejor época para sembrar las semillas, si bien la implantación de los tepes puede posponerse hasta algo más tarde.

COMIENZOS DE OTOÑO

Al comenzar el otoño las siegas regulares tocan a su fin. En las dos últimas, aumentad la altura del corte y, antes de efectuarlas, cepillad las gotas de rocío o de lluvia que haya sobre la hierba. Recortad los bordes del césped de cara al invierno.

Aplicad un abono para el césped de otoño, comprobad su estado y, si no lo hicisteis antes, acabad los trabajos de escarificado-punzado-acondicionado. Barred las hojas caídas que, si quedaran sobre la hierba, la estropearían y agravarían el problema de las lombrices. Azadonad las matas de gramíneas gruesas y luego resembrad las zonas despobladas o implantad tepes nuevos. Si hay musgo, en vez de aplicar arena para césped, emplead diclorofeno.

En un césped nuevo, la siembra ya debe haber finalizado, pero la época ideal para implantar los tepes acaba de empezar.

MEDIADOS DE OTOÑO

Si el tiempo es «apacible» (ni húmedo ni demasiado frío) y la superficie es firme, volved a segar la hierba con las cuchillas muy altas. Luego, limpiad todo el equipo y engrasadlo antes de guardarlo. Si aparecen deposiciones de lombrices, barredlas y, si son numerosas, aplicad arena de césped en la primavera siguiente. No dejéis que se acumulen sobre el césped ni hojas muertas ni otros residuos.

Ésta ya no es época de sembrar semillas pero sí de implantar tepes.

FINALES DE OTOÑO

Aparte de barrer las hojas muertas, ya no hay nada que hacer. No piséis el césped cuando esté empapado o helado. Si tenéis que pasar con la carretilla cargada, colocad primero unos tablones para que no deje roderas.

Si hace muy buen tiempo, aún se pueden colocar tepes.

CAPÍTULO 7
EL CÉSPED NUEVO

Para crear vuestro césped podéis sembrar las semillas de las gramíneas o colocar tepes. La elección entre ambos procedimientos sólo podéis hacerla una vez, por tanto, antes de tomar una decisión, debéis considerar cuidadosamente las ventajas e inconvenientes de cada uno de ellos.
Las pequeñas plántulas de gramíneas para plantar un césped que tan populares fueron en otra época ya no están a la venta, pero actualmente van apareciendo nuevos tipos de material para plantar, como los tepes sembrados que se enrollan como una alfombra.

	SEMILLAS	TEPES NORMALES	TEPES SEMBRADOS
Ventajas	**El método más barato de crear un césped es sembrando semillas** Además de ahorrar dinero se ahorra esfuerzo; no hay que coger los tepes y colocarlos. Por otra parte, podéis hacerlo cuando os plazca: a diferencia de los tepes, una vez compradas, las semillas no se estropean en seguida, por lo que podéis esperar varios días, e incluso semanas, a que el tiempo sea adecuado. Podéis escoger una mezcla de gramíneas adecuada al tipo de césped que necesitáis y a las condiciones ambientales en que deben crecer. A diferencia de los tepes, sabréis exactamente qué plantas estáis comprando.	**El método tradicional más rápido de crear un césped es colocar tepes normales** En pocas semanas se consigue un buen césped listo para ser usado e inmune a todos los problemas que aquejan a las plántulas, como la humedad excesiva que las abate sobre el suelo, los pájaros, los gatos y las malas hierbas anuales. No es necesario preparar el semillero y los tepes pueden colocarse a finales de otoño o en invierno, cuando el jardinero apenas tiene trabajo. El suelo desnudo adquiere color instantáneamente y los bordes del nuevo césped quedan perfectamente definidos.	**El método más moderno para crear un césped es colocar tepes sembrados** Al igual que la siembra de mezclas de semillas, los rollos de tepes sembrados proporcionan unas gramíneas determinadas y su colocación es más rápida que la de los tepes corrientes. Los rollos necesarios para cubrir un césped nuevo son mucho menos pesados y pueden cortarse con unas tijeras normales. Al igual que los tepes comunes, colorean instantáneamente el nuevo jardín y no tienen ninguno de los inconvenientes de la germinación de las semillas ni de las primeras fases de la consolidación de la hierba.
Inconvenientes	Es necesario preparar concienzudamente el terreno para la siembra: es muy importante eliminar todas las malas hierbas. La siembra debe hacerse durante unos meses en que el jardinero ya está muy ocupado en otros trabajos, y los brotes jóvenes están expuestos a todo tipo de riesgos: mal tiempo, pájaros, enfermedades, etc. Hasta que las gramíneas no han cubierto toda la superficie, siempre existe el peligro de que sea invadida por las malas hierbas. Después de sembrado, deben pasar 9-12 meses antes de que el césped esté listo para ser utilizado normalmente.	Los tepes para crear un césped utilitario os costarán mucho más que las semillas de las gramíneas y si lo que queréis es un césped suntuario, la diferencia aún será mayor. La mayoría de los tepes en venta contienen una elevada proporción de gramíneas gruesas y otras malas hierbas: los tepes de buena calidad son difíciles de conseguir. Los tepes deben colocarse lo más pronto posible, pero la época recomendada para colocarlos a veces es la menos indicada para andar pisoteando el terreno.	Los tepes sembrados son más caros que los normales y los tepes sembrados suntuarios lo son mucho más que las mezclas de semillas selectas. Es imprescindible que el terreno esté perfectamente nivelado: si aparecen prominencias o agujeros, os será mucho más difícil repararlos que en el caso de tepes normales. El número de proveedores es muy reducido y, por ahora, la experiencia en este tipo de material es limitada, si bien lleva siendo utilizado por los profesionales varios años.
Época de implantación o de siembra	**La mejor: finales de verano** **Buena: comienzos de primavera**	**La mejor: de comienzos de otoño a mediados de invierno** **Buena: comienzos de primavera**	**Depende del tipo de tepes sembrados, véase página 94**
En pocas palabras...	30-50 g de semillas distribuidas uniformemente 90 cm 90 cm Después de la siembra, rastrillad someramente	Nótese la unión de los tepes Tepe Meadow Tepe Cumberland 90 cm 90 cm Después de colocar los tepes, rellenad las uniones con acondicionador	Nótese el gran tamaño de los tepes Tepe Rolawn 1 m² Tepe Bravura 3 m² 3,6 m 3,6 m Después de colocar los tepes, rellenad las uniones con acondicionador
Para más detalles	Véase página 96	Véase página 98	Véase página 98

PREPARACIÓN DEL TERRENO

Desde que comienza la preparación del terreno hasta que se siembran las semillas o se colocan los tepes deben pasar al menos tres meses. Puede aparecer un lapso de tiempo demasiado largo pero hay que realizar diversos trabajos y, antes de que la superficie esté bien nivelada, el suelo ha de tener tiempo de asentarse. Lo mejor es empezar a comienzos de verano para poder sembrar o implantar en otoño.

FASE 1
PRIMAVERA
O
COMIENZOS
DE VERANO

Despejad el terreno

Si os habéis mudado a una casa nueva, eliminad los ladrillos, los escombros, la basura y los montones de subsuelo que hayan dejado los albañiles.

Generalmente, el lugar en donde pensáis crear el césped es un mosaico de hierbajos y otras plantas. Lo primero que debéis hacer es arrancar todos los tocones y las raíces de los árboles: si los dejáis en el suelo, más tarde podrán dar lugar al desarrollo de setas. Después azadonad las malas hierbas perennes y luego tratad el terreno con glifosato.

Antes de conservar cualquier árbol, pensadlo bien: el maridaje césped/árboles no suele dar buen resultado (véase página 8).

FASE 2
COMIENZOS
DE VERANO

Gradad el terreno (omitid esta fase si no es necesario nivelarlo)

El gradeo sirve para cambiar los contornos del terreno de manera que se consiga el nivel definitivo aproximado. Observad que el césped no debe ser completamente horizontal sino ligeramente inclinado para que tenga un drenaje mejor. Sin embargo, debe estar nivelado, sin prominencias ni agujeros: las ondulaciones suaves son aceptables en un césped muy extenso, pero en un césped reducido está fuera de lugar.

CÓMO CONSEGUIR UNA SUPERFICIE NIVELADA

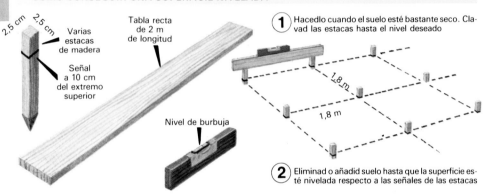

2,5 cm 2,5 cm
Varias estacas de madera
Señal a 10 cm del extremo superior
Tabla recta de 2 m de longitud
Nivel de burbuja

1,8 m
1,8 m

1 Hacedlo cuando el suelo esté bastante seco. Clavad las estacas hasta el nivel deseado

2 Eliminad o añadid suelo hasta que la superficie esté nivelada respecto a las señales de las estacas

GRADEO DE UN TERRENO CON PROMINENCIAS Y AGUJEROS PEQUEÑOS

A menos que el subsuelo sea profundo, no rebajéis las prominencias para llenar con este suelo los agujeros. Es mejor llenarlos con suelo de cualquier otra parte del jardín o comprar tierra adecuada para ello.

GRADEO DE UN TERRENO CON PROMINENCIAS Y AGUJEROS GRANDES

Sacad toda la capa de suelo y amontonadla en un lugar apropiado. Recomponed el subsuelo y, una vez nivelado, volved a esparcir el suelo. El subsuelo no debe aflorar nunca a la superficie. Si la capa de suelo tiene menos de 15 cm de espesor, comprad una o dos cargas de suelo al proveedor de la localidad.

GRADEO DE UN TERRENO INCLINADO

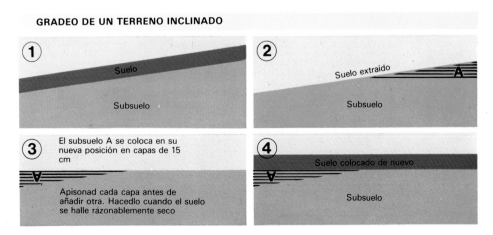

1 Suelo / Subsuelo

2 Suelo extraído / A / Subsuelo

3 El subsuelo A se coloca en su nueva posición en capas de 15 cm
Apisonad cada capa antes de añadir otra. Hacedlo cuando el suelo se halle razonablemente seco

4 Suelo colocado de nuevo / Subsuelo

Preparación del terreno (continuación)

FASE 3
VERANO

Drenad el terreno (omitid esta fase si el terreno no queda anegado)

Para conseguir un césped de primera clase es esencial que esté bien drenado. Afortunadamente, la mayoría de suelos no requieren más que una buena cava y la incorporación de algunos materiales enmendantes (véase fase 4). Si por desgracia tenéis un terreno arcilloso en el que, al llover copiosamente, el agua queda sobre la superficie, será imprescindible que lo dotéis de algún sistema de drenaje o de lo contrario el césped se deteriorará en seguida.

Si tenéis que nivelar el terreno, podéis crear el sistema de drenaje cuando lo gradéis (fase 2). Si no hace falta nivelarlo, hacedlo cuando lo cavéis (fase 4). A continuación se describen algunos sistemas de drenaje sencillos. El drenaje a base de tubos es complicado y costoso.

SISTEMA DE DRENAJE SENCILLO PARA UN TERRENO INCLINADO

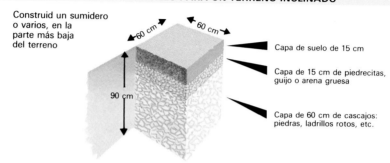

Construid un sumidero o varios, en la parte más baja del terreno

60 cm · 60 cm · 90 cm

Capa de suelo de 15 cm

Capa de 15 cm de piedrecitas, guijo o arena gruesa

Capa de 60 cm de cascajos: piedras, ladrillos rotos, etc.

SISTEMA DE DRENAJE SENCILLO PARA UN TERRENO LLANO

Antes de volver a depositar el suelo después de gradar el terreno, esparcid una capa de cascajos sobre el subsuelo y apisonadla. Añadid una capa de guijo o arena gruesa y luego reponed el suelo.

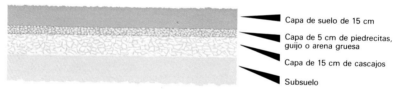

Capa de suelo de 15 cm

Capa de 5 cm de piedrecitas, guijo o arena gruesa

Capa de 15 cm de cascajos

Subsuelo

SISTEMA DE DRENAJE POR TUBOS: EFICAZ, PERO COSTOSO

El mejor método para drenar un terreno cuyo subsuelo esté formado por arcilla impermeable es mediante un sistema de tubos de drenaje sobre zanjas revestidas de gravilla, pero son muy pocos los jardines que merecen la utilización de un procedimiento tan costoso y complicado.

FASE 4
VERANO

Cavad el suelo

La cava consiste en remover el suelo con una horquilla o una laya hasta unos 20 cm de profundidad, o menos si el suelo es poco profundo, ya que no hay que llegar al subsuelo. Si el suelo tiene menos de 15 cm de espesor, deberéis incorporarle suelo de otro lugar para compensar el déficit. La mejor época para cavar depende del tiempo: el suelo debe estar bastante seco. Según el tipo de suelo, puede ser necesario enmendarlo con arena o turba. Si no estáis habituados a cavar, la preparación de un terreno de dimensiones medias puede resultaros muy cansada e incluso perjudicial. Pensad en la posibilidad de alquilar un cultivador mecánico; puede que no sea tan eficaz como la laya o la horquilla, pero desde luego será menos cansado. Sea cual fuere el método empleado, a medida que vayáis trabajando el terreno debéis eliminar las piedras y las raíces de las malas hierbas perennes.

SUELO PESADO
Al cavarlo, incorporadle al menos 12 kg de arena no calcárea por metro cuadrado. Si el subsuelo es arcilloso, punzad el fondo de la zanja hasta hincar completamente las púas de la horquilla.

SUELO LIGERO
Al cavarlo, incorporadle unos 3 kg de turba por metro cuadrado.

FASE 5

VERANO

Desmenuzad los terrones

Si los terrones que quedan después de cavar el suelo no se desmenuzan, el terreno no quedará bien asentado y tendréis un césped irregular. El problema de los agujeros y las prominencias de un césped consolidado es difícil de resolver pero fácil de prevenir.

En esta fase todo lo que tenéis que hacer es pisotear la tierra removida y romper los terrenos duros con un rastrillo de metal o con la parte posterior de una horquilla, al tiempo que elimináis las piedras grandes, los resíduos y las malas hierbas.

Si el terreno es grande, podéis utilizar un cultivador rotatorio ajustado para trabajar a poca profundidad. Sea cual fuere el procedimiento empleado para desmenuzar los terrones, deberéis hacerlo cuando el suelo esté bastante seco.

Si queréis sembrar el césped o colocar los tepes en otoño, deberéis desmenuzar los terrones al poco tiempo de haber cavado el suelo, pero si éste es pesado y pensáis sembrarlo en primavera, no los desmenucéis hasta comienzos de esta estación.

FASE 6

UNA SEMANA
DESPUÉS

Afirmad el suelo

La fase siguiente consiste en consolidar el terreno para conseguir una capa de suelo de cultivo de 3-5 cm. Aquí también, la mejor herramienta son los pies: pisotead el suelo con pasos cortos, cargando todo el peso del cuerpo sobre los talones. Esto debe hacerse cuando el suelo esté bastante seco, nunca cuando la capa superficial esté saturada de agua.

En las zonas blandas quedarán huellas profundas. Rastrillad la superficie y eliminad las piedras y los residuos. Repetid el pisoteo y el rastrillado hasta que el terreno esté lo suficientemente firme como para que los talones queden poco marcados, pero suficientemente blando para que la capa superficial tenga una estructura desmenuzable.

A veces se recomienda un rodillo de jardín, pero es un procedimiento que no suele dar buen resultado ya que a menudo quedan bolsas de aire que, si luego se colapsan, dan lugar a una superficie irregular.

FASE 7

DESDE EL
AFIRMADO
HASTA LA
FASE 8

Barbechad el terreno

El propósito del barbecho es acabar con las semillas latentes de las malas hierbas que podrían germinar y causar problemas en el futuro césped. Si éste va a ser sembrado, esta fase es muy importante, pero si va a ser a base de tepes lo es bastante menos. El procedimiento tradicional consiste en dejar el terreno sin cultivar todo el verano, cavándolo y rastrillándolo cada mes, pero con ello la preparación del suelo dura mucho tiempo. Lo más sencillo es azadonar las malas hierbas que vayan surgiendo desde que se ha afirmado el terreno hasta que se va a sembrar. Otro método es dejar que las malas hierbas crezcan después de afirmar el suelo y, justo antes de la fase 8, aplicad paracuato/dicuato.

FASE 8

ANTES DE LA
SIEMBRA O LA
COLOCACIÓN
DE TEPES

Preparad el terreno para sembrar o implantar tepes

Habéis llegado a la última fase. Con un tablón, comprobad que el suelo esté liso: rastrilladlo ligeramente para eliminar las prominencias y llenar los agujeros.
Si vais a sembrarlo o si está demasiado abollado para colocar los tepes, tendréis que nivelarlo mejor. Atad una cuerda a una escalera, tal como muestra la ilustración, y arrastrad esta grada de fabricación casera sobre el suelo después de haber desmenuzado la superficie con un rastrillo.
Ahora el terreno ya está listo. Si pensáis sembrarlo, los terrones que haya no pueden ser mayores que un grano de maíz.

SIEMBRA

Conseguir un semillero bien preparado requiere mucho trabajo y mucha paciencia. En cambio, sembrar las semillas es muy sencillo, pero si no lo hacéis con cuidado echaréis a perder todo vuestro trabajo.

El fallo más importante es comprar una mezcla de semillas de mala calidad que inevitablemente dará mal resultado. Esto puede ocurriros si compráis «gangas», llenas de semillas de raygrás de hoja ancha, o bien si, a pesar de comprar una mezcla perfecta, no es la que se ajusta a vuestras necesidades. Para evitar este fallo leed atentamente este apartado antes de ir de compras.

Mezclas de semillas

La mezcla perfecta para todo no existe — **la mezcla correcta dependerá del tipo de césped que queráis (suntuario o utilitario) y de cuál vaya a ser su situación en el jardín (al sol, a la sombra, en suelo arcilloso o en suelo arenoso).**

No os dejéis guiar por fotografías bonitas, nombres deliciosos o brillantes descripciones. Leed detenidamente el envoltorio para cercioraros de que compráis lo que necesitáis. Si os habéis decidido por un césped suntuario (véase página 11), lo que precisáis es una mezcla de festucas y agrostis. Aquí hay poca variación: la mayoría de las mezclas en venta tienen una composición similar a la dada en la figura de la derecha.

Por el contrario, las mezclas utilitarias son muy variables. Básicamente consisten en una mezcla de gramíneas de follaje fino y de follaje más grueso de entre las especies descritas en las páginas 12-13 y 16-17. Recordad que las variaciones de las mezclas más caras suelen ser mejores que las de las más baratas.

Las mezclas utilitarias solían dividirse en dos tipos: las comunes, que contenían raygrás perenne, y las superiores, que carecían de él. Actualmente, con la introducción de las variedades de raygrás enanas y de follaje fino, como Lorina, Gator, Hermes y Talgo, esta división es menos significativa. Si deseáis un césped utilitario de buena calidad, lo mejor es que desechéis las mezclas con raygrás perenne a menos que en el envoltorio se indique claramente la variedad empleada es la de corta talla y follaje fino.

Si vuestro terreno es particularmente arcilloso y muy arenoso, comprobad que la mezcla sea adecuada a esta característica o comprad una mezcla hecha a medida de vuestras necesidades. Existen mezclas para lugares sombreados, pero en este caso es más importante que la hierba sea segada a mayor altura y con menor frecuencia que lo normal que comprar una mezcla especial.

Mezclas típicas

MEZCLA SUNTUARIA

8 partes de *Festuca rubra* commutata

2 partes de *Agrostis tenuis*

MEZCLA UTILITARIA (con raygrás)

3 partes de raygrás *perenne*

1 parte de *Phleum pratense*

2 partes de *Poa pratensis*

3 partes de *Festuca rubra* commutata

1 parte de *Agrostis tenuis*

MEZCLA UTILITARIA (sin raygrás)

4 partes de *Poa pratensis*

2 partes de *Festuca rubra rubra*

3 partes de *Festuca rubra* commutata

1 parte de *Agrostis tenuis*

MEZCLA PARA SOMBRA

2 partes de raygrás *perenne*

3 partes de *Festuca rubra rubra*

2 partes de *Festuca rubra commutata*

3 partes de *Poa nemoralis*

Esteras de semillas

Desde hace bastante tiempo, las semillas se venden también incrustadas en una estera plástica o fibrosa, pero este material nunca ha sido demasiado popular. Es fácil de colocar, pero debe ser anclado firmemente sobre el terreno y es más caro que las semillas normales.

❶ Abonad el suelo

A menos que el terreno haya sido abonado recientemente, una semana antes de dar por terminada la preparación del semillero abonadlo con 57 g de abono por cada m^2 (fase 8, página 95). Rastrillad someramente.

❷ Elegid la época adecuada

La mejor época del año es a finales de verano, o comienzos de otoño, cuando el suelo aún está templado y el riesgo a que el agua escasee va disminuyendo. A veces también da buenos resultados sembrar en primavera, pero durante los días secos de verano será necesario regar y, en un terreno recién sembrado esta operación es difícil.

También es importante escoger un día adecuado, en que la capa superficial del suelo esté seca pero el resto esté húmedo. Si el barro se pega a vuestras botas posponed la siembra. El tiempo debe ser apacible.

3️⃣ Sembrad las semillas

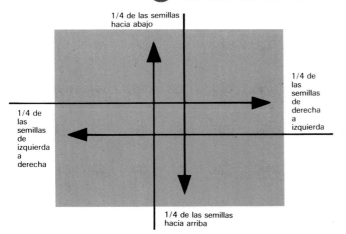

1/4 de las semillas hacia abajo

1/4 de las semillas de derecha a izquierda

1/4 de las semillas de izquierda a derecha

1/4 de las semillas hacia arriba

Adquirid la cantidad de semillas suficiente para poder sembrarlas a razón de 30-40 g por metro cuadrado. Si la proporción es menor el césped se verá ralo y laxo durante demasiado tiempo, si la proporción es mayor el riesgo al abatimiento de las plántulas aumenta (véase página 84).

Rastrillad ligeramente la superficie del suelo en líneas rectas de manera que se formen surcos poco profundos. Agitad la caja o la bolsa de las semillas para que se mezclen bien y pesad la cantidad requerida para la extensión a sembrar; recordad que debéis sembrar unos 10 cm más allá de los límites definidos del césped. Dividid la pesada en cuatro partes iguales y sembrad cada una de ellas lo más uniformemente posible (véase la ilustración). Sembrando a cuartos disminuyen los errores en la distribución y la posibilidad de dejar zonas sin sembrar. En vez de distribuirlas a mano, podéis utilizar un distribuidor de semillas en cuyo caso deberéis aplicar la mitad de derecha a izquierda y la otra mitad de arriba a abajo.

4️⃣ Proteged las semillas sembradas

Los dos enemigos inmediatos son la falta de agua y los pájaros. Para ayudar a combatir el primer problema, rastrillad someramente toda la zona con un rastrillo de púas flexibles cubriendo parcialmente las semillas. No tratéis de enterrarlas ya que germinarían desigualmente. Suele recomendarse rular el semillero después de la siembra; no lo hagáis.

El segundo problema puede ser realmente grave. A veces, antes de ponerlas a la venta, las semillas son tratadas con un producto que repele los pájaros, con lo que disminuye el riesgo de que éstos las devoren, pero no evita que usen el semillero como baño de polvo. La única solución es formar un entretejido de cordeles negros a 7-10 cm del suelo. Para hacerlo no piséis directamente el semillero, colocad unos tablones.

5️⃣ Cuidad y segad las plántulas

Época de siembra	Tiempo que tardan en germinar
Otoño	1-2 semanas
Primavera	2-3 semanas

Las plántulas aparecerán a los 7-21 días de la siembra. Si al llegar la época de la germinación pasan varios días sin llover, tendréis que regar, pero deberéis hacerlo muy suavemente, utilizando una regadera de agujeros muy pequeños o un aspersor para césped que produzca un nebulizado muy fino. Si la rociada es demasiado intensa arrastrará las plántulas fuera del césped.

Cuando la hierba tenga una altura de 5-8 cm, eliminad las piedras que haya y cuando la superficie esté seca barred suavemente las deposiciones de las lombrices y las hojas caídas. Luego rulad suavemente el terreno mediante el rodillo posterior de una segadora de tambor con el cabezal cortante levantado. Con ello afirmaréis el suelo que la germinación de las semillas ha alzado y estimularéis las plántulas a formar nuevos brotes.

Al cabo de algunos días los brotes estarán otra vez erectos y habrá llegado el momento de la primera siega. Emplead una segadora de ruedas laterales, una segadora rotatoria o una segadora de rodillo pero desprovista de éste. Si la siembra se ha hecho en otoño, ya no hará falta ninguna otra siega hasta la primavera. Si la siembra se ha hecho en primavera, serán necesarias varias siegas regulares disminuyendo gradualmente la altura del corte.

6️⃣ Cuidad el nuevo césped

Aunque la hierba joven parezca sana y vigorosa, debéis cuidar el nuevo césped y no transitar demasiado por él hasta pasados unos 12 meses. Regadlo cuando haga falta y desde un principio vigilad la aparición de cualquier señal de enfermedad. Otro problema pueden ser las malas hierbas (véanse páginas 84-85 para el diagnóstico y solución de los problemas del césped nuevo).

COLOCACIÓN DE TEPES

La utilización de tepes en lugar de semillas para la creación de un césped tiene varias e importantes desventajas. Los tepes de buena calidad son caros y difíciles de conseguir y, a menos que adquiráis tepes sembrados, nunca estaréis seguros de haber comprado las gramíneas que necesitáis. Por tanto, es preciso que comprobéis que invertís bien vuestro dinero, examinando una muestra del material antes de comprarlo y examinando luego los tepes al ir a colocarlos.

Los tepes se pueden adquirir de diferentes tamaños, desde 0,85 m² hasta 2,5 m², siendo el tamaño más utilizado el de 39 × 116 cm. La colocación de los tepes es una tarea pesada, pero la transformación de un suelo desnudo en un «césped acabado» recompensa el tiempo utilizado.

Adquisición de los tepes

El tipo más barato, y el más frecuente, es el **tepe Meadow** (pradera). Por desgracia, la idea que los granjeros tienen de un buen césped es totalmente distinta de lo que necesita un jardinero y posiblemente no contenga ninguna de las gramíneas aptas para aquél. Los tepes Meadow de primera calidad pueden formar un césped utilitario resistente, pero los de calidad inferior sólo producirán un mar de hierba verde. Antes de comprarlos, haced que os envíen una muestra; si esto no es posible, haced constar a vuestro proveedor que no queréis un prado herboso sino un césped.

Los **tepes Downland** están formados casi exclusivamente por gramíneas de follaje fino y son mucho mejores que los Meadow, pero ambos son inferiores a los del tipo **Parkland**.

Hoy en día aún perdura la leyenda de que el mejor es el tipo **Cumberland** (el tepe marítimo) que se obtiene de los pantanos salobres y está formado por *Festuca rubra rubra* y *Agrostis stolonífera*. Desgraciadamente, fuera de su hábitat marítimo es difícil de mantener y en manos de un jardinero aficionado casi siempre se deteriora rápidamente.

Tepes sembrados

Los tepes sembrados fueron comercializados a nivel de jardinería popular en 1980, pero ya se venían utilizando desde hacía tiempo en la jardinería paisajista y en la construcción de campos deportivos. A diferencia de los tepes comunes, que son extraídos de praderas, pantanos salobres, etc., este nuevo material se obtiene sembrando semillas de gramíneas en un substrato apropiado. Los tepes resultantes están desprovistos de malas hierbas y formados enteramente por las gramíneas idóneas y pesan mucho menos que los tepes comunes.

Marca	Hierba adulta	Plántulas
	Rolawn	Bravura
Edad de la hierba	12-18 meses	8-10 semanas
Base	Suelo (1 cm espesor)	Medio de cultivo sobre malla de plástico
Tamaño del rollo	40 cm × 2 m	80 cm × 3,5 m

SÍNTOMAS DE CALIDAD DEL TEPE

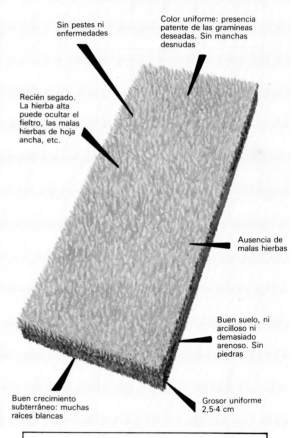

Sin pestes ni enfermedades

Color uniforme: presencia patente de las gramíneas deseadas. Sin manchas desnudas

Recién segado. La hierba alta puede ocultar el fieltro, las malas hierbas de hoja ancha, etc.

Ausencia de malas hierbas

Buen suelo, ni arcilloso ni demasiado arenoso. Sin piedras

Buen crecimiento subterráneo: muchas raíces blancas

Grosor uniforme 2,5-4 cm

Prueba final: Cogedlo con las dos manos por un extremo y sacudidlo suavemente. No debe desgarrarse ni caerse a pedazos

① Encargad los tepes

Buscad un proveedor y comprad la mejor calidad que os permita vuestro bolsillo: el material más barato dará lugar a un césped de mala calidad. Para prevenir posibles pérdidas, encargad un 5 % más de la superficie calculada. Tal vez no haya posibilidad de escoger entre distintos tamaños de tepes, pero recordad que los tepes pequeños son más fáciles de colocar que los grandes. Planificad con exactitud la disposición de los tepes: hacedlo antes de que os sirvan el pedido.

② Abonad el suelo

A menos que el terreno haya sido abonado recientemente, una semana antes de terminar de preparar el terreno, aplicadle 57 g de abono por cada m² (etapa 8, página 95) y rastrilladlo ligeramente.

③ Preparad el terreno

Marcad la zona a implantar tendiendo un cordel sobre los bordes rectilíneos. Las curvas son más difíciles de señalizar: trazad un surco poco profundo con un palo y llenadlo de arena.

④ Preparad los tepes

Los tepes normales (30 × 90 cm) se envían enrrollados. En cuanto los recibáis, colocadlos lo más pronto posible ya que se estropean en seguida.

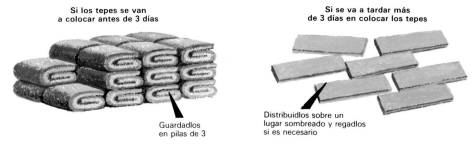

Si los tepes se van a colocar antes de 3 días

Si se va a tardar más de 3 días en colocar los tepes

Guardadlos en pilas de 3

Distribuidlos sobre un lugar sombreado y regadlos si es necesario

⑤ Elegid el día adecuado

La mejor época del año es a mediados de otoño pero, siempre que el suelo no esté anegado ni helado, la colocación puede continuar hasta mediados de invierno. También podéis hacerlo a comienzos de primavera, pero entonces tendréis que regarlos cada vez que el tiempo sea seco: si no lo hacéis, los tepes se agrietarán y las raíces morirán.

También es importante escoger el día adecuado. Colocar tepes cuando llueve es un trabajo muy sucio; es mejor hacerlo un día apacible en que el suelo esté bastante seco.

⑥ Colocad la primera hilera de tepes

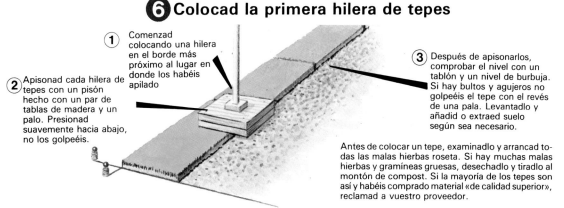

① Comenzad colocando una hilera en el borde más próximo al lugar en donde los habéis apilado

② Apisonad cada hilera de tepes con un pisón hecho con un par de tablas de madera y un palo. Presionad suavemente hacia abajo, no los golpeéis.

③ Después de apisonarlos, comprobar el nivel con un tablón y un nivel de burbuja. Si hay bultos y agujeros no golpeéis el tepe con el revés de una pala. Levantadlo y añadid o extraed suelo según sea necesario.

Antes de colocar un tepe, examinadlo y arrancad todas las malas hierbas roseta. Si hay muchas malas hierbas y gramíneas gruesas, desechadlo y tiradlo al montón de compost. Si la mayoría de los tepes son así y habéis comprado material «de calidad superior», reclamad a vuestro proveedor.

⑦ Colocad la segunda hilera de tepes

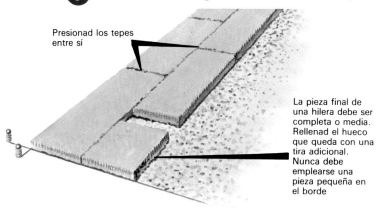

Presionad los tepes entre sí

La pieza final de una hilera debe ser completa o media. Rellenad el hueco que queda con una tira adicional. Nunca debe emplearse una pieza pequeña en el borde

COLOCACIÓN DE TEPES (continuación)

8 Acabad de colocar los tepes

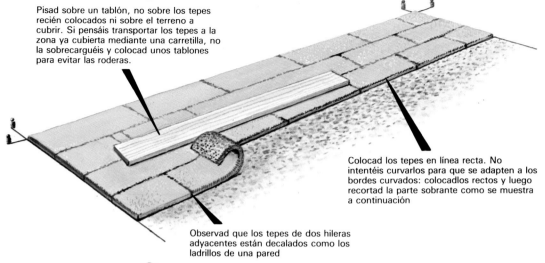

Pisad sobre un tablón, no sobre los tepes recién colocados ni sobre el terreno a cubrir. Si pensáis transportar los tepes a la zona ya cubierta mediante una carretilla, no la sobrecarguéis y colocad unos tablones para evitar las roderas.

Colocad los tepes en línea recta. No intentéis curvarlos para que se adapten a los bordes curvados: colocadlos rectos y luego recortad la parte sobrante como se muestra a continuación

Observad que los tepes de dos hileras adyacentes están decalados como los ladrillos de una pared

9 Rellenad las uniones

Preparad el acondicionador indicado para suelos pesados (véase página 35). Esparcid este suelo arenoso a lo largo de las uniones e introducidlo entre los tepes con una escoba o con la parte posterior de un rastrillo. Esto hará que los tepes se traben entre sí. Esta fase es esencial; una tarea complementaria, no esencial, es rular ligeramente los tepes una semana después de su implantación.

10 Recortad los bordes

Recortad los bordes con una laya de media luna pisando sobre un tablón que os puede servir de guía si recortáis un margen recto. Para las curvas emplead una manguera como guía, como muestra el dibujo.

11 Cuidad el nuevo césped

En primavera, cuando la hierba comienza a crecer, deberéis iniciar el programa de consolidación de un césped nuevo. En primer lugar, segadlo con las cuchillas altas de manera que sólo eliminéis las puntas de las hojas. En las siegas sucesivas, bajad gradualmente el juego de cuchillas hasta alcanzar la altura de corte recomendada (véase página 31).

A mediados o finales de primavera aplicad un fertilizante de acción rápida. Si en esta época le incorporáis un acondicionador conseguiréis reducir los bultos y agujeros pequeños y, si los tepes se han implantado en otoño, ha llegado la hora de tratarlos con un herbicida. Recordad que un césped nuevo es más sensible a la sequía que un césped consolidado, por tanto, si el tiempo es seco, regadlo copiosamente.

CAPÍTULO 8
MISCELÁNEA

CONVERSIÓN DE LOS RECORTES EN COMPOST

La conversión de los recortes de césped en compost es muy difícil ya que el método normal de hacerlo requiere mezclarlos con otros residuos que sean ricos en material fibroso y, desgraciadamente, el volumen de recortes producidos en una temporada es excesivamente superior al de otros residuos verdes, por lo que no es posible mezclarlos en la proporción adecuada para la obtención de compost. En este caso debe seguirse el procedimiento del reciclado que sirve tanto para tratar los recortes de hierba como para tratar el conjunto de los residuos del jardín, pero debéis recordar que este sistema es bastante distinto del seguido normalmente para la obtención del compost. Aquí el suelo constituye un ingrediente esencial, el montón de material vegetal no debe removerse nunca y debe permanecer cubierto para resguardarlo de la lluvia. El secreto está en mantenerlo tan caliente como sea posible, por lo que el montón debe ser lo más grande posible. Así, mientras en un montón de compost normal, basta con cubrirlo con bolsas de plástico sujetas por los lados mediante tablones o ladrillos, aquí es mejor cubrirlo cuidadosamente con láminas de plástico.

El procedimiento consta de cinco fases:

1 Formad una capa de recortes de unos 20 cm de altura.

2 Rociadla con un abono líquido compensado que favorecerá su fermentación.

3 Cubridla con una capa de suelo de unos 3 cm que aportará gran cantidad de bacterias a la vez que absorberá el agua y los gases que podrían detener el proceso.

4 Seguid de esta manera hasta agotar todos los recortes.

5 Cubrid el montón para protegerlo de la lluvia.

La próxima vez que seguéis repetid estas operaciones sobre el montón anterior. El montón de recortes que se comienza en primavera o en verano podrá ser utilizado a finales de otoño o a la primavera siguiente. Si la hierba había sido tratada poco antes de la siega con un herbicida selectivo, entre el amontonamiento de los recortes y el momento de utilizar el compost resultante deberéis dejar pasar al menos 6 meses.

SENDEROS DE CÉSPED

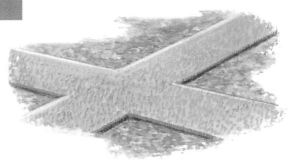

Todos los libros sobre césped se extienden en la preparación y mantenimiento de las áreas manejables del tepe, pero muchos ignoran los senderos de césped. Es una lástima porque en un gran número de jardines encontramos una franja de césped entre los montículos, arriates y/o rocallas, y resultan particularmente difíciles de mantener.

El problema reside en el tráfico al que se ven sometidos, por lo que un abonado regular, un buen acondicionamiento, etc., resultan especialmente importantes. Siempre que sea posible, evitad los senderos con una amplitud menor a 75 cm.

EN BUSCA DE CONSEJO

Si tenéis un hijo enfermo podéis llevarlo al médico y si tenéis un cachorro enfermo podéis llevarlo al veterinario, pero no existe un médico de jardines a quien podáis acudir cuando en vuestro césped algo va mal. A pesar de ello, podéis resolver vuestros problemas de varias maneras.

En primer lugar, consultad la página o páginas de este libro que tratan del problema en cuestión. El siguiente paso será dirigiros al centro de jardinería en donde efectuáis vuestras compras y a buen seguro que allí encontraréis varios folletos gratuitos sobre el tema y muchos productos para el césped. Pero cuando tengáis que buscar consejo, proceded con cautela. Procuraos por todos los medios el asesoramiento de una persona experimentada y competente ya que si os dejáis guiar por las palabras de un empleado entusiasta pero inexperto vuestro césped sufrirá las consecuencias.

También podéis telefonear o escribir a los servicios de asistencia que muchos de los distribuidores de semillas y de los fabricantes de maquinaria, productos químicos y fertilizantes, ponen a disposición de sus clientes. No obstante, no podéis esperar de ellos que os tracen los planos del jardín o que os analicen el suelo. Si tenéis que enviar una muestra de césped, preguntad primero cuál es el procedimiento correcto para empaquetarla.

Haceros socios de la sociedad de jardinería de vuestra localidad. Podréis consultar su biblioteca y encontraréis otros propietarios de césped que pueden haber tenido problemas similares; los conocimientos de los miembros experimentados os serán particularmente útiles si sois un principiante. También podéis haceros miembros de alguna sociedad de horticultura a nivel nacional.

Las revistas también pueden seros útiles; las más importantes suelen tener un servicio de asesoramiento que contestará por escrito a vuestras consultas. Algunas exigen el envío previo de un sobre franqueado con dirección escrita del consultante.

LA HISTORIA DEL CÉSPED

A.S. - Antes de la segadora

Según los historiadores, antes del nacimiento de Cristo, en los jardines persas, griegos y romanos ya había césped, pero las pruebas de su existencia son escasas. El primer documento gráfico de que disponemos procede de manuscritos continentales datados entre los años 1300 y 1500.

En *Las ventajas de vivir en el campo* se describe el modo de formarlos. El terreno se limpiaba de malas hierbas y raíces y luego se esterilizaba con agua hirviente. Se extraían los tepes de una pradera de plantas de calidad y se colocaban sobre el terreno nivelado: no muy distinto de lo indicado en las páginas 98-100.

El romance de la rosa explica el aspecto que tenía el césped medieval. Gracias a este famoso libro y a otros escritos ilustrados sabemos que no sólo estaba formado por gramíneas: era un «prado florido» tachonado de clavelinas, pervincas, primaveras y otras muchas plantas de corta talla.

A menudo olvidamos que toda la información que tenemos sobre los céspedes de este período deriva de documentos procedentes del continente: no se conocen detalles precisamente de los céspedes británicos. Sabido es que en Inglaterra la Edad Media fue una época turbulenta de luchas, no de jardinería, por lo que parece cierto que los primeros céspedes ingleses fueron pálidas imitaciones de las elegantes creaciones italianas y francesas.

El césped británico nació dentro de los muros del castillo. Era una zona herbosa en la que los caballeros y sus damas po-

dían pasear y sentarse, lejos de los olores y las sabandijas que poblaban las estancias interiores. Había asientos coronados de hierba y también «greens» rectangulares en los que se jugaba a los bolos y a otros juegos. Resulta interesante comprobar que desde el comienzo parece que ya hubo una división entre césped ornamental y césped deportivo. Fuera de los muros del castillo, otro de los precursores del césped actual fue el jardín monacal del interior del claustro.

En la época Tudor y en la isabelina el césped se convirtió en un lugar que engalanar y admirar. Alrededor de las grandes mansiones y palacios se crearon largos senderos herbosos que se extendían entre los macizos, grandes pistas para jugar a los bolos y montículos tapizados de hierbas que demostraban el esplendor de los nuevos ricos de Inglaterra. Los céspedes no siempre estaban compuestos de gramíneas; el césped de camomila fue muy popular: los libros indicaban cómo debía cultivarse; Falstaff afirmaba que «cuando más se pisotea más rápidamente crece» y se cree que, mientras la Armada Invencible española aguardaba, Drake jugaba a los bolos sobre un césped de camomila. Había nacido el césped de jardín, pero no era mejor que los continentales.

Hacia el año 1610 se inicia la época de la jardinería jacobina y con ella una característica que desde entonces ha despertado la envidia de todos los jardineros: el césped británico cortado al ras. Ningún hombre puede haber creado este concepto, pero se considera que Francis Bacon fue su sumo sacerdote. «El césped proporciona dos placeres, uno porque no hay nada más agradable a la vista que la hierba verde bien esquilada, el otro porque os proporcionará un hermoso paseo hacia el interior.» En muchos libros figuran guías para la creación de un césped, pero el que suele citarse con mayor frecuencia es la traducción de Gervase Markham de *La Maison Rustique*. Entre las instrucciones acertadas, Markham indica que los tepes deben colocarse sobre el suelo con la hierba hacia abajo. Se ha hablado mucho acerca de lo inusual de esta técnica, pero nadie parece haber hecho la sugerencia de que pueda tratarse de un error de traducción o de imprenta.

A finales de la epoca jacobina, la admiración causada por el césped británico era un hecho; d'Agenville, uno de los mejores horticultores franceses, escribió en 1709: «las parcelas herbosas son de una belleza tan exquisita que en Francia no podemos ni pensar en acercarnos a ella».

En jardinería, las modas cambian, y a comienzos del siglo XVII William Kent «salta la valla», y descubre que toda la naturaleza es un jardín». Ha empezado la era del jardín paisajista, el jardín inglés y Capability Brown. Todo el país se llena de hierba, agua y árboles y la guadaña y el rodillo entran en acción sobre vastas extensiones de la Bretaña.

A principios del siglo XIX, la Revolución Industrial, el inicio de la época victoriana y la súbita aparición de innumerables jardincillos domésticos cambió la faz de la jardinería. Los jardines se llenaron de macizos, terrazas y estatuas. La extensión del césped disminuyó: el trabajo que suponía manejar la guadaña había implicado la desaparición de aquél de las inmediaciones de los hogares del pueblo llano, si no hubiera sido por el invento patentado por un oscuro extranjero que trabajaba en una fábrica textil en Stroud. Corría el año 1830 y el nombre de este personaje era Edwin Budding...

D.S. - Después de la segadora

que la verdad estuviera mucho más cerca de la descripción del resultado obtenido con la guadaña que figura en la patente de Budding: «desgastes circulares, irregularidades y calvas... que duran varios días.»

La introducción de la segadora tuvo como resultado la rápida caída en desuso de la guadaña. A partir de 1830 se produjo un flujo constante de nuevas ideas. En la década de 1860 apareció en Gran Bretaña la segadora americana «Archimedean» provista de una sola cuchilla espiral, junto con la revolucionaria idea de que los recortes debían dejarse sobre el césped ya que lo mantendrían «fresco y verde aun en el más caluroso de los veranos, y sin que se vea desaseado». Obviamente, hace mucho tiempo que los fabricantes de segadoras comenzaron a poner el grito en el cielo.

Uno de los avances más importantes fue la introducción de fuentes de energía alternativas a los brazos cansados y las espaldas dolidas. En 1842 apareció la segadora tirada por caballos y en 1893 se contruyó la primera máquina de vapor. La historia de las segadoras a gasolina es larga: vienen segando los céspedes de los potentados desde comienzos del siglo XX. Para el jardinero normal, los adelantos más importantes fueron la introducción de la segadora eléctrica ligera, en la década de los 60, y el lanzamiento, por Flymo, de la segadora flotante, a finales de la misma década. En la época victoriana, además de la segadora, surgieron varias herramientas para ayudar a cuidar el césped: las bordeadoras y las barredoras con ruedas, el pulverizador de mochila, pero lo más importante fue la introducción de la manguera de caucho por la Gutta Percha Company.

La calidad del césped depende de las especies de gramíneas existentes, y en los primeros libros sobre este tema ya se advierte contra el uso de las gramíneas pratenses comunes. «Para este propósito, los mejores tepes son los que menos gramíneas comunes tienen» escribió John Rea en 1665, por lo que resulta sorprendente que la investigación sobre las gramíneas del césped comenzara tan tarde. Los primeros experimentos se iniciaron en 1885; este primer trabajo americano demostraba que para el césped suntuario las mejores gramíneas eran los agrostis y las festucas. Lo que impulsó estas investigaciones fue la pasión por el golf: en 1890 se creó el primer jardín experimental de césped y muy pronto, por todos los EEUU, surgieron otros centros de experimentación. En Gran Bretaña aún se tardó más. En 1924 el Green Committee del Royal & Ancient Golf Club decidió que el cultivo del césped debía ser objeto de investigación y en 1929, en Bingley, se fundó un centro de investigación conocido como el Board of Greenkeeping Research, que en 1951 fue reorganizado bajo el nombre de Sports Turf Research Institute.

Budding inventó la segadora cilíndrica, una adaptación de la herramienta con la que se recortaba la pila de ropa en la fábrica en que trabajaba. En 1832 comenzaron a ponerse a la venta las primeras segadoras y, de pronto, mantener el césped pulcramente esquilado se convirtió en un trabajo sencillo y relativamente rápido. Había un modelo pequeño, de 7 guineas, «para el caballero que desee hacerlo él mismo» y una versión mayor, de 10 guineas, «preferible para los criados».

Antes de la invención de Budding había varios procedimientos para cortar la hierba. El césped medieval sufría tal pisoteo y desgaste que no tenía tiempo de crecer demasiado y en el jardín paisajista del siglo XVIII habían diversos animales, como ovejas y vacas que pastaban por el césped que rodeaba las grandes mansiones de la época. Pero el procedimiento que se impuso fue la siega con guadaña. Las primeras guías recomendaban segar dos veces al año, pero los céspedes británicos del siglo XVII se cortaban dos veces al mes.

Este corte relativamente frecuente provocaba la envidia de los visitantes continentales, pero suponía un trabajo considerable. Unos días antes de segarla, la hierba era rulada, y después de la siega, una cuadrilla de mujeres recogía los recortes y los amontonaba. No sabemos qué extensión tenía un césped medio en los tiempos anteriores a la segadora. Un autor escribió que un buen trabajador, con la guadaña «lo dejará casi tan suave y uniforme como el tapete que cubre la mesa en la que estoy escribiendo». Sin embargo, es posible

Evidentemente, tanto los fabricantes de maquinaria y de productos químicos como los obtentores de semillas han realizado muchas investigaciones, y siguen realizándolas. Recientemente, se ha avanzado mucho en el campo de los fertilizantes, los herbicidas, los pesticidas, etc., y nada hace pensar que este constante flujo de innovaciones toque a su fin. En este libro figuran detalles acerca de utillaje y técnicas que no se conocían cuando se publicó la primera edición e indudablemente en una futura edición citaremos máquinas y productos químicos que actualmente desconocemos.

EL CÉSPED AMERICANO

Con frecuencia el turista que viene de América aficionado a la horticultura, después de conducir por Inglaterra y ver una extensión interminable de césped, exclama: «¡Qué césped tan bonito!» Existen dos razones para esta supuesta superioridad sobre los tepes de muchas zonas de América. Debido al clima inglés, el crecimiento de un césped de gramíneas finas o bastante finas se ve favorecido y los inviernos no resultan cálidos, característica aplicable sólo a una parte de Norteamérica. En segundo lugar, en Inglaterra el césped se corta a una altura menor que en América, lo que proporciona su característica apariencia de alfombra. El propietario americano tiene todos los problemas con los que se enfrenta un jardinero británico. Los perjuicios que ocasionan los insectos son más comunes y algunas malas hierbas no se encuentran en Europa. Muchas zonas sufren cada año de sequía y no sólo de forma ocasional, de modo que se necesitan sofisticados métodos de riego. Por ello no resulta sorprendente que en este lugar del planeta tener un césped represente invertir más tiempo. Muchos sentirán envidia de los céspedes ingleses, pero sin duda en Norteamérica también encontraremos algunos que pueden compararse.

TIPOS DE GRAMÍNEAS

Existen dos zonas climáticas básicas que gobiernan el tipo de gramínea que puede desarrollarse. La zona de estación fría presenta veranos cálidos e inviernos fríos, y en ella se desarrollan las gramíneas descritas en las páginas 12-13 y 16-17 o las especies relacionadas. *Agrostis, Festuca* y *Poa* (hierba azul en América) dominan junto a las raygrás, pero difieren en cuanto a variedades e importancia relativa —la especie más popular es *Poa pratensis* (poa de los prados). En la zona de estación cálida, el césped es bastante diferente —aquí las especies deben desarrollarse en veranos calientes y estar en letargo durante los fríos meses invernales. Ejemplo de ello son *Zoysia*, la hierba de Santa Agustina, la hierba de Bermudas y la hierba *Centipede*.

Zoysia

LEVANTAR UN CÉSPED NUEVO

Como sucede en Inglaterra, el elemento de partida es la semilla o el tepe, aunque en la zona de estación cálida tanto los tacos (pequeños fragmentos de césped) como los vástagos (fragmentos de tallo rastrero) son populares. Generalmente para sembrar en la zona de estación fría se utiliza una mezcla de diferentes gramíneas, pero una vez más las regiones más cálidas son distintas —en éstas resulta bastante usual comprar semillas de una única variedad para obtener un césped.

RECORTE DEL CÉSPED

Excepto para los céspedes suntuarios constituidos por gramíneas finas como *Agrostis stolonifera*, la altura recomendada de corte es de aproximadamente 5 cm, que es más o menos el doble de la recomendada para los céspedes británicos. Sin embargo, la frecuencia con la que se deben recortar es la misma —cuando la hierba haya crecido alrededor del 50 % de la altura recomendada de corte. Ello podría suponer cada dos días a intervalos de pocas semanas dependiendo del tipo de césped y de su situación, pero para la mayoría de gente a ambos lados del Atlántico la siega se realiza durante el fin de semana en la estación de pleno desarrollo.

RIEGO

En América se utilizan las diversas técnicas descritas en la página 39 pero con un importante añadido —en la zona de estación cálida, la utilización de aspersores de roseta está muy extendida, mientras que en Europa es una novedad poco usual y de precio elevado.

CAPÍTULO 9
OTRAS FORMAS DE CUBRIR EL SUELO

Las primeras ediciones de este libro trataban casi exclusivamente del césped de gramíneas —las demás clases de material cobertor del suelo se detallaban brevemente sólo en un par de páginas en la sección final.

En esta edición encontraréis un capítulo entero de los tipos alternativos de cobertoras disponibles. El libro mantiene el título, y sin duda el césped de gramíneas ocupa el lugar principal, con 100 páginas que describen cada faceta del tepe que adorna vuestro jardín. Pero durante los últimos años algunas de aquellas alternativas para cubrir el suelo han ido tomando importancia, y es por esto que las tratamos con cierto detalle.

Existen tres razones principales para esta relevancia de las cobertoras sobre las gramíneas del césped. En primer lugar se ha promocionado recientemente la idea de un suelo sin césped para los pequeños jardines frontales. No hace demasiado tiempo la idea de arrancar el césped de la parte frontal de una terraza o un pequeño jardín junto a la casa y sustituirlo por pavimento o grava junto a un número de macetas o macizos habría sido impensable, pero hoy en día no es así. Algunos paisajistas actuales lo recomiendan, y el razonamiento que hay detrás merece un respeto. En ocasiones resulta difícil transportar una segadora a la parte frontal de la casa y a menudo la gente se enfrenta a una sombra marcada que supondrá una constante batalla contra el musgo. Sin embargo, se trata de vuestra casa y nadie puede quitaros el derecho de poseer un espacio con césped si se mantiene en buenas condiciones y se prefiere a la piedra o el ladrillo. Las hileras de céspedes en jardines frontales de los suburbios y ciudades del interior forman parte de nuestro entorno y sería triste que desapareciesen en nombre de un «buen» diseño de jardines.

La segunda razón para el incremento en el interés de las alternativas a las gramíneas es la idea, bastante romántica, de que nuestros jardines deben tener una apariencia más natural. Los numerosos artículos sobre los prados de plantas silvestres son una muestra de ello. Las fotografías de primavera parecen más atractivas, pero en realidad esta forma de cobertura no es fácil de crear ni de mantener. Como veremos después, en un jardín extenso, el prado de flores silvestres puede resultar interesante, pero en un jardín pequeño puede proporcionar una apariencia descuidada. El prado ordinario constituido por hierbas vulgares y bulbosas de primavera normalmente es más satisfactorio. Las malas hierbas no deseadas pueden eliminarse con un herbicida, y existen pocas limitaciones en cuanto a la época de siega.

La tercera y última razón por la que se ha dedicado mayor espacio a los métodos de cobertura del suelo en esta edición es la creciente importancia que se le viene dando a las plantas cobertoras entre árboles y arbustos. Algunas son vivaces, por lo que es posible disponer de un animado colorido entre los tallos desnudos de los arbustos caducos en invierno. Otras soportan flores o follaje no verde, aumentando el atractivo visual de la zona. Si se lleva a cabo una buena elección y un mantenimiento adecuado, sin duda la animada alfombra que dibujan las plantas cobertoras del suelo mejorará el aspecto de éste en gran manera, pero la mejor habilidad es la de suprimir las malas hierbas.

En las páginas siguientes encontraréis descripciones e ilustraciones de seis maneras diferentes de cubrir el suelo sin utilizar tepes. Consideradlas como una ayuda, sin sustituir el tepe. Si la situación lo permite, no hay nada comparable a la belleza de un césped en perfecto estado.

EL PRADO

El prado es una superficie de tierra cubierta totalmente o al principio con hierbas semisilvestres. Como sucede con el césped, tolerará el continuo ir y venir, pero a diferencia de aquél la siega se realiza a intervalos de un mes o más.

La principal ventaja atractiva resulta obvia —el trabajo de tener que segar semanalmente queda suprimido. Existe otra ventaja —en sentido estricto, el prado tiene una apariencia más natural y en ocasiones más atractiva que un césped muy recortado. Sin embargo, no todo el mundo puede tener un prado. En el césped frontal no hay espacio para él, excepto quizá bajo la sombra de un árbol. En un jardín más extenso, debería disponer de una parte donde desarrollar un prado en el que aclimatar bulbos de primavera, y permitir que mueran después de florecer y cortarlos. Es en los jardines bien grandes donde realmente el prado alcanza su esplendor —cerca de la casa la hierba debe tratarse como un césped y detrás suyo disponer de un césped o una zona de juegos.

La diferencia entre un césped y un prado es bastante clara, pero la línea divisoria entre un prado de flores silvestres y un prado no lo es tanto. De hecho, resulta extraño no encontrar ningún prado que no posea un ramillete de flores silvestres a principios de verano, pero aun así hay diferencias.

En el prado, estas flores sobrepasan las malas hierbas del suelo y no están sobre plantas especialmente cultivadas o plantadas. Debido a los largos intervalos sin segar, las flores silvestres se hallan siempre acompañadas de plantas no deseadas como cardos, romazas y ortigas que deberían estar controladas si la siega es frecuente y regular. Pueden dar una apariencia descuidada a la zona —en un prado podéis aplicar un herbicida para mantenerlas bajo control, pero en el caso de prados de flores silvestres, no es conveniente.

Crear un prado con especies de crecimiento rápido sobre un suelo rico puede resultar un desastre —el mar de grandes hierbas y malas hierbas de apariencia desagradable conferirá definitivamente un aspecto negativo. Un prado que resulte verdaderamente encantador necesitará de la utilización de las semillas correctas sobre el suelo rico, y éste debe prepararse adecuadamente. No penséis en un prado como una opción fácil cuando os iniciéis en esto.

PREPARACIÓN DEL SUELO

Podría parecer curioso que los requisitos de un prado realmente satisfactorio son más exigentes que para un césped, y la preparación del lugar antes de sembrar o colocar el tepe seguiría la misma pauta. La primera regla básica es que la hierba no crezca demasiado rápidamente, y ello significa tener un suelo poco fértil si queréis obtener buenos resultados —un suelo arenoso permeable es el mejor. La siguiente regla básica es que controlar las malas hierbas en esta fase es más importante que la preparación del suelo, ya que en el césped las malas hierbas perennes se eliminan paulatinamente con la siega regular, hecho que no ocurre con el prado. Las malas hierbas vigorosas crecerán a sus anchas, especialmente si la hierba sólo se recorta dos veces al año, por lo que antes de que empecéis a cultivar la zona antes de la siembra o la colocación de los tepes, necesitaréis aplicar glifosato para eliminar las malas hierbas que se desarrollen en la superficie. Tratad localmente o pulverizad toda la zona dependiendo de la cantidad de malas hierbas. Ahora el terreno debe prepararse siguiendo las normas del capítulo 7 con sólo un par de excepciones —no abonéis, y no hay tanta necesidad de nivelar el terreno.

COMPRAR LAS SEMILLAS O LOS TEPES

En la mayoría de los casos deberéis decidir que vuestro jardín tenga una apariencia más natural, aunque en ocasiones ya es así, y ello se consigue segándolo no tan a menudo, de forma que obtengáis un prado. En estas situaciones no controlaréis las variedades de gramíneas presentes, y deberéis controlar el crecimiento de las más vigorosas con el cortacésped. Si empezáis con el terreno, la situación es diferente, ya que en este caso podéis controlar el tipo de gramíneas que decorarán vuestro prado. Utilizad una mezcla de semillas de gramíneas de bajo desarrollo —bajo desarrollo no significa necesariamente desarrollo lento. Si vais a empezar a partir de tepes, intentad obtener variedades de gramíneas compactas. Evitad las mezclas de semillas que contengan las clásicas raygrás perennes más que una de las modernas variedades enanas o el tepe obtenido de un prado agrícola que contendrá gramíneas muy productivas.

MEZCLA DE BAJO MANTENIMIENTO

Raygrás perenne Lorina	6 partes
Festuca rubra rubra	3 partes
Agrostis tenuis	1 parte

RECORTE Y MANTENIMIENTO

Las normas para el espacio de tiempo entre cortes en un césped ya establecido se han descrito ya (véase página 31), pero no así para el prado. En éste, el tiempo y frecuencia de corte depende de si la zona presenta bulbos y del propio gusto sobre la altura de la hierba. Las reglas en el caso de un prado nuevo son más claras. Si tenéis un prado sembrado, recortad ligeramente las plántulas cuando tienen una altura de unos 7,5 cm y cortad cada dos semanas más o menos a dicha altura. Cuando empecéis a partir de tepes, mantened la misma altura que para el prado recién sembrado y segad a intervalos de quince días. En ambos casos debéis eliminar las malas hierbas perennes con la ayuda de una pequeña horquilla, ya que los herbicidas no pueden utilizarse en los 12 meses anteriores a la siembra o seis meses antes de colocar el tepe. La frecuencia de corte en el prado una vez establecido está menos definida. Si en el prado tenéis bulbos de primavera aclimatados debéis esperar seis semanas después de que haya salido la última flor y antes de empezar a recortar. Si no tenéis bulbos, el primer corte se hará a principios del verano. El intervalo de tiempo hasta el segundo corte dependerá del efecto que queráis conseguir y del tiempo que queráis ahorrar. Para obtener una apariencia natural volved a cortar a finales del verano, si además disponéis de poco tiempo para cuidar el prado. Algunos prefieren una apariencia más limpia, y en este caso la rutina es cortar la hierba a intervalos orientativos de un mes para mantener una altura aproximada de 10 cm. Cortad por última vez a principios del otoño. Segar un prado no es un trabajo para una segadora de cilindro —mejor utilizad un modelo rotatorio o una recortadora. Si vais a aplicar un herbicida, esperad hasta que hayan caído las hojas de las bulbosas:

La siega de los contornos es una manera de obtener un prado más decorativo, que además facilita el paso. Las franjas deben seguir el dibujo del césped —en algunas ocasiones las formas geométricas también se recortan regularmente a la altura del césped para obtener un efecto escultórico.

ACLIMATACIÓN DE BULBOS

La palabra «aclimatación» significa cultivar bulbos de una forma y en un espacio que hace que adquieran una apariencia de flor silvestre en un campo abierto o en la hierba bajo los árboles. Conseguir este efecto no resulta tan fácil como parece. En primer lugar, únicamente un número limitado de plantas bulbosas son lo suficientemente pequeñas para no parecer estar fuera de lugar, lo bastante vigorosas para competir con la hierba, lo suficientemente resistentes para soportar nuestros inviernos y lo bastante prolíficas para extenderse rápidamente durante un período prolongado de tiempo. Además, debéis manejar la hierba de modo que los bulbos no se vean afectados y los árboles que dan cobijo a las bulbosas deben tener una copa lo suficientemente clara para permitir el desarrollo y floración de aquéllos.

Si queréis disponer de bulbosas, tened en cuenta una consideración: es esencial esperar al menos seis semanas después de que la última flor se haya marchitado para segar la hierba, con el fin de que las hojas liberen el alimento necesario para el desarrollo de los bulbos bajo tierra —los bulbos que aparecerán al año siguiente. Todo esto concierne a los bulbos de floración primaveral que son los más populares; con los bulbos de floración otoñal dejad de recortar la hierba a principios de invierno, de modo que se desarrollen las raíces. El primer paso es la elección de los bulbos: una sola especie o una mezcla. La elección es vuestra, pero los expertos opinan que la mejor opción son los bulbos de un solo tipo. El siguiente paso es cortar la hierba y entonces plantarlos. Podéis utilizar un plantador de bulbosas, pero el método de levantar el tepe que se muestra en la figura de la derecha es mucho más satisfactorio. Sea cual sea el método utilizado, resulta de vital importancia evitar un modelo geométrico de plantación —la técnica clásica es arrojar un puñado de bulbos sobre el suelo y plantarlos donde han caído. Como regla general, las puntas de los bulbos pequeños deben plantarse unos 5 cm bajo la superficie y los de mayor tamaño a unos 10 cm de profundidad. Un lugar ideal es bajo los árboles en el prado —algunas bulbosas toleran la sombra, pero la mayoría se desarrollan y florecen antes de que salgan las hojas de los árboles.

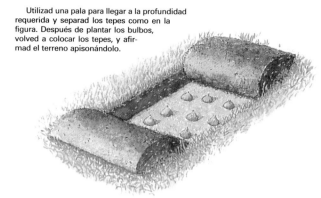

Utilizad una pala para llegar a la profundidad requerida y separad los tepes como en la figura. Después de plantar los bulbos, volved a colocar los tepes, y afirmad el terreno apisonándolo.

ACLIMATAR EN CAMPO ABIERTO:
Camassia • Colchicum • Erythronium • Fritillaria • Galanthus • Leucojum • Muscari • Narcissus • Ornithogalum • Scilla

ACLIMATAR BAJO LOS ÁRBOLES:
Allium • Anemone • Arisaema • Arum • Brimeura • Eranthis • Erythronium • Fritillaria • Galanthus • Ipheion • Leucojum • Lilium • Muscari • Narcissus • Ornithogalum • Scilla • Trillium • Tulipa

No todos estos bulbos son flores silvestres.

EL PRADO
DE FLORES
SILVESTRES

El «prado con flores» era una característica del jardín medieval, pero su popularidad decreció cuando la moda estableció una clara separación entre macizos, arriates y céspedes. En los últimos años ha renacido el interés. La idea de poseer una zona con gramíneas finas y de desarrollo corto esparcidas con un amplio abanico de flores silvestres se ha hecho con la imaginación pública por diversas razones. En primer lugar, se halla unida al interés creciente en el medio ambiente. Las amapolas, los acianos, las margaritas y otras plantas son menos frecuentes que antes debido a la urbanización y a las actuales prácticas agrícolas, y tener un prado de flores silvestres en el jardín parece una manera de reequilibrar en cierto modo esta situación. Una segunda característica atractiva es la idea de que la siega es una operación ocasional más que un trabajo regular y la tercera razón del creciente interés en el prado de flores silvestres es su aparición regular en los programas televisivos, en las exposiciones de jardinería y en las diversas publicaciones.

En este punto deberíamos tener en cuenta un par de advertencias. A menos que forméis parte de una organización ecologista, es poco prudente convertir todo vuestro jardín en un prado de flores silvestres —durante la mayor parte del año tendrá una apariencia descuidada. Cread un rincón para ello en la parte trasera de una zona bien cuidada, e incluso en este caso resultará atractivo además de ahorrar tiempo sólo si el suelo es el adecuado, la mezcla de semillas es la apropiada, el suelo está libre de malas hierbas perennes vigorosas y tenéis la maquinaria necesaria para segar en caso necesario.

Al crear un prado de flores silvestres recordad que no siempre podría ser una opción fácil y que en ocasiones tendrá la apariencia descuidada de un elemento natural o seminatural. Además, podéis operar con tierra demasiado pobre para el desarrollo de otras especies, completándola con las flores que deseéis. Es mejor partir del suelo desnudo, pero como se verá más tarde es posible transformar una zona de hierba ya existente siempre que el suelo no sea demasiado rico y las variedades de gramíneas sean de hojas finas y de crecimiento relativamente lento.

GUÍA DE LA A A LA Z DE LOS BULBOS Y FLORES SILVESTRES

NOMBRE	ALTURA	PERÍODO DE FLORACIÓN	CARACTERÍSTICAS
ACHICORIA (*Cichorium intybus*)	30-100 cm	Mediados de verano-principios de invierno	Las flores azules nacen en pequeños grupos a lo largo del tallo.
ACIANO (*Centaurea cyanus*)	15-30 cm	Principios de verano-finales de verano	Una anual con brillantes flores azules —no demasiado común en sembrados.
ALFALFA (*Medicago sativa*)	30-75 cm	Principios de verano-mediados de verano	Flores parecidas al guisante de color púrpura pálido en pequeñas espigas cónicas.
ALFILERES O AGUJA DE PASTOR (*Erodium cicutarium*)	30-50 cm	Principios de primavera-principios de otoño	Pequeñas flores de color rosa estrelladas sobre un follaje parecido al helecho. Prefiere suelo arenoso.
AMAPOLA (*Papaver rhoeas*)	20-60 cm	Principios de verano-finales de verano	Flores escarlatas sobre tallos delgados —muy común en otros tiempos en los prados.
ANÉMONA LEÑOSA (*Anemone nemorosa*)	10-30 cm	Principios de primavera	Flores blancas teñidas de púrpura. Prefiere suelo boscoso pero se desarrolla en campo abierto.
ARVEJO (*Hippocrepis comosa*)	10-30 cm	Principios de verano-finales de verano	Una planta rastrera con flores doradas sobre tallos erectos. Prefiere suelos con marga.
AZAFRÁN (*Colchicum autumnale*)	15-25 cm	Principios de otoño-mediados de otoño	Flores de color malva o rosa sobre tallos sin hojas —carácter poco usual en la naturaleza.
BUGLOSA (*Echium vulgare*)	30-75 cm	Principios de verano-principios de verano	Yemas rosadas descubren flores de color azul sobre largas espigas. Prefiere suelos arenosos.
CAMPANILLA (*Campanula glomerata*)	15-30 cm	Principios de primavera-principios de otoño	Flores blancas o de color malva en grupos. Prefiere suelos con marga.
CAMPANILLA (*Campanula rotundifolia*)	15-37,5 cm	Mediados de verano-principios de otoño	Campanillas azules colgantes sobre tallos erectos. Prefiere suelos con marga.
CAMPANILLA DE INVIERNO (*Galanthus nivalis*)	15-25 cm	Mediados de invierno-finales de invierno	Flor heráldica de primavera: inflorescencias blancas y hojas acintadas.
CAMPANILLA DE VERANO (*Leucojum aestivum*)	30-45 cm	Principios de primavera-mediados de verano	Parece una campanilla de invierno pero florece más tarde y es de mayor envergadura.
CASCABEL AMARILLO (*Rhinanthus minor*)	15-45 cm	Mediados de primavera-finales de verano	Espigas de flores con caperuzas amarillas en tallos erectos. Las semillas tambalean dentro de los frutos.
CEDACILLO (*Briza media*)	20-40 cm	Principios de verano-principios de otoño	Hierba decorativa con cabezuelas florales triangulares que ondean con la brisa.
CELIDONIA MENOR (*Ranunculus ficaria*)	7,5-20 cm	Finales de invierno-mediados de primavera	Ranúnculos amarillos sobre alargados tallos y hojas acorazonadas.
CENTAUREA (especies de *Centaurea*)	30-75 cm	Principios de verano-principios de otoño	Tanto la especie negra como la de mayor tamaño tienen flores de color rojo púrpura como el cardo.
CLAVELÓN, MARAVILLA (*Chrysanthemum segetum*)	18-45 cm	Principios de verano-finales de verano	Relacionada con la margarita de ojos grandes, pero de envergadura menor y flores totalmente amarillas.
CORONARIA BLANCA (*Silene alba*)	30-75	Mediados de primavera-principios de otoño	Las flores de color blanco cremoso se abren por la noche sobre tallos erectos.
CROCUS DE OTOÑO (*Crocus speciosus*)	10-15 cm	Principios de primavera	Flores violetas. Común en prados de flores silvestres pero no como bulbo nativo.
DAUCO (*Daucus carota*)	30-75 cm	Principios de verano-finales de verano	Cabezuelas aplanadas de flores blancas con una roja central. Frutos grandes.
DEDALERA (*Digitalis purpurea*)	60-120 cm	Principios de verano-finales de verano	Flores tubulares sobre grandes espigas manchadas. Tolera la sombra, pero es venenosa.
ELÉBORO DE INVIERNO (*Eranthis hyemalis*)	7,5-12,5 cm	Principios de invierno-finales de invierno	Flores amarillas brillantes con un collar verde. Las hojas aparecen más tarde.
ESCABIOSA, VIUDAS (*Knautia* o especies de *Succisa*)	75-90 cm	Principios de verano-mediados de otoño	Tanto la «Field» como la «Devil's Bit» tienen flores de color lila o ligeramente malvas.
ESCILA DE PRIMAVERA (*Scilla verna*)	10-30 cm	Principios de primavera-principios de primavera	Similar a la estrella de Belén pero con flores azules o malvas.
ESPARCETA (*Onobrychis viciifolia*)	30-60 cm	Principios de verano-finales de verano	Espigas de flores como la del guisante —rosas con nerviaciones púrpuras. Prefiere suelos con marga.
ESTRELLA DE BELÉN (*Ornithogalum umbellatum*)	10-30 cm	Principios de primavera-principios de verano	Espigas de flores estrelladas que se cierran por la noche y con tiempo húmedo.
FILIPÉNDULA (*Filipendula vulgaris*)	30-75 cm	Principios de verano-principios de otoño	Similar a la reina de los prados pero se desarrolla en suelo más seco y tiene menos flores.
FLOR DEL CUCLILLO (*Cardamine pratensis*)	15-60 cm	Principios de primavera-principios de verano	Pequeñas flores lilas de cuatro pétalos en el extremo de los tallos. Prefiere suelo húmedo.
FRITILLARIA DE CABEZA DE SERPIENTE (*Fritillaria meleagris*)	25-37,5 cm	Principios de primavera-mediados de primavera	Campanas colgantes con un dibujo a cuadros en el extremo de tallos erectos.

Croco de otoño

Pie de gallo

Violeta

Amapola

Neguillón

Aciano

Maravilla

Celidonia menor

Orégano

NOMBRE	ALTURA	PERÍODO DE FLORACIÓN	CARACTERÍSTICAS
GALIO BLANCO DE LA DAMA (*Galium verum*)	15-75 cm	Mediados de verano-finales de verano	Las flores con cuatro pétalos son amarillas. En los verticilos presentan hojas estrechas.
GALIO RASGADO (*Lychnis flos-cuculi*)	30-60 cm	Mediados de primavera-principios de verano	Los estrechos pétalos proporcionan una apariencia deshilachada a las flores. Prefiere suelo húmedo.
GATUNA (*Ononis repens*)	25-50 cm	Principios de verano-principios de otoño	Las flores como el guisante de color rosado sobre tallos rastreros. Prefiere suelo arenoso con caliza.
GENCIANA CAMPESTRE (*Gentianella campestris*)	10-25 cm	Mediados de verano-mediados de otoño	Flores tubulares de color púrpura en el extremo de tallos erectos. Prefiere suelo con marga.
GERANIO DE LOS PRADOS (*Geranium pratense*)	30-75 cm	Mediados de primavera-principios de otoño	Flores violeta o azul pálido sobre un follaje profundamente dividido. Prefiere suelos con marga.
GUALDA (*Genista tinctoria*)	25-60 cm	Mediados de verano-principios de otoño	Un pequeño arbusto con espigas de flores amarillas sobre tallos erectos.
HIERBA BÉLIDA (*Ranunculus acris*)	16-90 cm	Principios de verano-mediados de verano	Ranúnculos amarillos sobre tallos erectos —común en prados de pasto. Prefiere suelo pesado.
HIERBA CENTELLA (*Caltha palustris*)	30-60 cm	Principios de primavera-finales de primavera	Grandes flores parecidas a ranúnculos sobre hojas acorazonadas. Requiere de suelo húmedo.
HIERBA DE SAN JUAN (*Hypericum perforatum*)	27-75 cm	Principios de verano-principios de otoño	Flores amarillas estrelladas en inflorescencias disgregadas. Prefiere suelos arenosos.
JACINTO (*Hyacinthoides non-scripta*)	20-30 cm	Principios de primavera	Campanillas azules que cuelgan sobre hojas acintadas. Prefiere suelo húmedo.
JACINTO RACEMOSO (*Muscari armeniacum*)	20-25 cm	Principios de primavera-mediados de primavera	Espigas de flores azuladas. Común en los prados de flores silvestres, aunque no es exclusiva de éstos.
JUNCO (*Juncus effusus*)	30-120 cm	Principios de verano-finales de verano	Tallos cilíndricos con cabezuelas florales marrones en uno de los lados. Necesita suelos húmedos.
LENGUA DE BUEY (*Anchusa arvensis*)	20-50 cm	Principios de verano-principios de otoño	Flores azules brillantes en la parte superior de tallos erizados. Prefiere suelos con marga.
LIRIO AMARILLO (*Iris pseudacorus*)	60-120 cm	Mediados de primavera-mediados de verano	Una buena planta para lugares húmedos con flores amarillas sobre hojas parecidas al acero.
MALVA (*Malva moschata*)	30-75 cm	Mediados de verano-finales de verano	Flores grandes rosadas sobre hojas profundamente divididas.
MARGARITA DE OJOS GRANDES (*Leucanthemum vulgare*)	25-100 cm	Principios de verano-finales de verano	Tallos sin ramas que soportan margaritas blancas y amarillas —una visión familiar en los prados.
MILENRAMA, AQUILEA, MILHOJAS (*Achillea millefolium*)	15-30 cm	Principios de verano-principios de otoño	Cabezuelas aplastadas de pequeñas flores blancas sobre un follaje como el helecho. Prefiere suelo seco.
NARCISO (*Narcissus pseudonarcissus*)	20-50 cm	Principios de primavera	Es el narciso amarillo limón.
NEGUILLÓN (*Agrostemma githago*)	30-90 cm	Principios de verano-finales de verano	Flores de color rojo púrpura sobre tallos largos.
ORÉGANO (*Origanum vulgare*)	30-60 cm	Mediados de verano-principios de otoño	Apretadas cabezuelas de flores de color malva sobre los tallos y hojas aromáticas.
PAJARITA COMÚN (*Linaria vulgaris*)	20,5-60,5 cm	Mediados de verano-mediados de invierno	Flores amarillas como *Antirrhinum* y hojas de color verde gris.
PIE DE GALLO (*Lotus corniculatus*)	15-37,5 cm	Principios de verano-principios de otoño	Flores manchadas de rojo, parecidas al guisante, sobre tallos erectos. Prefiere suelo arenoso.
PIMPINELA (*Sanguisorba minor*)	25-50 cm	Principios de verano-principios de otoño	Cabezuelas redondeadas de flores rosas sobre hojas con aroma a pepino.
PRIMAVERA (*Primula vulgaris*)	7,5-15 cm	Mediados de invierno-mediados de primavera	Rosetas de flores amarillas con hojas retorcidas. Prefiere suelo ácido.
PRÍMULA (*Primula veris*)	15-30 cm	Principios de primavera-mediados de primavera	Flores amarillas colgantes no tan abiertas como las flores de la primavera. Prefieren suelos con marga.
REINA DE LOS PRADOS (*Filipendula ulmaria*)	60-100 cm	Principios de verano-principios de otoño	Muchas cabezuelas de diminutas flores blanco crema. Requiere de suelo húmedo.
ROSAL DE ROCA (*Helianthemum nummularium*)	7,5-30 cm	Principios de verano-mediados de verano	Flores amarillas en el extremo de los tallos rastreros. Prefiere suelos con marga.
SANÍCULA, HIERBA DE LAS HERIDAS (*Prunella vulgaris*)	7,5-30 cm	Principios de verano-principios de otoño	Cabezuelas ovales de flores púrpura. Mala hierba común en el césped —mejor para hierbas pequeñas.
SAXIFRAGA DE LOS PRADOS (*Saxifraga granulata*)	10-50 cm	Principios de primavera-principios de verano	Pequeñas flores blancas en tallos erectos y hojas acorazonadas.
VIOLETA (*Viola riviniana*)	2,5-20 cm	Principios de primavera-principios de verano	Flores de color malva sin olor —si buscáis la fragancia, elegid «Sweet Violet».

Hierba bélida	*Azafrán*	*Margarita de ojos grandes*
Primavera	*Cedacillo*	*Sanícula*
Fritillaria de cabeza de serpiente	*Estrella de Belén*	*Acónito de invierno*

PREPARACIÓN DE SUELOS

Leed la sección de la página 107 que trata de la preparación del suelo para crear un prado. Si deseáis tener un prado florido, aplicad las mismas reglas generales, pero la baja fertilidad y la eliminación de las malas hierbas son incluso más importantes en este caso. La rutina recomendada es rociar el área con glifosato cuando las malas hierbas crezcan activamente. Si el tiempo lo permite, realizad una segunda aplicación transcurrido un mes de la primera en caso de un número grande de malas hierbas. Al cabo de un mes de aplicar glifosato, si la tierra es fértil y el tamaño del prado no es demasiado extenso, debéis extraer un poco de suelo superficial.

SIEMBRA

El primer paso es adquirir una mezcla de gramíneas finas de buena calidad y varias flores silvestres para el prado. Podéis comprar una mezcla «natural» obtenida en prados agrícolas, pero podríais encontraros con flores silvestres tipo malas hierbas que no son deseables. Es mejor utilizar una mezcla compuesta de tipos individuales de semillas, escogiendo entre mezclas preparadas con diversos nombres (césped de flores, mezcla de prados con flores, etc.) en vuestro centro de jardinería o proveedor especializado. Sea cual sea el proceso, deben predominar las festucas y *Agrostis*, y en cuanto a las flores silvestres elegid las numerosas variedades que se desarrollen en las condiciones de vuestro jardín. En las páginas 110 y 112 encontraréis algunas flores silvestres con requisitos bastante exigentes, por lo que es mejor adquirir la mezcla adecuada: algunas especies anuales y las perennes más comunes, y el contenido de semillas de flores silvestres en las mezclas que se comercializan alcanza el 5-20 %.

El otoño es la mejor estación para la siembra —sembrad a principios de primavera si no es posible. Seguid las instrucciones del paquete o utilizad una mezcla casera de 45 g/m². Añadid arena fina a la mezcla, lo que os ayudará a una mejor distribución, y tened cuidado en no enterrar las semillas al pasar el rastrillo por la superficie.

CONVERTIR UN PRADO

En la mayoría de los casos el jardinero no empieza con un suelo desnudo; lo más normal es intentar convertir una zona de hierba en un prado de flores silvestres. Si el terreno no es demasiado extenso y queréis darle una apariencia semisilvestre y más natural a un tepe, aclimatad algunos bulbos (véase página 108) y plantad flores silvestres que sean adecuadas como se describe más adelante. Después de esto, podéis seguir el proceso descrito hasta ahora recordando no segar la hierba hasta que se haya marchitado la última flor y hayan caído las últimas hojas. Si por el contrario la zona es extensa y queréis presumir realmente de un jardín silvestre, entonces necesitaréis de un manejo más cuidadoso. No abonéis y sacad todos los restos de hojas y demás al menos un año antes de empezar a trabajar. Si queréis transformar el terreno, hacedlo a principios de invierno si es posible o a principios de primavera si tenéis que esperar. Desgraciadamente, esparcir una mezcla de semillas sobre el área no es la manera correcta —empezad con plántulas firmes en macetas pequeñas o esquejes obtenidos a partir de ejemplares de mayor envergadura. Cortad la hierba unos 5 cm antes de empezar el trabajo, para facilitar la operación, y plantad aproximadamente un ejemplar por m², evitando una disposición regular. Podéis adquirir los ejemplares ya listos para plantar u obtener semillas en vuestro invernadero en el verano anterior.

RECORTE Y MANTENIMIENTO

La siega de un césped cuidado podría resultar una tarea trabajosa y tediosa, a menos que sigáis las instrucciones de la página 31, que merecerá la pena. Esto no sirve para el prado de flores silvestres. En este caso necesitaréis ajustar la frecuencia de corte al vigor de la hierba, las flores silvestres y los bulbos, así como a las condiciones en que se desarrollan. No existen reglas claras y rápidas para el prado de flores silvestres ya establecido, pero en el caso de un prado de nueva creación, el asunto es más claro.

Durante el primer año lo importante es prevenir el encharcamiento y asegurar un buen follaje de las especies perennes más que una buena floración. Cortad la hierba a principios de primavera, mitad del verano y principios de otoño a una altura de 5-7,5 cm —no esperéis obtener flores durante esta primera estación, aunque es posible que algunas anuales florezcan. Utilizad siempre un depósito para los recortes de hierba y tratad los cardos, ortigas y romazas localmente con glifosato o desyerbado manual.

Un buen mantenimiento del prado de flores silvestres ya establecido consiste en realizar el primer recorte cuando todas las flores de primavera hayan desaparecido y entonces sembrar. Generalmente esta operación se realiza a principios de verano, y el segundo recorte a principios de otoño. Sin embargo, existen variaciones a este plan básico. Si durante el verano el crecimiento es vigoroso, podríais recortar en esta época, y si tenéis plantas que florecen en otoño, el recorte final debe posponerse hasta principios de invierno. Si cortáis a una altura de 7,5-10 cm, vuestra segadora podría tener problemas para ello, siendo necesaria entonces la utilización de una recortadora o una guadaña. No apliquéis nunca un abono o un tratamiento global con herbicida, y extraed siempre los restos de hierba cortada. Es mejor dejar estos recortes sobre la superficie unos días antes de retirarlos para que las semillas vuelvan al prado, pero no es un tema esencial.

EL CÉSPED ARTIFICIAL

En muchos países, el césped natural de los campos de deporte ha sido reemplazado por superficies sintéticas cuyo uso aumenta día tras día. Sin embargo, para muchos jardineros, la idea de utilizar céspedes de plástico en las casas es inadmisible.

Otros, incluido el autor, opinan que puede desempeñar cierto papel en el jardín, siempre y cuando no se emplee nunca allí donde el césped natural pueda ser cultivado y mantenido. En muchos jardines hay una o dos zonas que deben soportar el pisoteo, pero que no pueden cubrirse de hierba. Los ejemplos típicos son los balcones, las terrazas, los bordes de las piscinas y los invernaderos. La solución suele ser pavimentarlas con piedras o con losas de cemento, pero el césped sintético es una alternativa más bonita y menos pesada. Al igual que aquéllos, puede limpiarse con la manguera o con la escoba, pero, en cambio, es elástico y proporciona un fondo de aspecto natural a las plantas de maceta, como muestra claramente la fotografía de arriba.

El césped artificial moderno está hecho de polipropileno y suele venderse en rollos de dos anchos distintos. Los tepes sintéticos han recibido un tratamiento contra la erosión y la decoloración y no tienen problemas de aplicación ni de mantenimiento. Pero, antes de comprarlos, conseguid varias muestras de distintos proveedores y cotejadlas. Algunos materiales tienen un aspecto sorprendentemente natural, otros no se parecen en nada al césped. El césped artificial es caro, tanto o más que una buena alfombra, pero los tipos baratos no son aconsejables.

Una vez elegida la muestra y recibido vuestro rollo de césped, tendréis que preparar el terreno, que deberá estar limpio, liso, firme y seco. Algunos fabricantes dicen que su césped puede extenderse como una alfombra, pero si queréis obtener resultados satisfactorios deberéis pegarlo con un adhesivo: emplead siempre el que se recomienda en el folleto de instrucciones. El césped de plástico puede cortarse bastante fácilmente con unas tijeras o con un cuchillo afilado.

Partiendo de la base de la naturalidad y las necesidades del césped de gramíneas, todo esto parece absurdo, pero el césped artificial debe mirarse como un substituto de la grava y el cemento, no como un substituto del césped natural.

CÉSPED DE PLANTAS NO GRAMÍNEAS

Las gramíneas son el material más dúctil y fiable para la creación de un césped normal y el único material apropiado para zonas que vayan a estar sometidas a un desgaste considerable.

Sin embargo, las gramíneas no son las únicas plantas que pueden formar un césped. Si queréis distinguiros de los demás y disponéis de un terreno permeable, podéis disponer de otras plantas.

Estos céspedes pueden ser originales pero en modo alguno son nuevos. Como ya se ha dicho en la página 102, en la época isabelina el césped de camomila estuvo de moda y durante muchos años los vastos céspedes de esta planta fueron la admiración de los contados elegidos que eran invitados a los Royal Garden Parties. Tienen sus ventajas respecto a los céspedes normales: si se deja que florezcan se llenan de color, y andar sobre ellos es ir bañado en aromas. Pero hay inconvenientes serios. Aunque son plantas bajas, no forman una superficie lisa y en invierno sus hojas pueden volverse marrones. Conseguir y conservar una alfombra continua y tupida es muy difícil, pero el peor inconveniente es que no hay productos químicos que controlen las malas hierbas sin dañar el césped.

Tal vez lo mejor sea crear un césped de plantas no gramíneas en una parcela pequeña, lejos del césped principal, y, puesto que con este tipo de material es prácticamente imposible lograr contornos definidos, delimitarla mediante senderos, paredes, etc. Es vital que el suelo esté libre de hierbajos y malas hierbas antes de empezar a trabajar, por lo que un tratamiento global con glifosato o barbecho (véase página 53) serán imprescindibles antes de sembrar o plantar.

Casi no hará falta segarlo (emplead una segadora rotatoria con las cuchillas a 5 cm de altura), pero desyerbarlo puede ser muy pesado ya que sólo cabe hacerlo manualmente. Además del tomillo y la camomila, se han utilizado con éxito otras muchas plantas, y no es sorprendente que casi todas ellas pertenezcan a especies que en el césped normal son tenidas por malas hierbas: milenrama, sagina, verónica, trébol y musgo. Aquí los papeles se invierten, las gramíneas de follaje fino son las malas hierbas peores y más frecuentes. Si la idea de tener un césped de especies no gramíneas os apetece, adelante, pero recordad que la gramínea es el material vegetal más manejable y fácil para el césped utilitario, y es el *único* para las zonas que se ven sometidas a un continuo tráfico.

PLANTAS PARA UN CÉSPED DE NO GRAMÍNEAS

CAMOMILA

La camomila *(Anthemis nobilis)* es una planta rastrera de crecimiento bajo con hojas como los helechos y flores blancas parecidas a las margaritas. Son resistentes y el follaje desprende un aroma agradable al frotarlo. Su atractivo como planta de base para un césped resulta obvio, y antes de que empezaran a ponerse de moda los céspedes de gramíneas finas, ya se cultivaba en los jardines ingleses.

Requiere de un suelo permeable, ácido y libre de malas hierbas. No intentéis tener un césped de camomila si vuestro jardín se encharca en invierno o si tiene gran proporción de marga. El material vegetal más económico es la semilla de camomila —sembrad a principios de primavera, y transplantad al exterior aproximadamente al cabo de dos meses, dejando unos 15 cm entre las plántulas. Una vez establecidas, necesitarán ocasionalmente un recorte. Una alternativa más satisfactoria pero de mayor coste es adquirir ejemplares jóvenes de la variedad sin flores Treneague, utilizando la misma distancia entre ellas, pero en este caso no se necesitará la segadora.

Regad las plantas y extraed las malas hierbas manualmente cuando sea necesario. La apariencia de un césped de camomila durante el primer año con frecuencia resulta excelente, pero desgraciadamente suele deteriorarse durante los inviernos húmedos y los veranos calurosos. Transcurrido un tiempo las manchas en el césped son casi inevitables. En su lugar, deberíais pensar en disponer de una zona pequeña que podáis cuidar con regularidad y la utilización de una mezcla de semillas de camomila y hierbas de hojas finas, lo que reduce la posibilidad de tener un número mayor de manchas marrones en vuestro jardín. Un banco cubierto de tierra en la que pueda desarrollarse la camomila forma un excelente minicésped, y si utilizáis esta planta como cobertora alrededor de los arbustos más que como un constituyente del césped, las manchas no serán un problema.

TOMILLO

Es más fácil disponer de un césped de tomillo que de camomila. Crece en suelos alcalinos y neutros tanto como en ácidos y es más resistente a condiciones de sequía. Por eso no es sorprendente que sea más popular, pero con los años también requerirá de algunos cuidados. La especie utilizada es el tomillo rastrero *(Thymus serpyllum)* y encontraréis variedades de flores blancas, rosas, rojas o lilas. Partiremos de semillas cultivadas por nosotros o plántulas desarrolladas en invernaderos colocadas en el exterior durante la primavera separadas unos 15 cm, regando la zona regularmente hasta que el césped se haya establecido. La rutina generalizada es dejar que las plantas florezcan y entonces cortar una vez se hayan marchitado.

SAGINA, AQUILEA, MUSGO

Estas tres malas hierbas comunes del césped forman parte ocasionalmente del material incluido para un césped de no gramíneas, pero deberíais utilizarlas sólo en circunstancias especiales. Sería un error que sustituyeran a la hierba en una zona razonablemente buena —la única ocasión en que incluso deberíais considerar estas malas hierbas es cuando estén muy extendidas y no haya remedio. La solución es limpiar el lugar de malas hierbas y hierbajos mediante glifosato y entonces plantar pequeños grupos a principios de invierno. En la siguiente estación será necesario desyerbar manualmente las demás malas hierbas, lo que generalmente es una tarea más difícil que segar un césped de gramíneas. El musgo y la sagina se desarrollan en lugares húmedos y tienen el inconveniente de dejar una mancha de color marrón en invierno. La aquilea permanecerá verde todo el año, pero su crecimiento es desordenado y las flores son altas.

ELEMENTOS DUROS DEL JARDÍN

Todo el mundo estaría de acuerdo en la utilización de materiales duros como ladrillos, grava o losetas de piedra en lugar de hierba para cubrir un sendero, especialmente si debe soportar un tráfico continuo. Sin embargo, nadie lo estaría para su utilización en una zona donde podría existir un césped.

En la mayoría de situaciones, el césped proporciona una calidez difícil de aunar con los elementos duros del paisaje. En verano, nos ofrece una zona en calma y apacible para descansar, jugar o sencillamente contemplar, y en invierno forma una alfombra verde viviente cuando la mayor parte del jardín está muerto o presenta una apariencia triste. Sin duda, existe el inconveniente de tener que pasar la segadora de primavera a otoño, pero éste es un pequeño precio a pagar por los beneficios.

Existe una situación en la que uno debería considerar seriamente el reemplazar el césped por una zona con elementos duros. Se trata del pequeño terreno frontal de la terraza o casa en la ciudad —aquí la zona de tepe debe enfrentarse a uno o quizá dos problemas serios. El primero es la sombra que proyecta la casa y quizá los arbustos circundantes, lo que supondrá una constante batalla contra el musgo y el crecimiento desordenado. En segundo lugar, existe el problema de tener que transportar la segadora al césped si no se dispone de un lugar en el garaje para almacenarla. Muchos diseñadores recomiendan los elementos duros como solución, pero para la mayoría de jardineros en esta situación las dificultades de cuidar el césped todavía son elevadas, y podéis encontrar innumerables zonas poco cuidadas.

Si os decantáis por los elementos duros del jardín, considerad los posibles problemas antes de iniciar cualquier trabajo. Un sendero de piedras o gravilla podría resultar atractivo pero intentad imaginaros toda la zona cubierta de este modo. A continuación, aseguraos de que el color y el material elegido concuerda con el de la casa. Finalmente, recordad que el trabajo con elementos duros puede ser una tarea ardua —no penséis en hacerlo vosotros mismos si el esfuerzo es superior al que estáis acostumbrados. Incluso si tenéis experiencia y fuerza suficiente, es conveniente que leáis un manual de jardinería o consultad a algún amigo con experiencia en el tema. Si podéis permitíroslo, consultad a un profesional paisajista en caso de que el trabajo duro no os apetezca.

MATERIALES

LADRILLOS Y BLOQUES		No es un material pesado. Los ladrillos resultan excelentes si buscamos una apariencia antigua. No utilicéis ladrillos normales —pedid unos para pavimentos. Como alternativa podéis utilizar bloques parecidos a ladrillos (losas) de arcilla u hormigón.
PIEDRAS Y LOSETAS		La piedra natural proporciona un aire lujoso, pero la piedra de York o la pizarra resultan muy caras. Las losetas de hormigón o conglomerado de hormigón y piedra son más populares y una alternativa no tan cara.
MACADÁN		Esta mezcla de guijarros con alquitrán o betún recibe varios nombres —asfalto, piedra negra, «Tarmac», etc. No es trabajo para un aficionado, y debéis elegir cuidadosamente vuestro contratista.
PAVIMENTO IRREGULAR		Colocar losetas de pavimento puede resultar un trabajo pesado y deberéis seguir una línea recta —con el pavimento irregular las piezas son de tamaño menor y el efecto informal delata que no tenéis que lograr un modelo perfecto.
HORMIGÓN		El hormigón es muy austero para una zona extensa, pero se mantiene como un material popular para senderos y caminos. Es duradero, económico y adecuado para las curvas y senderos de forma irregular. Su colocación está reservada para gente entrenada, fuerte y experta.
MADERAS Y TRONCOS		Los troncos han ido adquiriendo popularidad en jardines silvestres y boscosos. Soporta las pisadas pero necesita de un arreglo cada pocos años.
GRAVILLA Y GUIJARROS		La gravilla es el material más económico. Los cantos rodados (pequeñas piedras pulidas por el agua) y la grava verdadera (piedrecitas extraídas de una cantera) son las clases de que dispondréis. En ocasiones en zonas decorativas pequeñas se utilizan guijarros circulares más grandes.
HORMIGÓN CON MODELO REGULAR		Este tipo de material desarrollado en la posguerra es una mezcla con base de hormigón, y después de colocarlo sobre la zona, se pasa un rodillo por encima antes de fijarlo. El rodillo hace que se forme un dibujo en forma de bloques, losetas o pavimento irregular.

AÑADIR PLANTAS

Flores en montículos y arriates

Flores en macetas

Elementos duros

Este jardín frontal pavimentado con ladrillos resulta al tiempo limpio y práctico —sin césped que segar y con pocas plantas que cuidar. Sin embargo, para mucha gente es demasiado austero. ▷

◁ *Éste es un ejemplo opuesto al jardín de arriba —aquí las losetas del pavimento se enmascaran con una masa de anuales, y para algunos resulta demasiado llamativo.*

△ *Un intermedio entre los dos tipos de jardín anteriores. En este jardín los materiales se mezclan, y no hay dominio de las plantas ni de las piedras.*

PLANTAS COBERTORAS DEL SUELO

Entre las plantas cobertoras del suelo como el tomillo y la camomila descritas en las páginas 116-117 y las plantas de césped no gramíneas existe una diferencia fundamental. Las cobertoras del suelo no soportan las pisadas, por lo que su utilización se verá limitada a aquellas zonas por las que no transite nadie. Parecería que por ello tienen un papel más limitado que las plantas de césped no gramíneas, pero no es así por dos motivos. Algunas especies cobertoras del suelo son muy vigorosas y una vez establecidas suprimirán virtualmente las malas hierbas, necesitando poca o nula atención. Además, el abanico en el que elegir es más amplio. La verdad es que las plantas para césped no gramíneas necesitan de un trabajo laborioso mientras que las cobertoras del suelo proporcionan un abanico de colores vivos en zonas difíciles y son una característica esencial en numerosos jardines. Estas zonas difíciles son lugares donde resulta muy complicado o imposible operar con la segadora o cultivar otras especies. Ejemplo de ello lo constituyen los suelos bajo los árboles con hojas donde no crece satisfactoriamente la hierba pero sí estas especies, o en terrenos inclinados donde no es posible segar. La mayoría de plantas siguen un modelo de crecimiento controlado pero algunas resultan invasoras, por lo que constituyen un problema si la zona a cubrir está muy limitada. Sin embargo, en las zonas amplias, la vista puede ser espléndida.

Una vez establecidas ahorran trabajo, pero al principio podéis necesitar más tiempo y más cuidados. En primer lugar, debéis preparar adecuadamente el terreno, eliminando las malas hierbas perennes y anuales, ya sea mediante métodos manuales o químicos. A continuación, limpiad la zona circundante, durante un par de estaciones.

En la mayoría de ocasiones la planta cobertora del suelo es la alternativa más satisfactoria a las gramíneas en las zonas donde no es posible disponer de un césped sencillo, pero no la sobrevaloréis. Desde el punto de vista del diseño, es mejor tener uno o pocos tipos que un rompecabezas de plantas cobertoras de suelo.

GUÍA DE LA A A LA Z DE LAS PLANTAS COBERTORAS DEL SUELO

NOMBRE	TIPO DE PLANTA	CARACTERÍSTICAS
AJUGA	Perenne, vivaz resistente	*A. reptans* es una planta de crecimiento lento que forma una alfombra de flores azuladas en primavera. Elegid una de las variedades con hojas de color. Altura: 10 cm. Plantad a una distancia de 30 cm. Se propaga mediante división.
ALCHEMILLA	Caduca, vivaz resistente	*A. mollis* es una planta clásica con atractivas hojas redondeadas y pequeñas flores verde amarillentas en verano. Altura: 22,5 cm. Plante a intervalos de 45 cm. Se propaga por división.
ARABIS	Perenne, planta de jardín de rocalla	*A. caucasica* forma extensos montículos de cobertoras en suelos permeables y con sol. Flores blancas en primavera. Altura: 10 cm. Plantad a una distancia de separación de 30 cm. Se propaga por esquejes o división.
BALLOTA	Perenne, vivaz resistente	*B. pseudodictamnus* forma ramas fuertes con hojas leñosas de color gris plata. Las flores blanco/púrpura nacen en verano. Altura: 30 cm. Plantad a una distancia de 45 cm. Se propaga mediante esquejes o por división.
BERGENIA	Perenne, vivaz resistente	Tarda en propagarse pero sus hojas brillantes son grandes y es muy resistente. En primavera aparecerán las flores rosas, rojas, púrpuras o blancas. Altura: 30 cm. Plantad a una distancia de 45 cm. Se propaga por división.
CALLUNA	Arbusto perenne	Este brezo es una cobertora del suelo satisfactoria si el suelo es ácido y retiene la humedad. Con frecuencia el follaje está atractivamente coloreado. Altura: 22,5-45 cm. Distancia de plantación: 30 cm. Se propaga mediante esquejes o por división.
CEANOTHUS	Arbusto perenne	No esperaríais encontrar esta planta como cobertora del suelo, pero *C. thrysiflorus repens* y *C.* «Blue Mound» forman grupos compactos. Altura: 60 cm. Distancia de plantación: 90 cm. Propagación por esquejes.
CERASTIUM	Planta perenne de rocalla	Una amenaza entre rocas pero una útil cobertora del suelo que se extiende rápido en suelo seco. Hojas plateadas, flores blancas al principio del verano. Altura: 15 cm. Distancia de plantación: 30 cm. Propagación por esquejes, división o mediante semillas.
COTONEASTER	Arbusto perenne	Numerosas bayas vistosas y un colorido follaje en otoño. Elegid una variedad vivaz como *C.* «Gnom» o *C.* «Skogholm». Altura: 10 cm. Distancia de plantación: 60 cm. Se propaga mediante esquejes o división.
COTULA	Perenne, vivaz resistente	*C. squalida* forma alfombras de crecimiento bajo con un denso follaje. En primavera aparecen las pequeñas flores amarillas —tolera sombra ligera. Altura: 2,5 cm. Distancia de plantación: 22,5 cm. Se propaga por división.
EPIMEDIUM	Perenne, vivaz resistente	Una cobertora de crecimiento lento para lugares de sombra; las hojas adquieren un color bronce en otoño. Elegid una variedad vivaz como *E. perralchicum*. Altura: 22,5 cm. Distancia de plantación: 30 cm. Se propaga por división.
ERICA	Arbusto perenne	El brezo es una buena cobertora de suelo en sitios permeables y soleados —no necesitan suelo ácido. Amplio abanico de períodos de floración y de colores. Altura: 15-45 cm. Distancia de plantación: 30 cm. Se propaga mediante esquejes o por división.
EUONYMUS	Arbusto perenne	Las más populares son las perennes variegadas como *E. radicans* «Silver Queen». Los tallos leñosos soportan hojas ovales. Altura: 30 cm. Distancia de plantación: 45 cm. Propagación mediante esquejes o por división.
EUPHORBIA	Perenne, vivaz resistente	Escoged una especie vivaz. *E. robbiae* crecerá casi en cualquier lugar —hojas verdes coriáceas, flores amarillas a principios de verano. Altura: 30 cm. Distancia de plantación: 45 cm. Se propaga por división o mediante semilla.
GENISTA	Arbusto perenne	Podéis utilizar varias especies como cobertoras del suelo, todas con tallos delgados y flores amarillas. *G. lydia* es la más popular. Altura: 60 cm. Distancia de plantación: 45 cm. Se propaga mediante esquejes o por división.
GERANIUM	Caduca, vivaz resistente	Algunas variedades de «Crane Bill» forman grupos y pueden utilizarse como cobertoras del suelo. *G. procumbens* es una rastrera que se extiende fácilmente. Altura: 7,5-60 cm. Distancia de plantación: 30-45 cm. Se propaga por división.
HALIMIOCISTUS	Arbusto perenne	Una cobertora poco usual que merece la pena tener en cuenta si el suelo es permeable y soleado. Las ramas presentan flores blancas en verano. Altura: 30 cm. Distancia de plantación: 45 cm. Se propaga mediante esquejes.
HEBE	Arbusto perenne	Se hallan disponibles gran cantidad de variedades con densas hojas ovaladas y flores brillantes en verano. Algunas no son del todo resistentes. Altura: 30-60 cm. Distancia de plantación: 45 cm. Se propaga mediante esquejes.
HEDERA	Trepadora perenne	Una útil cobertura del suelo, especialmente con sombra densa. Podéis disponer de diversas variedades de hoja en blanco, amarillo y dorado. Altura: 15 cm. Distancia de plantación: 90 cm. Se propaga mediante esquejes o por división.
HEUCHERA	Perenne, vivaz resistente	Hojas verdes o coloreadas y pequeñas inflorescencias acampanadas (blancas, rosas o rojas) sobre los tallos en verano. Altura: 60 cm. Distancia de plantación: 45 cm. Se propaga mediante división.
HOSTA	Caduca, vivaz resistente	Una buena cobertora de suelo para sombra parcial con un atractivo follaje y espigas de flores blancas o púrpuras en verano. Altura: 45-60 cm. Distancia de plantación: 45 cm. Se propaga mediante división.

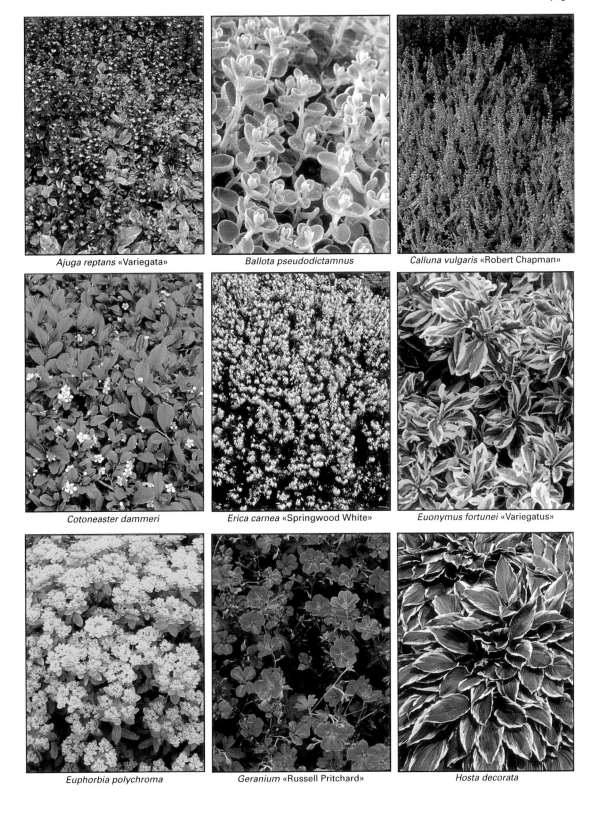

Ajuga reptans «Variegata»

Ballota pseudodictamnus

Calluna vulgaris «Robert Chapman»

Cotoneaster dammeri

Erica carnea «Springwood White»

Euonymus fortunei «Variegatus»

Euphorbia polychroma

Geranium «Russell Pritchard»

Hosta decorata

NOMBRE	TIPO DE PLANTA	CARACTERÍSTICAS
HYPERICUM	Arbusto semiperenne	*H. calycinum* forma una mata de hojas ovaladas en sol o sombra. En verano aparecen grandes flores amarillas. Altura: 30 cm. Distancia de plantación: 45 cm. Se propaga mediante esquejes, por división o semillas.
IBERIS	Planta de jardín de rocalla perenne	La vivaz «Candytuft» es una atractiva cobertera de suelo para una zona permeable y con sol, y sus hojas se cubren de masas de flores a principios de verano. Altura: 22,5 cm. Distancia de plantación: 30 cm. Propagación mediante esquejes.
JUNIPERUS	Conífera perenne	Las variedades postradas y formadoras de montículos son las coníferas más populares como coberteras del suelo, ya sea en color verde, dorado o azulado. Altura: 15-90 cm. Distancia de plantación: 45-150 cm. Se propaga mediante esquejes.
LAMIUM	Semiperenne, vivaz resistente	Merece la pena tenerla en cuenta en un sitio sombrío. Las hojas presentan una franja central blanca y en verano aparecen las flores de color malva o blancas. Altura: 10 cm. Distancia de plantación: 30 cm. Propagación mediante división.
LAVANDULA	Arbusto perenne	La lavanda se considera normalmente una planta a la que colocar en una valla, pero algunas variedades de desarrollo bajo como *L.* «Munstead» pueden usarse en un lugar soleado. Altura: 45 cm. Distancia de plantación: 45 cm. Se propaga mediante esquejes.
LIRIOPE	Perenne, vivaz resistente	*L. muscari* forma grupos de brillante follaje con espigas de flores lilas a finales del verano. Resisten bien la sequía. Altura: 30 cm. Distancia de plantación: 30 cm. Se propaga mediante división o por semillas.
LONICERA	Arbusto semiperenne	*L. pileata* es un arbusto de talla corta y de fácil extensión con tallos ramificados. Las hojas son pequeñas y brillantes y los frutos de color púrpura. Tolera la sombra. Altura: 45 cm. Distancia de plantación: 45 cm. Se propaga mediante esquejes o semillas.
LYSIMACHIA	Caduca, vivaz resistente	*L. nummularia* es una cobertera para suelo húmedo, con hojas pequeñas y flores amarillas en verano. Altura: 5 cm. Distancia de plantación: 30 cm. Propagación mediante división.
NEPETA	Caduca, vivaz resistente	Requiere un suelo permeable y con sol. Las hojas verde grisáceo son aromáticas y en verano aparecen las pequeñas flores color malva. Altura: 22,5 cm. Distancia de plantación: 30 cm. Propagación mediante esquejes o por división.
PACHYSANDRA	Arbusto perenne	Esta planta de porte rastrero es una de las mejores coberteras para tener bajo los árboles. Forman densos grupos, con flores blancas en primavera. Altura: 10 cm. Distancia de plantación: 30 cm. Se propaga mediante esquejes o por división.
POLYGONUM	Perenne, vivaz resistente	*P. affine* es una excelente planta que forma una alfombra en situaciones de sombra y humedad. Las hojas toman una tonalidad rojiza en invierno, las flores son rosadas o rojas. Altura: 15-22,5 cm. Distancia de plantación: 22,5-30 cm. Se propaga por división.
PULMONARIA	Caduca, vivaz resistente	Se reconoce por su follaje manchado de blanco. Las flores son azules o rosas y algunas variedades son semiperennes. Altura: 15-30 cm. Distancia de plantación: 30 cm. Se propaga mediante división.
ROSA	Arbusto caduco	En la actualidad se encuentran disponibles diversas rosas coberteras del suelo, tanto formadoras de arbustos como de ejemplares postrados. Altura: 22,5-120 cm. Distancia de plantación: 75-180 cm. Se propaga mediante esquejes.
SAXIFRAGA	Perenne, vivaz resistente	*S. urbium* es la elección adecuada por sus rosetas de frescas hojas que cubren el suelo y las pequeñas rosas de color rosado en verano. Altura: 7,5 cm. Distancia de plantación: 30 cm. Se propaga por división.
SEDUM	Planta de rocalla perenne	La más conocida es *S. spathulifolium* con tallos rastreros, hojas carnosas y estrelladas flores amarillas en verano. Altura: 7,5 cm. Distancia de plantación: 22,5 cm. Propagación mediante esquejes o por división.
SENECIO	Arbusto perenne	Elegid el senecio «Sunshine», alto, con hojas grises y cientos de flores amarillas parecidas a las margaritas en verano. Altura: 90 cm. Distancia de plantación: 90 cm. Se propaga mediante esquejes.
STACHYS	Perenne, vivaz resistente	*S. byzantina* tiene hojas lanosas grises y pequeñas flores de color púrpura en verano. *S.* «Silver Carpet» no presenta flores. Altura: 10 cm. Distancia de plantación: 30 cm. Se propaga por división.
TELLIMA	Perenne, vivaz resistente	Las hojas hirsutas acorazonadas y las espigas de diminutas campanillas en primavera caracterizan esta planta. Tolerante en cuanto al suelo y al sol respecto a *Tiarella*. Altura: 15 cm. Distancia de plantación: 30 cm. Se propaga por división.
TIARELLA	Perenne, vivaz resistente	Necesita un suelo húmedo a la sombra y las hojas parecidas a las del sicómoro adquieren una tonalidad rojo broncínea en invierno. Las flores primaverales son diminutas. Altura: 15 cm. Distancia de plantación: 30 cm. Se propaga por división.
VINCA	Arbusto perenne	Esta cobertera formadora de matas presenta unos tallos rastreros que se enraizan al extenderse. Una excelente elección —flores blancas, azules o púrpuras. Altura: 7,5-22,5 cm. Distancia de plantación: 45 cm. Propagación mediante esquejes y división.
WALDSTEINIA	Planta de rocalla perenne	Una planta formadora de matas con hojas lobuladas que adquieren una tonalidad dorada en otoño. Las flores primaverales son amarillas. Crece en cualquier lugar. Altura: 7,5 cm. Distancia de plantación: 30 cm. Se propaga por división.

Juniperus squamata «Blue Star»

Lamium galeobdolon «Variegatum»

Lavandula spica «Hidcote»

Lysimachia nummularia «Aurea»

Pachysandra terminalis

Polygonum affine «Donald Lowndes»

Pulmonaria saccharata

Rosa «Essex»

Vinca minor «Caerulea»

CAPÍTULO 10
ÍNDICE

Agradecimientos

El autor desea dar las gracias por su trabajo a Gill Jackson, Paul Norris, Linda Fensom y Angelina Gibbs. Un agradecimiento especial por las fotografías recibidas de Joan Hessayon, Colin Bailey, Pat Brindley, Harry Smith Horticultural Photographic Collection, John Neubauer/The Garden Picture Library, La Talbooth (Dedham) y al Buckinghamshire County Museum (Aylesbury). El diseño gráfico es obra del difunto John Woodbridge y Henry Barnett. Otros artistas colaboradores son: Norman Barber, John Dye, Pat Harby, Yvon Still y Brian Watson.

Location-Aware Applications

Location-Aware Applications

RICHARD FERRARO
MURAT AKTIHANOGLU

MANNING
SHELTER ISLAND

/M/ Manning Publications Co.   Development editor: Cynthia Kane
    20 Baldwin Road   Copyeditor: Linda Recktenwald
    PO Box 261   Proofreader: Katie Tennant
    Shelter Island, NY 11964   Typesetter: Susan Glinert Stevens
                                   Cover designer: Marija Tudor

ISBN 978-1-935182-33-7
Printed in the United States of America
1 2 3 4 5 6 7 8 9 10 – MAL – 16 15 14 13 12 11

brief contents

contents

preface

2010 was, in many ways, *the* year of location-based services (LBS). It marked several key milestones from both technological and market points of view. In terms of technology, GPS-enabled handsets finally moved on from being a narrow niche to become a segment in their own right. This was owed to a dramatic reduction in the cost of GPS chipsets and to the drive by mobile industry market leaders, notably Nokia, to place location at the heart of their strategy for growth. In terms of market positioning, 2010 saw the biggest explosion of LBS ever, with both start-ups and established web players staking their claim in this competitive marketplace. Today, we're seeing a move away from location-based services as a separate area of mobile, to location being embedded across a large section of mobile applications. Location-aware applications are becoming the norm within the mobile world, particularly where smartphones are concerned.

A true turning point was the launch of the first-ever TV advertising campaign for an LBS by Loopt in the United States, which took place in mid-2008, when it sponsored the Middle Show on Black20.com. The enormous marketing success of the iPhone and iPad has made using location-based applications both simple and stimulating for a key niche of today's mobile ecosystem. Already, over 20% of iPhone apps incorporate location in some form, and this percentage is growing. The development of Android is set to become a further catalyst spurring the rapid deployment and adoption of increasingly embedded location-based services.

In this book, we address what we believe will be the core questions for developers of location-aware applications, but which we consider are applicable for the wider mobile ecosystem in general:

- How do you choose the right mobile platform for your application?
- How do you make money from your application?
- How do you get your application to rise above the noise in the industry?
- How do you deal with privacy issues?

We hope to provide answers to these questions—and more—in our book, and to welcome you to the era of "location everywhere."

acknowledgments

This book is obviously the result of a collective effort by many individuals to whom we are very grateful.

First and foremost we would like to thank Manning Publications for their amazing support, professionalism, and dedication. That includes Marjan Bace, Troy Mott, Cynthia Kane, Linda Recktenwald, Katie Tennant, Susan Glinert Stevens, Janet Vail, Mary Piergies, and many others behind the scenes.

We are grateful to our expert reviewers for their valuable feedback and ideas, which made this a much better book: Todd Sabuncu, Darren Neimke, Amos Bannister, Michael Brennan, Jay Blanchard, Valentin Crettaz, Nikolaos Kaintantzis, Jeroen Benckhuijsen, Tyson Maxwell, Dr. Florian Resatsch, Massimo Perga, Gabor Paller, Orhan Alkan, Horaci Macias, Justin Tyler Wile, Curtis Miller, Jeff Addison, Eric Swanson, and Mala Gupta.

Special thanks to Ben Allen who did a thorough technical review of the final manuscript during production.

Finally, we would like to thank the LBS community for their ongoing support and feedback, as well as the interest they have shown that made this book possible.

Richard Ferraro

This book is largely based on my experience during two very intense years as co-founder of mobile start-up GeoMe. As we were quite a way ahead of the curve, I spent a large part of my time speaking to other start-ups in related sectors, or to technology suppliers and Venture Capital firms, and participating in conferences in Europe and

Asia. I found that I had to educate the market before I could sell to it. This process gave me some great insights and a real feel for the "pulse" of LBS without which I would not have been able to write this book. I owe a special thanks to Magnus Jern, current CEO of mobile development firm Golden Gekko, who believed in me from the start and gave me such a wonderful opportunity to lead the GeoMe project. I would also like to thank Troy Mott at Manning who first approached me with the idea of a book and gave me the confidence to write it. Finally, a very special thanks to my parents, Denise and Franco, and brother, Luca, who put up with my absences for almost two years and allowed me to focus on writing through many weekends and holidays.

Murat Aktihanoglu

I am thankful and grateful to my parents, Orhan and Gunsel, and my wife Yoshiko, as well as my mentors throughout my career, Rob Myers, Daniel Woods, and Albert Wenger, and my colleagues Chris Marrin and David Frerichs.

about this book

Despite the fact that location-based services have been around in some shape or form for almost a decade, both the complexity of and rapid advances in the technology have created barriers to a general understanding of how these services work. The first aim of this book is to break through these barriers and provide you, the reader, with clear yet concise information of the elements of LBS—from positioning methods to mapping options, and from mobile development platforms to content layers.

LBS is set to revolutionize the mobile landscape and shape the very core of what is defined today as Mobile 2.0, or a participative Mobile Web environment (equivalent to Web 2.0). The second aim of the book is to offer first-time LBS developers or web programmers new to mobile applications insight into the wealth of ideas and possibilities for developing the next killer application within LBS. We'll take you through the building blocks of a typical LBS service and share with you the hindsight that will allow you to avoid some of the more common pitfalls (keep an eye out for the Tips sections throughout the book!).

The third and final aim of the book recognizes that application developers are increasingly also entrepreneurs. They have a real desire to combine their passion for development with the ability to create a financially rewarding business enterprise. As with most newly launched web or mobile services, monetization plays a big role in making any new venture a success. For this reason, we examine different options for financing and building your business as well as how to make your application rise above the rest in the competitive world of mobile applications.

Who is this book for?

The core of this book is written in layman's terms to allow the newcomer to the world of mobile services to obtain a rapid grasp of the essentials required to develop, build, and distribute a successful LBS. It is not an engineering manual or a deep theoretical study of location technologies—if you like reading about azimuth tabulations and receiver calibrations we recommend you step away now. This book dives into programming detail and code only at specific points to give mobile application developers the practical tools to kick off their LBS project or include specific add-on features to their existing projects.

This book is for you if

- You are a web programmer and want to learn more about developing mobile LBS applications.
- You are a senior manager, CIO, or CTO working in the mobile industry and want to learn more about this dynamic area of mobile development.
- You are an entrepreneur and want to explore how to make money from LBS.
- You are a mobile programmer new to LBS and want a good overview of all the options available.
- You have a passion for mobile internet (maybe you also have a *Wired* magazine subscription) and want to learn more about how LBS is revolutionizing the mobile industry.

How this book is organized

This book has two main flavors: a technology one and a business one.

We have taken the original approach for a technology manual of blending these two flavors together in the book. This way you can flow from an overview of LBS at the start, to a look at development building blocks in the middle, and on to mobile business strategy at the end.

To make it easier for you to navigate through the book (no pun intended) and be consistent with the aims of the book set out previously, we've structured it in three parts:

Part 1 gives you the big picture of LBS and the technology that's enabling the widespread adoption of location-aware apps and services.

Part 2 is a thorough overview of how to put LBS into practice on mobile—which platforms to choose and why, and how to build successfully on these. We've added a whole chapter on current consumer applications in this section to let readers relate the practical tools to real apps developed with these tools.

Part 3, the final section, is about the business side of LBS mobile app development that will increase your chances of having a widely adopted, successful, and profitable development effort.

Depending on your interest, you can pick out the chapters you like best and start with those. Whatever your bias, try at least to skim through chapters 1, 3, 4, and 5, because these will give you a good overview of LBS both in theory and in practice.

Code conventions and downloads

This book has code examples in many different programming languages, such as Java, Objective-C, PHP, HTML, and JavaScript. We've followed the most common practices for each language, so it should be fairly obvious while you're trying out these code examples on your own.

In general we've followed these rules for syntax and variable naming:

- Package names are all lowercase letters.
- Class names start with a capital letter, with the embedded word capitalized.
- Variables start with a lowercase letter, with the embedded word capitalized.
- Each line should contain at most one statement.

All source code in listings is set off from the text is in a `fixed-width font like this` to separate it from ordinary text. Code annotations accompany many of the listings, highlighting important concepts. In some cases, numbered bullets link to explanations that follow the listing.

The code for the examples in this book can be downloaded from the publisher's website at www.manning.com/Location-AwareApplications.

Author Online

The purchase of *Location-Aware Applications* includes free access to a private forum run by Manning Publications where you can make comments about the book, ask technical questions, and receive help from the authors and other users. You can access and subscribe to the forum at www.manning.com/Loction-AwareApplications. This page provides information on how to get on the forum once you're registered, what kind of help is available, and the rules of conduct in the forum.

Manning's commitment to our readers is to provide a venue where a meaningful dialogue between individual readers and between readers and the authors can take place. It isn't a commitment to any specific amount of participation on the part of the authors, whose contributions to the book's forum remain voluntary (and unpaid). We suggest you try asking the authors some challenging questions, lest their interest stray!

The Author Online forum and the archives of previous discussions will be accessible from the publisher's website as long as the book is in print.

about the cover illustration

The figure on the cover of *Location-Aware Applications* is captioned "Le Forestier," which means a forester or forest warden. The illustration is taken from a 19th-century edition of Sylvain Maréchal's four-volume compendium of regional dress customs published in France. Each illustration is finely drawn and colored by hand. The rich variety of Maréchal's collection reminds us vividly of how culturally apart the world's towns and regions were just 200 years ago. Isolated from each other, people spoke different dialects and languages. In the streets or in the countryside, it was easy to identify where they lived and what their trade or station in life was just by their dress.

Dress codes have changed since then and the diversity by region, so rich at the time, has faded away. It is now hard to tell apart the inhabitants of different continents, let alone different towns or regions. Perhaps we have traded cultural diversity for a more varied personal life—certainly for a more varied and fast-paced technological life.

At a time when it is hard to tell one computer book from another, Manning celebrates the inventiveness and initiative of the computer business with book covers based on the rich diversity of regional life of two centuries ago, brought back to life by Maréchal's pictures.

Part 1

LBS, *the big picture*

In this first part of the book, we look at the big picture of location awareness and location-based services (LBSs).

From the first chapter, you'll gain an understanding of what an LBS is and of the different elements that make up a typical service. It also widens your view of the range of LBS applications that exist across different industries and the globe.

Chapter 2 gives you all the facts you need to understand the positioning technologies available today, highlighting both their strengths and weaknesses in building location-aware applications.

Chapter 3 takes you through mapping options you can choose from when developing your application, and also covers the open source mapping components now available in the market.

With millions of applications now available to choose from, content remains king and can help set your application apart from those of the competition. The last chapter in this section, chapter 4, gives you insight into different content that can be included in your application, from map layers to content mashups.

After digesting this part of the book, you should develop a feel for how LBS works on mobile and the amazing opportunities that this technology now opens up to developers and businesses.

Location-based services: an overview

Location, location, location!

This common answer to the question "what matters most when buying real estate?" is rapidly becoming the answer to "what matters most in today's world of mobile services?"

Why is location so important?

Location is a fundamental aspect of the new, exciting world of mobile web-enabled services, revolutionizing how we go about our daily lives. The usefulness of many of today's most popular mobile applications and services is determined by one key factor: where you are at the exact moment when you're using the service.

Whether you're checking in to your social network or looking for a pharmacy in the middle of the night, the key is always the same: location. The ability to know where you are and how to get to some place has gone from being a desirable add-on to a mobile phone to becoming an everyday necessity.

This book will explore the exciting world of location-based services and location-aware applications, which were initially promoted by mobile operators to boost mobile usage but which became increasingly demanded by consumers keen to have location on tap. When we talk about location-based services, we're referring to a wide range of applications and web services designed to work effectively on mobile devices by using some form of positioning or location-based technology.

This chapter aims to introduce you to the fascinating world of location-based services (LBS) and how it's fast becoming the most important category of mobile applications worldwide. We'll spend some time considering the wide range of LBS services already in existence today but also take a sneak peek at the exciting developments that are in store for the future. But before we get to all the goodies, you first need to know a little more about what we mean by location-based services.

1.1 *What are location-based services?*

Let's start with the basics. Everyone understands the concepts of paper maps, and ever more people know that electronic maps are now available on mobile devices. These initially simple maps have added layers of data, or points of interest, that allow users to see the location of stores, gas stations, and more. In so doing, these maps have become crude location-based services.

Typically you could define a location-based service as an information service, accessible with mobile devices through the mobile network and utilizing the ability to make use of the geographical position of the mobile device.

This definition is out of date in the current generation of mobile and web services (the so-called Web 2.0). Today, user involvement (yes, that means you!) is the name of the game, and an ability to generate content is core to the services or applications provided.

A better definition of an LBS today is a service where

- The user is able to determine their location.
- The information provided is spatially related to the user's location.
- The user is offered dynamic or two-way interaction with the location information or content.

This way, the user can answer three key questions:

- Where am I?
- What can I do nearby?
- What do I think of this place?

Now that we've looked at an updated definition of LBS, we can move on to taking a look at exactly what makes up a location-based service.

1.1.1 Key components of an LBS

Having covered our bases, we can now look into the individual elements of a location-based service. Four key components are common to all applications: mobile device, content provider, communication network, and positioning component, all of which are shown in figure 1.1. Together, these elements form part of the LBS value chain.

We'll now look at each element in more detail to understand the value that each one brings to LBS.

MOBILE DEVICE

The diversity of the mobile device population adds a layer of complexity to LBS application development that has to be properly factored in, especially during the testing phases prior to bringing the service online.

When we talk about mobile devices, we're specifically referring to an electronic device capable of connecting to a mobile network, via a subscriber identity module (SIM) card, and transferring voice and/or data (making phone calls and downloading electronic maps, for example).

The key opportunity for mobile application developers is that while PC-based location-based services were useful in the home, they couldn't be taken out and used on the go. This limited their usefulness and confined them to a small group of users. Mobile devices have vastly expanded the market for LBS and made it a highly demanded utility outside the home.

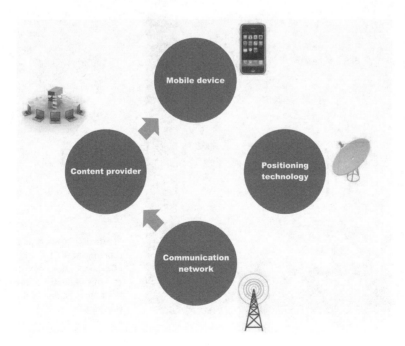

Figure 1.1 Makeup of a location-based service illustrating the four key components required to deliver a fully functional service to the user of the service

Although the Symbian OS platform remains prominent among the mobile device population, representing roughly half of all handsets, the popularity of smartphones is leading to an increasing number of handsets with competing operating systems such as RIM, Windows Phone 7, Linux, iOS, Android, and Palm webOS, among others.

Smartphones have been of special importance in the rapid uptake of LBS, given their generally large screen size (making maps easily visible) and their almost universal inclusion of positioning technology (such as the Global Positioning System, or GPS).

A more recent phenomenon is the growth of netbooks (9-inch-screen mini-laptops used primarily for web surfing through always-on 3G or Wi-Fi internet connections). These were first launched in 2007, but already 29 million were sold in 2009 (accounting for 40 percent of the laptop market).[1] This, coupled with the possible evolution of the tablet PC (spurred on by Apple's trumpeted launch in 2010 of the iPad, pictured in figure 1.2), means that developers need to think of a mobile device as something other than a regular mobile phone.

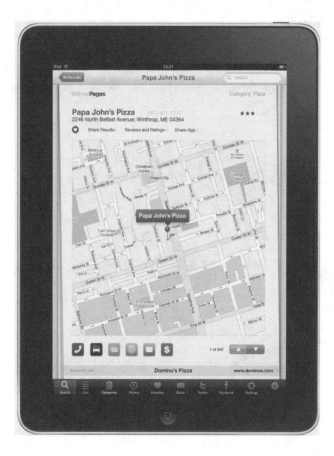

Figure 1.2 This iPad is running the Yellow Pages LBS application, currently one of the most downloaded iPad applications in the United States.

---

[1] "Tablet Computers," FT.com Lex, January 26, 2010.

What makes location services on connected mobile devices exciting is their ability to move beyond displaying static location data. By refreshing content used by the location app or service on a more-or-less continuous basis, consumers can access a wealth of information at the touch of a button. Next we'll briefly consider where this content may come from.

CONTENT PROVIDER

A mobile content provider is an entity that creates or owns media (content) that can be provided to mobile devices, either directly or through a third party. The role of content providers has become more and more important with the surge in the number of mobile applications and services available to mobile subscribers. This has led to many application developers and distributors striving for ever-more-compelling content.

LBS providers don't normally store or maintain all of the content and data that's being accessed by the user on the mobile device. An obvious example is the mapping data, which is generally provided by one of the major map providers, such as NAVTEQ. Increasingly, the data being accessed is made available to the user as a map layer through third-party content providers, which can be typically switched on or off at the user's request (displaying gas stations but not pharmacies, for example).

Increasingly, it's the content that's offering companies a key differentiating factor between them and competing services in line with the motto that, on mobile, "content is king." Chapter 4 will cover this area and examine the breadth of content already available through mashups with other web services.

COMMUNICATION NETWORK

The communication network, on the other hand, is not something a developer of location services can directly control but does comes into play when managing the data traffic used by the LBS service (to maximize transfer speed or minimize latency as well as limit data charges for pay-per-use customers). It's also a key element to consider for international rollouts of the LBS service (for example, to focus the deployment on geographical areas with later-generation 3G networks).

We can now move on to look at the final element of LBS, the positioning component, vital in that it enables the location part of LBSs.

POSITIONING COMPONENT

When talking about positioning components, we're typically referring to that bit of technology hidden under the bonnet, so to speak, within a mobile device that keeps track of where the device is. It's then capable of passing on this location information to applications running on the mobile device itself (so that if you're viewing a map application, for example, a dot can appear at the exact place where the device is).

Positioning of the device and the ability to determine its location as effectively as possible are clearly essential to all LBSs, which is why we'll spend some time in chapter 2 looking at these in more detail.

For the moment, it's worth noting that while positioning components of LBSs are becoming increasingly hidden, even to application developers, as they become an embedded preset feature of many handsets, there still remains a degree of choice between the key methodologies. These include triangulation, Cell ID, satellite navigation, and wireless positioning system (WPS). In those handsets where more than one location technology method is available, hybrid positioning is increasingly used to minimize the disadvantages of single technologies (we'll touch on these later in this chapter).

Additionally, it's becoming more common to be able to determine location via an API (application programming interface) or software component to at least fix an approximate location. This is increasingly used by mobile web browsers, for example, to be able to offer search results on mobile websites restricted to the local area the mobile device is in.

Now that we've examined the key components of LBS, let's look back at how LBS has gotten where it is today.

1.2   *Today's commercial and consumer LBSs*

The last five years have seen a boom in the number and variety of applications offered to mobile subscribers worldwide. The first generation of mass-market LBSs was those offering some form of emergency response service, capitalizing on the ubiquitous aspect of mobile phones. Subsequent services evolved from giving practical information (where is the nearest gas station?) to focusing more on leisure activities.

Many of the today's exciting innovations in location-based services relate to consumer services that often include some form of social network or community element. In part, this is because of the explosion of web-based social networking and the logical extension of this phenomenon to the world of mobile.

In reality, commercial or business-to-business services that use location on mobile have been a precursor to current business-to-consumer applications and have established a viable and sustainable business model.

In this section, we'll examine the successful deployment of LBS applications in mature sectors such as transportation (including how radio frequency identification is likely to further enhance the usefulness of LBS applications here) and progress to some of the newer LBS services now available that are seeking to carve out their own niche in the burgeoning leisure sector.

1.2.1   *GPS in the transportation industry*

The transportation and logistics industry was worth over $3.5 trillion in 2005, and with global trade on the rise, moving goods will continue to be a big business. No wonder that it has been an area where mobile is aggressively being marketed as a low-cost technological alternative to expensive logistics and tracking systems.

Why invest in expensive, custom-built IT infrastructure, hardware, and software, when the omnipresent phone already has location-tracking capabilities built in? This has been particularly true in emerging economies, where the computer, IT, and telecoms infrastructure has been underdeveloped or expensive to access.

In Thailand and Malaysia, for example, a company called MappointAsia offers such a low-cost alternative using GPS positioning captured via a mobile phone and the

GSM mobile network to offer personnel and vehicle tracking, fleet management, and stolen vehicle recovery.

Companies such as US-based TeleNav and Israel-based Telmap have capitalized on the opportunity offered by increasingly sophisticated mobile devices with improved positioning technology to carve out a niche for their navigational software. Both companies offer workforce management, fleet-management tools, and in-car navigation services. We'll look at these companies in more detail in chapter 5.

1.2.2 GPS compared to RFID

Radio frequency identification (RFID) is a wireless radio technology standard that's used to describe a system that transmits the identity (in the form of a unique serial number) of an object or person wirelessly, using radio waves. It's grouped under the broad category of automatic identification technologies.[2]

RFID systems are composed of a transmitting device (referred to as a tag) and a receiving device (the reader). The tag is a relatively simple device that's capable of sending data to another device. The reading distance of RFID varies from a few centimeters (passive tags) to several hundred meters (active tags). RFID chips can now be miniaturized to as small as 0.05 mm by 0.05 mm and can also be implanted in the human body (an example of an implantable RFID chip is shown in figure 1.3).

A common application is in logistics or for automated toll payment on motorways. The key advantage of RFID over GPS is that the tag doesn't require a power source nor does RFID require line of sight.

RFID chips in or attached to mobile phones can be used to send data (for example, NTT DOCOMO in Japan deployed the technology to allow subscribers to use the mobile phone as a door key) but not to detect absolute location.

In future commercial LBS applications, a mobile equipped with an RFID chip is likely to be included as part of hybrid location services to be able to locate mobile assets in a wide range of circumstances. In this way, the RFID element will track the asset and the GPS will be able to position it on a map displayed on a mobile phone, rather than a separate (and more costly) tracking device.

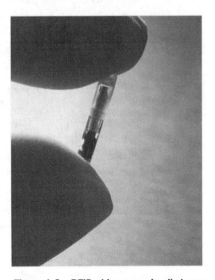

Figure 1.3   RFID chips come in all shapes and sizes, including implantable chips that can be used in the healthcare industry to diagnose disease, for example.

---

[2]   See www.rfid.org.

1.2.3   *Emergency response services*

The power of mobile phones to communicate in emergency situations with precise information as to the whereabouts of that emergency can turn them into indispensable tools for emergency assistance and rescue services, for example, when a child goes missing, an elderly relative is alone, or a university student is abducted.

Companies such as Rave Mobile Safety in the United States enable college students to turn phones into personal alarm devices. A student who feels unsafe can activate a timer on the mobile phone that alerts the campus's security if it isn't turned off. Should a situation arise, the student is located using GPS.

In the United Kingdom, KidsOK launched a child locator service with similar features to that of Rave Mobile Safety but with extra security features to protect unwanted tracking of children (including on-phone encryption and a parent vetting process).

In Spain, the roadside assistance service RACC launched in 2009 a FindMe service allowing anyone to locate friends and family (who previously gave their consent) by sending an SMS from their mobile phone. Initially conceived in the case of roadside accidents and emergencies, the service is now offered to the public.

1.2.4   *Service locator applications*

Over the last few years, LBSs have evolved out of the initial core emergency response services to offer simple, practical solutions to everyday life (often related to finding and accessing services or facilities in urban environments).

uLocate, based in Boston, Massachusetts, was at the forefront of this new wave of practical LBS offerings and included a wide range of useful location widgets on its WHERE platform (acquired by eBay), available through major US mobile wireless carriers. These small, simple applications were available by subscription and targeted specific niches.

Notable examples included the Zipcar car-sharing widget, allowing members to locate and view the nearest Zipcars on their mobile screen as well as instantly connect to Zipcar's reservation system to select a nearby vehicle, and the NearBio widget, enabling users to quickly find the closest biodiesel pumps.

A quick browse on Apple's iTunes store of iPhone applications reveals that such practical applications have mushroomed (over one-third of the 150,000+ applications in the store are location aware, with many offering practical info, such as Urbanspoon's restaurant finder).

Both MapQuest Maps and Ovi Maps (formerly Nokia Maps) include rich points of interest (POI) data and map layers that offer a full raft of practical information, from local public transport to local pharmacy listings. Chapter 3 will examine mapping options and map overlays in more detail.

1.2.5   *Social networking applications*

We live in a world where overconsumption of media and exposure to technological gadgets (including the mobile phone) are such that boredom thresholds are low.

Increasingly, mobile consumers are clamoring for their mobile phone to do more for them: to entertain them.

Why else would some of the most successful iPhone applications be one-off quirky offerings, like the shotgun (you got it, it makes the noise of a shotgun) or the cigarette lighter (yes, it comes with a flame).

The so-called internet generation, today's teenagers, grew up with the web, and the virtual or digital world is a logical extension of who they are. Their digital identity is as important to them as their real identity. It's only natural that they should expect mobile phones (after all, a key status symbol for them) to allow them to access their digital identity.

Mobile social networks provide the internet generation with just what they need to stay connected with friends all the time. Global web-based social network giants Facebook (United States), MySpace (United States), mixi (Japan), and Cyworld (Korea), with over 600 million members among them, first started offering specific mobile interfaces and applications around 2007 so that members could access a predominantly web-based service.

Also at this time, the first social networks born on mobile (such as Loopt), began to emerge, and typically they linked the network to the location detected by the mobile phone. From 2008/09 onward, within the general move toward an open web, many APIs from leading social networks (led by Facebook's Connect service) became available. Ta-dah! Suddenly, a much richer user experience was possible for users of location-based social networks, because third-party social networks could be linked up in one giant social graph.

Since then, there's been an explosion of location-based mobile social networks that emphasize the fun element. This has been on an unprecedented global scale and has rapidly become both the innovation and commercial battleground for location-based service providers and application developers.

Figure 1.4 displays a number of these services available throughout the world, from small startup operations to more established players. In the developed mobile markets of South Korea and Japan, Cyworld and mixi, launched in 1999 and 2004, respectively, combined have more than 34 million users of their service.

Interestingly, companies once focused on practical or commercial LBS such as TeleNav and Telmap (mentioned previously) are now looking to add social network–type features to their services in response to customer demand. This fact points to a degree of convergence that's likely in the future as the boundaries between different types of service providers blur and offerings join to deliver an integrated experience to the end user.

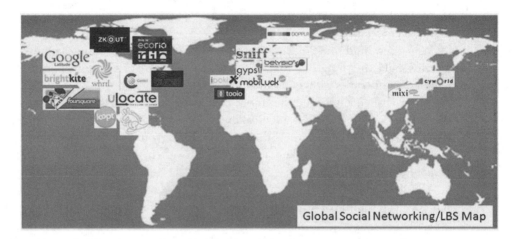

Figure 1.4 Global map of popular location-based mobile social networks across the globe, which have been increasing in popularity and count more than 60 million estimated members in total

Now that you've had a glimpse of today's exciting services and innovations in the different areas of LBS, it's worth taking a look at the challenges you need to meet in order to further extend the reach and appeal of LBS services.

1.3   *Challenges of developing mobile LBSs*

Making mass-market mobile LBSs that work effectively and universally (meaning independent of mobile operator or country or handset manufacturer) is challenging. If it weren't so, perhaps prospects for mobile developers working in this field wouldn't be so interesting.

Developers need to take into account three key challenges when it comes to fostering adoption of their LBS applications:

- Cost of accessing data used by the app via the wireless network
- Handset manufacturers and operators
- Privacy legislation and public perception

1.3.1   *Cost of access*

More often than not, mobile application developers and startups in the field decide to go after a specific niche or segment, which may be platform related, say, developing exclusively for the iPhone, or geographic, limiting activity to North America, for example.

In fact, the choice of geographic market is more of a key business decision than for many other mobile or even web services because of mobile roaming costs.

Indeed, one of the key challenges still facing developers of mass market mobile applications is to overcome (often prohibitively high) roaming charges for data usage (for data that is used by the application to either secure a location fix or to return dynamic information related to the location). Roaming may not be an issue within a single country, but for apps designed to be used in several countries (like travel apps) roaming charges are a big issue (especially in the European continent, where frontiers are sometimes only a few hundred kilometers apart). There's a real danger of creating what's known as "mobile phone bill shock" if the application is intended to be used outside the user's country of residence. While it's possible that flat-rate or "all-you-can-eat" mobile data tariffs will become widely available in developed markets, the onus still remains on application developers to reduce data transfer in the case where the end user is being charged on a per-kb-transferred basis.

Even where data roaming charges aren't an issue, the cost to the consumer for accessing the application has to be set at the right level to encourage mass adoption. Subscription models initially worked best in the case of service locator applications, for example, with consumers happy to pay $3 a month for these practical applications. In the case of social networking applications, free-to-use models that are supported by ad revenues are more the norm. We'll look at the many options available for embedding adverts in LBS applications as well as the full range of pricing models available for charging for LBS services in chapter 8.

1.3.2 *Handset manufacturers and operators*

When it comes to mobile handset manufacturers, it's important to bear in mind that different manufacturers have differing constraints associated with them—some offer more reliable GPS positioning than others, so if an application is being built where this is key, going for these specific manufacturers is essential.

Others will have an open and accessible developer community (the Nokia Forum is a good example of this), such that unanticipated issues can be discussed within a large, open forum.

The availability of higher-end handsets and smartphones with more advanced positioning technologies should also be taken into account. If the intention is to roll out a widely available, mass-market application, then it's key to develop it on the most widely available platform (JME or Symbian), whereas specific smartphones like the iPhone may be more suitable for premium, niche applications. Also, with the mix of mobile platforms in constant evolution, targeting the right rollout at the right time is essential. Although in early 2008 developing on the Android platform was largely experimental, its momentum is such that nowadays most developers are required to consider dedicating resources to Android.

Indeed, Google was ramping up efforts in 2010 to control more of the mobile ecosystem. The launch of the Nexus One (pictured in figure 1.5) attempted to decouple mobile operators from mobile applications. Google experimented selling the phone directly and without the need for a mobile operator contract. This brought the possibility of mobile operators turning into mere data carriers (or dumb pipes, as seen with internet service providers) one step closer. The fact that Google later withdrew the direct sale of the Nexus One (in July 2010), and ultimately all sales of this model, is more an indication of its failure to market the phone than failure of the direct sales model itself.

Figure 1.5   Google's Nexus One smartphone, launched in January 2010 and featuring the latest version of the Android operating system, marked Google's attempt to gain greater control of the mobile ecosystem.

Fortunately, the degree to which a mobile operator bears an influence over mobile application development in general is decreasing. Whereas previously getting a mobile application approved to be "on portal" with the mobile operator was the only way to ensure effective distribution, today the "off-portal" model is asserting itself, and consumers are voting with their feet to have applications they like via third-party application distributors or application stores (though lately mobile operators have latched onto the trend and have opened their own application stores). We'll explore these distribution channels in chapter 11.

1.3.3   *Privacy legislation and public perception*

Some countries have stringent laws surrounding public privacy (France is one of them) such that a mobile subscriber's location is protected by several layers of authorization on the operator's network.

   In other countries use of GPS positioning is either illegal for civilian purposes (Libya) or is government controlled (in China, civilian users of GPS have to implement the government's coordinate-displacing algorithm, so that military targets always appear offset from their true longitude and latitude).

   While turning LBSs into a widely adopted and profitable area of mobile communications depends on many factors, undoubtedly one of the key brakes to wider adoption of LBSs is the so-called privacy conundrum.

   Consumers need to be protected, and data privacy ranks high among the potential risks to consumers. When that data allows consumers to be located, as opposed to simply having their behavior exposed, a raft of privacy phobias comes to light (never mind that mobile operators know at all times where the mobile subscriber is through the cell signal!).

   Consumers fear that white lies may be exposed if their location were public (if you tell your partner you went to the gym but in reality were meeting a bunch of friends, for example). In general, most people are wary of, if not fully opposed to, being tracked by strangers. The paradox arises in that at the same time that users are demanding services that require third parties to have access to private information, they are also fearful of whether this information will be misused.

The gradual introduction of clearer variable privacy settings has allayed some fears by allowing users to decide how accurately they wish their LBS to pinpoint their location. This hasn't stopped some observers from suggesting that at some point in the future, subscribers will pay a premium to be "dis-connected," or offline, from a location-aware service.

A consumer backlash against privacy invasions from digital services has given rise to legislation, whose underpinning fundamentals are shared across the United States, Japan, and Europe. These introduce the key element of *consent*. The EU Directive 2002/58/ EC IV, for instance, states in Article 9 of the that where location data other than traffic data, relating to users or subscribers of public communications networks or publicly available electronic communications services, can be processed, such data may only be processed when they are made anonymous, or with the consent of the users or subscribers to the extent and for the duration necessary for the provision of a value-added service. The service provider must inform the users or subscribers, prior to obtaining their consent, of the type of location data other than traffic data that will be processed, of the purposes and duration of the processing, and whether the data will be transmitted to a third party for the purpose of providing the value-added service. Users or subscribers will be given the possibility to withdraw their consent for the processing of location data other than traffic data at any time.

Today, this means that an opt-in clause is a key requirement in either the development of the LBS application or the service's modus operandi stated within its privacy policy. It's essential that developers keep this in mind, because compliance typically takes the form of opt-in screens within the application. In the case of more advanced applications (such as those that adopt "push" mechanisms), it's likely that both mobile operators and mobile manufacturers have extra rings and hoops through which a developer has to jump in order to publish a compliant application.

We'll examine these issues more fully in chapter 10.

1.4   *Future opportunities of LBS*

Location is rapidly becoming a pervasive and ubiquitous component of the next generation of mobile services coming to light, and there's strong evidence to suggest that commercial opportunities will abound.

If we look first at subscription revenues generated by LBS in 2009 globally, these were $998.3 million, but are projected to reach $6.5 billion in 2013. Advertising on mobile, while an incipient industry, already generated global revenues of $913 million in 2009 and is projected to reach $13 billion by 2013. It is envisaged that a substantial proportion of this expenditure will be contained within location-aware applications. It's not surprising to see takeovers and consolidation taking place in the mobile advertising sector. Google acquired mobile advertising platform AdMob in November 2009 for $750 million, and Apple bought Quattro Wireless in January 2010 for close to $300 million. In parallel with this, there has been exponential growth in app downloads from the various app stores available. This generated $6.2 billion in 2010 and is expected to reach $21.6 billion by 2013.

Not only will traditional commercial models lead to viable business opportunities, but new pricing models are likely to emerge within the LBS area that will foster growth beyond the boundaries of today.[3]

The world of mobile is one of the fastest-moving technology areas in existence today, with growth in mobile handset sales superseding that of traditional PCs. This means that the boundaries are being continuously pushed to the limits, with new handset technology advances delivering additional capabilities to mobile services (the accelerometer on the iPhone, allowing motion and speed to be detected, is but one example).

With so much innovation, and having considered some of the key challenges intrinsic in taking this innovation to the mass market, it's worth taking a peek at what may lie in store in the near future within the LBS ecosystem.

Location-based services in, say, 2020 will offer a myriad of new functionalities that are difficult to conceive today. By that time, it's anticipated that the next generation of mobile network infrastructure, or 4G, will have been pervasively rolled out in most developed countries, allowing data transfer speeds over the air many times faster than those available today. More-powerful mobile handsets will bring PC-standard processing power to the pocket that will allow devices to interact with their environment and their owner in brand-new ways.

Much of this interaction will rely on some form of embedded intelligence within the application and/or device so that the context of the user at a certain point in time will allow relevant information or functionality to be automatically pushed out at the right time.

1.4.1   *The contextual Holy Grail*

Imagine you're out skiing in the mountains and have your location-based application activated on your phone. Let's say you want a weather forecast displayed on a map on your phone. An intelligent LBS application will return the forecast but also give you anticipated snow conditions, letting you know if you'll have powder tomorrow or not.

The application does that because it has some understanding of the context you're in: you're connected to the network (your phone is on and you have coverage) and the application knows your location (in the mountains), plus it knows that the season of the year is winter (the context), so it gives you useful ski information.

---

[3] "Mobile Content and Services," 7th ed., Informa Telecoms & Media, March 2009.

Figure 1.6 shows the elements of the contextual Holy Grail, namely presence, location, and context, following the example of a skier's LBS needs from his mobile device.

Presence means being connected to the network. *Location* means that the application knows where you are, and *context* means that it knows what you may be doing.

This is a basic example of what an application that successfully implemented the contextual Holy Grail is capable of doing. We refer to it in this way because no service is yet able to offer an intelligent solution to make use of a user's con-

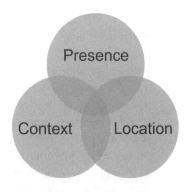

Figure 1.6 Elements of the contextual Holy Grail in the case of a skier

text to push out targeted information. It is in many ways the Holy Grail everyone is looking for. Research into intelligent web technology by Google is underfoot that may provide a powerful mechanism for achieving contextual awareness (or *contextual search*, as Google defines it). The basic principle is that the mobile device would be able to anticipate (or predict) intelligently what the user is looking for, based on their real-time location and other factors. Google Goggles is a primitive attempt at something related to this, allowing a user to point the device camera and recognize objects, like a beer bottle, and so provide detailed information (like the ingredients, expiry date, and the like).

When it comes to context, time is a basic parameter, which can make applications do things more intelligently. The ability to sense other variables is also being developed. Some mobile phone manufacturers have already launched mobile handsets that are able to monitor the user's blood pressure and heart rate or monitor the levels of pollutants or pollen in the air.

The future generation of mobile handsets will thus empower a whole new world of intelligent contextually linked services.

For example, say you're leaving the office after a stressful day at work and have a handset (such as the prototype developed by Nokia in 2008 and shown in figure 1.7) that can monitor your heart rate. Because you're stressed, your heart rate is higher than normal.

Walking past an aromatherapy store, a contextually aware location-based application will alert you to the possibility of lowering your heart rate by making use of some of the relaxation products in the store.

This may sound like something from the future-based movie *Minority Report*, but in fact it's technically possible today provided the connections among the elements of the contextual Holy Grail are made.

The concept of contextual awareness is linked to that of ambient awareness.[4] Ambient awareness refers to proximity to what other people are doing by picking up little things that they do or the background awareness of what one's social network is doing.

This relatively new concept is today rapidly becoming a defining feature of new social networks, with the notable example of Twitter. Twitter was founded in 2006 as a way of sharing frequent small messages about what its community is doing and has grown spectacularly to over 75 million users since then.

Twitter gives information on the context of users and so can be used in mobile applications as a surrogate for information directly captured by the handset. Indeed, combining Twitter (mashup) content into mobile applications is rapidly becoming standard for mobile social networks. Since the launch of Twitter's Geolocation API in November 2009, third-party applications are now able to geotag messages, or tweets, as well as photos (as shown in figure 1.8).

Figure 1.7   Nokia's Eco Sensor handset prototype with heart rate sensor was also designed to detect pollen levels in the atmosphere and alert allergy sufferers to this environmental hazard.

Constant innovation in this area means that there are now endless opportunities for the location dimension to be added across a myriad of services.

Figure 1.8   Twitter's release of its Geolocation API in November 2009 allows third-party applications to pull geotagged content directly from Twitter users, making a whole new set of location-aware mashups possible.

---

[4]   Ambient awareness was a concept developed by researchers at the User Centered Engineering Group of the Industrial Design department at the University of Technology in Eindhoven in the Netherlands in 2004 and remains an ongoing project there.

Figure 1.9 Square allows anyone with a smartphone and its proprietary add-on device (or dongle) to accept credit card transactions in the same way as a traditional merchant account. The screenshot shows how this electronic payment would appear on the customer's iPhone.

Twitter cofounder Jack Dorsey announced a mobile payment system called Square (see figure 1.9 for a screenshot of how a mobile payment accepted through Square would look on the iPhone) in December 2009, effectively converting a smartphone into a mobile wallet. Location detection is used by the application to show not only the transaction cost but also the exact place where the purchase was made.

Chapter 5 will explore a full range of LBS application types and the exciting range of possibilities for developers to innovate by putting location at the heart of mobile services.

1.5 Summary

Location-based services will shape the future of the mobile sector and its current transition from a Web 1.0–type environment to a fully-fledged Web 2.0 interactive, data-rich experience.

There are unlimited opportunities for smart developers and innovative companies to capitalize on both the heightened interest and expectations associated with LBSs and the great advances in handset technology.

The keys to achieving success rely heavily on the ability to clearly define what type of service is to be offered, to whom, and where. This means

- Thinking differently and bravely about how to achieve the contextual Holy Grail
- Optimizing the technical challenges of mobile development, high among which is dealing with a relatively small mobile screen real estate for the majority of users
- Addressing users' increasing fears regarding privacy of their location
- Choosing the right type of location technology or, increasingly, optimizing the use of a hybrid blend of these technologies

In the next chapter, we'll take a look at the range of location technologies currently available, both the relatively new (such as Wi-Fi positioning) and the more mature (such as GPS) and how to maximize the usability (and hence chances of success in the marketplace) of a location-based service.

Positioning technologies

2

In the previous chapter, we provided an overview of location-based services so that you now understand what these are and why they're experiencing such a dramatic growth in demand from mobile subscribers. We also introduced positioning technologies as the key component underpinning all LBS apps and services. We're now ready to go into more detail so that you can make the right choice of positioning technology according to the application you wish to develop.

To understand the importance of choosing the right positioning technology, let's use a simple example. Let's say that you've developed an application that uses GPS satellite navigation to locate where you are and then continuously displays your location on a map of the city. A user downloads your application to his phone, activates it, and then forgets about it for 30 minutes. After this period, he flips his phone open and gets a dead-battery signal. Not a great user experience, huh?

Well, up until only a couple of years ago, this was common for most users of LBS on mobile devices. If we exclude smartphones for the moment, one way to solve this problem on a standard mobile device would be to program the application to use Cell ID as default positioning (allowing the user to switch to GPS if required). This would extend the battery life and allow the user to carry on using his mobile device as normal.

In this chapter, we'll look at all the key positioning technologies being used within applications to make the mobile device automatically *location aware*, namely, cell tower triangulation, satellite navigation (sat nav) positioning, Cell ID, and wireless positioning.

We'll begin by examining the existing positioning techniques commonly used today for mobile applications before transitioning to discuss the new positioning methods recently developed.[1] These new positioning methods include hybrid positioning, P-Cell (or Parameterized Cell) technology, and inertial measurement unit (IMU) technology. We'll also touch on the principle of push versus pull positioning, because it has a bearing on location privacy, which is discussed further in chapter 10.

Knowing which method or combination of methods to use is important for developers because it can affect the performance of the mobile application, and there's sometimes a need to strike a balance between accuracy of the user's location and other factors like speed of location fix or battery consumption.

Smartphones have overcome many of the problems of positioning technologies by using hybrid positioning, delivering accurate location with limited battery usage. However, though much improved compared to its use on a standard phone, an active GPS connection on a smartphone will still drain the battery relatively quickly.

Although smartphones (such as the iPhone) are increasing in importance and make up approximately 20% of the global handset market, *standard phones still make up the remaining 80%*. And here's the thing: while location on smartphones tends to come neatly wrapped up in standard APIs that many developers don't venture into, on standard phones savvy developers make or break location-based applications according to how well they can optimize the positioning capabilities of the handset.

To make it easier for developers to strike the balance between accuracy of positioning, cost of obtaining an accurate position, and maximizing battery usage when developing applications, each section of this chapter about the different technologies includes a summary of their key advantages and disadvantages for mobile applications.

2.1   What are positioning technologies?

The terms *positioning* or *location* technologies (the positioning component presented first in chapter 1) refer to the technology within the mobile device that lets you know

---

[1] Less widespread or niche positioning technologies include Uplink Time Difference of Arrival (U-TDOA), Angle of Arrival (AOA), and Enhanced Observed Time Difference (E-OTD). You can read more about these at http://en.wikipedia.org/wiki/Mobile_phone_tracking.

where the device is at any point in time (to different degrees of accuracy). These technologies are a combination of hardware (for example, a GPS chip) and software (for example, code written to read the location obtained from cell tower signals).

All location technologies have their advantages as well as their drawbacks, which is why today the most common approach for LBS application developers is to use location APIs native to each mobile development platform. These APIs tend to be optimized for location (often integrating hybrid location, mentioned previously).

This section aims to give you an overview of the four main positioning technologies commonly used today: cell tower triangulation, GPS, Cell ID, and WPS. We'll specifically focus on the advantages and disadvantages of each, to give developers the best shot at delivering the best LBS application to mobile subscribers.

Before we look at the main location technologies introduced in chapter 1 in a bit more detail, it's worth understanding the principle behind the initial technology, cell tower triangulation. Although in many ways this is old technology, it's still the basis for emergency location services, and its principle of triangulation also underpins some of the newer positioning methods commonly available today. A grasp of how this works will allow you to better understand how all the other positioning methods work as well.

2.1.1   Cell tower triangulation

Cell tower triangulation uses the known speed of radio signals (constantly emitted by the mobile phone on UHF frequencies) to calculate the distance from receivers.[2] In geometric terms, by recording the distance of an object from three distinct points, it's possible to calculate the location of that object (indeed, this principle was the basis for early calculations of the distance between the earth and the moon).

The receivers or antennas can be existing cell towers, or they can be located on tall buildings in urban environments. It takes at least three and preferably four receivers to get a good location fix. In densely populated locations, the accuracy of the fix tends to be high (up to 200 meters or 700 feet precision) because there'll be more cell towers with their signal radii overlapping. This is illustrated in figure 2.1, where the overlap between three cell towers is used to determine the cell phone's location.

The accuracy of the location fix will increase further where directional antennae are installed on the cell tower, allowing for detection of not just distance but direction of the cell phone signal.

Rural locations tend to have low densities of transmitting antennae, and where the cell signal is picked up by one antenna only, the precision will fall dramatically (to several kilometers).

---

[2] Chris "Silver" Smith, "Cell Phone Triangulation Accuracy Is All Over the Map," September 22, 2008, www.searchengineland.com.

Because cell tower triangulation is a network-based localization technique, it requires an agreement with the mobile operator in order to adopt it within a mobile service. In the United States, the E-911 legislation makes it obligatory for mobile operators to allow government agencies to locate cell phone users via cell tower triangulation in case of emergencies.[3] Although commercial services exist that make use of cell tower triangulation (for instance, mobile navigation services like Telmap), in practice their expense and operator restrictions mean that most location-based services today bypass this technology in favor of either Cell ID, GPS, or Wi-Fi positioning (or, increasingly, a combination of all three).

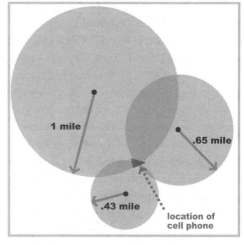

Figure 2.1 Cell tower triangulation works by detecting distance of a cell phone from the radii of three separate cell towers. The cell phone's location is where the three radii overlap (figure courtesy of Chris "Silver" Smith at mng.bz/OQf3).

2.1.2 Satellite navigation GPS[4]

GPS was originally developed by the US military in the 1970s. It was only made available for commercial use by the Pentagon in the mid '90s after lobbying from private enterprises, which saw the enormous potential of the technology if made available to the public. Even then, the version made available to the public, SPS (Standard Positioning Service), was not as precise as the version reserved for the military, PPS (Precise Positioning Service). Ironically, commercial entities have sought to improve on the precision of standard GPS purely to make up for the deliberate degradation of this accuracy by the US Department of Defense.

Because standard GPS still provides the vanilla method for positioning for most LBS applications, we'll look at this first and move on to consider how Assisted GPS (A-GPS) can be a useful alternative where a more reliable location fix with GPS is required. And because battery drainage remains the main issue with GPS, this section

---

[3] In the late 1990s, the FCC created wireless Enhanced 911 rules that require cell phone providers to report the telephone number of a wireless 911 caller, the location of the antenna that received the call, and information about the signal's location to within 50 to 300 meters. Next Generation 9-1-1 (NG9-1-1) networks will soon replace the existing narrowband, circuit-switched 9-1-1 networks, which carry only voice and very limited data. Currently there are difficulties in supporting such things as text messages for emergencies, images and video (including support for American Sign Language users), and easy access to additional data such as telematics data, building plans, and medical information over a common data network.

[4] For simplicity, this section refers to the American Navstar GPS GNSS (Global Navigation Satellite System) because this is the most commonly used GNSS for commercial purposes. However, as mentioned in chapter 1, alternative European (Galileo), Russian (next-generation GLONASS), and soon Chinese (COMPASS) GNSSs will be available.

will round off by considering a solution that allows the use of GPS without draining the mobile device's battery.

GPS still remains the most accurate positioning technology commercially available today to mobile developers (up to a maximum precision of 4 meters, meaning that it's precise enough to locate the device within the radius of a large bedroom). It's also free to the end user, the only cost being the GPS chip itself, which is included in the price of the device. By understanding how GPS and its variants (like A-GPS) work, developers can master what is (and is likely to be for a while still) the predominant positioning technology used today.

2.1.3 Standard GPS

The Global Positioning System, or GPS (which is still controlled by the US Department of Defense), uses a constellation of 31 satellites orbiting the earth. GPS determines the device's position by calculating differences in the times signals from different satellites take to reach the receiver. The satellites orbit the earth at programmed altitudes, and they act as reference points in the sky (see figure 2.2, showing the programmed orbit of satellite GPS BIIA-28 on a given day).

GPS navigators use the mathematical technique of trilateration to determine user position, speed, and elevation. GPS receivers constantly receive and analyze radio signals from GPS satellites, calculating precise distance (range) to each satellite being tracked. Distance is calculated mathematically by taking into consideration both the velocity of the satellite moving in its orbit and the time it takes for its signal to be detected back on earth.

Data from a single satellite narrows a cell phone position to a large area of the earth's surface. Adding data from a second satellite narrows position to the region where two

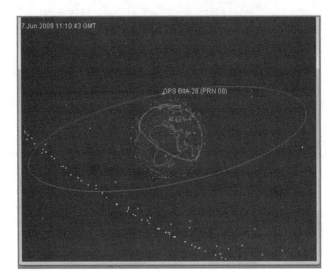

7 Jun 2009 11:10:43 GMT

GPS BIIA-28 (PRN 08)

Figure 2.2 Planned orbit ellipse of GPS BIIA-28 satellite around the earth (courtesy of NASA) as of June 7, 2009, at 11:10 a.m. GMT

spheres overlap. Adding data from a third satellite (see figure 2.3) provides relatively accurate positioning. Data from a fourth satellite (or more) enhances precision and also the ability to determine accurate elevation or altitude (in the case of aircraft). GPS receivers routinely track four to seven or more satellites simultaneously.

If a GPS navigator is receiving insufficient satellite data (not able to track enough satellites), it will notify the user rather than provide incorrect position information. Although GPS is potentially the most accurate method (between 4 and 40 meters if the GPS receiver has a clear view of the sky), it has some drawbacks: It heavily consumes a cell phone's battery while in use and requires some warm-up after a cold start to get an initial fix on visible satellites. It also suffers from "canyon effects" in cities, where satellite visibility is intermittent, as well as from multipath deflection, where the satellite signal bounces off from tall, glass-covered buildings, leading to position drift.[5]

Using the location captured by GPS on a mobile device for use within a mobile application is relatively straightforward. The JavaScript code snippet in appendix A, listing A.1, is an example of how this is achieved while limiting battery power consumption.

Now that we've covered standard GPS, we'll move on to look at how Assisted GPS provides an enhanced solution to improve the accuracy of a location fix obtained via GPS

2.1.4 Assisted GPS

The truth today remains that there's no universally recognized definition for A-GPS, given the multitude of ways in which this technology can be deployed (according to the configuration of chipset manufacturers, local legislation, and operator agreements) and the resulting variation in its effectiveness compared to GPS.

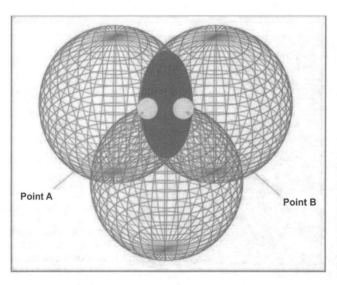

Point A

Point B

Figure 2.3 Triangulating from three different satellites allows a cell phone's position to be narrowed down to one of two points, point A or point B, where the three spheres representing three separate satellite fixes intersect.

---

[5] Trimble GPS Tutorial (www.trimble.com/gps).

Fundamentally, A-GPS tries to address the key inescapable drawback of GPS technology, namely, that a location fix is impossible in most indoor or covered environments. The basic premise of A-GPS is to assist the embedded GPS chip within the handset in securing either a faster or more precise location fix in challenging conditions (such as a weak satellite signal or visibility of only two satellites instead of the required three for a location fix).

As we noted in the previous section, a GPS chip constantly scans the sky for orbit and clock data of the relevant satellites. This results in what's known as the TTFF, or Time To First Fix, namely, the amount of time required for the GPS receiver to pinpoint your location. This initial TTFF is often called a *cold start*, and on SiRF III systems (the latest GPS systems available), it can take anywhere from 30 seconds to a couple of minutes to acquire a signal.[6]

When a phone is using A-GPS, the TTFF is much faster. Very often cellular network towers have GPS receivers (or a base station nearby), and those receivers are constantly pulling down ephemeris[7] data from the satellite and computing the data. This data is then passed on to the cell phone (when requested) and acts like a cheat because the relevant satellites to your location are already identified. GPS computations are handled by either third-party servers or by the handset chipset (that download the ephemeris data and insert the fix process to shortcut the correlation process with no further data network activity required). This allows a comparison of fragmentary GPS data received by the handset (because of few satellites being in line of sight, for example) with data from the network assistance server. This then allows a more precise calculation of position.

Given that A-GPS is a relatively new development, it's currently available on only a small proportion of the installed handset population, though most mobile manufacturers are now deploying it as standard in all their GPS-enabled phones.

For a developer of location-based services, A-GPS is a useful enhancement to underpin applications because it offers a faster location fix as well as saves battery life. The complications lie in the fact that the implementation of A-GPS can vary by operator and by manufacturer, requiring extended analysis and testing. It should also be noted that A-GPS works by transferring (location) data over the mobile operator network and thus will incur a data transfer charge for the mobile subscriber (whereas GPS is free).

A notable example of a departure from the standard implementation of A-GPS is that of Nokia, which offers A-GPS on all its new GPS-enabled models but does so by completely bypassing the operator. Nokia has developed its own proprietary database of the location of cell towers and embeds a form of cell triangulation within its Ovi Maps software (preinstalled on all Nokia GPS-enabled phones).

---

[6] Malatesta, "GPS vs A-GPS: A Quick Tutorial," January 28, 2008, www.wmexperts.com.

[7] Ephemeris data gives the positions of astronomical objects in the sky at a given time or times.

It's important to note that long-term ephemeris, or parameterized ephemeris, can be found in common use in handsets. It's very sophisticated and requires an A-GPS injection only once every few days (or only one download every few weeks in the more advanced versions). The iPhone is a notable user of this via the Hammerhead frontend/baseband and Global Locate IP.

Listing A.2 in appendix A is the JavaScript code snippet that fetches the handset's device for use within a Java application using A-GPS while limiting battery power consumption. As you'll note, there's only one extra line of code compared to the code for fetching a standard GPS location.

Having covered GPS positioning using the mobile device, we'll now look at an alternative to obtaining the GPS position for use within a mobile application using an external device.

2.1.5   *Bluetooth or standalone GPS*

As we mentioned, one of the main drawbacks of GPS on mobile devices is its battery life constraint. One solution to this is the use of a separate, external GPS device connected to the mobile handset via Bluetooth (see the example shown in figure 2.4).

The advantages are that even lower-range mobile phones without inbuilt GPS can obtain this functionality through wireless connectivity with the external device; the quality of the GPS receiver is higher, thus ensuring faster and more precise location fixes; and battery life is significantly higher than an inbuilt GPS on a mobile device.

The main drawback is clearly that instead of carrying along one device, two are required, limiting mobility for this solution. This explains why an external Bluetooth GPS device is more typically used in

Figure 2.4   A Belkin Bluetooth GPS device that can be connected to a mobile phone to provide additional GPS functionality

motor vehicles paired to a cell phone as an alternative to a (more costly) in-car satellite navigation system. It's also worth noting that the device can't be connected to certain smartphones, such as the iPhone.

SUMMARY OF ADVANTAGES AND DISADVANTAGES OF GPS

The fact that GPS has become such a mainstream technology available at low cost to mobile subscribers means that it's still the most pervasive positioning technology for LBS applications. Table 2.1 summarizes some of the key advantages and disadvantages of GPS as a positioning method for LBS applications.

Table 2.1 Main advantages and disadvantages of GPS positioning technology for use within location-aware mobile applications

Advantages	Disadvantages
Locates precisely to a maximum accuracy of 4 meters in optimal conditions.	Leads to rapid battery depletion.
Uses tried and tested technology.	Requires line of sight to a range of GPS satellites in the sky (i.e., doesn't work indoors).
Is widely adopted among handset manufacturers.	Satellite signal can be deflected in certain urban environments, leading to position drift.
No extra cost to mobile subscriber (data charges applicable for A-GPS only).	The Time To First Fix (TTFF) can be slow compared to other positioning technologies.

Now that we've looked at GPS positioning, and you have a better understanding of the advantages and disadvantages of using this technology, we'll examine Cell ID positioning. Cell ID positioning is a useful complement to GPS mainly because of one key feature, its limited battery usage. Understanding Cell ID will allow developers to take this technology on board and, in many cases, make their applications more usable by limiting battery drainage.

2.2 Cell ID

In this section, after taking a look at what exactly we mean by *Cell ID*, we'll consider sources of Cell ID information in the form of Cell ID databases, both paid and free, and clearly lay out the key advantages and disadvantages to developers of using this technology.

Cell ID has gained significantly in popularity as a positioning method in the last few years. We'll now look at what has enabled the development of this technology, how it works, and the advantages (as well as the drawbacks) of choosing Cell ID to power LBSs.

Cell ID positioning is accomplished by using the serving cell tower (the tower that a mobile device is communicating with), or the cell, and its known position to find the mobile device's position. Cell ID positioning is simple, can be done on the network or on the user device, and doesn't require any upgrade to the handset.

Programming tip: GPS and polling frequency

Because one of the key drawbacks to using GPS within mobile applications is battery drainage, programmers should carefully consider the GPS polling frequency they require to obtain a location fix for their application. By reducing the polling frequency to, say, once every 30 minutes instead of continuously, dramatic battery consumption savings can be made. Caching the last-known location of the user can also be used to complement this strategy, so that location-specific information can be shown according to a relevant location until the next location fix is obtained.

The International Telecommunication Union (ITU), the United Nations intergovernmental fixed and mobile telecommunications regulatory body, assigns to each country a Mobile Country Code (MCC), and within each country a Mobile Network Code (MNC) is assigned to each cellular network operator. Each operator is responsible for creating the Location Area Codes (LAC) for their network and assigning a numeric identification to each cell (Cell ID). Whenever a mobile terminal is connected to the network, it's associated to one of these cells. Therefore, the absolute location of a terminal can then be expressed by the four parameters Cell ID, LAC, MNC, and MCC.[8]

The current Cell ID can be used to identify the base transceiver station (BTS) that the device is communicating with and the location of that BTS. Clearly, the accuracy of this method depends on the size of the cell, and the method can be quite inaccurate. A GSM network cell may be anywhere from 2 to 35 kilometers in diameter. The accuracy of a location fix using a single cell tower is typically in the range of 1to 2 kilometers. Other techniques used along with Cell ID can achieve accuracy within 150 meters.

A very prominent user of Cell ID positioning technology on mobile devices is Google. Google's Maps for Mobile service uses the transmission from a single cell tower to provide the cell phone location. This often leads to a disparity in accuracy between an urban and a rural environment, which can be seen in figure 2.5. In downtown New York City, the radius of the cell phone's location is down to a few blocks, but in the rural town of Slater, it widens to several kilometers.

2.2.1   Cell ID databases

Cell ID location detection relies on the ability to map information detected on operator cells to a database of their precise location. Mobile network operators that own the cells don't publish or provide access to their Cell ID database for a number of reasons, among which are privacy concerns, but perhaps more importantly commercial considerations (operators plan to charge for access to the data).

A note on programming implications of positioning technologies

It's worth noting that each positioning technology brings with it programming considerations when it comes to embedding its functionality within a mobile application. For example, given the maturity and relative widespread adoption of GPS, including code within a mobile application, using the location information from GPS is relatively straightforward. Both Cell ID and Wi-Fi positioning have additional development barriers; for example, certain original equipment manufacturers (OEMs) like Nokia don't allow a JME application to obtain Cell ID info directly from their handset. These issues will be discussed in more detail in chapter 4.

---

[8] Filipe Meneses and Adriano Moreira, "Using GSM CellID Positioning for Place Discovering," Department of Information Systems, University of Minho, Portugal.

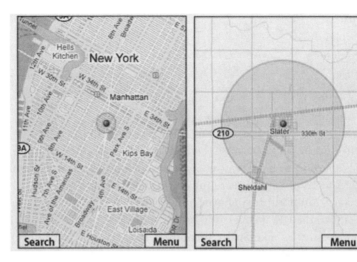

Figure 2.5 Comparison of the accuracy of cell tower detection used by Google Mobile Maps in an urban and a rural environment. Although the location picked up in downtown New York City is accurate to within a few hundred meters, in a rural town like Slater, the accuracy is reduced to several kilometers.

Google Maps possesses its own Cell ID database, which is widely considered to be the most complete in the world. This accuracy is owed in no small measure to the widespread adoption of Google Maps on mobile devices over the last three years and the capture of location data from mobile users of their service to improve the initial Cell ID database.

For mobile applications other than the iPhone and Android (which embed Google Maps as the mapping component, thus making the use of their Cell ID database more or less mandatory), a number of other databases are available.

A number of commercial enterprises have built up their own Cell ID database and offer this for use to third parties. A notable example is Navizon, which offers a relatively complete global Cell ID database at a reasonable cost (approximately 100 Euros per month for its enterprise positioning system solution incorporating Cell ID at the time of this writing).

Increasingly, demand is growing for open source solutions when it comes to Cell ID, and this has given rise to the development of the OpenCellID movement.

OPENCELLID

The OpenCellID movement is an open source project that began to gain prominence in 2008 and is led by a France-based team. It currently claims to have mapped the location of over 600,000 cells[9] thanks to the crowd sourcing of Cell ID locations from around the world.

The data from this open source project is available through a number of public APIs, which cover the following functions:

- measure/add
- cell/get
- cell/getMeasures

---

[9] As of February 25, 2010. Source: www.opencellid.org.

- cell/getInArea
- measure/uploadCSV
- measure/delete
- measure/list

Listing A.3 in appendix A illustrates an example format in which the API key returns information on the user's exact position.

More details on these API functions and the respective API keys are available at http://www.opencellid.org/api. Because the information contained within the Open-CellID database is shared using a Creative Commons license, it's a free resource open to all developers. A word of caution is required though, because although the Open-CellID database is no doubt improving over time, it still offers patchy coverage at best. In some countries, like the UK, it covers roughly 45,000 cells (or just under 50% of the total), but in other countries, like Spain, it captures data from only 6,300 cells, covering less than 25% of the total.

Table 2.2 summarizes some of the key advantages and disadvantages of Cell ID as a positioning method for LBS applications.

Now that we've covered Cell ID, we'll look at wireless positioning systems as the newest kid on the block of positioning technologies.

Table 2.2   Main advantages and disadvantages of Cell ID positioning technology for use within location-aware mobile applications

Advantages	Disadvantages
Available on a majority of handsets.	Relies on access to Cell ID databases in order to determine the cell location; good-quality databases charge for access.
Works indoors because it relies on the standard mobile operator network connection.	Because it relies on communication with a single cell, the accuracy of positioning is affected and is measured in kilometers instead of meters.
Energy efficient; has no significant impact on battery depletion.	Where cell towers are widely distributed, such as in non-urban environments, the accuracy of positioning drops, further limiting its usefulness.

2.3   *Wireless positioning systems*

Because wireless positioning systems (WPSs) are a relative newbie to the area of positioning technologies, a slight aura of mystery still surrounds them, and there are a few misconceptions as to how the technology works exactly.

This section will dispel some of these myths and provide a clear overview of the technology, as well as give the developer an idea of the benefits of using this method (and yes, again, with these benefits come some drawbacks, too!).

A key advantage of WPS, indicating they are a must-have for many mobile applications, is that they work indoors where traditionally GPS hasn't been available. This is

Does Wi-Fi positioning work with secured wireless network transmissions?

There's a common misconception that because Wi-Fi routers are often encrypted and password protected, Wi-Fi positioning won't work (how can a signal be locked down if it's being scrambled?). In fact, Wi-Fi positioning technologies don't require access to the wireless network per se but only to the ID of the wireless transmission. This ID is then cross-referenced to a global database and used for determining the location of the device.

because GPS positioning requires a line of sight to the satellite. Several wireless internet standards are emerging in addition to standard Wi-Fi, such as WiMAX, but the principles of the positioning system remain unchanged.

2.3.1 *Wi-Fi hotspot detection*

Wi-Fi positioning was first developed for commercial purposes by Skyhook Wireless in 2005 and has becoming increasing popular since it was incorporated into the iPhone 2G as the key positioning technology (prior to the 3G with the GPS chip becoming available).

The Wi-Fi positioning software uses 802.11 radio signals emitted from wireless routers to determine the precise location of any Wi-Fi–enabled device. When a mobile user running the Wi-Fi positioning client pops up in a neighborhood, the software scans for access points. It then calculates a user's location by selecting several signals and comparing them to the reference database. The more densely populated the area is with Wi-Fi signals, the more accurate the software is at locating the device. Effectively, the same principles of cell tower triangulation are adopted as described earlier, but are used for detecting wireless router transmission signals instead of operator signal radio transmissions.

Skyhook Wireless claims to cover over 90% of cities in North America (see figure 2.6) and Europe and with a precision of 20 to 40 meters through its database of 100 million mapped wireless router transmissions. To develop this database, Skyhook deployed drivers to survey every single street, highway, and alley in tens of thousands of cities and towns worldwide, scanning for Wi-Fi access points and cell towers and plotting their precise geographic locations.

In this section, we looked at the three main positioning technologies commonly used within LBS applications today: GPS, Cell ID positioning, and WPS. None of these technologies is perfect, with each having specific advantages and disadvantages compared to the others. This has led to developers increasingly choosing a combination of the three technologies, something known as hybrid positioning. We'll consider this next, while also considering what lies ahead in the near- and mid-term future for positioning technologies.

2.4 *New positioning methods*

Surprisingly, perhaps, the technological framework around positioning technologies didn't evolve much for over a decade since GPS was first made available for commercial

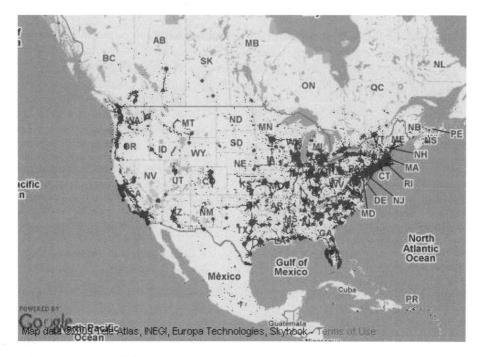

Figure 2.6   Skyhook Wireless's Wi-Fi point coverage map derived from its database for North America

use. Since the late '90s, though, the pace of development has picked up, driven by increased uptake of LBS services and their inclusion as a core offer within mobile operator portals. Key developments have focused on improving the reliability of positioning, with additional future challenges centered on using a mobile subscriber position for automated delivery of location-based messages (including those of a promotional nature).

Wi-Fi and battery drainage

As with GPS polling of the handset, it's worth noting that Wi-Fi signal detection can also lead to battery drainage, though to a slightly lesser degree than GPS (see table 2.3).

2.4.1   *Hybrid positioning*

Hybrid positioning involves combining several positioning technologies (typically GPS, Cell ID, and Wi-Fi) to deliver a reliable, accurate, cost-efficient location within a mobile application at all times. It currently is deployed as a default in a number of smartphones, such as the iPhone and Android devices.

Table 2.3 Main advantages and disadvantages of Wi-Fi positioning technology for use within location-aware mobile applications

Advantages	Disadvantages
Offers remarkable accuracy, particularly in urban environments where the density of Wi-Fi broadcasts is high.	Requires a Wi-Fi–enabled handset, which currently limits its availability to mostly smartphone devices.
Has no extra costs to the mobile subscriber, because access to Wi-Fi hotspot databases to allow positioning is currently provided free of charge.	An active Wi-Fi scan on a mobile device may lead to rapid battery drainage on all but a handful of high-end devices.
The time to obtain a fix is low, providing fast positioning for use within mobile applications.	Requires service providers to constantly update their Wi-Fi hotspot database. Because this changes relatively frequently, some inaccuracy in the location fix is possible.
Because it does not require line of sight to a satellite or other transmitter, it allows indoor positioning in covered areas.	

The knowledge of and utilization of hybrid positioning solutions is essential for developers deploying applications on the JME/Java platform. Here, the constraints of relying on a single positioning technology (see tables 2.1 and 2.2) mean that it isn't possible to deliver a satisfactory user experience without some form of hybrid solution. This typically involves combining GPS or A-GPS with Cell ID positioning, given that Wi-Fi positioning methods are difficult to implement on JME platforms (for a number of reasons, explored in more detail in chapter 4).

It's estimated that by 2014, 25% of all positioning solutions across the board will be hybrid-based ones,[10] though this percentage is likely to be much higher in specific mobile platforms (and is 100% on individual smartphone platforms).

2.4.2 P-Cell technology

This Korean technology attempts to overcome the issues surrounding location triangulation using conventional Cell ID, namely, accuracy and reliance on operator network cell size parameters.

Instead of using conventional Cell ID, the new technology divides an area into predefined lattices of a predetermined size (shown in figure 2.5), which are mapped in a P-Cell database (where the *P* stands for *Parameterized*).

Then it continuously determines whether a request for location measurement occurs by a service subscriber; when the request for location measurement is generated, it compares fundamental information received from a mobile terminal with the P-Cell database, determines a matching P-Cell, and reports the matching P-Cell to the

---

[10] ABI Research, January 2009; see mng.bz/MxWD.

service subscriber. The advantages are that indoor location fixes are improved by about 70% (or so the technology patent says).

The system works like standard base tower signal triangulation (or *trilateration*, to be more precise), but instead of using the operator's cell tower signal radii, it uses lattices of a standard dimension.

At the time of writing, P-Cell technology (see figure 2.7) hasn't yet extended beyond its home territory in Korea, but the technology offers great potential in the future to improve on the accuracy of current Cell ID positioning.

2.4.3 *IMU technology*

An inertial measurement unit, or IMU, is an electronic device that has been used in avionics to measure and report on a craft's velocity, orientation, and gravitational forces, using a combination of accelerometers and gyroscopes. IMUs are typically used to maneuver aircraft and spacecraft, including shuttles, satellites, and landers.

Advances in nanotechnology allow IMUs to be packaged in units of around 1 centimeter in length, making it possible to include them in smartphone devices. Figure 2.8 illustrates an accelerometer unit similar to the one included as standard in the iPhone and other smartphone devices, increasingly used with gyroscope units.

IMUs can be used as positioning tools by calculating a current position based on velocity and time but without the need to communicate with any outside components, such as satellites. This method of navigation is called *dead reckoning* and is likely to become more popular as a positioning method to cover blackout situations such as tunnels and indoors.

It's worth noting that accelerometers can also be used to determine whether the device has moved or is in movement. This is useful, as it can inform the device whether a fresh GPS location fix is required or not. It can also become part of location-aware application features because device movement can be used to trigger certain actions (like blocking SMS writing/editing if the speed of movement suggests the user is driving a vehicle, for example, and would create a hazard).

2.4.4 *Push versus pull mechanisms*

An important technological and social barrier for LBS is the ability to deliver targeted information (for example, marketing or promotional messages) according to the location of a mobile subscriber at a particular moment.

The social barrier arises from privacy concerns about tracking of a mobile subscriber's location, which is examined later in this book. The technological barrier arises from the need to keep an LBS application running in the background of a mobile phone and allow it to wake up according to a combination of the user's location and predetermined triggers (a geotagged message, for example). This is known as a *push mechanism*, referring to the automatic delivery of a notification to a mobile handset without the user specifically requesting the message (the other form of message delivery is referred to as a *pull mechanism*).

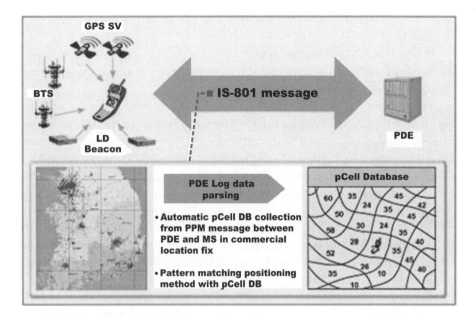

Figure 2.7 Schematic description of how P-Cell technology is designed to capture a mobile device's location (courtesy of CELIZION Inc., Korea)

Figure 2.8 Picture of an STMicroelectronics LIS2L02AS two-axis accelerometer unit. On the left we have the standard view. On the right we see an X-ray image of the unit with micro-components, showing the MEMS (MicroElectroMechanicalSystems) and ASIC (application-specific integrated circuit) wire-bonded together and mounted side by side in the package. A three-axis version of this is incorporated in the iPhone and other smartphone devices to allow it to detect rotational attributes like pitch, roll, and yaw movements (source: mng.bz/kG2q).application-specific integrated circuit. (ital)See ASIC

On standard mobile handsets (excluding smartphones) running an application in the background is impractical, particularly because of the battery drainage arising from the need for the GPS chip on the phone to constantly poll the satellite in order to determine the subscriber's location.

An alternative on standard mobile handsets is to rely on a mobile network operator (MNO) and use the operator's network to track a mobile subscriber's location. The main benefit is that an accurate location can be constantly tracked without depleting the handset's battery.

In practice, MNOs today are reticent to provide third-party access to their networks for location tracking for mass-market services (and are increasingly likely to charge for such access if they do provide it).

The future for push mechanisms is more likely to come from the smartphone segment, with the iPhone leading the way since the release of the OS 3.0 in the summer of 2009, which first allowed push notification. This has since been improved with the OS 4.0 launched in 2010 (and now joined by Android OS for versions 2.2 or later), which allows background processes to be kept running and promises to enable future LBS applications to finally deliver push notifications in a simple yet effective manner.

2.5   *Summary*

In this chapter, we looked at the key positioning technologies available for delivering LBS applications to mobile subscribers, charting the progression from the earlier methods to the likely future technological scenarios. Hybrid positioning is rapidly establishing itself as the new gold standard to ensure good performance of LBS applications. While push mechanisms are not yet fully deployable, it's only a matter of time before they become widely available, pointing to a raft of new, exciting consumer applications. The next chapter will delve into the diverse and engaging set of consumer LBS applications that are already gathering a substantial following around the world.

Mapping

So Geographers in Afric-maps
With Savage-Pictures fill their Gaps;
And o'er uninhabitable Downs
Place Elephants for want of Towns
—Jonathan Swift

This chapter covers

- Choosing the right mapping API by comparing available technologies
- Choosing the right mapping data source
- Using location in browser-based applications

Mapping has always been key throughout centuries. Fortunes have been made and lost depending on the accuracy of maps, and this statement continues to be true today.

Accurate maps are vital for location-based services. The map provider and the mapping technology that you use might make or break your application or service. A slow and non-responsive map component in your application might render your service unusable. Or inadequate details of a location in your application might make another application with more detailed maps more attractive. It's critical to take a careful look at all the available options and pick the right components and technology for your mapping application.

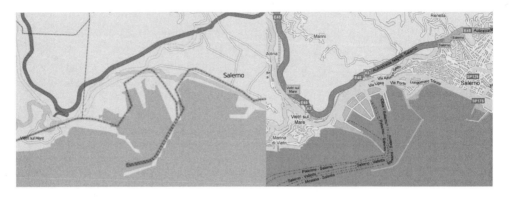

Figure 3.1   Two different maps of Salerno, Italy, from two different sources[1]

For your application, you'll have to pick a mapping API and a map tiles provider. Map tiles are small rectangular images that make up the map. Although most mapping APIs come with their own default map tiles, this may not be true on some mobile platforms, where you may have to separately license map tiles from a different source.

If your service is specific to some geographic location, it's important to make sure the map provider that you use has adequate and up-to-date data for that region. For example, if you're launching a tourism application on the iPhone for Italy, make sure you have the best and most detailed map tiles for Italy that show all the latest tourist spots and roads. With outdated map details, your tourism application would be a prime candidate for uninstalling and negative feedback in app stores (see figure 3.1 for a comparison). It's extremely difficult to win back users in today's app stores once you lose them for trivial missteps.

Mapping has made huge advances in the last decade, with the introduction of 3D maps like Google Earth and Bing Maps, as well as Street View photos of a location aligned with the map that can be navigated back and forth. Much more exciting advances are yet to come, and as can be expected, today fast and intuitive graphical mapping of a location or entity on a mobile phone screen is the most important component of any mobile location-based service. We examined positioning technologies in the previous chapter, and in this chapter we'll examine new mapping technologies and major mapping APIs (application programming interfaces) available on the market and different ways in which maps can be displayed on the mobile phone screen to make the most of the limited screen display real estate available.

3.1   Mapping APIs

Although there are many online mapping APIs, the leading providers are Google Maps, MapQuest, Bing Maps, Yahoo! Maps, and CloudMade. All these mapping APIs provide a mechanism for creating a visual map, centering it at a specific location, setting the zoom level, adding custom markers to the map, and controlling user interaction

---

[1] http://compete.com

with it in your application. All these mapping APIs also come with their default map tiles that differ in quality and options.

In this section, we'll analyze all the factors that make a good mapping API. Some of these factors are available in most APIs, and some of the factors are unique for only some APIs. But in the end, even if a factor is available in many APIs, the implementations of these features vary greatly so it's important to look at them closely to be able to make the right choice. The important factors when making a decision on which mapping API to use are as follows:

- *JavaScript support*—All mapping APIs support JavaScript for easy integration with web services. Using a JavaScript API, you can easily embed an interactive map on your website, add custom data to it, and control it dynamically according to user input. The object structure, speed, and ease of use of this API should be an important part of your decision.

- *Flash/ActionScript support*—This is required if you want to embed a map in a Flash or Flex application. ActionScript APIs are very similar to JavaScript APIs in terms of structure and functionality, because JavaScript and ActionScript are close cousins.

- *3D maps*—Advanced 3D interactive applications such as Google Earth and Bing Maps 3D provide a much richer user experience along with capability to be embedded on a web page. 3D maps let users see buildings and terrain in 3D, with the added ability to rotate and tilt the angle in addition to panning and zooming. To attempt to achieve near photorealism, all 3D buildings are textured using composites of aerial photography.

- *Directions*—Some mapping APIs can return driving, public transit, and walking directions between two points and allow you to display this information using polylines (a *polyline* is a continuous line composed of one or more line segments). This can be a powerful tool if your application is intended for getting people from one place to another.

- *Map view*—The base default view is the traditional map view, which displays roads, highways, and borders, as shown in the left section of figure 3.2.

- *Satellite view*—Some mapping tile providers can provide high-resolution satellite images as map tiles, which might be essential for some applications. While the term *satellite view* is used commonly, these images are mostly aerial photography taken from airplanes rather than from satellites, as shown in the middle section of figure 3.2.

- *Terrain view*—Terrain view emphasizes geographical features with shading to show elevations, as shown in the right section of figure 3.2.

- *Hybrid view*—Hybrid view is the combination of traditional map view with satellite view. Most features such as roads and borders are marked on top of high-resolution imagery.

Figure 3.2   Map, satellite, and terrain views of Spirit Lake, Iowa

- *Street View*—The Google Maps–only Street View feature provides a ground-level 360-degree view of streets in some major cities. This may be an important feature if you want to show your users the actual photos of a location in your application.

- *Bird's-eye View*—Available only in Bing Maps, the Bird's-eye View feature offers aerial photos from four angles in over 100 cities in the United States, Canada, and Japan and in over 80 European locations. These non-oblique (usually taken at 40 degrees) images are much more detailed than the aerial views from directly above buildings. Signs, advertisements, pedestrians, and other objects are clearly visible in many Bird's-eye Views.

- *Geocoding*—With geocoding (or *geolocating* or *geotagging*), you can find the geographic coordinates (latitude and longitude) of an entity from other geographic data, such as street address or ZIP code. For example, you can find that "1 Times Square, New York, NY" corresponds to latitude=40.7566 and longitude=-73.9862, as shown in figure 3.3.

Figure 3.3   Result of geocoding "1 Times Square, New York, NY"

Geocoding is fundamental to any location-based service. You'll see shortly all the mapping APIs that support geocoding, but it's also possible to purchase a geocoding database and use it locally on your server or on the client to speed up the processing time. The advantages of using a well-known and tested geocoding API are that they can take pretty much any input ("ny," "manhattan," "10001," "1 park ave.") and do their best to return the best matching lat/long (or sometimes, if the address isn't clear, the geocoding API may return multiple results with the most likely lat/long in first place). When you don't have a good address (for example, "1 park ave."), it might be difficult or just impossible to get the exact lat/long when using a local geocoding database. Furthermore, if you have a bad address (for example, "1 main street"), it won't be possible to map it to a geographical location no matter which service you use. So you have to be prepared for such cases where geocoding might just outright fail.

One other concern is that sometimes the data that comes from third parties may have an address but not the latitude/longitude for the entity. An example of this may be location-based ads that come only with an address. When you have to geocode huge numbers of entities in a large batch, it is best to cache the geocoding results to minimize processing time.

- *Reverse geocoding*—This is the reverse of geocoding, as the name implies. You can find the address or ZIP code of an entity from its geographic coordinates. Reverse geocoding is more straightforward than geocoding, because you have a latitude and longitude that can match only one address/ZIP code. Using a local database is more feasible in this case to speed things up.

- *Mobile friendly*—Maps that are intended for use on mobile phones with less resolution and smaller screen size should have less text with larger font and fewer annotations. You have to make sure that your map provider can switch its map tiles depending on where your service is running.

- *Traffic*—Some mapping providers include information to render real-time traffic flow conditions to the maps of some major cities. If a route shows red, it's stop-and-go traffic; yellow, slight congestion; and green, free-flowing traffic.

- *Enterprise version*—Some mapping providers can provide their software as a commercial service, which features intranet and advertisement-free implementations. If you want to build an intranet application off the public web for a large corporation and you want to control all aspects of mapping, the enterprise version of the mapping API is a must. Also, most mapping API providers require that your service be available free to the public. If you plan on charging users for your service, you need to get an enterprise license from your mapping API provider.

- *Slippy maps*—If your application is interactive, slippy maps is a must-have feature. A slippy map is type of web-browser-based map client that allows you to dynamically pan the map by grabbing and sliding the map image in any direction. Modern web browsers allow dynamic loading of map tiles in response to user action without requiring a page reload. This dynamic effect makes map viewing more intuitive.

- *Static maps*—If your application doesn't require interaction, static map images should be preferred to slippy maps because they significantly decrease startup time and memory use and they don't require JavaScript. Some mapping APIs provide static map images that can be easily embedded on web pages.

- *Vector maps*—Although most mapping APIs work with raster map tiles (that is, bitmaps), a vector-based (*vector graphics* is the use of geometrical primitives such as points, lines, curves, and shapes or polygon(s), which are all based on mathematical equations, to represent images in computer graphics) map might be more appropriate for your application if you want infinite zoom in/out without waiting for further downloads. Although it's still too early for mass adoption of vector-based maps, they hold great promise. Instead of downloading heavy image files every time the zoom level changes or the map is panned, vector maps are rendered dynamically on the fly after the initial data download from the map server. They provide faster download speeds and very responsive display of map information.

- *Map styles*—Being able to change the colors, fonts, and various other esthetics on maps might be required for some applications. CloudMade offers an interactive style editor that lets you customize the look of your maps down to the tiniest details.

3.2 *Comparison of mapping APIs*

After reviewing all the important factors for mapping APIs, now let's take a closer look at how each mapping API compares against the others in table 3.1. This will help you see the big picture when it comes to mapping APIs. In this section, we'll also show you some sample code for each mapping API, so that you can pick the right API by looking at its basic structure and see how it compares to the others.

It's also interesting to note that Google Maps has surpassed MapQuest in usage as of 2009, whereas Yahoo Maps keeps its third position. Bing Maps (because of the recent name change—it used to be called Microsoft Virtual Earth) and CloudMade (because it just launched and doesn't aim to be a consumer destination portal) do not appear in the traffic chart in figure 3.4.

Next, we'll analyze all the major mapping APIs in more detail and provide some code samples to help you decide which one is most appropriate for your project.

Table 3.1 Comparison of mapping APIs

Feature	MapQuest	Google	Bing	Yahoo	CloudMade
JavaScript	Yes	Yes	Yes	Yes	Yes
Flash/ActionScript	Yes	Yes	Yes	Yes	Yes
3D	-	Yes	Yes	-	-
Directions	Yes	Yes	Yes	Yes	Yes
Map view	Yes	Yes	Yes	Yes	Yes
Satellite view	Yes	Yes	Yes	Yes	-
Terrain view	-	Yes	-	-	-
Hybrid view	Yes	Yes	Yes	Yes	Yes
Street view	-	Yes	-	-	-
Bird's-eye view	-	-	Yes	-	-
Geocoding	Yes	Yes	Yes	Yes	Yes
Reverse geocoding	Yes	Yes	Yes	Yes	Yes
Mobile friendly	Yes	Yes	Yes	Yes	Yes
Traffic	Yes	Yes	Yes	Yes	-
Enterprise	Yes	Yes	Yes	Yes	Yes
Slippy maps	Yes	Yes	Yes	Yes	Yes
Static maps	Yes	Yes	Yes	Yes	Yes
Vector maps	-	-	-	-	Yes
Map styles	-	-	-	-	Yes

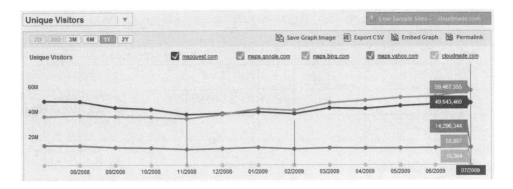

Figure 3.4 Traffic of major map destination websites[2]

---

[2] http://compete.com

3.2.1 *MapQuest*

MapQuest is the oldest map provider of all the choices. Founded in 1967 as a division of RR Donnelley to manufacture paper maps and related products, it became an independent company in 1994 and was acquired by AOL in 2000. The MapQuest web mapping service was launched in 1996, and it became the de facto standard for online mapping until the ascent of competing services from Yahoo!, Google, and Microsoft. MapQuest released its Ajax-capable slippy maps in January 2007.

The MapQuest JavaScript API is a modern, object-oriented API namespaced to MQA with MQA.Object and MQA.Type as the base objects. You start your application by creating a MQA.TileMap object and then call its methods to implement your functionality.

It also contains interesting features such as Icon Declutter, for times when a map view contains map icons overlapping each other. Icon Declutter moves those icons away from each other and allows distribution in a selected style.

The MapQuest API is available for Adobe Flex, Flash, ActionScript, C++, Java, JavaScript, and .NET at http://developer.mapquest.com. The following listing shows how you can create a simple interactive map on a web page using the MapQuest JavaScript API.

Listing 3.1   Sample MapQuest JavaScript API code

```
<!DOCTYPE HTML PUBLIC "-//W3C//DTD HTML 4.0 Transitional//EN">
<html>
<head>

    <script src="http://btilelog.access.mapquest.com/tilelog/
    transaction?transaction=script&key=YOUR_KEY_HERE&itk=true
    &v=5.3.s&ipkg=controls1></script>          ◁——— Include MapQuest library

</head>
<body>

    <div id="mapWindow" style="width:900px; height:520px;">
    ➥</div>                                ◁⌐
                                            ❶ Declare DIV to hold map
    <script language="JavaScript">

        myMap = new MQA.TileMap (               ◁⌐
        ➥document.getElementById('mapWindow'));  ❷ Create base
                                                   MQA.TileMap object

        MQALatLng(40.0446,-76.4131),"sat");     ◁⌐
    </script>                                     ❸ Set map center,
</body>                                             map tile type
</html>
```

This code example first includes the MapQuest library and then creates a DIV ❶ to hold the map object. This DIV component is passed to the actual map object when it's created in JavaScript ❷. This creates the map on the screen, and the code then sets the center and the map tiles type of the map ❸, which displays the map on the web page properly.

The GIS data used in MapQuest maps is provided by Navteq, Tele Atlas, and other third parties.

3.2.2 Google Maps

Google announced its web mapping service on February 8, 2005, following its acquisition of Where 2 Technologies in 2004. Google Maps quickly grew in usage to be the most popular web mapping service by 2009 with its intuitive user interface, a rich set of features, and its integration into many web applications through its API.

Google Maps API was released in July 2005. Google Maps API also provides Google Earth integration, which requires the Google Earth plug-in to be installed. On June 14, 2006, Google Maps for Enterprise was officially launched. As a commercial service, it features intranet and advertisement-free implementations. On May 15, 2008, Google Maps API was ported to Flash and ActionScript 3 as a foundation for richer internet applications.

Google Maps API uses JavaScript extensively. As the user drags the map, the grid squares are downloaded from the server and inserted into the page, avoiding the reloading of the page, hence providing for a smooth user experience.

Google Maps API has the largest developer base, with a large selection of tutorials and open source libraries to extend the functionality of Google Maps even further. One of these auxiliary libraries is the GMaps Utility Library,[3] which is supported by the Google Maps API team. Some of these extra libraries are needed if you'll be playing with large data sets and lots of markers on maps.

GMaps2 is the elementary Google Maps JavaScript API object. Objects of this class define a single map on a page. You may create more than one instance of this class; each object will define a separate map on the page. After creating the GMaps2 object, you set its properties, call its methods, add marker objects to it, and listen to user events to create your interactive application.

The API is available for JavaScript, Flash, and ActionScript at http://code.google.com/apis/maps/. The following listing displays how you can create a simple interactive map on a web page using the Google Maps JavaScript API.

Listing 3.2 Sample Google Maps JavaScript API code

```
<!DOCTYPE html PUBLIC "-//W3C//DTD XHTML 1.0 Strict//EN"
"http://www.w3.org/TR/xhtml1/DTD/xhtml1-strict.dtd">
<html xmlns="http://www.w3.org/1999/xhtml"
  xmlns:v="urn:schemas-microsoft-com:vml">
<head>
<meta http-equiv="content-type" content="text/html; charset=utf-8"/>
```

---

[3] mng.bz/w8rb

```
<script src="http://maps.google.com/maps?file=api&amp;v=2
     ➥&amp;sensor=false&amp;key=YOURKEYHERE"
     ➥type="text/JavaScript"></script>   ⟵────── Include Google Maps library

<script type="text/JavaScript">   ⟵
function initialize() {                 ❶ Declare script called    ❷ Check if browser
                                          after page loads            is Google Maps
                                                                      compatible
    if (GBrowserIsCompatible()) {                               ⟵

        var map = new GMap2(document.getElementById("map_canvas"));   ⟵

        map.setCenter(new GLatLng(37.4419, -122.1419), 13);

        map.setUIToDefault();                              Create map
    }                                                        object ❸
}
</script>
</head>                                           ❹ Call GUnload
                                                    on page unload
<body onload="initialize()" onunload="GUnload()">   ⟵
    <div id="map_canvas"
     ➥style="width: 500px; height: 300px"></div>   ⟵  Declare div that holds
</body>                                                 map component
</html>
```

This code example includes the Google Maps library and the script ❶. The script is run after the page is loaded and after checking to see if the browser is Google Maps compatible ❷. It creates the map object ❸. After the map object is created, it is centered and the user interface option is set to the default UI widgets.

An important detail is that the page should call GUnload when the user navigates away from the page. This is important to get rid of memory leaks related to Google Maps ❹. Also, you have to get a separate Google Maps API Key for each of your web pages.

The GIS data used in Google Maps is provided by Tele Atlas.

3.2.3   Bing Maps

Bing Maps was released in December 2005 as Windows Live Local, which was later changed to Live Search Maps. On June 3, 2009, Microsoft officially rebranded Live Search Maps as Bing Maps and the Virtual Earth platform as Bing Maps for Enterprise.

Microsoft continuously updates its map data sets to stay competitive in terms of the most up-to-date map details. 3D view was added on November 6, 2006, for the Windows platform.

In the Bing Maps JavaScript API, VEMap is the elementary object. You develop your application by setting the properties and calling functions on this object.

The API is available for JavaScript (and SOAP, in Enterprise version) at http://www.microsoft.com/maps/developers. The next listing displays how you can create a simple interactive map on a web page using the Bing Maps JavaScript API.

Listing 3.3 Sample Bing Maps JavaScript API code

```
<!DOCTYPE html PUBLIC "-//W3C//DTD XHTML 1.0 Transitional//EN" "http://
    www.w3.org/TR/xhtml1/DTD/xhtml1-transitional.dtd">
<html>
<head>
    <meta http-equiv="Content-Type" content="text/html; charset=utf-8">

    <script type="text/JavaScript" src="http://ecn.dev.virtualearth.net/
    mapcontrol/mapcontrol.ashx?v=6.2">
    </script>                              <--------  Include Bing Maps library
    <script type="text/JavaScript">
    var map = null;
    function GetMap()                            ❶ Declare main script
    {                                              called on page load

        map = new VEMap('myMap');

        map.LoadMap();                  <--    ❷ Create map object
    }
    </script>                    ❸ Load map
</head>
<body onload="GetMap();">

    <div id='myMap'
    style="position:relative;
width:400px; height:400px;"></div>   <--    Declare div object that
                                            holds map component
    </body>
</html>
```

This code example is similar to other map API samples. It loads the Bing Maps library. The main script ❶ that's called when the page is loaded creates the map object ❷ and then loads the map ❸, which is displayed on the web page.

TIP You can enable the 3D map mode and center the map on a specific coordinate just by replacing one line of the previous code. Replace `map.LoadMap()` with `map.LoadMap(new VELatLong(47.22, -122.44), 12, 'r', false, VEMapMode.Mode3D, true);`.

The GIS data used in Bing Maps is provided by NAVTEQ.

3.2.4 *Yahoo! Maps*

Yahoo announced the addition of Yahoo! Maps to its Internet guide on April 24, 1996. For this Yahoo partnered with Proximus Corporation. These static maps provided users with a glimpse of what was to come.

Yahoo! kept investing in its mapping business, and interactive Yahoo! Maps was launched on November 2, 2005. Even though Google Maps and MapQuest are the two leading online map providers, Yahoo! maintains its third position, ahead of the rest of the pack.

In the Yahoo! Maps JavaScript API, `YMap` is the elementary object. You start your application by creating an instance of this object, and then you set its properties and call its methods to extend functionality. Yahoo! also provides other APIs such as Local, Weather, and the like that mesh very smoothly with its mapping API.

The API is available for JavaScript, Flash, and ActionScript at http://developer .yahoo.com/maps. The following listing displays how you can create a simple interactive map on a web page using the Yahoo! Maps JavaScript API.

Listing 3.4   Sample Yahoo Maps JavaScript API code

```html
<html>
<head>

<script type="text/JavaScript"
src="http://api.maps.yahoo.com/ajaxymap?v=3.8&appid=YMAPSKEYHERE">
  </script>                                    ◁——— Include Yahoo! Maps library

<style type="text/css">
    #map{ height: 75%; width: 100%;}           ❶ Set properties for
</style>                                           map component
</head>
<body>
                                   Declare div object that
<div id="map"></div>            ◁— holds map component
<script type="text/JavaScript">
                                                   ❷ Create map
                                                      object
    var map = new YMap(document.getElementById('map'));  ◁—

    map.addTypeControl();                    ◁———❸ Add map type control

    map.setMapType(YAHOO_MAP_REG);           ◁——❹ Set map type

    map.drawZoomAndCenter("San Francisco", 3);  ◁—
</script>
</body>                                              ❺ Display map centered on
</html>                                                 geocoded location
```

The code example loads the Yahoo! Maps library and sets the style for the map component ❶. The main script that's called when the page is loaded creates the map object ❷ and then adds the map type controls ❸, sets the initial map type to regular ❹, and centers the map on San Francisco with the zoom level set to 3 ❺.

The GIS data used in Yahoo Maps is provided by NAVTEQ.

3.2.5 *CloudMade*

CloudMade is a relative newcomer to the world of online mapping. The company launched its products in February 2009, offering APIs and fully customizable dynamically renderable maps.

CloudMade uses exclusively Creative Commons–licensed OpenStreetMap data and was cofounded by the founder of OpenStreetMap, Steve Coast.

For a fully featured slippy map, CloudMade supports OpenLayers. OpenLayers is a JavaScript library for displaying maps on the web in a zooming/panning dynamic display. This fully featured JavaScript API includes support for layer selection, transparent layers, markers, vector objects, and more.

CloudMade also has a lightweight alternative product called Web Maps Lite for developers who need a simple, fast-loading interface.

CloudMade's Style Editor (figure 3.5) allows users to edit the color scheme and layers visible in web-accessible maps, allowing customization that Google Maps, Yahoo! Maps, and other large-scale competitors don't provide.

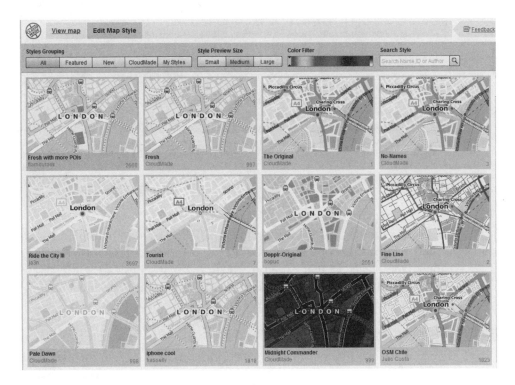

Figure 3.5   CloudMade Style Editor

The CloudMade API is available for JavaScript, Flash, Python, Ruby, Java, Perl, C++ for web, iPhone, Java ME, Windows Mobile, Symbian, Android, BlackBerry, and Windows platforms at http://developers.cloudmade.com. CloudMade's mobile SDKs are provided by Nutiteq on Android, Java ME, and RIM, and CartoType on Windows Mobile and Symbian, except the iPhone, for which CloudMade has its own mobile SDK.

The following listing shows how you can create a simple interactive map on a web page using the CloudMade JavaScript API.

Listing 3.5   Sample CloudMade JavaScript API code

```
<!DOCTYPE html PUBLIC "-//W3C//DTD XHTML 1.0 Strict//EN" "http://www.w3.org/
    TR/xhtml1/DTD/xhtml1-strict.dtd">
<html xmlns="http://www.w3.org/1999/xhtml" xml:lang="en">
<head>

  <script type="text/JavaScript" src="http://tile.cloudmade.com/wml/latest/
    web-maps-lite.js"></script>              ◁——— Include CloudMade library
</head>
<body>
                                                    Declare div object that
                                                    holds map component
  <div id="cm-example" style="width: 500px; height: 500px"></div> ◁—┘

  <script type="text/JavaScript"> ◁———❶ Declare script that
                                          runs when page    ❷ Create main
    var CloudMade =                                            CloudMade
  ➥new CM.Tiles.CloudMade.Web({key: 'YOURKEYHERE'}); ◁—       object

    var map = new CM.Map('cm-example', CloudMade); ◁———❸ Create map object

    map.setCenter(new CM.LatLng(51.514, -0.137), 15);  ◁—┐
                                                         ├ Set center of map
  </script>                                            ❹ and zoom level
</body>
</html>
```

This code example first loads the CloudMade library, and then the main script ❶ is loaded. This main script is called when the page is loaded, and it creates the main CloudMade object ❷ that's used to create the map object ❸. Once the main map object is created, the code example centers the map at the specified lat/long and sets the zoom level to 15 ❹. After this the map is displayed on the page.

3.2.6   *Mapstraction*

There are many different mapping API providers to choose from, each with slightly different functionality, design, and terms of service. Mapstraction makes deciding which provider to use easy by allowing you to write your mapping code once and then easily switch providers as needed.

Mapstraction is an open source library (BSD license) that provides a common API for various JavaScript mapping APIs to enable switching from one to another as smoothly as possible. Developers can code their applications once and then easily switch mapping providers based on project needs, terms and conditions, and new functionality.

Users can also switch maps as desired based on personal taste and quality of maps in their local area. Various tools built on top of Mapstraction allow users to easily integrate maps into their own sites and configure them with different controls, styles, and provider.

Mapstraction supports the following:

- Eleven major mapping providers
- Dynamic switching of providers
- Points, lines, and polygons
- Marker filtering by time, category, or any attribute
- Image overlay and base tiles
- GeoRSS and KML feed import
- Geocoding of addresses
- Driving directions

The Mapstraction API is available at http://mapstraction.com. The next listing shows how you can create a simple interactive map on a web page using the Mapstraction API.

Listing 3.6 Sample Mapstraction code that can switch among multiple APIs

```
<!DOCTYPE html PUBLIC "-//W3C//DTD XHTML 1.0 Strict//EN" "http://www.w3.org/
    TR/xhtml1/DTD/xhtml1-strict.dtd">
<html xmlns="http://www.w3.org/1999/xhtml"
    xmlns:v="urn:schemas-microsoft-com:vml">
<head>
  <meta http-equiv="content-type" content="text/html; charset=utf-8"/>


  <script src="http://maps.google.com/maps?file=api&v=2&key=GMAPSKEYHERE"></
    script>
  <script type="text/JavaScript" src="http://api.maps.yahoo.com/
    ajaxymap?v=3.0&appid=YAHOOKEYHERE"></script>
  <script src="http://dev.virtualearth.net/mapcontrol/mapcontrol.ashx?v=6"></
    script>
  <script src="http://openlayers.org/api/OpenLayers.js">
  </script>
```

❶ **Include all mapping APIs used**

```
<script
    type="text/JavaScript" charset="utf-8" src="http://mapstraction.com/
    mapstraction-js/mapstraction.js">
  </script>
```

Include Mapstraction library

```
<script type="text/JavaScript">
  var mapstraction;
  function initialize() {
```

❷ **Declare main script**

```
      mapstraction =
      new Mapstraction('map_canvas','yahoo');
```
❸ Create map object

```
        mapstraction.setCenterAndZoom(
            new LatLonPoint(37.75,-122.44), 8);
      }
    </script>
```
❹ Set center of map

```
    <style type="text/css" media="screen">
      .mapstraction { height: 300px; width: 100%; z-index: 1; }
    </style>
  </head>

  <body onload="initialize()"
    style="font-family: Arial;border: 0 none;">
```
Call initialize when page loads

```
    <div id="map_canvas" style="width: 100%; height: 400px">
      </div>
  </body>
  </html>
```
Declare div object for map component

This Mapstraction code example first loads all the needed libraries ❶. If you don't intend to switch between mapping APIs dynamically, don't include all the JavaScript libraries in your HTML code. You should include only the mapping API that you intend to use, which will decrease startup time and memory use.

The code sample then runs the main script ❷, which creates the map object and passes which provider/API you'd like to use ❸; in this example we're using Yahoo!. Mapstraction starts passing all the map API calls into the Yahoo! JavaScript API, which creates a Yahoo! map object. The code example then centers the map at the specified lat/long and sets the zoom level to 15 ❹. After this a Yahoo! map is displayed on the page. At this point the map API can be switched dynamically to another provider by user feedback if the user requests to see the map through another provider.

3.2.7　*A word on licensing*

It's important to analyze the terms of use for mapping APIs before committing to one of them in your application. Failing to do so might cause a lot of wasted time and effort.

For example, the Yahoo! Maps API terms of use[4] state that you cannot

use the Yahoo! Maps APIs with location information that is less than 6 hours old and derived from a GPS device or any other location sensing device;

---

[4]　mng.bz/qp4b

or

> *use the Yahoo! Maps APIs with location information derived from a GPS device or any other location sensing device where such information was not uploaded to your application or service directly by the end user;*

The Google Maps API terms of use[5] state that you cannot

> *use the Static Maps API other than in an implementation in a web browser;*

or your service cannot

> *require a fee-based subscription or other fee-based restricted access;*

or, regarding advertising,

> *The Service currently does not include advertising in the maps images. However, Google reserves the right to include advertising in the maps images provided to you through the Service, but will provide you with ninety (90) days notice prior to the commencement of advertising in the maps images.*

So if your service will require paid subscriptions, you can't use the Google Maps API without getting an explicit license from Google. You also can't use the Yahoo! Maps API if you have an application that shows location information that is newer than six hours. Also, mobile applications usually require explicit licensing, so read through all the terms of use and contact the provider to make sure you won't run into troubles down the road. You may end up with a Google Maps application that has Google ads plastered all over it.

Now let's look at the companies that collect the geodata that's used in creating these maps.

3.3 Map providers

There are two big commercial competitors when it comes to map data sources: NAVTEQ and Tele Atlas. Along with these two, now there's an open source option in the form of OpenStreetMap.

You can purchase map tiles and serve them yourself. Or you can use a service that serves map tiles for you. For example, you can purchase a service from Microsoft to serve your application map tiles from NAVTEQ. Or you can purchase custom map tiles from CloudMade (OpenStreetMap data) and serve them from your own servers using the Web Map Service (WMS) standard, which was created by the Open Geospatial Consortium (OGC).

TIP: WMS The OpenGIS Web Map Service interface standard provides a simple HTTP interface for requesting geo-registered map images from one or more distributed geospatial databases. A WMS request defines the geographic layers and area of interest to be processed. The response to the request is one or more geo-registered map images (returned as JPEG, PNG, and the like) that can be displayed in a browser application. The interface also supports the ability to specify whether the returned images should be transparent so that layers from multiple servers can be combined or not.

One way to serve your own custom map tiles is by using GeoServer. GeoServer is an open source server written in Java that allows users to share and edit geospatial data. Designed for interoperability, it publishes data from any major spatial data source using open standards. GeoServer is the reference implementation of the Open Geospatial Consortium Web Feature Service standard, and it implements the Web Map Service and Web Coverage Service specifications.

In your application, you can switch between providers dynamically, depending on the geographical location, to serve the best tiles for a given area.

TIP: PANNING AND ZOOMING A common technical hurdle with implementing your own map display on a slow and low-powered mobile device is implementing panning and zooming of the map. As you get map tiles from your map tile provider to display on the screen, you should ask for the map tiles for the right zoom level. And when the user moves the map, you should ask for the map tiles adjacent to the existing ones. It is recommended to cache old unused map tiles in memory in a first-in/first-out queue. The oldest tile should be discarded first. And when the user zooms in or zooms out, you have to replace all your tiles, in which case you might find it reasonable to dump all your cache if you don't have enough memory on the device. Managing your tile cache is a big issue on resource-strapped mobile platforms. Experiment with different schemes until you find the optimal solution.

Now we'll analyze the three major sources of map data that you see on maps every day.

3.3.1 NAVTEQ

NAVTEQ[6] creates the base digital maps and map content that power navigation and location-based services solutions around the world. NAVTEQ, based in Chicago, was founded in 1985 and was acquired by Nokia in 2007. It continues to operate independently.

NAVTEQ generates all its data through firsthand observations and not through government-released data. It provides data used in a wide range of applications, including automotive navigation systems for BMW, Chrysler, Mercedes-Benz, Mini, and many other car makers (accounting for around 85% of market share).

---

[6] http://navteq.com

Figure 3.6   NAVTEQ's own Java applet showing Central Park, New York, with a 45-degree tilt at http://navteq.com

Portable GPS devices made by Garmin, Magellan, and Lowrance and web-based applications such as Yahoo! Maps, Bing Maps, and MapQuest also use its maps. Microsoft's Flight Simulator X uses NAVTEQ data for automatic terrain generation.

The NAVTEQ digital map database, shown in figure 3.6, now spans 77 countries on 6 continents.

NAVTEQ's main competitor is Tele Atlas.

3.3.2   Tele Atlas

Tele Atlas[7] is a Netherlands-based company founded in 1984. It provides digital maps and GIS data for mapping, navigation, and location-based services, including personal and in-car navigation systems, and provides data used in a wide range of mobile and internet map applications. Since July 30, 2008, the company has been a wholly owned subsidiary of automotive navigation system manufacturer TomTom.

Tele Atlas has an agreement to provide mapping data to Google Maps until 2013. Under this agreement, Tele Atlas now has access to corrections and updates to the data made by the Google Maps community.

Tele Atlas relies on lots of different resources for data collection, including vans equipped with high-tech cameras taking pictures of the road and road furniture every four seconds; city, government, and local resources; and postal resources. These

---

[7] http://teleatlas.com

resources indicate new developments, and the company prioritizes their driving efforts accordingly. Tele Atlas claims that they perform smart driving and as a result have better cost management.

Tele Atlas provides maps, as shown in figure 3.7, that include detailed street-level and interconnecting road networks for 90 countries around the world, covering 30 million kilometers of roads. In addition, Tele Atlas Connect provides basic mapping and routing functionalities for digital map coverage of more than 200 countries and territories worldwide, as shown in figure 3.8.

TIP: TELE ATLAS VERSUS NAVTEQ MAP DATA Accuracy of Tele Atlas versus NAVTEQ map data is a big point of contention between the two companies and their users. While some users contend that NAVTEQ maps are more accurate in the United States, studies haven't come up with solid differences between the two data providers.

In general, the quality of Tele Atlas or NAVTEQ map data may vary greatly between different locations in the world, depending on their local data partners. It would be best to compare their data carefully for your specific location before licensing data from either company.

Figure 3.7   Tele Atlas map data of Central Park, New York, seen through Google Maps

Figure 3.8 Tele Atlas global coverage map (from Tele Atlas website)

3.3.3 OpenStreetMap

OpenStreetMap[8] is a collaborative project to create a free editable map of the world. It's like Wikipedia for map data, allowing anyone to create and edit geographical data.

The maps, as shown in figure 3.9, are created using data from portable GPS devices, aerial photography, other free sources, or simply local knowledge. Both rendered images and the vector data sets are available for download under a Creative Commons Attribution-ShareAlike 2.0 license.

OpenStreetMap was born out of the need to be able to create free open source maps that anyone can use in their application without paying a fee to a map data provider. Data from commercial mapping agencies contains copyright Easter eggs to catch anyone copying it. These Easter eggs take the form of fake or missing streets or features like churches and schools that don't exist. Maps made using licensed data then can be identified easily.

OpenStreetMap doesn't guarantee any kind of accuracy because it's all edited by the public in the Wikipedia style, but it provides a starting point that's constantly evolving and improving in terms of data accuracy and richness. OpenStreetMap holds mapping parties to accelerate the generation of maps in certain areas.

Now that we've analyzed all the available mapping APIs and map tile sources, let's look at another vital element for your LBS application: actually finding the location of your user so that you can present them with the most relevant and useful information.

---

[8] http://teleatlas.com

Figure 3.9   OpenStreetMap data of Central Park, New York, at http://openstreetmap.org

3.4   *Browser-based location*

Location-based services are no longer limited to mobile or GPS devices. Web services running in browsers can now access a user's location through centralized databases, such as Fire Eagle, or through Wi-Fi signal geolocation and IP geocoding, as in the case of Loki from Skyhook Wireless and Firefox 3.5 using Google's backend geolocation.

Websites that use location-aware browsing will retrieve where you are in order to bring you more relevant information or to save you time while searching. Let's say you're looking for a pizza restaurant in your area. A website will be able to ask you to share your location so that simply searching for "pizza" will bring you the answers you need. No further information or extra typing is required.

This method is being formalized as the Geolocation API Specification by the World Wide Web Consortium.[9] This specification defines an API that provides scripted access to geographical location information associated with the hosting device, in this case, the web browser.

In the next sections, we'll look at some services that location enable web services.

---

[9] http://www.w3.org/TR/geolocation-API/

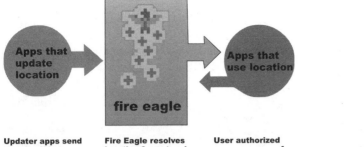

Updater apps send
location info to
Fire Eagle.

Fire Eagle resolves
location format and
user permissions.

User authorized
apps can query for
location info.

**Figure 3.10 Fire Eagle overview
(from Fire Eagle website)**

3.4.1 *Fire Eagle*

Fire Eagle[10] is a Yahoo!-owned service that acts as a store for a user's location. Different services can hook into Fire Eagle through the Fire Eagle API via a user's approval. A user can approve different services to write into or read from this location data store. A user can set their location in Fire Eagle using one service and then utilize that location information in another service, which may not have access to GPS directly.

For example, a user can set their current location in Fire Eagle using GPS from their mobile phone. Later they can utilize this location on a concerts website on their laptop. Then the concerts website, which wouldn't have access to the user's location under normal circumstances, can offer a better service by utilizing the current location of the user and showing them all the concerts nearby.

Fire Eagle works through OAuth, and many libraries are available to access the service for PHP, JavaScript, ActionScript, C#, Java (Android and J2ME), Perl, Python, and Ruby.

Figure 3.10 shows how Fire Eagle works.

3.4.2 *Loki*

Skyhook Wireless offers Loki,[11] a free virtual GPS toolbar that automatically integrates a user's location with web content such as Google Maps, Fandango, Weather.com, and more. The following listing accesses a user's location using Loki and then displays this location using the Google Maps API.

Listing 3.7 How to show a user's location on a map using Loki

```
<!DOCTYPE html PUBLIC "-//W3C//DTD XHTML 1.0 Strict//EN"
"http://www.w3.org/TR/xhtml1/DTD/xhtml1-strict.dtd">
<html xmlns="http://www.w3.org/1999/xhtml"
      xmlns:v="urn:schemas-microsoft-com:vml">
<head>
```

---

[10] http://fireeagle.yahoo.net/developer/documentation
[11] http://www.loki.com/

```
<meta http-equiv="content-type" content="text/html; charset=utf-8"/>

<script src="http://maps.google.com/maps?file=api&amp;v=2&amp;sensor=false
    &amp;key=YOURKEYHERE" type="text/JavaScript"></script>
<script type="text/javascript" src="http://loki.com/plugin/
    files/loki.js"></script>

<script type="text/javascript">
//<![CDATA[

var map;
function init() {

  map = new GMap2(document.getElementById("map"));

  map.setCenter(new GLatLng(42.36463232550283,
                            -71.05836868286133), 13);

  requestLocation();
}
function requestLocation() {

  var loki = new LokiAPI();


  loki.onSuccess = function(location) {

    var point = new GLatLng(parseFloat(location.latitude),
                            parseFloat(location.longitude));

    map.setCenter(point, 13);

    var marker = new GMarker(point);

    map.addOverlay(marker);


    marker.openInfoWindowHtml(location.latitude+','
                            +location.longitude+'');
  };


loki.onFailure = function(error, msg){
  alert('An error has been encountered ('+error+'). '+msg);
};


  loki.setKey("YOURKEY");
```

Include Google Maps library

Include Loki library

1 Create main CloudMade object

2 Create main CloudMade object

3 Center map on these lat and long

4 Kick off Loki request

Call Loki for user location

Call If Loki is successful

5 Re-center map

6 Create new marker

7 Open pop-up window of marker

Call in case of failure

Load your KEY to Loki object

```
        loki.requestLocation(true,loki.NO_STREET_ADDRESS_LOOKUP);
    }

//]]>
</script>
</head>

<body onload="init()" onunload="GUnload()">


    <div id="map_canvas" style="width: 500px; height: 300px"></div>
</body>
</html>
```

Make request to Loki ⑧

Declare div for map

This code sample includes the Google Maps and Loki libraries. The main script ❶ sets up the Google Maps instance ❷ and centers the map on its initial position ❸. The code then starts the function that will make the Loki request to find the location of the user ❹. If the location is found successfully, the code re-centers the map to the found location ❺, creates a marker ❻, and opens a pop-up window at that location ❼. The actual Loki request is made by calling loki.requestLocation ❽.

3.4.3 Geode

Geode[12] is a Firefox add-on that will locate a user's computer, enabling personalized and localized content. It follows the W3C's Geolocation API Specification.

The following listing is sample code that demonstrates how a web page can access a user's location using Geode to provide more relevant data.

Listing 3.8 How to access a user's location using Geode

```
<!DOCTYPE html PUBLIC "-//W3C//DTD XHTML 1.0 Strict//EN"
"http://www.w3.org/TR/xhtml1/DTD/xhtml1-strict.dtd">
<html xmlns="http://www.w3.org/1999/xhtml"
  xmlns:v="urn:schemas-microsoft-com:vml">
<head>
<meta http-equiv="content-type" content="text/html; charset=utf-8"/>

<script src="http://maps.google.com/maps?file=api&amp;v=2&amp;sensor=false
  &amp;key=YOURKEYHERE" type="text/JavaScript"></script>
<script type="text/javascript">
//<![CDATA[

var map;

function init() {

   map = new GMap2(document.getElementById("map"));
```

Include Google Maps library

❶ **Call when page loads**

❷ **Set up GMap instance**

---

[12] mng.bz/37pW

```
    map.setCenter(new GLatLng(42.36463232550283,              ③  Declare div for
                           -71.05836868286133)), 13);             map component

    navigator.geolocation.getCurrentPosition( function(pos){  ④  Access navigator
                                                                  object's geo-
                                                                  location object
        var point = new GLatLng(parseFloat(pos.latitude),
                            parseFloat(pos.longitude));       ⑤  Create new
        map.setCenter(point, 13);                                point object
                              ⑥  End of type definition

        var marker = new GMarker(point);

            map.addOverlay(marker);                          ⑦  Create marker
                                                                object, add to map

        marker.openInfoWindowHtml(pos.latitude+','
                       ➥+pos.longitude+'');
                                                             ⑧  Open marker
    }                                                           information window
    )
}

//]]>
</script>
</head>

<body onload="init()" onunload="GUnload()">

    <div id="map_canvas"
        ➥style="width: 500px; height: 300px"></div>        Declare div for map
</body>                                                       component
</html>
```

The Geode sample code loads the Google Maps library, and the main script ❶ sets up the Google Maps instance ❷ and centers the map on its initial position ❸. The code then accesses the navigator object's geolocation object to call its `getCurrentPosition` function and passes a function that should be called with the retrieved location value ❹. If the request succeeds, the code creates a new point object ❺, centers the map on the new location ❻, creates a new marker ❼, and opens a pop-up window at that location ❽.

Geode uses Skyhook's Loki service.

3.4.4 *Native browser support*

The World Wide Web Consortium has created the Geolocation API Specification as the standard way to access a user's location in a browser. All the major browsers support the specification. Table 3.2 lists the current Geolocation API support in major browsers.

For example, when you visit a location-aware website, Firefox 3.5+ will ask if you want to share your location. If you consent, Firefox gathers information about nearby wireless access points and your computer's IP address. Then Firefox sends this information to the default geolocation service provider, Google Location Services, to get an estimate of your location. Firefox then shares that estimate with the requesting website. If you don't consent, Firefox won't do anything.

Table 3.2 Current Geolocation API Specification support in major browsers (2010)

Web browser	Geolocation API support
Mozilla Firefox	Supported in Firefox 3.5 and later versions
Chrome	Supported through Google Gears Geolocation API
Opera	Supported in nightly builds
Safari	Support coming soon in iPhone's Safari browser
Internet Explorer	Experimental support available for IE8

Chrome supports this through the Google Gears Geolocation API, whereas Opera uses Skyhook Web Services, which also powers Loki.

The sample code to access a location natively in the listed browsers is the same as that shown in listing 3.8.

3.5 *Summary*

In this chapter you saw that, depending on the specifics of your application, your platform, and your target audience and location, you should pick a mapping API and a map tiles provider very carefully.

Although all APIs support JavaScript for web integration, Flash maps provide a smoother user experience.

You should let your users change between different map views like satellite view/ terrain view and, if possible, give them the option to style the map tiles.

Make sure that you have the most up-to-date and accurate map tiles for your target location. If your coverage area is large, then you should design your application to switch between map tile providers on the fly, to provide the best map tiles for each area.

For mobile LBS applications, choose mobile-specific map tiles that are easier to read on small screens.

Test your application from all launch platforms and locations for performance to make sure that your users won't give up on you if your maps load too slowly or it takes too long to pan the map. After all, it's too easy for them to switch to another LBS application that's fast and responsive.

In the next chapter, we'll start analyzing the next important thing for our LBS application: what to show our users in our application, that is, content.

Content options

The traveler sees what he sees, the
tourist sees what he has come to see.

—Gilbert Keith Chesterton

This chapter covers
- Licensing content from third parties
- Creating user-generated content
- Creating mashups

The breadth and scope of content options are multiplying as more and more web services converge with mobile services, giving application developers increasing choices as to what to show users of their application. Developers need to deliver new, exciting content if they want to engage their users because an engaged user is a sticky user. This is especially important for location-based social networks.

You can incorporate many different data sources into your LBS application. The main characteristic of all this data is that each data point is associated with a location, that is, each has a latitude and a longitude. With the advent of user-generated content models, now LBS data can also contain user comments, photos, videos, and the like, and content ownership issues are becoming increasingly blurred.

Also, even though most user-generated location-based data originates from mobile devices, it's also important to have an online component that lets your users view their own and others' data online in a browser when they're using a desktop computer.

In the end, it's important to analyze the needs of your application and incorporate the right content and user-engagement models into your service for the success of your application. You also have to be explicit about terms of service so that your users know the specific limitations and provisions of your service. Figure 4.1 shows an LBS application with various layers of content.

In this chapter we'll discuss available content options for use in your LBS applications, and we'll start by analyzing license and distribution models for this type of content.

4.1   Content licenses

Each piece of content available for LBS applications comes with an associated license. Content licenses can be divided into three categories: commercial, free to use, and open source.

- *Commercial*—You can pay for and license a wide variety of data from companies such as NAVTEQ or Tele Atlas to incorporate into your LBS application. For example, you can license gas station pricing data from NAVTEQ and use it in your application.

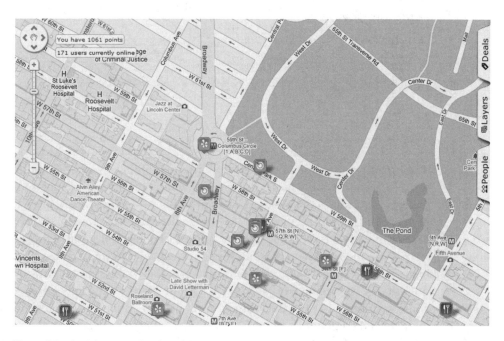

Figure 4.1   Centrl.com application with restaurant and discount layers. Green icons (with knife and fork) represent the discount layer, and blue icons represent the restaurant reviews layer.

- *Free to use*—Depending on the terms of service (TOS), some commercial data providers allow you to use their data in your application without a license fee, provided you fulfill some conditions. For example, Yelp TOS allows some third parties to use their data, if they include a link to Yelp in their application. Yahoo!'s Upcoming property allows you to use their content if you have a non-commercial project (for commercial projects, you have to contact them and get permission explicitly).
- *Open source*—Some data sources, such as Wikipedia and OpenStreetMap, are open source (mostly Creative Commons License[1] and have licenses that allow anyone (commercial or not) to use the data.

TIP: THE OPENSTREETMAP LICENSE OpenStreetMap data is published under an open content license, with the intention of promoting free use and redistribution of the data (both commercial and noncommercial). OSM used to be licensed under the Creative Commons Attribution-ShareAlike 2.0[2] license, but after extensive legal investigation work and community consultation, a new license has been created for it: the Open Database License (ODbL) from Open Data Commons[3] (ODC), which is more suitable for a map dataset.

Most of the content for LBS applications comes as a data feed in different distribution formats.

4.2   Content distribution formats

The top distribution formats for LBS applications are GeoRSS, GeoJSON, and KML. Each of these formats has its own strengths and weaknesses, so let's look at each of them closely.

4.2.1   GeoRSS

GeoRSS[4] is an emerging standard for encoding location as part of a data feed. It's derived from RSS (Really Simple Syndication), the most popular data feed and syndication format used by blogs and websites.

GeoRSS so far has two primary encodings called GeoRSS Geography Markup Language (GML) and GeoRSS Simple. GeoRSS GML is a formal Open Geospatial Consortium (OGC) GML Application Profile, and it supports a greater range of features than GeoRSS Simple, notably coordinate reference systems other than WGS 84 latitude/longitude. There's also a W3C GeoRSS serialization that's older and fully deprecated but still widely used. You shouldn't be using W3C GeoRSS for new feeds, but you should be able to handle it to use existing and older feeds.

---

[1] http://creativecommons.org/
[2] http://creativecommons.org/
[3] http://www.opendatacommons.org/
[4] http://georss.org/

Listings 4.1 and 4.2 display GeoRSS-format data samples in two different flavors. The first listing displays the GeoRSS Simple format. This Simple serialization of GeoRSS is designed to be maximally concise, in both representation and conception.

Listing 4.1   Sample GeoRSS Simple feed

```
<?xml version="1.0" encoding="utf-8"?>

<feed xmlns="http://www.w3.org/2005/Atom"                    ➊ Attributes of
      xmlns:georss="http://www.georss.org/georss">             feed tag

    <title>Recommendations</title>
    <subtitle>Today's top recommendations</subtitle>        ➋ Feed tag contains
    <link href="http://centrl.com/"/>                          various tags
    <updated>2008-12-13T18:30:02Z</updated>
    <author>
        <name>Centrl</name>
        <email>support@centrl.com</email>
    </author>
    <id>urn:uuid:60a76c80-d399-11d9-b93C-0003939e0af6</id>

    <entry>          ➌ Feed tag also contains entry tags

                                                            ➍ Each entry contains
                                                              property tags
        <title>Sushi Yasuda</title>
        <link href="http://centrl.com/location/ba44373ba0521e0e3cb7210"/>
        <id>urn:uuid:1225c695-cfb8-4ebb-aaaa-80da344efa6a</id>
        <updated>2008-08-17T07:02:32Z</updated>
        <summary>Great sushi</summary>
        <georss:point>40.714172,-74.006393</georss:point>
    </entry>
    <entry>
        <title>Blue Ribbon Sushi</title>
        <link href="http://centrl.com/location/ff43473ba0521ade3cb1828"/>
        <id>urn:uuid:324356321-46fb8-4ebb-aaaa-80da344ef321</id>
        <updated>2009-08-17T07:02:32Z</updated>
        <summary>Festive atmosphere, great sushi</summary>
        <georss:point>40.714321,-74.12393</georss:point>
    </entry>
</feed>
```

This sample displays some basic characteristics of the GeoRSS Simple format, such as how to specify the attributes of the feed tag ➊ and how each feed tag may contain many other property tags ➋ as well as other entry tags ➌. Each entry tag in turn may contain many property tags ➍.

The following code sample displays the W3C GeoRSS format.

Listing 4.2 Sample W3C GeoRSS feed

```
<?xml version="1.0"?>
 <?xml-stylesheet href="/centrlstyle.xml" type="text/xsl" media="screen"?>


<rss version="2.0"
     xmlns:geo="http://www.w3.org/2003/01/geo/wgs84_pos#"
     xmlns:dc="http://purl.org/dc/elements/1.1/">      Attributes of the rss tag ❶

  <channel>
     <title>Recommendations from Centrl.com</title>          Attributes of
     <description>Today's top recommendations</description>  channel tag
     <link>http://centrl.com/</link>                          inside rss tag ❷
     <dc:publisher>Centrl</dc:publisher>
     <pubDate>Thu, 27 Aug 2008 23:56:15 PST</pubDate>      ❸ Channels contain
                                                             item tags
     <item>

        <pubDate> Thu, 27 Aug 2008 22:52:15 PST </pubDate>
        <title>Sushi Yasuda</title>                          Items contain
        <description>Great sushi</description>            ❹ property tags
        <link>http://centrl.com/location/ba44373ba05a</link>
        <geo:lat>40.714172</geo:lat>
        <geo:long>-74.006393</geo:long>
     </item>
     <item>
       <pubDate> Thu, 28 Aug 2008 22:52:15 PST </pubDate>
        <title>Blue Ribbon Sushi</title>
        <description>Festive atmosphere, excellent sake
          selection and great sushi</description>
        <link>http://centrl.com/location/ ff43473ba0521ade3cb1828</link>
        <geo:lat>40.714321</geo:lat>
        <geo:long>-74.12393</geo:long>
     </item>
  </channel>
  </rss>
```

This sample specifies the attributes of the rss tag ❶. It also shows that each feed tag may contain many other property tags ❷ as well as other item tags ❸. Each item tag in turn may contain many property tags ❹.

4.2.2 GeoJSON

Based on JavaScript Object Notation (JSON), GeoJSON[5] is a new data format for encoding a wide variety of geographic features, including points, linestrings, polygons, multipolygons, and geometry collections. Figure 4.2 is the OpenLayers GeoJSON tool that makes it easy to create polygons and shapes in GeoJSON.[6]

---

[5] http://geojson.org/

[6] mng.bz/8FW1

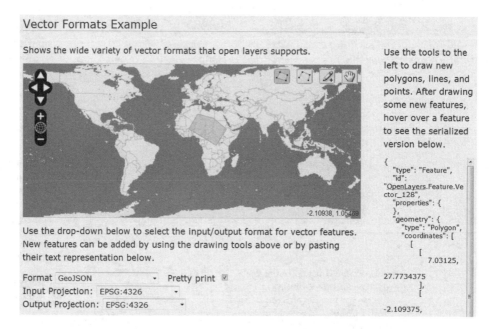

Figure 4.2   OpenLayers GeoJSON tool showing the GeoJSON encoding of shapes drawn on the map

GeoJSON is a more compact data format than GeoRSS, which is based on XML. When compactness is important, GeoJSON presents a good solution. The following listing is an example of the GeoJSON format.

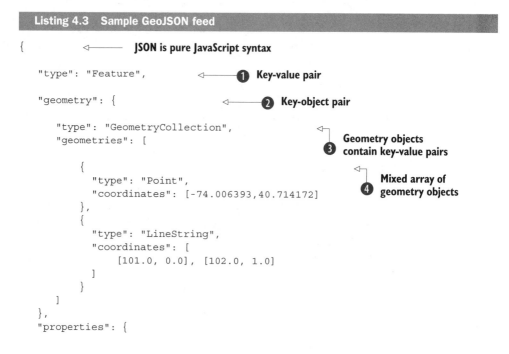

Listing 4.3   Sample GeoJSON feed

```
{            ◄———— JSON is pure JavaScript syntax

   "type": "Feature",        ◄——— ❶ Key-value pair

   "geometry": {             ◄——— ❷ Key-object pair

      "type": "GeometryCollection",
      "geometries": [        ◄
                              ❸ Geometry objects
                                 contain key-value pairs

         {                   ◄
            "type": "Point",     ❹ Mixed array of
            "coordinates": [-74.006393,40.714172]  geometry objects
         },
         {
            "type": "LineString",
            "coordinates": [
                [101.0, 0.0], [102.0, 1.0]
            ]
         }
      ]
   },
   "properties": {
```

```
        "name": "Sushi Yasuda",
        "category": "Restaurant",
        "link":"http://centrl.com/location/ba44373ba05a",
        "source":"http://centrl.com",
        "description":"Great Sushi"
    }
}
```

5 Collection of key-value pairs

This JSON example (note that because JSON is pure JavaScript, this example can be parsed with eval directly) displays a simple key-value pair **1** and a key-object pair **2** as well as a geometry object that contains a bunch of key-value pairs and also some key-object pairs **3**. Each geometry collection is a mixed array of geometry objects **4**, and each object can contain a collection of property key-value pairs **5**.

4.2.3 *KML*

Keyhole Markup Language (KML)[7] is an XML-based language schema for expressing geographic annotation and visualization on existing or future web-based, two-dimensional maps and three-dimensional Earth browsers. KML was developed for use with Google Earth, which was originally named Keyhole Earth Viewer. It was created by Keyhole, Inc., which was acquired by Google in 2004.

KML is now an international standard of the Open Geospatial Consortium. KML support is increasing rapidly. Many applications display KML, including Google Earth, Google Maps, Google Maps for mobile, NASA World Wind, ESRI ArcGIS Explorer, Adobe Photoshop, AutoCAD, and Yahoo! Pipes.

The next listing displays some sample KML data showing some restaurants as Placemarks.

Listing 4.4   Sample KML feed

```
<?xml version="1.0" encoding="UTF-8"?>

<kml xmlns="http://www.opengis.net/kml/2.2">
<Placemark>
    <name>Sushi Yasuda</name>
    <description>Great Sushi</description>
    <Point>
        <coordinates>-74.006393,40.714172,0</coordinates>
    </Point>
</Placemark>
<Placemark>
    <name>Blue Ribbon Sushi</name>
    <description> Festive atmosphere, excellent
    sake selection and great sushi</description>
    <Point>
        <coordinates>-74.12393,40.714321,0</coordinates>
    </Point>
</Placemark>
</kml>
```

1 Placemarks represent geographical entities

2 Placemark tags contain attributes and tags

3 Longitude, latitude, and elevation

---

[7] http://www.opengeospatial.org/standards/kml/

In this sample KML code, you see some basic XML tags with attributes and values, such as a `Placemark` ❶. Each `Placemark` tag contains attributes such as name ❷, description, and a `Point` tag ❸.

Now that you've seen all the different formats that LBS content comes in, let's look at your options for acquiring content, namely, either licensing content or letting your users create it, or using both options in a hybrid model.

4.3   *Licensing content from third parties*

Each piece of content you can place on a map is called a point of interest (POI). As the name implies, a POI is a specific location that someone may find useful or interesting. Many third parties license POI content. Many of these providers have POIs across categories. And some POI aggregators provide a simple interface to POI data from many different sources, like SimpleGeo and Factual. Here are some sources where you can license POI content to get you started, broken down into popular categories:

- *Dining*—Restaurants, cafes, fast-food establishments. This data usually comes with user reviews and ratings. Example sources are Citysearch.com, Yelp.com, Qype.com, and 11870.com,[8] as shown in figure 4.3.
- *Bars/clubs*—Bars, clubs, lounges, drinking establishments. This data also usually comes with user reviews and ratings. Example sources are Citysearch.com, Yelp.com, Qype.com,[9] and 11870.com.
- *Lodging*—Hotels, motels, resorts. An example source is Cleartrip.com, as shown in figure 4.3.
- *Events*—Concerts, meetings, festivals. Example sources are Upcoming.org,[10] Eventful.com,[11] and Zvents.com.[12]
- *Retail stores*—This includes any local business with a retail storefront, such as a dry cleaner, grocery store, or clothing store. Example sources are Yahoo! Local,[13] Citysearch.com, MerchantCircle.com, and Localeze.com.
- *Services*—Any local business that provides a service, such as plumbers and handymen. Example sources are Yahoo! Local and MerchantCircle.com.
- *Real estate*—This category includes any real estate that's for sale or for rent or any real estate–related information such as historical pricing information. Example sources are the NYTimes Real Estate API, Zillow, and Trulia.
- *Weather*—Weather conditions and weather forecasts for a location on the map. Example sources are Weather.com and WeatherBug.com.

---

[8] http://11870.com/api
[9] http://www.qype.co.uk/developers/api
[10] http://upcoming.yahoo.com/services/api/
[11] http://api.eventful.com/
[12] mng.bz/3gs8
[13] http://developer.yahoo.com/local/

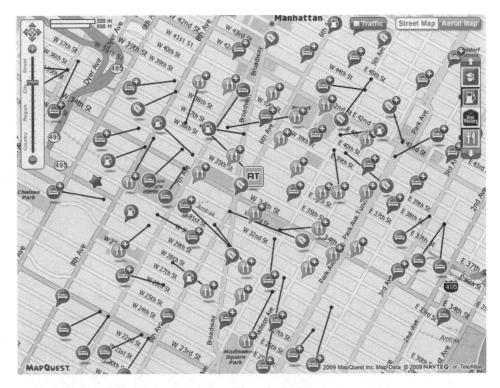

Figure 4.3   MapQuest map displaying restaurants, hotels, and gas stations in New York City

- *News*—Local news that belongs to a specific location. Example sources are Topix.com and Daylife.com.
- *Photos and video*—Geocoded photos and videos. Example sources are Flickr.com,[14] Panoramio.com, and Picasa.com.
- *Traffic*—Live traffic conditions on major highways. Example sources are Google Traffic and NAVTEQ's Traffic.com.
- *Travel*—Travel information such as hotels, flights, and rental cars. An example source is Kayak.com.
- *Friends*—Current location of friends. Example sources are Facebook, Twitter, and Google Buzz.

The other option for acquiring content is letting your users create it. Usually most applications license some content from a third party and then let their users add their own data to it to create a unique set of data.

4.4   User-generated content

First-generation LBS applications featured mostly static content, like the Michelin Guide. Second-generation applications had some user-generated feedback associated

---

[14] http://flickr.com

with the actual content, like Lonely Planet. Third-generation LBS applications are now fully user-generated content (UGC), such as Wikimapia and Virtual Tourist. Users add comments, photos, and videos to locations on the map and share them with others, as shown in figure 4.4.

UGC is a fundamental trend that will shape the future of LBS applications. It's important to architect your application in a way that encourages user participation and hence user-generated content. Some ways to encourage users to contribute content in your application are enabling voting, ranking all contributed content, enabling favoriting, and sharing of content in all social media channels.

Applications with user-generated content bring up some important points for discussion.

4.4.1   *Privacy*

For UGC LBS applications, privacy is in the hands of the users. They can choose what they want to do and how private or public they want to be. Privacy is handled by explicitly stating the terms of service for each application, so a user adding an entry to Wikimapia[15] knows exactly how this content will be consumed. If the content is private, obviously it should not be added to a publicly accessible database.

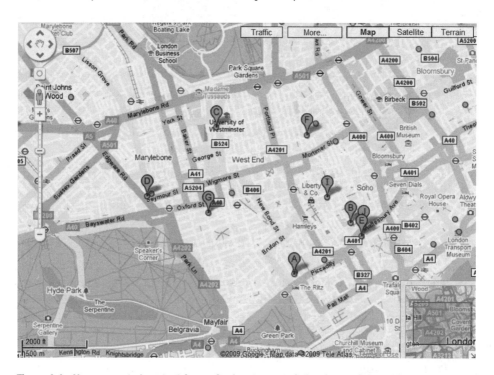

Figure 4.4   User-generated content for seafood restaurants in London on Google Maps

---

[15] http://wikimapia.org/terms_reference.html

4.4.2 *Quality*

For any collaborative and open application where anyone can add any content they want, the issues of accuracy, fairness, quality, and the sustainable availability of creative work and effort come up. This is even more important for LBS applications with UGC, because the accuracy of LBS data may sometimes be crucial for the application. Nobody wants to drive half an hour for a restaurant that doesn't exist. LBS applications have to be very careful about how they let users add content and how they verify this data through collaboration and community filtering.

4.4.3 *Copyright issues*

Liability is another big problem if users add copyrighted material (such as photos or media files) to your application as UGC. Again, crowd sourcing and collaborative filtering as well as very clear terms of service are key to preventing this kind of issue.

4.4.4 *Implementation and performance*

The next big problem is indexing all this spatial UGC content and serving it back to the users in real time. The database and application frontend have to be optimized for quick access to UGC in a given area. For a database, proper table layouts and picking the right indexes for the tables is very important.

> **TIP: POSTGIS** PostGIS[16] adds support for geographic objects to the PostgreSQL[17] object-relational database. In effect, PostGIS spatially enables the PostgreSQL server, allowing it to be used as a backend spatial database for geographic information systems, much like ESRI's SDE or Oracle's Spatial extension. PostGIS follows the OpenGIS[18] Simple Features Specification for SQL[19] and has been certified as compliant with the Types and Functions profile. PostGIS is released under the GNU General Public License.

Now that you've learned how to acquire content from various sources and your users, next we'll analyze how you can put together many different data sources to create useful applications quickly.

4.5 *Mashups*

A mashup (or web application hybrid) is a web page or application that merges data or functionality from more than one external source to create a new service that offers more functionality than the sources themselves offer individually. Mashups usually take little time to implement with fast integration because they use open APIs and data sources with Web 2.0 technologies such as Ajax. Figure 4.5 displays the architecture of a typical mashup.

---

[16] http://postgis.refractions.net/
[17] http://www.postgresql.org/
[18] http://www.opengeospatial.org/
[19] http://www.opengeospatial.org/standards/sfs

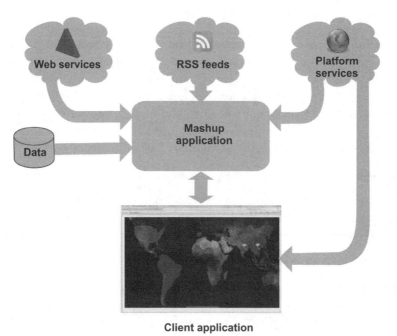

Figure 4.5 The architecture of a typical mashup application. The mashup pulls data from various different sources, such as the web, RSS feeds, and databases, and puts it together (source: mng.bz/88yF) .

For example, combining real estate data and recent crime information on a map creates a useful service for buyers to help them pick out the best neighborhood and the best real estate.

Mashups have become extremely popular in recent years because the cost of producing them has come down significantly (to near zero) with open APIs and data sources. The popular website ProgrammableWeb.com[20] officially lists 4298 mashups, created from 1440 APIs.

Now we'll look at all the different kinds of mashups that you can create using these data sources.

4.5.1 *Consumer mashups*

Consumer mashups are aimed at the general public. For example, Intel's Mash Maker[21] helps anyone create mashups, as shown in figure 4.6. It's a browser plug-in—most functional with Firefox but also available for Internet Explorer—that lets end users create their own mashups on top of existing websites.

---

[20] http://programmableweb.com
[21] http://mashmaker.intel.com/web/index.php

Figure 4.6   Intel Mash Maker in action mashing Facebook and Google Maps

4.5.2   *Data mashups*

Data mashups combine similar types of media and information from multiple sources into a single representation. One example is the Havaria Information Services Alert-Map,[22] which combines data from over 200 sources related to severe weather conditions, biohazard threats, and seismic information and displays them on a map of the world; another is Chicago Crime Map,[23] shown in figure 4.7, which indicates the crime rate and location of crime in Chicago.

---

[22] http://hisz.rsoe.hu/alertmap/index.php?lang=eng
[23] http://chicago.everyblock.com/crime/

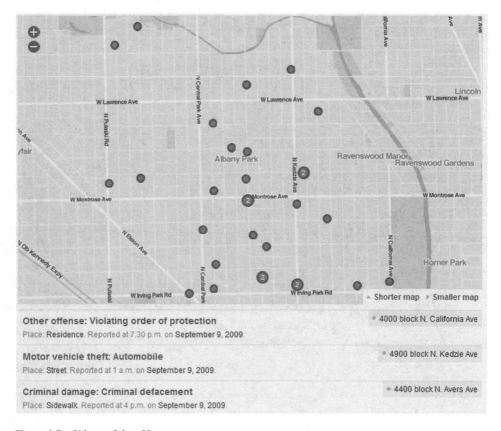

Figure 4.7   Chicago Crime Map

4.5.3   *Business mashups*

Business mashups focus data into a single presentation and allow for collaborative action among businesses. Organizations can unlock and transform diverse sources of information into mashable assets such as feeds and widgets. These assets can then be dynamically assembled into new applications that address daily business challenges. Enabling business users in this way can reduce application backlog, lower development costs, and increase the reuse of existing assets to reach more people cost effectively.

For example, IBM Business Mashup Center[24] helps companies create business mashups easily and quickly.

---

[24] mng.bz/ZdS5

TIP: YAHOO! PIPES Yahoo! Pipes,[25] as seen in figure 4.8, is a web application from Yahoo! that provides a graphical user interface for building data mashups that aggregate web feeds, web pages, and other services, creating web-based apps from various sources, and publishing those apps. The application works by enabling users to pipe information from different sources and then set up rules for how that content should be modified (for example, filtering).

Now let's look at some code examples to get a better understanding of how to create mashups.

4.6 *Our coding mashup example*

Let's create a mashup that shows Yelp[26] business listings on Google Maps.[27] For this, you'll need to get a Yelp API key from http://www.yelp.com/developers and a Google Maps API key from http://code.google.com/apis/maps/signup.html. Figure 4.9 displays our mashup in action.

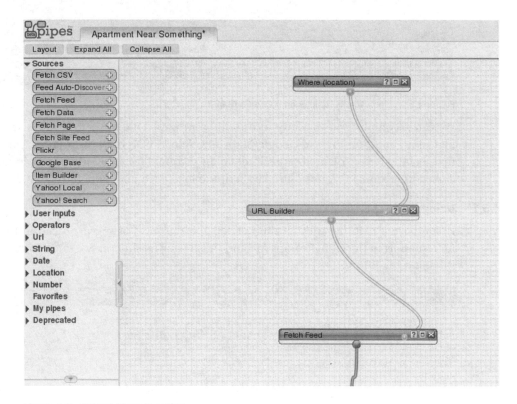

Figure 4.8   Yahoo! Pipes in action

---

[25] http://pipes.yahoo.com
[26] http://www.yelp.com/developers
[27] http://code.google.com/apis/maps/signup.html

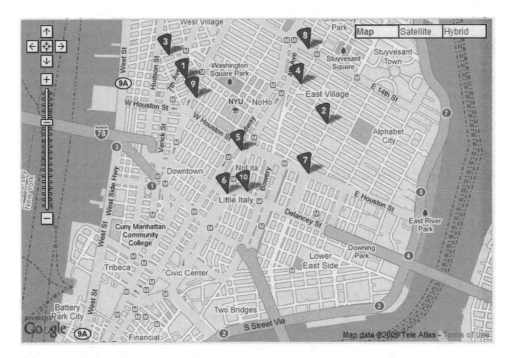

Figure 4.9 Yelp business listings on a Google Map

We can accomplish our mashup in two different ways. One of them is using KML format input and utilizing the Google Maps API to load POIs directly in JavaScript. This first technique is explained more in detail in section 4.6.1. The other technique, discussed in section 4.6.2, uses pure JavaScript to load each map item from a JSON feed.

4.6.1 *Using KML*

If you have a KML file with all the needed Yelp business listings, you can utilize the KML support in the Google Maps API and finish your mashup in two lines, as shown in the following listing.

Listing 4.5   Using the KML support in the Google Maps API

```
<!DOCTYPE html PUBLIC "-//W3C//DTD XHTML 1.0 Strict//EN"
"http://www.w3.org/TR/xhtml1/DTD/xhtml1-strict.dtd">
<html xmlns="http://www.w3.org/1999/xhtml"
 xmlns:v="urn:schemas-microsoft-com:vml">
<head>
<meta http-equiv="content-type" content="text/html; charset=utf-8"/>


<script src="http://maps.google.com/maps?file=api&amp;v=2
    &amp;sensor=false&amp;key=YOURKEYHERE" type="text/JavaScript">
    </script>
```

◁──┐ **Include Google
    Maps library**

```
<script type="text/JavaScript">
function initialize() {

    if (GBrowserIsCompatible()) {

        var map = new GMap2(
            ➥document.getElementById("map_canvas"));

        map.setCenter(
            ➥new GLatLng(37.4419, -122.1419), 13);

        map.setUIToDefault();

        var gx = new GGeoXml(
            ➥"http://example.com/my-data.kml");

        map.addOverlay(gx);
    }
}
</script>
</head>

<body onload="initialize()" onunload="GUnload()">

    <div id="map_canvas"
        ➥style="width: 500px; height: 300px"></div>
        </body>
</html>
```

Declare main script

1 Check compatibility with Google Maps

2 Create map object

3 Set center of map

4 Set UI to default option

5 Import KML data into object

6 Add KML object as overlay to map

Add KML object as overlay to map

This KML code sample checks to see if the user's browser is Google Maps compatible **1** and then creates the map object **2** and centers it **3** as well as sets its UI to the default **4**. After this initialization step, we import the KML file into a KML object **5** and add its contents to the map as an overlay **6**. Overlays are Google Maps API constructs that displays data over an existing map; they can be manipulated as a group.

4.6.2 Using JavaScript

If you don't have a KML file but you want to pull data from Yelp dynamically as the user moves around the map, you can use JavaScript to parse the incoming data and create markers for each item on the map. The next listing shows the code for this mashup with comments.

Listing 4.6 Full source code for the Yelp/Google Maps mashup example

```
<!DOCTYPE html PUBLIC "-//W3C//DTD XHTML 1.0 Strict//EN" "http://www.w3.org/
    TR/xhtml1/DTD/xhtml1-strict.dtd">
<html xmlns="http://www.w3.org/1999/xhtml">
  <head>
    <meta http-equiv="content-type" content="text/html; charset=utf-8"/>
    <title>Yelp Search API Example</title>

    <style type="text/css">
        html, body {width: 100%; height: 100%; font-family: arial;}
```

Declare CSS properties

```
body {margin:0;padding 0;overflow: hidden;}
#mapContainer {padding-top: 50px;}
#map, #mapContainer {width:100%; height: 100%;}
#top {position:absolute; top:0; left:0;
     width: 100%; height: 50px; line-height: 50px;}
#spinner { visibility: hidden; margin-left:3px;}
#poweredby, #searchbox {line-height: 50px;}
#searchbox {text-align: center;}
#poweredby { float: right; margin-right: 3px;}
#poweredby img { vertical-align: baseline;}
.marker {font-size: 11px;}
.marker .businessimage { float: left;}
.marker .ratingsimage {vertical-align:middle; margin-top:0px;}
.marker .businessinfo { margin-left: 110px;}
</style>

<script src="http://maps.google.com/maps?file=api
    &amp;v=2&amp;key=[YOUR GOOGLE MAPS KEY]"
    type="text/javascript"></script>

<script type="text/javascript">
 var YWSID = "[YOUR YWSID KEY]"; // common required parameter (api key)

 var map = null;
 var icon = null;

 function load() {
     map = new GMap2(document.getElementById("map"));
     GEvent.addListener(map, "load", function() {updateMap();});
     map.setCenter(new GLatLng(37.7916,-122.4418),13);
     map.addControl(new GLargeMapControl());
     map.addControl(new GMapTypeControl());
     map.setMapType(G_HYBRID_MAP);


     if (window.attachEvent) window.attachEvent(
         "onresize", function() { map.checkResize()} )
     else if (window.addEventListener)
         window.addEventListener(
         "resize", function() { map.checkResize()}, false);


     icon = new GIcon();
     icon.image = "images/marker_star.png";
     icon.shadow = "images/marker_shadow.png";
     icon.iconSize = new GSize(20, 29);
     icon.shadowSize = new GSize(38, 29);
     icon.iconAnchor = new GPoint(15, 29);
     icon.infoWindowAnchor = new GPoint(15, 3);
 }

 function constructYelpURL() {
  var mapBounds = map.getBounds();
     var URL = "http://api.yelp.com/" +
         "business_review_search?"+
```

❶ Include Google Maps library

❷ Initialize local variables to null

❸ Resize map if window resizes

Set up marker icon

❹ Construct URL for API request

Call on form submission

❺ Turn on spinner animation

```
                      "callback=" + "handleResults" +
                      "&term=" + document.getElementById("term").value +
                      "&num_biz_requested=10" +
                      "&tl_lat=" + mapBounds.getSouthWest().lat() +
                      "&tl_long=" + mapBounds.getSouthWest().lng() +
                      "&br_lat=" + mapBounds.getNorthEast().lat() +
                      "&br_long=" + mapBounds.getNorthEast().lng() +
                      "&ywsid=" + YWSID;
                return encodeURI(URL);
          }

          function updateMap() {                    ◄─┘  Get URL to call
                document.getElementById(                 Yelp listings        ⑥ Do API
                    ➡"spinner").style.visibility = 'visible';        ◄─┘       request

                var yelpRequestURL = constructYelpURL();      ◄┐ Place markers on
                map.clearOverlays();                            │ map on success

                var script = document.createElement('script');  ◄┐ Format and return
                script.src = yelpRequestURL;                      │ Info Window HTML
                script.type = 'text/javascript';
                var head = document.getElementsByTagName('head').item(0);
                head.appendChild(script);
                return false;
          }
                                                    Format
          function handleResults(data) {        ◄─┘  categories HTML
                document.getElementById("spinner").style.visibility = 'hidden';
                if(data.message.text == "OK") {
                    if (data.businesses.length == 0) {
                          alert(
"Error: No businesses were found near that location");
                          return;
                    }                                          Format
                                                               neighborhoods
                    for(var i=0; i<data.businesses.length; i++) {  ◄─┘ HTML
                      biz = data.businesses[i];
                          createMarker(biz,
                    ➡new GLatLng(biz.latitude, biz.longitude), i);
                    }
                }
                else {
                    alert("Error: " + data.message.text);
                }
          }
                                                   Format phone
          function generateInfoWindowHtml(biz) {  ◄─┘ number HTML
           var text = '<div class="marker">';

                text += '<img class="businessimage" src="'+biz.photo_url+'"/>';

                text += '<div class="businessinfo">';
                text += '<a href="'+biz.url+'"'
```

```
target="_blank">'+biz.name+'</a><br/>';
    text += '<img class="ratingsimage"
src="'+biz.rating_img_url_small
➡'"/> based on ';
    text += biz.review_count + ' reviews<br/><br />';
    text += formatCategories(biz.categories);
    if(biz.neighborhoods.length)
        text += formatNeighborhoods(biz.neighborhoods);
    text += biz.address1 + '<br/>';
    if(biz.address2.length)
        text += biz.address2+ '<br/>';
    text += biz.city + ', '
➡+ biz.state + ' ' + biz.zip
➡+ '<br/>';
    if(biz.phone.length)
        text += formatPhoneNumber(biz.phone);
    text += '<br/><a href="'+biz.url+'" target="_blank">
➡Read the reviews</a><br/>';
    text += '</div></div>'
    return text;
}

function formatCategories(cats) {                    ⟵┐  Create marker for
 var s = 'Categories: ';                                  given business
    for(var i=0; i<cats.length; i++) {
        s+= cats[i].name;
        if(i != cats.length-1) s += ', ';
    }
    s += '<br/>';
    return s;
}


function formatNeighborhoods(neighborhoods) {        ⟵  ❼ Declare
 s = 'Neighborhoods: ';                                     main script
    for(var i=0; i<neighborhoods.length; i++) {
        s += '<a href="' + neighborhoods[i].url
➡+ '" target="_blank">' + neighborhoods[i].name + '</a>';
        if (i != neighborhoods.length-1) s += ', ';
    }
    s += '<br/>';
    return s;
}                                                    ❽ Create
                                                        map object
function formatPhoneNumber(num) {                    ⟵
 if(num.length != 10) return '';
    return '(' + num.slice(0,3) + ') ' + num.slice(3,6)
➡+ '-' + num.slice(6,10) + '<br/>';
}                                                    ❾ Add found locations
                                                        as markers
function createMarker(biz, point, markerNum) {      ⟵
 var infoWindowHtml = generateInfoWindowHtml(biz)
    var marker = new GMarker(point, icon);
    map.addOverlay(marker);
```

```
        GEvent.addListener(marker, "click", function() {
            marker.openInfoWindowHtml(infoWindowHtml, {maxWidth:400});
        });
                                              ⑩ Open first
                                                 marker
        if (markerNum == 0)                 ◄──┘
      marker.openInfoWindowHtml(infoWindowHtml, {maxWidth:400});
    }

   //]]>
   </script>
</head>

<body onload="load()" onunload="GUnload()">
  <div id="top">
      <div id="poweredby">Powered by <a href="http://www.yelp.com">
   ➥<img src="http://static.px.yelp.com/i/map/miniMapLogo.png"
   ➥border="0" /></a></div>
      <div id="searchbox">
          <form>
              Search for <input type="text" id="term"
   ➥name="term" value="sushi"/>
   ➥<input type="button" value="Search"
   ➥onclick="return updateMap();"/>
              <img id="spinner" src="images/spinner.gif" />
              <span class="error" id="errorMessage" />
          </form>
      </div>
  </div>
  <div id="mapContainer"><div id="map"></div></div>
</body>
</html>
```

This code sample includes the Google Maps API libraries ❶ and initializes some variables first ❷. Then the main script ❼ is loaded, which creates the map object ❽ and centers it ❾. The code also makes sure that the map will be resized if the user resizes the browser window ❸.

The code then constructs the URL to call to get the data from Yelp ❹. It clears the existing overlays, calls the URL ❻, puts up a loading graphic ❺, and then starts processing the returned data. It's important to check the validity of the returned data because the code won't get any data from Yelp for some areas in the world.

If some listings are returned from Yelp, they're added to the map as markers ❾ after each field is formatted properly. After all the markers are created, the first marker is opened automatically ❿ so that the map shifts to that location to show the first listing to the user.

4.7 Summary

Location is the most exciting new dimension to the data that we consume daily. Soon almost all phones in the world will include location capabilities, and users will require the use of location in all applications. It's important to integrate content with location in your app in such a way that users can make use of it in the best possible way.

When adding content to your LBS application, you have to be careful about the licensing terms of the content. Analyze the terms carefully.

After you decide on a content source, choose the best distribution format according to your deployment platform. If you have a lot of data that has to be downloaded to a mobile phone over unreliable data connections, choose a lighter format, such as GeoJSON. Give your users the option to add their own comments, photos, and videos, but be careful about accuracy, quality, and privacy issues. Implement community filtering features.

If you add many sources of content to your application, don't overcrowd the map with too many markers. Use map layers, so that users can turn data on and off as they like.

Also, localization of all your content (licensed or user generated) is an important issue. Make sure to include language as a field in your database for each POI, and think of ways to automatically translate the text to each requested language.

In the next chapter we'll examine some consumer applications that leverage LBS.

Part 2

Technology

This part of the book introduces you to all the technology you need to be able to create location-aware applications.

Location-aware applications have many different technology components, such as mobile platforms, connectivity issues, server backends, browser-based web applications, mapping data sources, content format, and the like.

Chapter 5 looks through many types of different consumer applications and shows you how different technology and content components fit together to create exciting new experiences.

Chapter 6 teaches you about all the major mobile application development platforms out there, such as the iPhone and Android. The chapter has plenty of examples for each mobile platform, so you can see first-hand how to start creating the next great location-aware mobile app.

Chapter 7 talks about critical issues relating to connectivity. How do you make sure that your application is following best practices when geo-locating the user constantly? Will the user run out of battery in two hours (and uninstall your application immediately)?

Chapter 8 wraps up the section by looking at server-side integration of location-aware apps and considers the most effective way of linking data to the application.

After digesting this part of the book, you'll be fully equipped to make all the right decisions about what technologies you'll use in your location-aware application!

Consumer applications

A true explosion has occurred in the number and variety of location-based services being offered to mobile consumers recently, ranging from the practical to the more leisure-based services. Whether on the iPhone or high-end mobile phones, LBS applications have proved a hit with consumers and make up around 25% of mobile downloads (and as we noted in chapter 1, this percentage is still growing!).

On the practical side, navigational applications and downloadable widgets of the find-a-restaurant type that link to a central server to obtain real-time location-related information relevant to the user are creating a whole new use for mobile devices (and encroaching rapidly on the portable navigational device, or PND, market).

On the more leisure-based side, mobile social networks (MSNs) that started off exclusively with a focus on presence and context (am I connected and what am I doing?) are today moving beyond this to embrace location (where am I and where are my friends?).

In this chapter, we'll examine a wide range of applications currently available to get a sense of the staggering breadth of opportunities possible to satisfy the needs of the so-called long tail of mobile consumer demand. The long tail theory stated that it is possible to build a viable business by addressing the needs of a niche consumer market provided the distribution channel is large enough. With today's application stores reaching billions of consumers worldwide, the long tail is bigger than ever before.

These needs of a mobile consumer of LBS have been grouped into three main areas:

- Navigating to a destination
- Connecting with other people or local places
- Entertainment or play

For each need, we'll look at how developers, startups, and established players are trying to fill the gap in the market, by using real examples illustrating different approaches. We'll also look at the relative newcomer on the block, augmented reality features. This is one of the new frontiers developers are pushing, and already they're starting to deliver inspiring apps to mobile consumers.

5.1   *Navigating to a destination*

In the early days of handheld or in-car portable navigation devices, the cost of personal GPS-aided navigation meant that only a well-heeled minority could afford it. Today we've moved on to a world where mobile devices with some form of navigation feature or location awareness (through the device's hardware or software) account for around half of the installed mobile handset base.

This has unleashed a great number of new and useful consumer-focused applications that take advantage of the greater affordability of positioning on mobile phones.

Navigational aids exploit mapping and location awareness on mobile phones to direct their users to their desired location on foot or in a vehicle. They address the basic problem of getting from point A to point B.

In this section, we'll consider some great examples of mobile-based navigation solutions offered by Telmap and Nokia as they seek to meet the demand for mobile-based satellite navigation tools. Whereas Telmap is a premium service, the Ovi Maps service is free to certain Nokia smartphone handset owners.

Of increasing popularity are bespoke navigational applications that locate desired points of interests, like restaurants or gas stations. Some of the more successful models for delivering these practical (and relatively simple) applications have been through developer platforms. Instead of just building an application, service providers have focused on creating the basic building blocks and then empowered third-party developers to build the applications themselves. uLocate still remains today the best example of a company offering a complete location platform on which to build apps (even though their business model has shifted somewhat today; this is mobile after all, and things move fast!). We'll round off this section by seeing how uLocate successfully enticed developers to build apps on their WHERE platform.

5.1.1 GPS assisted navigation on smartphones—Telmap

Telmap pitches itself as a complete GPS navigation solution running on all major mobile platforms. It can switch from pedestrian navigation, where the user can click a landmark to obtain more information, to in-car navigation, with optimum voice-based routing defined according to real-time traffic conditions at a precise moment (shown in figure 5.1).

The Telmap application can be downloaded on a wide range of smartphones for a monthly subscription of $4.00, although it isn't available on low- or mid-range mobile phones because of the absence of GPS. As with most smartphone applications, the mobile phone is still able to receive and make calls while the Telmap software is running. Some detractors point to the fact that carrying out full navigation on a small mobile phone screen is far from ideal, although this is becoming less of an issue as (smartphone) screen sizes gradually increase with subsequent models.

The application allows users to search for information and also send the search results to a friend via SMS (Short Messaging Service, or text messaging). Indeed, Telmap is now heavily focused on building the social networking elements of its application, seeing the potential threat from free-to-use social applications that include location-related search. While this strategy is a logical product extension, it remains to be seen whether it can be successfully executed given the recurrent reluctance of consumers to mix practical and leisure elements within the same mobile application.

What is certain is that Telmap has been consistently profitable from the outset thanks to its premium pricing position, and together with its competitors it has proven that a successful and sustainable business can be built within the mobile LBS sector (albeit business models are subject to rapid change; see section 5.1.4).

Figure 5.1 shows screenshots of Telmap's mobile solution illustrating (a) the in-car navigation screen, (b) the pedestrian navigation screen, and (c) the search function for local businesses.Now that we've considered the premium service offered by Telmap, we can take a look at the competing offer from Nokia, Ovi Maps.

5.1.2 GPS assisted navigation on Nokia handsets—Ovi Maps

Nokia Maps (now rebranded to Ovi Maps, in line with Nokia's flagship application store) comes preinstalled on most Nokia handsets and displays a number of different points of interest (POI) on top of NAVTEQ maps, such as pharmacies and gas stations, with a high degree of resolution.

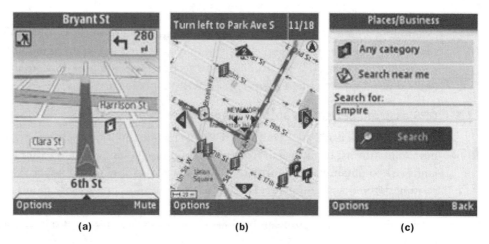

(a)   (b)   (c)

Figure 5.1   Telmap's mobile solution

Nokia initially offered a number of premium services on top of the free version, including the Traffic Alert service, the Drive service (car navigation), and the City Explorer (pedestrian navigation) service. The City Explorer service reflected a strategic direction by Nokia announced at the Mobile World Congress in 2008 to become a world leader in terms of location-aware services on mobile. Enabling pedestrian turn-by-turn navigation, at a time when this service was not widely available, was but a small element in this strategy, which eventually led to Nokia acquiring mapping giant NAVTEQ of the United States.

This service allows users to see 3D landmarks (as shown in figure 5.2) and feeds through premium information from Lonely Planet and ViaMichelin to deliver a rich user experience. At €4.50 per year, the service was very affordable but nonetheless had to battle against a number of other free services (including Google Maps for Mobile, which we'll discuss more later in this chapter).

Figure 5.2   High-resolution 3D views of the Tower Bridge in London and the Eiffel Tower in Paris as depicted by Ovi Maps' City Explorer service on mobile screens

The Drive service (illustrated in figure 5.3) belongs to the established segment of sat-nav, which had originally sustained premium pricing for a long period of time.

In May 2009, Nokia announced the release of its Ovi Maps Player application programming interface, allowing third parties to embed Ovi Maps functionality into any website. This ability to synchronize between web and mobile phone could ultimately give Nokia Maps the edge against rivals in its quest for market dominance of location-aware devices. More recently, as a direct result of Google's shock announcement in October 2009 (see section 5.1.4) to offer a free mobile navigation service, Nokia decided to offer its turn-by-turn navigation services and city guides for free on 10 of Nokia's phones (including the Nokia N97 mini, Nokia 5800 XpressMusic, and Nokia E72). Plans by Nokia indicate that it will extend the free service to all its handsets in the future.

Figure 5.3 An example screenshot of Ovi Maps' Drive in-car routing on a mobile phone screen providing real time, turn-by-turn navigation using GPS

Now that we've looked at two examples of companies offering mobile navigation applications to the end user, we'll consider an example of a company that started by selling its location platform to mobile operators. To this end, its focus was to foster the developer ecosystem. We'll see how they did so next.

5.1.3 Creating a navigational widget platform—uLocate

We mentioned uLocate in chapter 1 as having developed an innovative platform for third-party LBSs called WHERE. Its emphasis was wider than just navigation, embracing finding places in general.

By opening up to external developers, uLocate encouraged the creation of dozens of widgets by its community. These were contained within its widget library, shown in figure 5.4. uLocate claimed that a widget could be built in as little as 48 hours by using the company's ready-made XML tags, encouraging substantial uptake of its platform. These widgets included the following:

- Earthquake finder
- Rent-a-car
- Brewery finder
- Weather status

uLocate was in this way able to establish itself as a leading platform for location services in the United States and to encourage the continuous rollout of new applications. The success of uLocate (now rebranded as WHERE) was confirmed by its acquisition by eBay in April 2011 for $75 million.

Figure 5.4   The WHERE widget library, where developers could publish the mobile widgets they built using uLocate's mobile location platform.

The Traffic application (shown in figure 5.5) was designed for the iPhone platform and included a number of value-added features, such as these:

- Personalized drives synced with the Traffic.com website to allow users to create customized routes
- Calculations to quickly inform drivers of the severity of traffic delays using real-time data as well as historical speed flow
- Real-time, color-coded traffic flow moving maps built on the NAVTEQ Map TP platform that can be panned or zoomed to quickly view area traffic congestion or set to GPS mode to move along with commuters
- Comprehensive incident data that includes accidents, construction, events, weather, and congestion
- Top traffic hotspots by city or selected roads

It's not difficult to see how this application will compete head on with those of established navigation providers like Telmap and Ovi Maps, and the need to deliver increased value to the end user will be paramount to hold on to or acquire market share.

This is particularly so as a result of Google's surprise move to offer free map navigation on its devices running Android. How they did so and the impact it had on some of its competitors is what we'll consider next.

Figure 5.5 Screenshot of uLocate's Traffic application for the iPhone showing traffic hotspots on a typical road route to a user destination in Boston, Massachusetts

5.1.4 Google's (free) Maps Navigation

Google shocked the market in October 2009 by announcing a free navigation service for mobile phones that would offer turn-by-turn directions, live traffic updates, and the ability to recognize voice commands (shown in figure 5.6). The service was initially made available on only one phone, the new Motorola Droid, in just one country (the United States, whereas Ovi Maps is available in 74 countries), but expansion to more phones is planned.

The seismic effect Google can have on the mobile industry was painfully evident to sat-nav pioneer company TomTom, whose share price tumbled over 20% in one day as a result. This is despite the apparent success TomTom achieved in offering a $100 navigation application for the iPhone in August 2009.

Despite the seemingly negative impact on premium mobile sat-nav services like those discussed previously from TeleNav, ultimately Google's move is in fact confirmation that mobile will be *the* platform for sat-nav rather than standalone GPS devices. By applying its standard ad-funded business model, however, Google is likely to force competitors to follow suit. Developers should take note, with due allowance made for inclusion of mobile ads within application user interface design and functionality.

Much growth in terms of new startups and new applications within the consumer area of LBS has been in the area of social networks, with the desire by small and big players alike to replicate the explosive growth and success on the web to the mobile sphere. We'll cover this area next by looking at real examples of five new services launched, each having unique appeal for consumers.

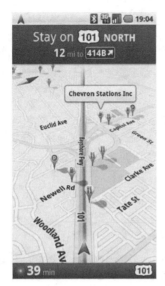  

Figure 5.6   Screenshots from Google's Android-based Maps Navigation application, currently free in the United States on a limited number of handsets, including the Motorola Droid

5.2   *Connecting with other people or local places*

The rollout of GPS and other technologies has made it possible for social networks to add location features, such as friend-finder services, and make it easier for people to stay in touch.

> **DEFINITION: PERSONAL AREA NETWORKS** A location-based mobile social network is different from a normal social network in that it has the ability to determine the user's location. Some observers refer to these new social networks as *personal area networks*, borrowing a term from the IT industry.

A comparison of the main features of some well-known iPhone location-based mobile social networks is shown in figure 5.7. We've taken an in-depth look at uLocate already in section 5.1.3 and will also examine the diversity between Whrrl and Loopt (as well as others) in sections 5.2.1 through 5.2.5.

Such location-aware social networks accessible on a mobile platform have generated great buzz in the mobile and web sectors, fueling a tremendous growth in new companies vying for leadership of this niche. Although initially this area was solely populated by new startups, the bigger social networking and social media giants from the web have begun to muscle into the space. Google caused shockwaves in early 2009 by announcing the launch of a killer feature of its Google Maps for Mobile application, Google Latitude. With this service, mobile users with Google Maps installed on their phone (a significant percentage of the market, because Google Maps comes pre-installed on many handsets) would be able to see where their friends are on Google Maps (figure 5.8).

Location-Based Social Networks for iPhone—A Comparison Chart by TechCrunch

	Loopt	Moximity	Pelago (Whirrl)	Limbo	uLocate (Where)
Cost	Free	Free	Free	Free	Free
Location Availability	Everywhere	Austin, TX	Everywhere	Everywhere	Everywhere
Funding	$13.3M	Angel	$22.4M	$15M	$15.5M
Headquarters	Mountain View, CA	Austin, TX	Seattle, WA	Burlingame, CA	Boston, MA
Messaging	Yes	No	No	Yes	Yes
Map Friends	Yes	No	Yes	Yes	Yes
Friends' Exact Location	Yes	Kinda (Place)	Yes (?)	No (City, miles away)	Yes
Places/Events	Yes (Yelp)	Yes	Yes	Yes	Yes (Yelp, Others)
Place Types	All types	Restaurants, Bars, Special Events	All types	Food, Bars, Shops, Coffee, Fast Food, Gas, Night Clubs	Yelp, Starbucks, Zipcar, Gas Stations, Events
Place Reviews	Yes (Yelp, "Comments")	No	Yes	No	Yes (Yelp)
User Categorization	Friends, Members	Friends	Friends, Fans, Members	Favs, Friends, Contacts, Members	Buddies
Location Updating	Automatic	Manual	Automatic	Manual	Manual
Privacy Settings	Block Users, Report Abuse, Visibility Levels	None	Per-Friend Visibility Settings	Visibility Levels	Show or Hide Location
Import/Sync Contacts	Yes	Facebook and Twitter	Yes (only via email)	Yes (phone)	Yes (Facebook)
Share Photos	Yes	No	No	No	No
Advertisements	No	Yes	No	No	No
Wall Posts	No	No	No	No	No
Request Contact Info	No	No	No	No	No
Profile	Portrait, Gender, Looking For	?	Portrait, Name	Portrait, Age, Name, City, Country, Activity	Name, Status
Status Messages	Yes (w/photos)	Yes (Synced with Facebook, Twitter)	No	Yes (predefined Activity)	Yes
Web Hooks	Twitter, Facebook	Facebook	Facebook	No	Facebook, Twitter

Figure 5.7   Comparison of a selection of popular location-based mobile social networks available on iPhone (Source: TechCrunch, 2008)

Despite the condemnation of this launch from smaller LBS companies as giving Google an unfair advantage, the take-up of the Latitude service hasn't been widespread. The service principally centered on being visible to friends and family with no self-evident tangible add-on benefit, and it appears that privacy concerns have prevented significant uptake.

Other social networking giants have also been introducing elements of location to their mobile service, for example, Twitter first allowing a surrogate location to be obtained from the tweet stream of its members and then developing the Twitter Geolocation API to provide more accurate positioning of Twitterers.

Facebook, Twitter, and other major online social networks have now added location to their platforms. (Facebook launched Facebook Places in the United States in mid-2010 and in Europe in December 2010.) The launch of Google's own foray into social networking, Buzz, in early 2010 (which is designed to be location aware) has no doubt prompted others to follow suit.

We'll next look at some of the more interesting location-based social networks that have launched since the emergence of these services from a niche to a mass service in the last two to three years. In addition, in the last part of this section, we'll consider

Figure 5.8   Google Latitude screenshot showing the location of three different connected members of the service within the midtown area of Manhattan in New York City

the emerging trend of consumers connecting to local businesses, typically through local promotions or discounts, such as Groupon vouchers.

5.2.1   *Creating a story through geotagged photos—Whrrl*

Whrrl's take on the location-aware social networking space has been to focus heavily on the photos taken and uploaded by users at specific locations. Whrrl's easy-to-browse iPhone interface (shown in figure 5.9) ties pictures sequentially with commentary from the user to create a story of what's happening at a point in time.

Whrrl (founded by former Amazon employees) originally set out to allow location-based search in 2007 but later specialized within the photo-story segment.

An elegant integration to Facebook and Twitter (both almost indispensable today for any other social network setting up anew) allows users control over who they invite to see their story. Privacy is given more than just a head nod, by making it key to how stories are told, with only trusted friends allowed full access to a user profile.

Another useful feature integrated within the application is a favorite-places function, so that the user can pick from a list of places that he or she has previously visited.

Whrrl's uniqueness is to make users' stories turn into a collective mobile journal with multiple points of view on the same experience, which could get really interesting in conference and party settings. Stories also have their own unique URL so they can be shared beyond Whrrl and can even be edited by all participants on the Whrrl website (see figure 5.10).

In 2010, Whrrl changed their concept again (demonstrating the need to continuously adapt to rapid consumer demand) and now allows users to check in to places and unlock societies of like-minded individuals. Whrrl (through its parent company Pelago) was purchased by Groupon Inc. in April 2011, with plans to shut down the service but integrate the Whrrl technology in its own offering.

Now that you've seen Whrrl's take on location-based mobile social networks, we'll consider one of the early LBS pioneers, Loopt.

Figure 5.9   Whrrl screenshots of its iPhone application depicting public events happening in the neighborhood and an individual photo story provided by a member of the service

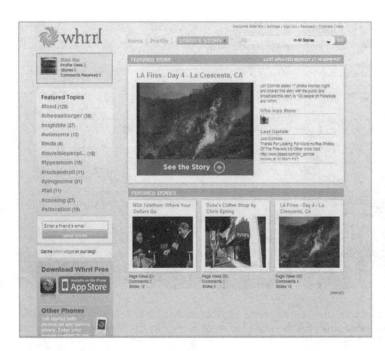

Figure 5.10 Whrrl's home screen on its website allows all users to browse through public stories made up of geotagged photos taken by members of the Whrrl community and also to link up with other members who are close to the location of the story.

5.2.2 Taking location mainstream—Loopt

Loopt can be defined as a mobile social-mapping application allowing users to search for friends and places, with a map as its key user interface, as shown in figure 5.11. Loopt uses location data (from the device itself or the operator network) to display the location of a user's friends along with their presence status (available, away, and so on). Users are able to send alert requests to their friends when they're within a certain distance and to tag physical locations.

Loopt claims it has over a million users in the United States (the only country where it operates) of mostly people in their mid-twenties and is available across most mobile platforms, from iPhone to Blackberry to non-smartphones from Motorola and other manufacturers.

One of the key strategic elements of Loopt's growth plan has been to become available on a wide range of mobile operators, so that now every major mobile carrier in the United States offers the Loopt service.

The other key element of Loopt's strategy has been to build its business model on a subscription fee basis (and less so on advertising), offering one-month free membership and a $3 to $4/month charge thereafter. This changed as other services launched as free-to-use services, and the Loopt is now free (with adverts).

To date, Loopt's first-mover advantage and substantial financial backing (over $13 million to date) has allowed it to establish itself as one of the best-known LBSs around. It further assisted this by becoming the first (and only) LBS to run a promotional TV campaign in 2008, sponsoring *The Middle* show.

Figure 5.11   Loopt screenshots of its mobile application showing where users are located on a map, which friends are online, and what messages the Loopt community has been leaving recently in the area of the user

Both Whrrl and Loopt have played principally to their home market in the United States. GyPSii, on the other hand, has consistently opted for offering its service worldwide. We'll look at some of the key features of its service next.

5.2.3   *Going global with LBS—GyPSii*

GyPSii is one of the best-funded non-US-based LBS startups, having obtained over $13 million from investors since launch. From the beginning, it has offered a complete location-based social network application on multiple platforms, from Symbian to iPhone (pictured in figure 5.12).

Its application centers on a map through which users can place themselves, find friends or places, and leave geotagged notes and images for other people. Perhaps the main downside of such a technically complete application is that it has proved rather clunky to use, driving the user through series of menus and submenus to access features. In fact, it has mostly drawn a following on the Asian continent, where people are used to viewing more detailed information within mobile applications. Although the company doesn't release membership numbers or breakdowns, the Asian flavor to the community is clear to most members upon joining. In China in particular, GyPSii has adapted to local market requirements (and legislation concerning the use of GPS) and made a heavy push of its Java-based application.

Figure 5.12 GyPSii latest iPhone home screen showing downtown Amsterdam (Netherlands) and its Places screen showing POIs according to distance from the user and date of last update

GyPSii provides a couple of useful lessons to mobile developers who perhaps lack the deep coffers of some of the more established players: first, that a well-designed yet simple app can hold more appeal than a more polished, full-featured one, and second, that the inherent design or look and feel of the app will tend to be more or less attractive to certain demographics. In today's global economy, this means taking into account likes and tastes by individual continent as well as information obtained through local market research.

Some of the developers of the initial location-aware applications recognized that one of the barriers to adoption was the complexity of using the service. One company set out with a mission to make the easiest-to-use application on the market. This company is called Sniff, and we'll consider it next.

5.2.4   *Making LBS easy—Sniff*

Although Sniff's core service isn't unique compared to that of the other players in the mobile social networking arena, it was responsible for innovating the charging mechanism for these services. It introduced discreet pricing for a simple action: that of sniffing out your friends, or finding out where they are, by sending an SMS (priced at a premium level).

Sniff originally launched in the United Kingdom and Scandinavia but later launched in the United States as well. It also integrated with the Facebook web application from the outset (figure 5.13), making it one of the more streamlined applications at the time of launch.

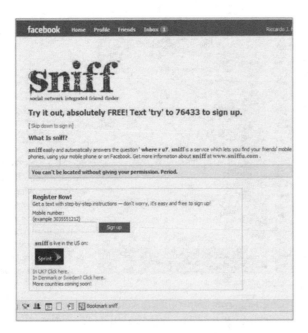

Figure 5.13   Sniff's integration with Facebook has been core to its service since launch, pointing the way for subsequent players in the market.

The way Sniff managed privacy was by requesting that each member allow his or her friends to sniff him or her. It was also possible to set the status to invisible by sending an SMS (once again, at a premium price). The initial novelty of Sniff plus the fact that no special handset was required (because it used location obtained from the cell phone operator) caught the headlines, but the advent of free services that offer something very similar dampened enthusiasm and the service has since shut down.

5.2.5   *Real and virtual worlds through LBS—Friendticker*

Friendticker was born in Berlin, Germany, out of the desire to use location obtained from LBS applications in a precise manner, rather than relying on the precision tolerances of the various positioning methodologies (see figure 5.14).

The startup set out to do this in a way that also bridges the gap between the real and the virtual world by using service tags, or location stickers (figure 5.15), that are displayed on shop or restaurant windows. These stickers allow users to check in to a location either by SMS or by scanning a barcode or by using contact-less near field communications (NFC) technology (the overall technology behind NFC, RFID, was covered in chapter 1, where we compared it to GPS technology). Each sticker has a unique number that identifies that location. This enables precise positioning of under 1 meter, clearly unachievable via other methods! An example of the mobile client code (in Java ME) required to read a NFC tag is shown in listing 5.1.[1]

---

[1]   Posted by Gerald Madlmayr on Forum Nokia, www.wiki.forum.nokia.com, in June 2010.

Figure 5.14 Friendticker allows members of its community to check in at precise locations and thus place themselves with less than a 1-meter error anywhere in the city. Friendticker defines this new concept as hyperlocalization.

Friendticker defines this precise positioning as *hyperlocalization*; to understand the concept, take the example of groups of colleagues in three adjacent meeting rooms. Through standard location technologies, they'd all be placed in the same place and be unable to interact according to the distinct places where they are. Instead, using hyperlocalization, they'd be able to know when a colleague vacates the adjacent room, for example. Similar scenarios can be envisaged in a large multistory car park or other densely populated environments typical within large cities.

Figure 5.15 Friendticker's stickers are NFC-enabled but also incorporate QR (Quick Response) codes that can be scanned by the handset's video camera to register the user's position. In addition, users can send an SMS with a unique numerical identifier for each sticker that tags the user to that location.

Friendticker thus combines a social network with the ability to interact with the physical world at precise locations. In common with other applications we saw earlier, Friendticker also provides a neat integration with Facebook via a desktop application, allowing a real-time push of location information toward it.

Listing 5.1 JME/Java MIDlet code for reading the UID of an external NFC tag

```
package at.nfcresearch.wima.examples;


import javax.microedition.contactless.ContactlessException;
import javax.microedition.contactless.DiscoveryManager;
import javax.microedition.contactless.TargetProperties;
```

Include packages for Contactless communication

```
import javax.microedition.contactless.TargetListener;
import javax.microedition.contactless.TargetType;
```

Include packages for GUI

```
import javax.microedition.lcdui.Alert;
import javax.microedition.lcdui.AlertType;
import javax.microedition.lcdui.Command;
import javax.microedition.lcdui.Display;
import javax.microedition.lcdui.Displayable;
import javax.microedition.lcdui.CommandListener;
import javax.microedition.lcdui.Form;

import javax.microedition.midlet.*;

public class UIDReader extends MIDlet implements TargetListener,
 CommandListener {
```

❶ **Set center of map and zoom level**

```
    private Command exitCommand;
    private Form form;

    public UIDReader() {
```

❷ **Create GUI elements**

```
        exitCommand = new Command("Exit", Command.EXIT, 1);
        form = new Form("NFC-Research.at: UID Reader");
```

❸ **Create main CloudMade object**

```
        form.addCommand(exitCommand);
        form.append("Touch Tag to read ID.");
        form.setCommandListener(this);
```

❹ **Create DiscoveryManager**

```
        try {
            DiscoveryManager dm = DiscoveryManager.getInstance();
            dm.addTargetListener(this, TargetType.NDEF_TAG);

        } catch (ContactlessException ce) {
            displayAlert("Unable to register TargetListener: "
            +   ce.toString(), AlertType.ERROR);
        }

    }

    public void startApp() {
        Display.getDisplay(this).setCurrent(form);
    }

    public void pauseApp() {
    }

    public void destroyApp(boolean unconditional) {
    }
```

```
/**
 * Implementation of the Call-Back Function of the TargetListener
 * @param targetProperties: Array of Targets found by the Phone
 *
 */
public void targetDetected(TargetProperties[] targetProperties) {

    if (targetProperties.length == 0) {        ◁
        return;
    }

    TargetProperties tmp = targetProperties[0];
    displayAlert("UID read: " + tmp.getUid(), AlertType.INFO);    ◁
}

public void commandAction(Command command, Displayable displayable) {
    if (command == exitCommand) {
        DiscoveryManager dm = DiscoveryManager.getInstance();
        dm.removeTargetListener(this, TargetType.NDEF_TAG);
        destroyApp(false);
        notifyDestroyed();
    }

}

private void displayAlert(String error, AlertType type) {    ◁
    Alert err = new Alert(form.getTitle(), error, null, type);
    Display.getDisplay(this).setCurrent(err, form);
}
}
```

❺ Exit if no targets found

Show UID of ❻ first tag found

Display alert ❻ to user

This code example shows how to read the UID of an external NFC tag on an NFC-enabled phone. The main class of the code ❶ first creates the GUI elements ❷ and then attaches commands to these GUI elements ❸.

When the user activates the command, the code creates the Discovery Manager ❹ and starts the discovery process. If a target isn't found, the code just returns ❺; otherwise, the target is shown to the user ❻.

Interestingly, Google adopted a very similar approach in 2010 by mailing out over 100,000 QR code stickers (shown in figure 5.16) to US businesses, so that consumers could "favorite" certain places. Scanning the QR code with a mobile handset also let users access the review of that particular business. Increasingly, people are also trying out new image recognition technology like Google Goggles (available on Android devices) to leapfrog the QR code-scanning process and obtain the same information (with variable accuracy in the results).

Figure 5.16   Google adopted a similar strategy to that of Friendticker in 2010 by distributing over 100,000 QR stickers to local businesses across the United States in an attempt to bridge the virtual world and the real world.

Similarly, Groupon (billed the fastest-growing company in the United States in 2010) took its web strategy one step further by allowing users to download a mobile app (first on the iPhone and then on Android as well) that delivered local "Groupons," or Group Coupons, with special offers, according to the location of the mobile device (shown in figure 5.17). A Groupon promotion launched in August 2010 for Gap saw close to half a million shoppers opting in for a special $25 discount, even though it was available in downtown Boston for one day only.

Figure 5.17   Groupon's iPhone application (of which two screenshots are she figure) allows users to find special offers, or Groupons, near their location as detected by the mobile device.

Now that we've covered both the practical navigation consumer applications and the social applications, we'll look at the gaming side of LBS. Though sometimes considered a niche market, increasingly elements of gaming are beginning to find their way into a wider cross-section of applications. The aim of this chapter is to get a flavor for the great breadth of opportunities that exist to meet the needs of the so-called long tail of marketing that was discussed earlier. The success of location-based social networking games additionally proves that initial niches can rapidly convert into mass-market opportunities. We'll consider this booming area next.

5.3 Entertainment or play

The latest generation of location-based games can be classified into two distinct types:[2]

- Location-aware games
- Spatially aware games

Location-aware games include information about the location of a player in the game. A typical example might be a treasure quest whereby a player must reach a particular location.

Spatially aware games adapt a real-world environment to the game. This creates a connection between the real world and the virtual world. The mobile location-based gaming offering Mobile Hunters belongs to this category of games.

We'll consider an example of both a location-aware game and a spatially aware one next. One common consideration for both is that they can rely on GPS on some mobile devices, making them battery draining. With the exception of the iPhone version of the games, both require a spare battery pack or separate GPS device.

A note on third-party social network integration

For existing location-based mobile social networks and especially for newly launched networks, integrating with popular third-party social networks through their public APIs is an imperative. The might of Facebook, with its 500 million global users, and Twitter, with over 80 million, means that English-based services cannot ignore them when developing a new network. As you've seen with the previous examples, it's rare for services to choose not to integrate with the widespread social networks, and if they so choose, to do so at their peril. Facebook Connect, for example, allows developers to integrate their third-party service with Facebook through a set of APIs and so add rich social context to their application.

---

[2] Nicklas, D. et al., "Towards Location-based Games," Proceedings of the International Conference on Applications and Development of Computer Games in the 21st Century: ADCOG 21 (Hong Kong Special Administrative Region, China, 2001), 61–67.

Figure 5.18   Screenshots of GPS Mission iPhone application illustrating available missions according to the location of the player

5.3.1   *Creating adventures through location-aware apps—GPS Mission*

GPS Mission is a location-aware game, available on JME mobile handsets and the iPhone, that detects the user's location to load up the available missions in their area (shown in figure 5.18). The game allows users to create their own custom missions by visiting the website directly in the case where there are no available missions nearby.

GPS Mission presents the user with the world around them in a Map tab and shows any active missions (which can involve solving riddles at precise locations to obtain points) or "gold" that can be collected in the area (if there's no active mission to join nearby).

One of the main drawbacks of this game is that missions can't be created from a mobile device, thus limiting the portability of the gaming notion when outdoors.

Among the game's cool features is the so-called Activity Stream that lets you see where in the world other GPS missions are being played at any given time, whether a music quiz in Brazil, an athletic challenge in Taiwan, or a photo safari in Australia. In addition, there's an option to share your gaming experience with others, in real time, and not just within the GPS community but also with all of your friends on Facebook. Finally, with the Waymark function you can leave text and photo messages at any location.

5.3.2   *Location-aware treasure hunting—geocaching*

Geocaching is a type of high-tech, treasure-hunting, spatially aware game that can be played throughout the world by adventure seekers equipped with GPS devices. The basic idea is to place hidden containers, called *geocaches*, outdoors and pinpoint their precise location with GPS and then let others hunt for them.[3] Geocaches created by

---

[3] Jörg Lonthoff and Erich Ortner, "Mobile Location-Based Gaming as Driver for Location-Based Services (LBS) – Exemplified by Mobile Hunters," Technische Universität Darmstadt, March 2007.

geocaching attempt to combine location-based gaming with a strong sense of community and support for the environment.

Games are graded according to their difficulty and tend to take place in open countryside environments, as opposed to the urban setting more typical of GPS Mission. Another difference is that real physical objects are contained within the geocaches. Once they're found, it's the responsibility of the user to place them back, having first noted an entry in the participant's physical logbook.

Specific objects can be placed in the geocache, including Geocoins and Travel Bugs, and then tracked as they're moved by game participants. Overall, the game requires significant skill and often requires users to hunt in challenging places (including underwater!), which has led to the game developing a significant global following.

An example of this is the Geocaching application available on the iPhone (see figure 5.19) for $9.99. Some of its key features are the following:

- Searching by current location, address, or geocache code
- Accessing geocache details, including description, recent logs, hints, and inventory
- Looking up trackable item details, including item goals, while on the trail
- Logging geocache finds and posting notes in the field
- Downloading active pocket queries for use while outside network coverage

Having now covered two examples of gaming pure plays, we can move on to look at an evolution to these that adds the social networking element to the mix. In fact, the success of these new services has been dramatic and has created communities of such size as to compete with established social networks like Facebook.

Figure 5.19 Geocaching iPhone application screenshots, allowing players to navigate within their neighborhood and identify hidden geocaches

5.3.3   *Location-based social networking games*

Given the increasing crowdedness within the mobile social networking space, one way in which companies are looking to diversify is by introducing gaming elements within a standard mobile social networking application. The added benefit is that this gaming element makes the community "stickier" because it encourages repeat visits to check leader boards or improve the ranking of a particular member.

The number of companies in this area (with decent traction in terms of users) is growing rapidly and is outpacing more traditional, pure location-based games.

Three popular services are foursquare, Gowalla, and MyTown.

GAMING WITHIN MOBILE SOCIAL NETWORKS—FOURSQUARE

Foursquare launched in 2009 with the goal of introducing a gaming element to location-based social networks, principally as a way to gain traction with users in an increasingly competitive area. It had an estimated four million users in 2011. Its application runs on Android, iPhone, and Blackberry devices.

The idea behind foursquare is that users are rewarded for exploring cities. How? Users obtain points every time they check in, or log on to the application. Depending on whether they have checked into a new venue or rarely-visited location, users can obtain a range of different badges to display against their profile (see figure 5.20). If users have checked in to a particular location the most often, they then become "mayor" of that location (or at least until someone else trumps the mayor by surpassing them in terms of check-ins).

Foursquare's concept of earning points according to the originality of the location means that special Discoverer Bonus points are awarded for checking into a new place. Additional bonus points are also awarded for going to the same place more than once in one night or going out multiple nights in a row.

  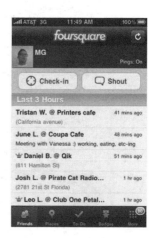

Figure 5.20   Foursquare screenshots showing the Check-in button for users, special offers locally available, and the badges that can be won by earning points

The foursquare application on the iPhone was recently upgraded to alert members of special offers available to badge holders or mayors, providing a bridge between the real and the virtual worlds. Players can also discover local promotions in real time and get loyalty rewards for regularly frequenting the same place, for example through discount codes for certain products.

A VIRTUAL MONOPOLY PLAY—MYTOWN

MyTown's iPhone application (with an estimated 500,000 users in early 2010) is a location-based game, which has successfully differentiated itself from foursquare. Whereas foursquare is about check-ins that revolve around social aspects, MyTown is much more of a straight-up game. In fact, it has been described as a kind of virtual-reality Monopoly.

Although the core idea is still to check in to venues where you happen to be, the driving force behind doing that is to be able to "buy" and develop those properties rather than tell your friends where you are. For example, if you check in at a cafe, you can buy it, and then others who check in there will have to pay you rent. The goal is to accumulate as many properties and as much money as possible. You can also see what venues are trending, as well as their popularity rating based on elements such as number of check-ins.

There's also a virtual store built into MyTown 2.0 (see figure 5.21). Here, users are able to spend the virtual currency they collect in the game to buy various collectibles. Something else that MyTown is doing that's more closely aligned with foursquare and Gowalla (see the following section) is real-world promotions. When you check into a venue or near one, you'll be alerted if a special deal is available nearby. For example, MyTown already has a deal in place with Quiznos for certain rotating specials.

Now that we've looked at MyTown, we can consider a slightly different approach adopted by Gowalla, which obtains its content using crowd sourcing.

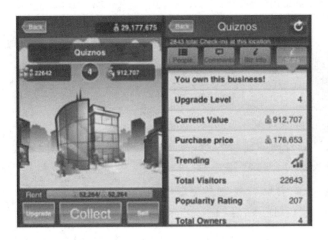
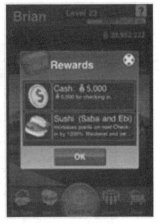

Figure 5.21   MyTown iPhone application screenshots showing the Quiznos location, its location statistics, and user rewards available for checking in at a venue

The in-app purchase

MyTown has an in-app purchase element that allows users to buy power-ups within the game that will make it easier for them to play. For example, one power-up allows you to automatically collect rent from your buildings. This is a key part of the game, but without this power-up it has to be done manually, which is time consuming. You can also buy more property slots to allow you to expand your location's empire, as well as other things. Prices for these in-app purchases currently range from $0.99 all the way up to $9.99.

GAMING WITH A CROWD-SOURCED TWIST—GOWALLA

Gowalla offers an iPhone application similar to foursquare that you can use to check in and notify friends when you get to a certain location, such as a restaurant or a bar, to earn "pins," (again, much like the set of badges you try to earn on foursquare). More recently, Gowalla (see figure 5.22) introduced the possibility of clicking a venue and seeing a list of the Top 10 people for that location.

A key difference of Gowalla compared to its peers is that its location-based information is entirely crowd sourced. This has allowed the app to quickly gain traction in places around the world and rapidly build location data (with over 1,000 new locations created per day).

In line with MyTown, Gowalla plans to make virtual goods available as in-app purchases, and a substantial element of its monetization plan relies on this as well as on signing up big-brand advertisers.

We've now looked at the key examples within each consumer need area: the need to navigate, the need to connect to other people, and the need to be entertained. This gives us an overview of the three key categories that the majority of location-aware applications can be grouped into. With this under our belts, we can move on to sneak

Figure 5.22   Gowalla screenshots showing the user profile (with the number of check-in stamps and pins gained), an example of an item available at a location, and a list of trips available at certain locations

a peek into possible future consumer needs, focusing on those where the user interacts with the compass and video of the handset. Augmented reality applications (and features) that do this are discussed next.

5.4 *New app development frontiers*

In this section, we'll look at new possibilities for location-aware app developers that have arisen thanks to the availability of smarter smartphones. We'll consider specifically the augmented reality (AR) feature capabilities that are possible on the latest handsets, and look at examples of AR applications from acrossair and particularly Layar. Layar (funded by Intel Capital) has set the standard when it comes to AR applications and has generated a great deal of excitement for these types of features. Today, Junaio and Metaio as well as a raft of other AR companies have also joined the fray, though Layar remains the most talked-about service. Before moving on to the Layar example, let's examine what we mean by augmented reality.

5.4.1 *Augmented reality*

AR applications began to create a buzz in the mobile location space from mid-2009, as the new handset capabilities (in particular of Android devices) to detect the orientation and tilt of the phone enabled a whole new set of mobile services.

Augmented reality refers to the ability to combine a live or static view of the real world with digital imagery and information, typically shown as a superimposed layer. (See figure 5.23 for a real-life example of the Wikitude application in use.) A famous early example of AR comes from the movie industry. In the 2003 movie *Terminator 3*, the character played by Arnold Schwarzenegger arrives on Earth naked and uses his AR capabilities to scan human beings for a match or mismatch of clothing sizes.

Despite the mobile AR area being a nascent area of mobile development, a range of applications and start-ups have sprouted up since Wikitude launched its AR platform and World Browser for Android.

Figure 5.23 Wikitude was one of the early pioneers in the AR space and launched its AR browser for Android devices in mid-2009 (shown in a real-use scenario). The browser lays Wikipedia and other user-generated content over the camera view of the phone. (Source: mng.bz/qKp5)

Figure 5.24   Screenshot of Layar's application for Android that allows users to combine a video camera view of the world with useful information shown as a digital layer on top of the screen view

5.4.2   *Layar—a pioneer in AR browsing*

Layar announced its own AR browser for Android in June 2009 (figures 5.24 and 5.25) and then for the iPhone in 2010 and was followed by acrossair (shown in figure 5.26), which also launched for the iPhone platform. Japanese developer Tonchidot produced an application called the Sekai Camera, combining the AR capabilities with certain features of a social network.

To use Layar, the user holds the phone like a camera and obtains information displayed in real time as a content layer on top of a video view of the surroundings. Layar's software obtains information from the phone's GPS, accelerometer, and compass to detect where the user is and which direction they are facing, so as to return information displayed as bubbles with details, including distance from a particular landmark or point of interest.

What current AR applications, such as Layar, do *not* do is recognize the visual feed obtained from the phone's camera, instead using location technology to "understand" where the user is and what he's generally looking at. It is also possible to "cheat" by creating a POI that's served within an AR layer next to the user independent of where they are. The server code[4] for this example POI coding is shown in the following listing.

Listing 5.2   Serving an example POI to a layer within the Layar AR Android application

```php
<?php

    $lat = $_GET['lat'];
```

❶ Get lat/long from request

---

[4] Kindly provided by Marc Rene Gardeya while quality assurance manager at Layar, 2010.

```
$lon = $_GET['lon'];                                    ② Define
                                                           some values
define( 'LAYERNAME', '' );                        ◁─┐
define( 'IMAGEURL', '' );
define( 'BASEURL', '' );
define( 'MODEL', '' );                            ③ Create array
                                                     of POIs
$hotspot = array(                                 ◁─┐
    'title'          => 'My first POI',
    'line2'          => 'Layar Reality Browser',
    'line3'          => 'example application',
    'line4'          => '',
    'attribution'    => 'www.layar.com',          ④ Place POI next to
    'type'           => 0,                           incoming lat/long
    'lat'            => ($lat + 0.0005) * 1000000.0,  ◁─┐
    'lon'            => $lon * 1000000.0,
    'dimension'      => 1,

    'object'         => array(
        'baseURL'    => BASEURL,
        'full'       => MODEL,
        'reduced'    => '',
        'icon'       => '',
        'size'       => 20
    ),

    'transform'      => array(
        'angle'      => 0,
        'rel'        => FALSE,
        'scale'      => 10
    ),

    'actions'        => array(
        array(
            'label'  => 'Go to website',
            'uri'    => 'http://www.layar.com'
        )
    ),

    'distance'       => 0,
    'imageURL'       => IMAGEURL,
    'id'             => 'POI_1'
);

$hotspots = array( $hotspot );

$response = array(
    'nextPageKey' => '',
    'morePages'   => FALSE,
    'hotspots'    => $hotspots,
    'layer'       => LAYERNAME,
    'errorCode'   => 0,
    'errorString' => ''
);
```

```
$json = json_encode( $response );
```

⑤ Create response array

```
   header( 'Content-type:application/json');
   echo $json;
?>
```
ⓝcode array
⑥ as JSON

This code example serves a sample POI to a layer for the Layar application. The PHP code first gets the lat and long from the incoming request ❶. Then it sets up some constant values ❷. Next it creates an array ❸ that holds the values of the POI that's positioned near the incoming lat/long value ❹. Then this is sent back with the JSON encoding ❺ and as a JSON string ❻.

In figure 5.25 you can see a screenshot of what the augmented world of downtown New York looks like when overlaid with information on specific points of interest obtained from Wikipedia.

Layar (as well as its competitors) offers an API that allows developers to build their own spin-off applications using the Layar browser. The next listing shows a full request/response example for a POI to be shown as part of a layer in Layar.

Figure 5.25 A second screenshot of Layar's Android application, showing Wikipedia information overlaid on the video camera's image of downtown New York

Listing 5.3 API response using the Layar Android AR browser API

```
Request (no OAuth signing)
```
❶ Call made to the server for data

```
The developer ID is 896, the developer key wpvm1f4g. Appending the timestamp
    1249226148713 and hashing with SHA-1 will generate the hash shown in the
    request.
```

```
http://devAPI.example.com/getPOIs/?countryCode=IN
&lon=4.887339&timestamp=1249226148713
&userId=ed48067cda8e1b985dbb8ff3653a2da4fd490a37
&developerId=896&developerHash=1ee6d294aa6b639b365899f844257523c5bf9702
&RADIOLIST=a&radius=6245&CUSTOM_SLIDER=23987.0
&lat=52.377544&layerName=snowy4
&SEARCHBOX=asdfdhcgg&accuracy=100
```
❷ Return data
from server

```
Response
```

```
{"hotspots": [{"distance": 100, "attribution": "This is a test layer POI
    provider", "title": "My layer - snowy4, location = 52.377544, 4.887339",
    "lon": 4884339, "imageURL": null, "line4": "RADIOLIST-None,CustSlider-
```

None", "line3": "SEARCHBOX - asdfdgxdg", "line2": "DevlId - 896Settings:
range=1000", "actions": [], "lat": 52374544, "type": 0, "id": "test_1"},
{"distance": 100, "attribution": "This is a test layer POI provider",
"title": "My layer - snowy4, location = 52.377544, 4.887339", "lon":
4887339, "imageURL": null, "line4": "RADIOLIST-None,CustSlider-None",
"line3": "SEARCHBOX - asdfdgxdg", "line2": "DevlId - 896Settings:
range=1000", "actions": [], "lat": 52374544, "type": 0, "id": "test_2"},
{"distance": 100, "attribution": "This is a test layer POI provider",
"title": "My layer - snowy4, location = 52.377544, 4.887339", "lon":
4890339, "imageURL": null, "line4": "RADIOLIST-None,CustSlider-None",
"line3": "SEARCHBOX - asdfdgxdg", "line2": "DevlId - 896Settings:
range=1000", "actions": [], "lat": 52374544, "type": 0, "id": "test_3"},
{"distance": 100, "attribution": "This is a test layer POI provider",
"title": "My layer - snowy4, location = 52.377544, 4.887339", "lon":
4884339, "imageURL": null, "line4": "RADIOLIST-None,CustSlider-None",
"line3": "SEARCHBOX - asdfdgxdg", "line2": "DevlId - 896Settings:
range=1000", "actions": [], "lat": 52377544, "type": 0, "id": "test_4"},
{"distance": 100, "attribution": "This is a test layer POI provider",
"title": "My layer - snowy4, location = 52.377544, 4.887339", "lon":
4887339, "imageURL": null, "line4": "RADIOLIST-None,CustSlider-None",
"line3": "SEARCHBOX - asdfdgxdg", "line2": "DevlId - 896Settings:
range=1000", "actions": [], "lat": 52377544, "type": 0, "id": "test_5"},
{"distance": 100, "attribution": "This is a test layer POI provider",
"title": "My layer - snowy4, location = 52.377544, 4.887339", "lon":
4890339, "imageURL": null, "line4": "RADIOLIST-None,CustSlider-None",
"line3": "SEARCHBOX - asdfdgxdg", "line2": "DevlId - 896Settings:
range=1000", "actions": [], "lat": 52377544, "type": 0, "id": "test_6"},
{"distance": 100, "attribution": "This is a test layer POI provider",
"title": "My layer - snowy4, location = 52.377544, 4.887339", "lon":
4884339, "imageURL": null, "line4": "RADIOLIST-None,CustSlider-None",
"line3": "SEARCHBOX - asdfdgxdg", "line2": "DevlId - 896Settings:
range=1000", "actions": [], "lat": 52380544, "type": 0, "id": "test_7"},
{"distance": 100, "attribution": "This is a test layer POI provider",
"title": "My layer - snowy4, location = 52.377544, 4.887339", "lon":
4887339, "imageURL": null, "line4": "RADIOLIST-None,CustSlider-None",
"line3": "SEARCHBOX - asdfdgxdg", "line2": "DevlId - 896Settings:
range=1000", "actions": [], "lat": 52380544, "type": 0, "id": "test_8"},
{"distance": 100, "attribution": "This is a test layer POI provider",
"title": "My layer - snowy4, location = 52.377544, 4.887339", "lon":
4890339, "imageURL": null, "line4": "RADIOLIST-None,CustSlider-None",
"line3": "SEARCHBOX - asdfdgxdg", "line2": "DevlId - 896Settings:
range=1000", "actions": [], "lat": 52380544, "type": 0, "id":
"test_9"}], "layer": "snowy4", "errorString": "ok", "morePages": false,
"errorCode": 0, "nextPageKey": null}

This example shows how to call the Layar API to retrieve points of interest in a given area. When the call is made ❶, the specific latitude and longitude are passed to the server along with other parameters. Then the server returns all the POIs near the specified point ❷, and these POIs are displayed on the map.

Acrossair developed its own specific niche within AR by focusing on subway finder apps designed to help users navigate to the right subway station while still above ground. You can see an example in figure 5.26.

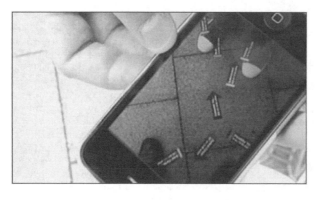

Figure 5.26 Acrossair's subway finder AR application released in summer 2009 for the iPhone 3GS, one of the first AR apps made available on the iPhone platform

A full description of the Layar API and the APK (Android Package File) with further extensive code examples can be found at http://layar.pbworks.com.

In this last section, we've taken a quick glimpse into the future so that you can begin to envision the possibilities of mobile development for location-aware applications. The type of service that Layar launched (and how it was presented) has done a great deal to stimulate demand in the market for new, exciting features in the future. One recent development is that the image captured by the camera is being used to first indentify and then interact with a two-dimensional object. This is used to enhance print adverts and trigger either on-screen animated three-dimensional-looking images or short videos.

Which POIs will be visible to the user as they move around locations?

In the case of an Android application like Layar, the mobile client will display only the POIs returned that fall within the range specified by the user with the range slider (or, if that slider is absent, within 1500 meters of the user). The distance between the user and the POIs is calculated using APIs provided by the OS of the client. Currently on Android this is the WGS 84 ellipsoid, which might lead to slightly different results than the Haversine Formula (which uses a perfect sphere). The difference is negligible because of the small ranges normally used.

5.5   *Summary*

The increasing location capabilities of today's handsets have not only enabled a raft of exciting location-based applications to be offered to consumers but have also meant that mobile has become a pervasive alternative to established navigational aid and PND companies. Although this chapter has treated the different areas of consumer applications as unique blocks covering different needs, from the need to navigate to a place to the need to be entertained, the reality is that functionality is merging across applications so as to offer ever-increasing added value to discerning consumers.

Mobile navigation applications now include elements of social networks and vice versa. Similarly, social networks now include elements of gaming to create user engagement within the communities.

With new handsets now featuring advanced accelerometers and compasses and the general move to smarter handsets, there's enormous potential to exploit these capabilities and innovate in this area. Augmented reality application developers are just beginning to scratch the surface of the new domain of possibilities, and all of the elements are beginning to slot into place to empower revolutionary, ever-smarter applications.

Navigational aid companies have proved initially successful in establishing profitable businesses by innovating and satisfying market needs. Moves by large players like Google are already altering the established market dynamic. This makes it even more important for developers and entrepreneurs to not only consider how to monetize their applications but also be prepared to innovate how and what they charge for. We'll examine this area in detail in chapter 8.

You saw in this chapter that a substantial range of features can be built into a location-aware application. We've probably only just begun to scratch the surface of what's possible. However, the complexity of the mobile landscape means that not all application features or services are available in the same way across mobile platforms. This makes it fundamental to understand what the possibilities (as well as limitations) of each mobile platform are.

In the next chapter, we'll consider which mobile platform options are available to developers according to the type of location feature or location-aware app they're looking to build.

Mobile platforms

This 4.8-ounce sliver of glass and aluminum is an explosive device that has forever changed the mobile-phone business, wresting power from carriers and giving it to manufacturers, developers, and consumers.

—"The Untold Story: How the iPhone Blew Up the Wireless Industry," *Wired Magazine,* January 9, 2008

This chapter covers

- Latest trends in mobile development
- Details of major mobile development platforms with extensive comparisons
- Mobile development frameworks
- Testing your mobile applications

With major disruptions from Apple and Google in the form of the iPhone, iPad, and Android, the mobile development landscape has forever changed from a closed API, carrier-centric model to an open API, device-manufacturer- and software-developer-centric model. This major shift represents a huge opportunity for LBS application developers as well, because now it's possible to develop fully featured LBS applications and release them to consumers directly—at least most of the time.

But still, mobile development is fragmented between a number of different mobile operating platforms, each supporting a different range of functionality and applications. Because there are so many options, it's important to understand each mobile platform along with market trends when planning your LBS application. Also, resources are constrained on a mobile phone, including screen size, memory, CPU, storage, and input method, making it especially important to properly understand and pick from available programming options. Figure 6.1 shows the major smartphone platforms.

In this chapter, we'll look at all major mobile development platforms, from the iPhone and Android to the relatively new MeeGo. We'll look at the basic development process for each of these platforms to get a high-level understanding of the pros and cons of each platform.

But before starting our analysis, let's look at how the market is evolving and which platforms are gaining in popularity to try to understand the current trends.

Figure 6.1   Major new mobile platforms: iPhone, Android, HP webOS, BlackBerry Storm, and the iPad, which are disrupting the old mobile ecosystem

6.1   *Mobile phone trends*

According to Gartner, Inc., 417 million mobile phones were sold in the third quarter of 2010, an 35% increase from the third quarter of 2009.[1] Nokia continues to lead the mobile phone market, but its share in 2010 dropped to 28.2% from 36.7% in the third quarter of 2009 (see table 6.1). Samsung retains second place and improved its market share; its sales totaled 71.6 million units.

Table 6.1   **Worldwide mobile phone sales for the third quarter of 2010**

Company	Q3 2010 sales	Q3 2010 share
Nokia	117,461.0	28.2
Samsung	71,671.8	17.2
LG	27,478.7	6.6
Apple	13,484.4	3.2
Research In Motion	11,908.3	2.9
Sony Ericsson	10,346.5	2.5
Motorola	8,961.4	2.1
HTC	6,494.3	1.6
ZTE	6,003.6	1.4
Huawei Technologies	5,478.1	1.3
Others	137,797.6	33
Total	417,085.7	100

Smartphone sales grew 96% from the third quarter last year, and smartphones accounted for 19.3% of overall mobile phone sales in the third quarter of 2010 (see table 6.2).

Table 6.2   **Worldwide smartphone sales by operating system for the third quarter of 2010**

Company	Q1 2010 sales	Q1 2010 share
Symbian	29,480	36.6
Android	20,500	25.5
iOS	13,484	16.7
Research In Motion	11,908	14.8
Microsoft Windows Mobile	2,247	2.8
Linux	1,697	2.1

[1] http://www.gartner.com/it/page.jsp?id=985912

Table 6.2   Worldwide smartphone sales by operating system for the third quarter of 2010 *(continued)*

Company	Q1 2010 sales	Q1 2010 share
Others	1,214.8	1.5
Total	80,532	100

Now let's look at how the programming options are evolving alongside these trends.

6.2   *How programming and distribution options are evolving*

Until the iPhone, carriers had all the power. Development took a long time; deployment took longer. Apple has been a major disruptive force in the mobile ecosystem, where carriers used to exert complete control. The high cost of entry to mobile development has been almost completely eliminated. Now with Google's Android and other disruptive forces, mobile development is possible for anyone with the help of open APIs and open distribution platforms (app stores).

Whereas Java remains the most widespread format for many mobile applications (especially within mobile marketing and mobile gaming), more sophisticated platforms like that of the iPhone are set to become increasingly popular. Android in particular promises to open up the mobile phone operating system like never before and allow full integration between the phone's features and the applications running on it.

Also, more app stores are opening, altering the mobile application development business landscape significantly. Developers no longer have to go through the carriers, which is the huge change that's reshaping the industry. They can develop and deploy applications directly to the consumers. (Please see table 6.3 for an overview of all available app stores and chapter 11 for more details on each app store.)

Table 6.3   Mobile app stores (also see chapter 11 for more details)

Name	Established	Apps	Downloads	Platforms	Dev. Share	Fees
GetJar	2004	53,000	600 million	Multiple	N/A	Free
Apple App Store	7/10/2008	75,000	2 billion	iOS	70%	$99
Android Market	10/22/2008	10,200	Unknown	Android	70%	$25
Software Store	12/16/2008	5,000	Unknown	Palm OS, Windows Mobile	60%	Unknown
BlackBerry App World	4/1/2009	2,000	Unknown	BlackBerry OS	80%	$200
Ovi Store	5/26/2009	Unknown	Unknown	Symbian	70%	€50

Table 6.3   Mobile app stores (also see chapter 11 for more details) *(continued)*

Name	Established	Apps	Downloads	Platforms	Dev. Share	Fees
App Catalog	6/6/2009	41	160,000	WebOS	70%	Free
LG Application Store	7/13/2009	1,400	Unknown	Windows Mobile	N/A	N/A
Samsung Application Store	9/14/2009	Unknown	Unknown	Java, Symbian, Windows Mobile	70%	$1
Windows Marketplace for Mobile	10/6/2009	N/A	N/A	Windows Mobile	70%	$99/year

Now that we've reviewed how existing development and distribution platforms are evolving, let's look at all the available mobile development platforms.

6.3   *Java ME*

Java Platform, Micro Edition (Java ME—formerly known as Java 2 Platform, Micro Edition, or J2ME) is a Java platform designed for mobile devices and embedded systems, which range from mobile phones to navigation devices and set-top boxes. Figure 6.2 displays the Java ME architecture.

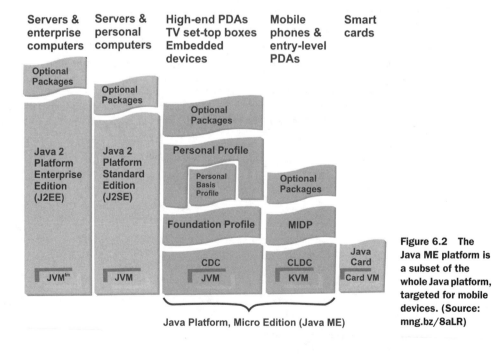

Figure 6.2   The Java ME platform is a subset of the whole Java platform, targeted for mobile devices. (Source: mng.bz/8aLR)

Java ME is a portable solution that provides universal libraries for a wide range of devices. The resulting application can be run on various different devices. But in general applications (including their data) can't be larger than around 1 MB if they are to run on most phones. They must also be cryptographically signed (such as for the BlackBerry) in order to effectively use many specific APIs such as the file system access API. To smooth the signing process, the industry has formed the Java Verified organization.

> **TIP: JAVA VERIFIED** Java Verified[2] is the global organization in which members of the worldwide mobile ecosystem are working collaboratively to address Java ME fragmentation. The organization provides testing and resources for helping Java ME developers deliver more high-quality Java ME applications to more devices faster. The Java Verified management board is made up of representatives from LG, Motorola, Nokia, Orange, Samsung, Sony Ericsson, Sun Microsystems, and Vodafone.

Java ME applications can run on the BlackBerry, Symbian, and most Java-capable phones.

Java ME provides access to a mass market. Java ME is a good choice for high-level applications that don't require platform-specific native libraries. If your Java ME application accesses the native APIs of a mobile platform, such as the graphics hardware on the BlackBerry to display a more responsive user interface, then naturally your app won't run on Symbian devices. You have to determine whether you can get away with using just the high-level common Java ME classes in your application. If you can, Java ME is a good solution. If not, you'll have to write slightly different applications for each Java platform you're targeting.

6.4   Symbian

The Symbian platform is an open source operating system for mobile devices. It was created by merging and integrating software assets contributed by Nokia, NTT DoCoMo, and Sony Ericsson, including Symbian OS, the S60, UIQ, and MOAP(S) user interfaces. Figure 6.3 displays the system architecture for a Symbian-based phone.

Symbian is the successor to Symbian OS, launched after the founding of the Symbian Foundation in April 2009. Symbian runs on phones that are using S60 (third revision or later) and Sony Ericsson, Samsung, Siemens, and Motorola mobile phones running Symbian UIQ 3.0 or later. (Motorola has recently started moving toward Android and dropping Symbian for future phones.)

The native language of Symbian is C++, although it isn't a standard implementation. There were multiple platforms based on Symbian OS that provided SDKs for application developers wishing to target Symbian OS devices. Symbian's flavor of C++ is specialized. Symbian supports multiple runtimes so that you can use whatever programming language feels right for you, such as Python, Java ME, Flash Lite, Ruby, .NET, Web Runtime (WRT) Widgets, and Standard C/C++. Figure 6.3 displays the architecture of the Nokia S60 platform.

---

[2]   http://javaverified.com

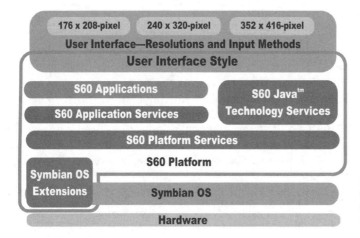

Figure 6.3   Symbian as part of the Nokia S60 platform architecture (source: mng.bz/LSKH)

Symbian is a powerful platform for general-purpose development. It was designed specifically for mobile devices from the beginning, so it's real time and multitasking while trying to minimize memory use and maximize performance and battery life.

The Symbian Foundation maintains the code for the open source software platform based on Symbian OS and software assets contributed by Nokia, NTT DoCoMo, and Sony Ericsson, including the S60 and MOAP(S) user interfaces. Portions of the platform's source code have already been moved to open source, under the Eclipse Public License. When this process is complete, the platform code will be available to all for free. Close to 300 million Symbian OS-based units have been shipped, and Symbian holds more than a 50% market share globally.

When developing a Symbian application, you first have to choose your target platform, such as Sony Ericsson P800, Nokia 3650/7650, or Samsung i458, because Symbian is just the low-level operating system and the middleware. Each phone carries a different UI on top of the base operating system.

There are currently three main GUI systems:

- Nokia Series 60
- Nokia Series 80
- User Interface Quartz (UIQ)

Table 6.4 summarizes the available GUI systems.

Series 60 is the most common platform and easiest to start with. After selecting your target platform, you need to pick a development environment. Your options are

- Visual Studio
- Metrowerks CodeWarrior
- Borland C++ Builder
- Carbide.c++ (based on the Eclipse IDE and now owned by the Symbian Foundation)

Table 6.4 Major GUI systems for Symbian

GUI	Specifics	Phones
Series 60 v1.x + Symbian OS 6.1	Resolution = 176 x 208 Phone keyboard No touch screen	Nokia 3650, Nokia 7650, Nokia N-Gage, Siemens SX1, Samsung SGH-D700, Sendo XXX
Series 60 v2.0 + Symbian OS 7.0s	Resolution = 176 x 208 Phone keyboard No touch screen	Nokia 6600
Series 80 + Symbian OS 6.0	Resolution = 640 x 200 Full keyboard No touch screen	Nokia 9210
UIQ v2.0 + Symbian OS 7.0	Resolution = 208 x 320 Optional keyboard Touch screen	Sony Ericsson P800, BenQ P30

Then you download and install the specific SDK from Nokia, Sony Ericsson, or another source to develop your application to that specific target platform.

Symbian has wide distribution and it's a robust development environment, but the fragmentation in the GUI layers running on top of Symbian may force you to target only a subset of the available Symbian phones out there. For example, if you want to target most of the Symbian phones, you'll need to develop at least 100 different clients.

Symbian has a steep learning curve for beginners because of its unique flavor of C++ and the complexities of its GUI layers. Also, from a user point of view, the apps might have a clunky feel if they aren't fully optimized for the specific platform.

Symbian's wide distribution is a big draw for developers, but you should weigh all the difficulties of developing on the platform against its distribution when picking release platforms for your product. Java ME is a solution that can run acceptably well if your application is not too computer resource and graphics intensive.

Please see section 6.12 for Nokia's new open source mobile OS: Maemo.

6.4.1 Nokia Ovi Store

The Nokia Ovi Store (figure 6.4) was launched worldwide in May 2009. Here, customers can download mobile games, applications, videos, images, and ringtones to their Nokia devices. Some of the items are free of charge; others can be purchased using a credit card or through operator billing in selected operators.

Ovi Store offers customers content that's compatible with their mobile device and relevant to their tastes and location. Customers can share recommendations with their friends, see what they're downloading, and let them see the items they're interested in.

For content publishers, Nokia offers a self-service tool to bring their content to the Ovi Store. Supported content types include J2ME, Flash applications, widgets, ringtones, wallpapers, themes, and more for Nokia Series 40 and S60 devices. Nokia offers a 70% revenue share of gross sales, net of refunds and returns, less applicable taxes and, where applicable, fixed operator billing costs. Please see table 6.3 and chapter 11 for more information.

6.5   *iPhone and iPad*

Apple Inc.'s iPhone and iPad platforms have forever changed the mobile industry. They're two of the best-selling consumer electronic devices of all time. iPhone is the fastest-selling smartphone ever, and iPad is selling at even a higher rate than the iPhone. The popularity of the devices among developers and consumers created an explosion of over 200,000 applications (as of mid-2010) that captured the attention of consumers around the world. Here are some numbers about the App Store as of May 2010:

Figure 6.4   Nokia Ovi Store

- Total active apps (currently available for download): 199,790
- Total inactive apps (no longer available for download): 34,352
- Total apps seen in the US App Store: 234,142
- Number of active publishers in the US App Store: 39,283

iPhone application development requires using Objective-C, an Apple-specific variant of C, enhanced with object-oriented features of C or C++. Developers familiar with Mac OS X development can make a quick transition to iOS development, whereas other developers will have a steep initial learning curve, mostly because of Objective-C and iOS specifics.

In short, iOS applications are developed using Objective-C, C, or C++ and Cocoa only on a Macintosh computer in Xcode after signing up as a developer with Apple, and the resulting binaries are submitted to the Apple App Store for approval, which takes one to two weeks. Now let's look at all the components for iPhone and iPad application development:

- *iOS*—iOS is the operating system developed by Apple Inc. for the iPhone, iPad, and iPod touch. iOS applications are written in the Objective-C programming language, using the Cocoa application framework on the Mac OS X. iOS has four abstraction layers: the Core OS layer, the Core Services layer, the Media layer, and the Cocoa Touch layer (figure 6.5).

- *The iPhone SDK*—The iPhone SDK[3] (first released in March 2008) contains the code, information, and tools you need to develop, test, run, debug, and tune applications for the iOS.

- *Objective-C*—Objective-C is a reflective, object-oriented programming language, which adds Smalltalk-style messaging to the C programming language. It has a steep learning curve for beginners.

Figure 6.5   iOS technology layers (source: mng.bz/d3j3)

- *Cocoa Touch*—Cocoa Touch is an API for building software programs to run on the iPhone and iPod touch from Apple Inc. Cocoa Touch provides an abstraction layer of the iOS (figure 6.6), which is the operating system for the iPhone and iPod Touch. Cocoa Touch is based on the Cocoa API toolset for building software programs for Mac OS X computers. Tools for developing applications based on Cocoa Touch are included in the iPhone SDK.

- *Xcode*—Xcode is the development environment that hosts the development tools for the iOS. The Xcode tools have been updated to support development for the iOS. In addition to providing the basic editing, compilation, and debugging environment for your code, Xcode also provides the launching point for testing your applications on an iPhone or iPod touch device. Xcode also lets you run applications in the iPhone simulator, a platform that mimics the basic iOS environment on your local Mac computer.

- *The iPhone Developer Program*—This program gives you the cryptographic keys to be able to download your code to a real phone. This currently costs $99 for individuals or $299 for companies.

With over 200,000 applications in the Apple App Store, iPhone and iPad application development has taken the world by storm. Many developers made the crossover to iOS development from other platforms, so there's an extraordinary amount of resources available for beginners in the form of books and also online.

The platform is robust if you can manage to keep the memory use of your application to a minimum. Crashes are very common in applications that run out of memory.

---

[3] http://developer.apple.com/iphone/

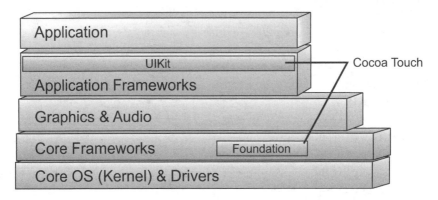

Figure 6.6   Cocoa Touch in the architecture of the iOS (source: mng.bz/ZGY5)

iOS 4 has brought multitasking to iOS development, but before this, one major limitation of the iOS was that applications couldn't run in the background. Push notifications is a powerful feature to partially alleviate this limitation. You can send a message to a phone even if the user isn't running your application at the moment. For example, a user can receive an instant message from a friend even if he's not currently running the instant messaging application. LBS applications can send alerts to users from their friends or from other services.

So far, the biggest issue with iPhone app development has been the App Store approval process, which can be unpredictable and at times inconsistent. Your application can be rejected for reasons you can't predict, making all of your investment worthless. The other things to watch out for are documented in the terms of use for the developer program. Apple forbids developers to use undocumented features and checks each binary with automated tools against such use. You also can't compete with Apple directly or try to replace basic features of the iPhone.

In-app purchases are another great feature that minimizes the friction for your users to buy virtual goods inside your application. They just see a charge in their iTunes account, and Apple relays 70% of the purchase amount to you directly.

A repeated criticism from iPhone app developers comes from the difficulty they find in deploying their application to a real iPhone or iPod Touch. Apple, for better or worse, has designed a process involving many hoops that you must jump through, and this has prompted some developers to grumble and others to explore alternative, non-official open tool chains, which don't require app signing.

If you'd like to get your paid application to some reviewers for free, you can give them promo codes that enable them to download your app from iTunes for free.

Apple also has given developers a way to beta test iPhone applications with up to 100 iPhones. If you want to get your app to some beta testers before your app is accepted in the App Store, then these users have to send you their unique device identifier (UDID). To find your iPhone's UDID, plug it into your computer and wait until iTunes recognizes it. Select your phone from the Devices list in iTunes and click the

Summary tab. To see your UDID, click the word *serial number* beside the picture of the iPhone. You should see the word *identifier* and an alphanumeric string—this is your UDID. To copy it, press Command-C on your Mac's keyboard (or Ctrl-C in Windows).

6.5.1 *Restrictions on iOS development tools*

Apple has severely restricted the tools you can use to create iPhone, iPod touch, and iPad apps. The infamous iPhone Developer Program License Agreement Section reads as follows:

> *3.3.1— Applications may only use Documented APIs in the manner prescribed by Apple and must not use or call any private APIs. Applications must be originally written in Objective-C, C, C++, or JavaScript as executed by the iOS WebKit engine, and only code written in C, C++, and Objective-C may compile and directly link against the Documented APIs (e.g., Applications that link to Documented APIs through an intermediary translation or compatibility layer or tool are prohibited).*

This has caused a huge controversy because this has banned Adobe's Flash-to-iPhone-App converter as well as other third-party development tools. You should be aware of all of Apple's restrictions and policies before jumping into iPhone/iPad development.

6.5.2 **A simple iPhone app**

Let's now look at how to create an iPhone app that finds the current location of the user and displays it. Follow these steps:

  1 Install the latest iPhone SDK.

  2 Open Xcode (make sure you have the latest version).

  3 Go to File > New Project to create a new project of type View-Based Application. Enter a name, such as AroundMyCity.

This will create a project for an application that uses a single view to implement its user interface. Listings 6.1 through 6.4 display the initial source code of the project. The first listing shows the initial AroundMyCityAppDelegate.h code for the view-based application AroundMyCity.

Listing 6.1   Initial AroundMyCityAppDelegate.h code

```
//
//  AroundMyCityAppDelegate.h
//  AroundMyCity
//
//  Created by Murat Aktihanoglu on 2/19/10.
//

#import <UIKit/UIKit.h>        ⟵  Import user interface
                                   kit header file

@class AroundMyCityViewController;     ⟵  Forward-declare
                                           this class
```

```
@interface AroundMyCityAppDelegate
         : NSObject <UIApplicationDelegate> {
    UIWindow *window;
    AroundMyCityViewController *viewController;
}
```

❶ Derive class from UIApplicationDelegate

❷ Declare Member variables

```
@property (nonatomic, retain) IBOutlet UIWindow *window;
@property (nonatomic, retain) IBOutlet AroundMyCityViewController
 *viewController;

@end
```

Here we declare a class derived from UIApplicationDelegate ❶ with two member variables for keeping the UIWindow and view controller pointers ❷.

The next listing shows the initial AroundMyCityAppDelegate.m code for the application AroundMyCity.

Listing 6.2   Initial AroundMyCityAppDelegate.m code

```
//
//  AroundMyCityAppDelegate.m
//  AroundMyCity
//
//  Created by Murat Aktihanoglu on 2/19/10.
//

#import "AroundMyCityAppDelegate.h"
#import "AroundMyCityViewController.h"

@implementation AroundMyCityAppDelegate

@synthesize window;
@synthesize viewController;

- (void)applicationDidFinishLaunching:
     ➥(UIApplication *)application {

    [window addSubview:viewController.view];
    [window makeKeyAndVisible];
}

- (void)dealloc {
    [viewController release];
    [window release];
    [super dealloc];
}
```

Include required header files

❶ Declare override point for customization

❷ Declare deconstructor for class

This code is the implementation of the AroundMyCityAppDelegate class where the code overrides the applicationDidFinishLaunching function ❶ of the parent class. The code provides a specialized deconstructor ❷ to be able to serve customized implementations.

The following listing contains the initial AroundMyCityViewController.h code for AroundMyCity.

Listing 6.3 Initial AroundMyCityViewController.h code

```
//
//  AroundMyCityViewController.h
//  AroundMyCity
//
//  Created by Murat Aktihanoglu on 2/19/10.
//  Copyright Centrl Inc. 2010. All rights reserved.
//

#import <UIKit/UIKit.h>                          ⟵ Import user interface
                                                      kit header file

@interface AroundMyCityViewController : UIViewController {   ⟵
                                                         ❶ Declare new
}                                                            class

@end
```

Here we declare a class derived from `UIViewController` ❶ to be able to serve a customized implementation of this class.

The next listing shows the initial AroundMyCityViewController.m code for AroundMyCity.

Listing 6.4 Initial AroundMyCityViewController.m code

```
//
//  AroundMyCityViewController.m
//  AroundMyCity
//
//  Created by Murat Aktihanoglu on 2/19/10.
//

#import " AroundMyCityViewController.h"          ⟵ Include
                                                      header file

@implementation AroundMyCityViewController

/*
- (id)initWithNibName:(NSString *)nibNameOrNil bundle:(NSBundle
    *)nibBundleOrNil {                   ⟵———— ❶ Declare designated initializer

    if (self = [super initWithNibName:nibNameOrNil bundle:nibBundleOrNil])
    {
        }    return self;
}
*/
```

```
/*
- (void)loadView {
}
*/
```

② Implement
   loadView

③ Implement
   viewDidLoad

```
/*
- (void)viewDidLoad {
    [super viewDidLoad];
}
*/
```

```
/*
- (BOOL)shouldAutorotateToInterfaceOrientation:
        (UIInterfaceOrientation)interfaceOrientation {
    return (interfaceOrientation ==
    ⇒UIInterfaceOrientationPortrait);
}
*/
```

④ Override to
   allow nondefault
   orientations

Return YES for
supported orientations

⑤ Release view if
   no superview

```
- (void)didReceiveMemoryWarning {
    [super didReceiveMemoryWarning];

}
```

Release any cached
data not in use

⑥ Release any
   retained subviews

```
- (void)viewDidUnload {
    // e.g. self.myOutlet = nil;
}
```

```
- (void)dealloc {
    [super dealloc];
}
```

`@end`

This is the basic implementation of the `AroundMyCityViewController` class with functions that will be customized ❶, ❷, ❸, ❹, ❺, ❻. This is mostly generated by the tools and is generally the same for all projects. After this step we'll start customizing each function to serve the desired functionality, as follows:

1 Select Project > Set Active SDK > iPhone Simulator 3.0.
2 Add the Core Location framework to the application. Right-click Frameworks and select Add > Existing Frameworks. Choose CoreLocation.framework.
3 Choose Import < CoreLocation/CoreLocation.h > in AroundMyCityController.h.
4 Make the following changes (shown in bold) to the `AroundMyCityController` class to get the location of the user.

Listings 6.5 and 6.6 are the final source code for the project that's fully functional.

Listing 6.5   AroundMyCityController.h code with changes to get the current location

```
//
//  AroundMyCityViewController.h
//  AroundMyCity
//
//  Created by Murat Aktihanoglu on 2/19/10.
//
```

❶ **Include core location header files**

```
#import <CoreLocation/CoreLocation.h>
#import <CoreLocation/CLLocationManagerDelegate.h>

#import <UIKit/UIKit.h>

@interface AroundMyCityViewController :
    UIViewController<CLLocationManagerDelegate> {

        CLLocationManager *locationManager;

}
```

❷ **Declare new member variable to get location**

```
- (void)locationManager:(CLLocationManager *)manager
    didUpdateToLocation:(CLLocation *)newLocation
➥fromLocation:(CLLocation *)oldLocation;

- (void)locationManager:(CLLocationManager *)manager
    ➥didFailWithError:(NSError *)error;

@property (nonatomic, retain) CLLocationManager *locationManager;

@end
```

Here you see the new core location header files ❶ and the new member variable to hold the location manager object ❷. This member variable will keep a pointer to the location manager object that will be used to find the location of the user. The next listing shows the AroundMyCityController.m code with changes to get the current location.

Listing 6.6   AroundMyCityController.m code modified to get the current location

```
//
//  AroundMyCityViewController.m
//  AroundMyCity
//
//  Created by Murat Aktihanoglu on 2/19/10.
//

#import "AroundMyCityViewController.h"
```

```
@implementation AroundMyCityViewController

@synthesize locationManager;
```

Instantiate
location manager ◁─┘

```
/*
// The designated initializer. Override to perform setup
// that is required before the view is loaded.
- (id)initWithNibName:(NSString *)nibNameOrNil
    ➥bundle:(NSBundle *)nibBundleOrNil {
    if (self = [super initWithNibName:nibNameOrNil
    ➥bundle:nibBundleOrNil]) {
       // Custom initialization
    }
    return self;
}
*/


/*
// Implement loadView to create a view hierarchy programmatically, without
    using a nib.
- (void)loadView {
}
*/

// Implement viewDidLoad to do additional setup
// after loading the view, typically from a nib.
- (void)viewDidLoad {
    [super viewDidLoad];

    locationManager=[[CLLocationManager alloc] init];
    locationManager.delegate=self;
    locationManager.desiredAccuracy=kCLLocationAccuracyNearestTenMeters;

    [locationManager startUpdatingLocation];

}
```

Implement
viewDidLoad function ◁─┘

```
/*
// Override to allow orientations other than
// the default portrait orientation.
- (BOOL)shouldAutorotateToInterfaceOrientation:
  ➥(UIInterfaceOrientation)interfaceOrientation {
    // Return YES for supported orientations
    return (interfaceOrientation == UIInterfaceOrientationPortrait);
}
*/

- (void)didReceiveMemoryWarning {
    // Releases the view if it doesn't have a superview.
    [super didReceiveMemoryWarning];

    // Release any cached data, images, etc that aren't in use.
}
```

```
- (void)viewDidUnload {
    // Release any retained subviews of the main view.
    // e.g. self.myOutlet = nil;
}

- (void)dealloc {
    [super dealloc];
}

- (void)locationManager:(CLLocationManager *)manager
    didUpdateToLocation:(CLLocation *)newLocation
fromLocation:(CLLocation *)oldLocation{
    NSLog(@"update received!");
}

- (void)locationManager:(CLLocationManager *)manager
 didFailWithError:(NSError *)error{

    NSLog(@"ERROR on location");
}

@end
```

Implement didUpdateToLocation function

Implement didFailWithError function

Here are all the changes that enable this class to get the location of the device from the platform. When the view is loaded, the code initializes the location manager and makes the request to get the location. This asynchronous process calls `didUpdateToLocation` if it succeeds and `didFailWithError` if it fails.

After going through all steps, select Run > Debug, and the iPhone simulator will launch and bring up the application.

The `viewDidLoad` function will be called when the view is loaded. This function will start retrieving the location. The platform will call the application multiple times with increasingly accurate updates, instead of just one call to enable applications, to control battery drain and time-to-fix parameters.

6.5.3 The Apple App Store

After you develop your application, you submit it to the Apple App Store (figure 6.7) for review. Apple usually takes between one and two weeks to accept or reject your application. If your application is accepted, you can list it in the App Store, and Apple will take care of hosting your application binaries for users to download. Apple takes 30% of the application

Figure 6.7   aApple App Store

fee if you charge users to download your application. Please see table 6.3 and chapter 11 for more information.

6.6   *Android*

Android is a mobile operating system running on the Linux kernel. It was initially developed by Google and later the Open Handset Alliance.[4] It allows developers to write managed code in the Java language, controlling the device via Google-developed Java libraries. Figure 6.8 displays the main architecture of the Android operating system.

Here's a quick summary: Android application development is done in Java using the Android Java libraries,[5] preferably in Eclipse (an open source development environment), and applications can be submitted to the Android Market. There's no approval process in the Android Market. Submitted applications go live instantly, unlike those for the Apple App Store.

Google has created a powerful and robust mobile operating system in the form of Android. The open nature of Android is already disrupting legacy mobile OSs as well as even the iPhone. Many device manufacturers are moving from legacy platforms to Android and releasing new Android phones.

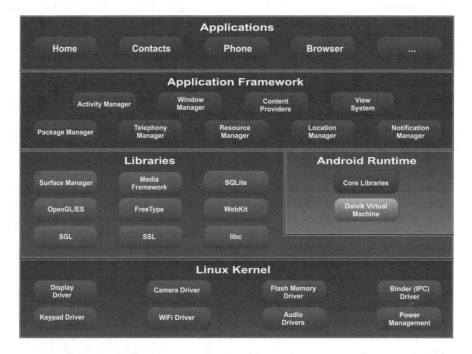

Figure 6.8   Major components of the Android operating system

---

4   http://www.openhandsetalliance.com/
5   http://code.google.com/android/download_list.html

For example, Motorola has famously dropped Symbian and moved to Android to release the Droid phone with Verizon to compete with the iPhone directly. Sony Ericsson is also moving toward Android and away from its existing OSE, Symbian, and Windows Mobile platforms.

With Android 2.0, Google has also released a free navigation application built into the operating system, which disrupts the paid TomTom and Garmin applications, turning navigation into a commodity feature.

Learning Android development is easy, with Java developers making the quickest jump. Android Java libraries are intuitive, and it helps greatly that the platform is open source. You can actually debug within the operating system libraries if necessary to see what the problems are when your code doesn't work as expected. Here are some major properties of the Android platform:

- *Multitouch on a limited number of Android devices*—Curiously, multitouch capabilities have been left out of the Android SDK until recently except for a few phones just coming out, unlike the iPhone. It's claimed that this feature will be enabled widely in the near future because some developers created multitouch demos on Android phones by hacking the OS.
- *Multitasking*—Android supports multitasking, but this requires a bit of explanation. On a Windows desktop, you can freely start, end, and switch between actively running programs. They continue running the same way whether they're in focus or in the background. In Android, you don't have to shut down programs because the system will do it for you when it runs low on memory.

Unlike Windows, Android makes a clear distinction between a program that's doing work (like downloading a file or playing some music) and one that's sitting around waiting for the user to return. The commonly quoted "Android can run programs in the background" case is the one where the background program is doing work. You can listen to music from any program while doing work in another. For example, you can download a file while reading your email.

The other case, the one where programs are open but just sitting around, is a little harder to define. This is the situation where a program will technically remain running until the system needs memory; then it will be closed without warning. Because of this, it's up to the individual application developer to create the illusion of smooth multitasking.

What that means is every time an application loses its focus (disappears from the screen in favor of displaying another program on top of it), it effectively has to save its state out to permanent memory. If it doesn't, then it will be reset when its memory is reclaimed by the system. Because the application has no way of knowing if it will ever regain focus before being closed, the only reasonable solution is to write out the value of every single variable in memory to the permanent storage and then reload all those variables when the application regains focus. Because of this requirement, you can almost say that Android doesn't really support multitasking between programs but just creates the illusion that it does.

That conclusion in itself is a bit misleading, because Android actually can multitask between programs, but because it requires all good programs to assume that they're going to be closed whenever focus is lost, it doesn't really make much difference. The only real advantage it gains is that if the program isn't closed before it regains focus, then it can save a second or two by not bothering to load in the save state data from permanent storage.

6.6.1   *A simple Android app*

Now let's develop a simple Android application that finds the user's current location. The sample code will access the Location Manager service from the platform and will use it to get the user's location. The steps to do so follow:

1   Download and install Eclipse IDE for Java Developers.[6]
2   Install the Android Development Toolkit into Eclipse. This turns Eclipse into an excellent development environment for Android and is highly recommended. For this, choose Help > Install New Software in Eclipse and add https://dl-ssl.google.com/android/eclipse/ as a site. This will show Developer Tools as available. Select this option and install ADT in Eclipse. Now you have Eclipse ready with the Android plug-in.
3   Install the latest Android SDK from http://developer.android.com.
4   In Eclipse, choose Window > Preferences and set the location of the Android SDK in the Android tab. This will link the Eclipse environment to the location of the Android SDK.
5   Create a new Android project in Eclipse by choosing File > New Project > Android and filling in the project name and application name.

You should have the code shown in the following listing at the end of step 5.

Listing 6.7   Autogenerated Android application source code

```
package LBSBook.AroundMyCity;

import android.app.Activity;
import android.os.Bundle;                                    ❶ Declare main
                                                               activity class
public class AroundMyCity extends Activity {          ⟵──┘

    @Override                                                ❷ Called when
    public void onCreate(Bundle savedInstanceState) {   ⟵──┘ activity is created

        super.onCreate(savedInstanceState);         ⟵┐
        setContentView(R.layout.main);                ❸ Call parent class
    }                                                   implementation of onCreate
}
```

---

[6] http://eclipse.org

In this code sample, you see the main activity class for this application ❶ and its member function ❷. The customized onCreate function calls the default implementation of the parent class first ❸.

6   Open the AndroidManifest.xml file to add permissions for this application to access the Location Manager system component. Add this to the file:

```
<uses-permission android:name="android.permission.ACCESS_FINE_LOCATION" />
```

TIP: GETTING PERMISSION TO ACCESS LOCATION SERVICES ON ANDROID Note that ACCESS_COARSE_LOCATION allows an application to access coarse (for example, Cell ID, Wi-Fi) locations, and ACCESS_FINE_LOCATION allows an application to access fine (for example, GPS) locations.

7   Import the Location and LocationManager classes.

8   Get the Location Manager from the system and call it to get the current location. Add the source code in bold to the AroundMyCity.java file. The resulting source code should look like the following listing.

Listing 6.8   The Improved AroundMyCity.java that gets the user's location using GPS

```
package com.LBSBook;

import android.app.Activity;
import android.os.Bundle;
import android.content.Context;
import android.widget.TextView;
import android.location.Location;
import android.location.LocationManager;

public class HelloAndroid extends Activity {          ⟵─ Declare main activity class

    @Override
    public void onCreate(Bundle savedInstanceState) {          ⟵─ Call when activity is created

        super.onCreate(savedInstanceState);          ⟵─ Call parent class implementation of onCreate

        LocationManager locationManager =
        (LocationManager)getSystemService
        (Context.LOCATION_SERVICE);          ⟵─ ❶ Get Location Manager from system

        Location location =
        locationManager.getLastKnownLocation("gps");          ⟵─ ❷ Get last known location

        TextView tv = new TextView(this);
        tv.setText("Location is " + location.getLatitude()
        + ", " + location.getLongitude() );
        setContentView(tv);          ⟵─ ❸ Update user interface with location value
    }
}
```

In this code sample, you see the changes needed to get the Location Manager from the platform ❶ and get the location of the device from it ❷ and update the UI accordingly ❸.

After going through all the steps, click Debug and choose Android Application, and the application will be installed and launched on your USB-connected Android phone.

In the previous listing, the main application class extends the `Activity` class. When an activity starts, its `onCreate` function gets called. The code first calls the parent class's `onCreate` method. Then it gets the location of the user, creates a new `TextView` object, sets its text, and sets the content view to the `TextView` object, which displays the contents of `TextView` onscreen.

6.6.2　Android Market

Android Market (figure 6.9) is a software application developed by Google for Android devices, which allows users to browse and download applications published by third-party developers. The Android Market was announced on August 28, 2008, and was made available to users on October 22, 2008. Priced application support was added for US users and developers in the United States and United Kingdom in mid-February 2009. All submitted applications go live immediately, unlike those for other app stores. This makes it very easy to release bug fixes. But it's difficult to get visibility in the Android Market if yours is not one of the featured apps. Please see table 6.3 and chapter 11 for more information.

6.7　webOS

webOS is a smartphone platform, based on Linux and developed by Palm, which is now part of HP. The Palm Pre smartphone is the first device to launch with webOS, and both were introduced to the public at the Consumer Electronics Show in Las Vegas

Figure 6.9　Android Market

on January 8, 2009. The Palm Pre and webOS were released on June 6, 2009. The second device to use the operating system is the Palm Pixi. The webOS features significant online social network and Web 2.0 integration. Please see figure 6.10 for an overview of the webOS architecture.

webOS's graphical user interface is designed for use on devices with touch screens. It includes a suite of applications for personal information management and makes use of a number of web technologies such as HTML 5, JavaScript, and CSS. Palm claims that the design around these existing technologies was intended to spare developers from learning a new programming language. The Palm Pre, released on June 6, 2009, is the first device to run this platform.

webOS development is easy to ramp up because it's based on common and widely known technologies, but the developer still has to learn and become familiar with the overall structure of a webOS application. Every webOS application has a scene component. A scene is a formatted screen for presenting information or a task to the user. Each scene has a view and an assistant. The view determines the layout and appearance of the scene. The assistant determines the behavior. Some scenes also have models, which supply data.

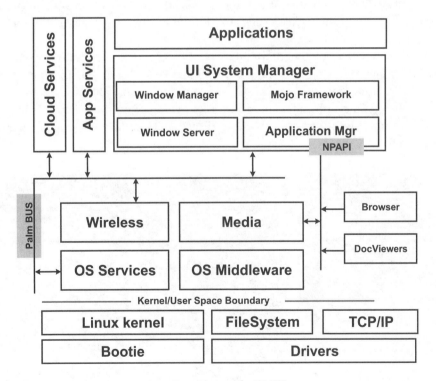

Figure 6.10 WebOS architecture (source: mng.bz/E16W)

webOS is a true multitasking operating system. Users can switch between running applications. It also supports multitouch capabilities, just like the iPhone.

Palm is struggling to convince developers to use its platform, and its chances of succeeding are unclear at this point, but it's definitely an innovative platform.

6.7.1   *HP App Catalog*

The HP App Catalog (figure 6.11) is an online marketplace for applications for Palm mobile devices running webOS but not Palm OS. Initially, applications are supported only on the Palm Pre.

The App Catalog is similar to Apple's App Store for the iOS and Google's Android Marketplace for Android. At the time of the Palm Pre launch, the App Catalog featured 18 applications. Applications have to be signed through the Developer Portal before being submitted to the App Catalog. Please see table 6.3 and chapter 11 for more information.

6.8   *BlackBerry OS*

BlackBerry OS is the proprietary software platform made by Research In Motion (RIM) for its BlackBerry line of handhelds. BlackBerry OS provides multitasking and makes heavy use of the device's specialized input devices, particularly the trackball or touchscreen.

BlackBerry OS development for all recent BlackBerry models is done exclusively in Java using Java ME, which is itself a derivative of Java version 1.3 (but not 1.5, which has all the latest features such as generics, enumerations, and so on). Applications have to be cryptographically signed with security keys from RIM before being distributed (through BlackBerry App World or directly). The BlackBerry platform is shown in figure 6.12.

Figure 6.11   HP App Catalog

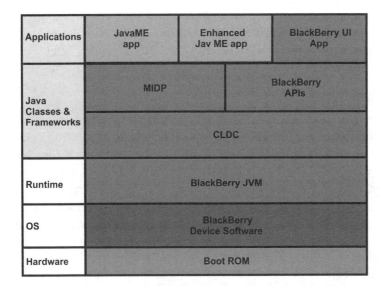

= User space
= OS space
= Developer tools and support

Figure 6.12 BlackBerry architecture (source: mng.bz/1hue)

The BlackBerry platform is based on the CLDC[7] and includes support for MIDP 2.0.[8]

- *CLDC*—The Connected Limited Device Configuration (CLDC) defines the base set of application programming interfaces and a virtual machine for resource-constrained devices like mobile phones, pagers, and mainstream personal digital assistants. When coupled with a profile such as the Mobile Information Device Profile (MIDP), it provides a solid Java platform for developing applications to run on devices with limited memory, processing power, and graphical capabilities.

- *MIDP*—The Mobile Information Device Profile lets you write downloadable applications and services for network-connectable mobile devices. When combined with the Connected Limited Device Configuration, MIDP is the Java runtime environment for today's most popular compact mobile information devices, such as cell phones and mainstream PDAs.

The BlackBerry platform also contains a large number of BlackBerry-specific classes. This leaves you with the question of whether to write a BlackBerry application or an MIDP application.

---

[7] http://java.sun.com/products/cldc/
[8] http://java.sun.com/products/midp/

In an MIDP application you're constrained to use only the APIs exposed by the CLDC and MIDP standards. Your application will run on the BlackBerry and on most mobile phones, but it won't be able to use any of the BlackBerry's special features. You can use any MIDP-compatible development tool, such as the Sun Java Wireless Toolkit for CLDC (formerly known as the J2ME Wireless Toolkit), to create your applications.

Most application developers opt to build BlackBerry-specific applications. This means learning the BlackBerry-specific APIs, including new user interface classes, and using the BlackBerry Java Development Environment (JDE)[9] to develop applications. The JDE, which is free to download, works with the standard Java Software Development Kit and provides you with all the tools necessary to create, package, test, and debug BlackBerry applications. You don't even need a BlackBerry handheld, because the JDE includes a full-featured BlackBerry device simulator. A complete set of documentation is provided that describes all the classes and interfaces available to programmers.

6.8.1 *BlackBerry App World*

BlackBerry App World (figure 6.13) is an application distribution service and application by Research In Motion for certain BlackBerry devices. The service provides BlackBerry users with an environment to browse, download, and update third-party applications. The service went live on April 1, 2009. Please see table 6.3 and chapter 11 for more information on BlackBerry App World.

> **TIP** On the BlackBerry, apps can't be stored on a media card, causing a very limited number of applications to be loaded on a device for use at one time.

Figure 6.13 BlackBerry App World

---

[9] http://supportforums.blackberry.com/t5/Java-Development/tkb-p/java_dev@tkb

6.9 *Windows Mobile*

Windows Mobile is a compact operating system combined with a suite of basic applications for mobile devices based on the Microsoft Win32 API. Devices that run Windows Mobile include Pocket PCs, smartphones, Portable Media Centers, and onboard computers for certain automobiles.

Originally appearing as the Pocket PC 2000 operating system, Windows Mobile has been updated multiple times, the previous version being Windows Mobile 6.5 released in Fall 2009. Windows Phone 7 is the latest version of Windows Mobile and was announced on February 7, 2010, with the SDK release date of September 16, 2010.

Creating programs that run on Windows Mobile phones is very similar to writing apps for the Windows desktop. You use the same tools such as Visual Studio and publish apps to the Windows Marketplace for Mobile.

6.9.1 *Windows Marketplace for Mobile*

Windows Marketplace for Mobile (figure 6.14) is an application and service by Microsoft for their Windows Mobile platform that allows users to browse and download applications that have been developed by third parties. The application is now available for use directly on Windows Mobile 6.5 devices and on personal computers. It was announced at the 2009 Mobile World Congress and was released on October 6, 2009. Please see table 6.3 and chapter 11 for more information.

Windows Marketplace for Mobile, available through applications for Windows Mobile and personal computers, offers a 24-hour return policy for buyers, and 70% of each application sale is paid to developers. Microsoft charges a one-time US$99 fee for developers to list up to five applications yearly. After the five applications have been listed for the year, each additional application can only be listed with another US$99 fee. Please see table 6.3 for more information.

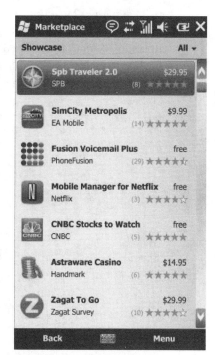

Figure 6.14   Windows Marketplace for Mobile

6.10 *LiMo*

The LiMo (Linux Mobile) Foundation was founded in January 2007 by Motorola, NEC, NTT DoCoMo, Panasonic Mobile Communications, Samsung Electronics, and Vodafone with the goal of establishing a globally competitive, Linux-based operating system for mobile devices. Since then, the foundation has expanded to more than

50 members who are working together within an open and transparent governance model—with shared leadership and shared decision making—to deliver an open and globally consistent handset software platform based on Linux for use by the whole mobile industry. See figure 6.15 for an overview of the LiMo architecture.

It has a modular plug-in architecture and supports DRM. LiMo application developers will be able to use SDKs to write managed code running in a Java virtual machine, browser apps for WebKit, and native code. As you can see in figure 6.15, the platform runs on top of the Linux kernel with middleware that provides the basic functionality.

Orange and Access have licensed LiMo to develop cellular telephone handsets, but at this point it's not clear if LiMo will become a major platform that's going to be worth development resources.

6.11   *MeeGo*

Moblin, developed by Intel, and Maemo, developed by Nokia, were merged into a single project named MeeGo in February 2010. MeeGo is slated to build on the Moblin core operating system, with Qt being the application development environment. It will be hosted in a completely open fashion by the Linux Foundation, so everybody can join in. It will run on pocketable mobile computers, netbooks, tablets, mediaphones, connected TVs, in-vehicle infotainment systems, and more.

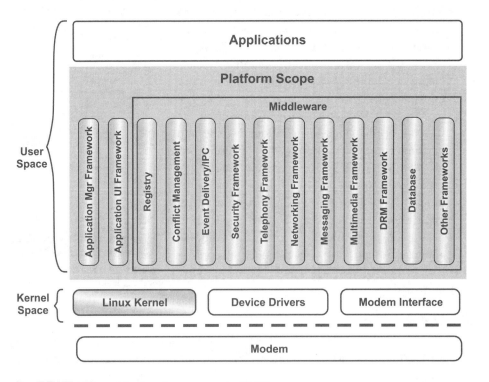

Figure 6.15   LiMo architecture (source: mng.bz/t946)

Let's take a quick look at Moblin and Maemo to understand the basics of MeeGo.

Moblin, short for *Mobile Linux*, is an open source operating system and application stack for mobile internet devices (MIDs), netbooks, and nettops. Built around the Intel Atom processor, current builds are designed to minimize boot times and power consumption to create a netbook and MID-centric operating system. See figure 6.16 for an overview of the Moblin architecture.

Moblin is built on top of the Linux kernel with App and UI services layers. It also has a very specific platform UI that's intended for mobile devices such as smartphones and netbooks.

Intel launched the Moblin.org site in July 2007 and significantly updated the site in April 2008 with the launch of the Intel Atom processor family at the Intel Developer Forum in Shanghai. A custom SDK is also available on the site. The Moblin 2 OS was specifically designed to run on an Intel Atom processor in a netbook. In April 2009 Intel turned Moblin over to the Linux Foundation. Commercial products built around Moblin 2 include a Foxconn netbook and an InvenTech smartphone.

Maemo is a software platform developed by Nokia for smartphones and internet tablets. The first phone to run Maemo is the Nokia N900.

Maemo is a modified version of the Debian Linux distribution, slimmed down for mobile devices. It uses an X Window System–based graphical user interface using Xomap and the Matchbox window manager; the GUI uses the GTK+ toolkit and Hildon user interface widgets and API.

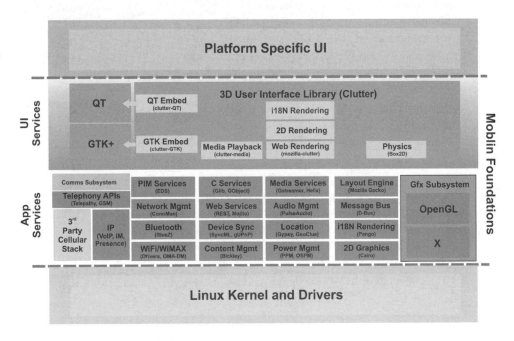

Figure 6.16   Moblin architecture (source: mng.bz/XRT6)

Although Maemo is based on Linux and open source software, some parts of Maemo remain closed source. Some user-space software, like certain status bar and taskbar applets (including the display brightness applet) and applications, and some system daemons related to connectivity and power management are not open source like the rest of the system.

Applications for Maemo can be developed in C using the Maemo SDK, in Java, which is supported by the Jalimo JVM, in Python, Ruby, and Mono.

Nokia dropped Symbian for its N-series high-end phones in favor of Maemo, so it's expected that Maemo will become more and more important. Maemo applications will also be available in Nokia's Ovi Store.

6.12   *BREW*

BREW (Binary Runtime Environment for Wireless), debuted in September 2001, is an application development platform created by Qualcomm for mobile phones. It was originally developed for CDMA handsets but has since been ported to other air interfaces including GSM/GPRS.

BREW is a software platform that can download and run small programs for playing games, sending messages, sharing photos, and the like. The main advantage of BREW platforms is that the application developers can easily port their applications between all Qualcomm devices. BREW acts between the application and the wireless device on-

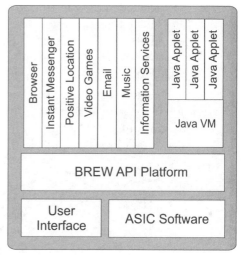

Figure 6.17   BREW architecture (source: mng.bz/S0aX)

chip operating system in order to allow programmers to develop applications without needing to code for system interface or understand wireless applications. See figure 6.17 for an overview of the BREW architecture.

BREW development usually takes too long and carriers have to certify apps (which may take up to two weeks of testing). Because of this, there's a very high cost of entry to BREW development. After an application is written, it takes two weeks per iteration of True BREW testing (each time the application fails the test). Next, negotiations with carriers commence. Then (if successful) the carrier will spend time retesting the application with its own tests on its network. Finally, rolling out a new version means starting the process over again.

TIP: BREW AND JAVA ME Java ME is widely used in Europe, whereas BREW used to be primarily used in the United States and Japan. Even in the United States, Java ME phones used to have a larger market share than BREW-enabled phones.

There are now commercial technologies to fully automate porting from Java ME to BREW. This reduces the entry barrier to produce BREW applications by eliminating the need to develop two versions of the same application in both Java and C/C++.

Sometimes it may not be necessary to create applications from scratch. Some applications can be created using mobile development frameworks.

6.13 Mobile development frameworks

You can also create mobile applications without any coding at all by using a framework. Although these frameworks are definitely limited in functionality, knowing what they can and can't do is recommended. Let's look at some available mobile development frameworks.

6.13.1 PhoneGap

PhoneGap[10] is an open source development tool for building fast, easy mobile apps with JavaScript. For web developers who want to build mobile applications in HTML and JavaScript while still taking advantage of the core features in the iPhone, Android, and Blackberry SDKs, PhoneGap is a viable choice. Table 6.5 lists the capabilities of PhoneGap for various platforms.

Table 6.5 PhoneGap platform capabilities

	iPhone	Android	BlackBerry
Geolocation	Yes	Yes	Yes
Vibration	Yes	Yes	Yes
Accelerometer	Yes	Yes	Pending
Sound	Yes	Yes	Yes
Support	Yes	Pending	Yes

6.13.2 Kyte Mobile App Frameworks

Kyte Mobile App Frameworks[11] is a turnkey solution that allows Kyte partners to create applications that can include video, live chat, and monetization options with a minimal amount of development costs.

---

[10] http://www.phonegap.com/
[11] http://www.kyte.com/platform/pg/kyte_mobile_app_frameworks

6.13.3 *Big5*

Big5[12] enables your web apps to access the accelerometer data, get the current geo position, use the built-in camera, and more, similar to PhoneGap, but all applications run in a single Big5Apps container.

6.13.4 *Titanium Mobile*

Titanium Mobile[13] is a toolkit that's similar to PhoneGap. It allows web apps to access platform APIs.

6.13.5 *QuickConnect*

QuickConnect[14] is a powerful, modular, simple-to-use application development library available for many languages and platforms. QuickConnect is currently available for iPhone, Android, and Mac JavaScript apps, Erlang/Yaws, and PHP.

6.13.6 *Rhodes Framework*

Rhodes[15] is an open source framework to rapidly build native apps for all major smartphone operating systems (iPhone, Windows Mobile, RIM, Symbian, and Android). These are true native device applications (not mobile web apps), which work with synchronized local data and take advantage of device capabilities such as GPS, PIM contacts, and camera.

Every mobile application has to be tested extensively before being submitted to an app store, and there are ways of making this cost effective for the developers.

6.14 *Testing*

Testing your mobile application on every target device is an important part of the development process. Because each device may have different underlying implementations of the APIs you're using, you have to test your app on each target device. When you have a Java ME application, you may easily end up having to test on tens or hundreds of different hardware platforms, which may become overwhelming and sometimes impractical if you don't have the resources to purchase and maintain hundreds of phones.

Services like DeviceAnywhere[16] and Intertek[17] enable developers to remotely access multiple mobile phones and install and test their applications on them. For example, DeviceAnywhere maintains over 2,000 mobile devices that can be accessed over the internet for testing your applications.

---

[12] http://www.big5apps.com/
[13] http://www.appcelerator.com/
[14] http://sourceforge.net/projects/quickconnect/
[15] http://rhomobile.com/
[16] http://www.deviceanywhere.com/
[17] http://www.intertek.com/wireless-mobile/

And Mob4Hire[18] enables crowd testing of mobile applications. Mob4Hire's website connects testers all over the world with developers who need their apps tested on multiple handsets and operating systems. Mob4Hire takes a 15% cut, and PayPal takes its customary 2.9% service fee plus 30 cents per transaction. The testers get paid to run the app on their phones and report what they find. With all the fees, testing this way still costs much less than deploying a company's ranks to set up testing in other locales.

6.15 Summary

The mobile development landscape has completely changed with major disruptions, mostly from Apple and Google in the form of the iPhone and Android, respectively. Carriers have lost power, and this power has shifted to the phone manufacturers and developers.

Currently the best platforms for location-based services are the iPhone and the Android. These two platforms support easy retrieval of the device location, unlike other platforms that require you to maintain a cell tower database. RIM also announced some new platform APIs supporting GPS, but they aren't widely deployed yet.

Android seems to be the most promising platform with a plethora of new devices coming out from almost every phone manufacturer, but iPhone is definitely the mobile device to beat at the moment.

Also, HTML5 is very promising for writing browser-based LBS apps that also run in mobile browsers.

Current app stores are still major pain points for developers. What used to be carriers' verification programs are now approval processes with some app stores. When developing apps for these types of app stores, you have to plan accordingly. Your app can be rejected, or the approval process may take too long for you to make any reasonable bug fix releases.

The second major issue with app stores is visibility. For the moment, not all app stores have implemented smart filtering and recommendations. They display only the top 50 apps, so there's a very long tail of apps that don't sell well or get downloaded much.

As always, Java ME is supposed to run on every phone, but in reality it doesn't. You need to test your application on all the target devices.

---

[18] http://www.mob4hire.com/

Connectivity issues 7

This chapter covers

- Key success factors for connectivity
- Security of location data
- Examples of location-aware applications

Undoubtedly, one of the key benefits of location-based services is their ability to automatically detect where the mobile user is and offer relevant information based on the user's location. The requirement to constantly know where the user is brings with it a number of development challenges. Solutions for these challenges should anticipate the likely behavior of the user.

If the application is to be used on an ad hoc basis for very brief periods, then an on-demand approach will offer better performance than an always-on application. An on-demand application will likely require more time to get a location fix for the user than an always-on application. In addition, memory capacity on mobile phones requires smart tactics to be deployed to ensure users can access the location information they require quickly and with the fewest possible number of clicks.

In this chapter, we'll analyze key connectivity factors for a successful LBS application, such as quick fix times, appropriate accuracy, minimized battery usage, and meaningful and constant feedback to the user during fixes.

7.1 *Key success factors in connectivity*

Current GPS platforms, such as smartphones, generally deliver a worse experience than dedicated personal navigation devices with the same technology. This lag in smartphones is due to heavy battery consumption, the time required to get a fix on GPS satellites (because the GPS device has to turn on and off to save power), and interference from other electronics inside the devices causing less accuracy and wrong results. Personal navigation devices also have the benefit of better antennas and being single-purpose devices, so that they can use the battery more efficiently.

For a location-based mobile application to have successful and functional connectivity, the following are the crucial factors:

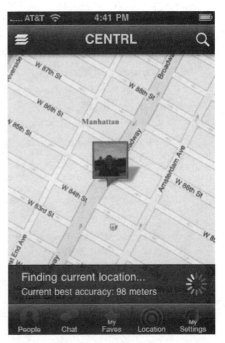

Figure 7.1 LBS app displaying the accuracy of the location fix to the user in real time

- *Quick fix times*—GPS takes a long time and may require a TTFF (Time To First Fix) of several minutes to over 10 minutes to initially determine location, thereby causing inconvenience to the users of location-based wireless internet services.

- *Appropriate accuracy*—High-accuracy location fixes take longer and consume more battery power. Depending on the nature of the location-based service, the application should always request just enough accuracy, as shown in figure 7.1, from the location service to optimize battery use and minimize TTFF.

- *Minimal battery usage*—Keeping a GPS on constantly will drain its batteries. GPS was not designed to be navigation-centric. If you try to make the location available all the time, you'll quickly drain the battery.

- *Constant and appropriate feedback to the user*—The application should always keep the user informed about what's going on regarding the location fix. Whatever the application is doing, it should always give feedback to the user about the progress through the user interface. An application that becomes unresponsive during a location fix is not acceptable.

7.1.1   *Smartphones*

Smartphone platforms such as the iPhone,[1] Android,[2] BlackBerry,[3] Web OS,[4] and now Windows Phone 7[5] have transformed mobile application development by providing simple platform-native API calls to retrieve the location of the device. Developers no longer have to do this task themselves using custom databases and algorithms. This disruption helped start the flurry of location-based applications on major smartphone platforms.

When developing an LBS application on a smartphone, as shown in figure 7.2, all you have to do is call the API to get the location of the user. Still, there are cautions you should watch for:

- Don't request the location of the user too often.
- Adjust accuracy to the minimum acceptable radius for your application.
- Always tell the user what's going on in the user interface.

Figure 7.2   An iPhone LBS application asking for permission to access the user's current location

Now let's look at some tips for developing location-aware applications for feature phones.

7.1.2   *Feature phones*

Phones that are running Java ME provide bigger challenges than the smartphone platforms mentioned previously.

Some Java ME platforms have built-in location-provider modules that can provide the location of the device, as shown in listing 7.3.

If the Java ME platform doesn't provide built-in location capabilities, the application usually has to access the cell towers around the device and do a database lookup to find the locations of these cell towers, and then it must use an algorithm to estimate the location of the device. Cell tower location databases are available commercially and from open source projects such as celldb.org and opencellid.org.

Even if the specific device has location providers, LBS applications should always be designed to work even without a built-in location provider. This definitely makes

[1]   http://developer.apple.com/iphone/
[2]   http://developer.android.com/index.html
[3]   http://us.blackberry.com/developers/
[4]   http://developer.palm.com/
[5]   mng.bz/9jIk

developing LBS applications on plain Java ME platforms more complicated than developing for smartphones, but with proper design and coding, you can safely alleviate these disadvantages.

Next we'll look at security issues for location data, which is another major concern for consumers.

7.2 Security of location data

Electronic Frontier Foundation[6] and various other organizations have done extensive studies on privacy and location-based services. One obvious problem is that services may expose your location to others.

The first step for any LBS application is to be very explicit about how the location data of the user is used and where it's kept, if it's kept at all. Some LBS applications, such as Centrl, don't keep the location history of their users. These applications keep only the last-known location of the user for a given period (for example, one week). After this time, the location of the user is removed from the system.

The second step is to always let the users decide how they want to update their location. This can be done easily through settings, as shown in figure 7.3.

The third step is to make sure the application doesn't accidentally expose the location and location history of a user to those with access to the mobile device or the servers that retain the data.

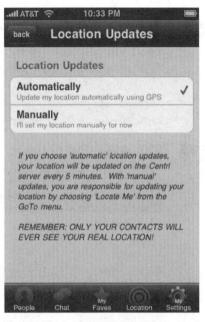

Figure 7.3 Settings for updating the user's location in the Centrl LBS application

7.2.1 Caching location files

LBS applications must ensure that third parties can't access any location files that are cached locally on a mobile device. You can easily accomplish this by encrypting these files and removing old cache files as they become obsolete and unnecessary.

---

[6] http://www.eff.org/

7.2.2 Server databases

LBS providers should employ reasonable administrative, physical, and/or technical safeguards to protect a user's location information from unauthorized access, alteration, destruction, use, or disclosure. In addition, these servers should always be monitored and tested to make sure that unauthorized persons can't access the databases.

Now let's look at some code examples that show you how to get started for various platforms.

7.3 Location-aware platform examples

There are different APIs for retrieving a user's location on different platforms. These APIs are becoming more robust because the underlying technologies are being improved constantly with the current focus on LBS.

Now let's look at some examples of how you can get the location of the user on some platforms, starting with the iPhone.

7.3.1 iPhone and iPad example

The first listing is an example of getting the location of the user on the iPhone or iPad.[7]

Listing 7.1   Using the CoreLocation API on the iPhone and iPad

```
#import "MyLocationGetter.h"
#import <CoreLocation/CoreLocation.h>

@implementation MyLocationGetter

- (void)startUpdates                                    ❶ Create location
{                                                         manager
    if (nil == locationManager)         ◄─┘
        locationManager = [[CLLocationManager alloc] init];

    locationManager.delegate = self;
                                                          Set filter
    locationManager.distanceFilter = 1000;      ◄─┘     1 km

    locationManager.desiredAccuracy = kCLLocationAccuracyKilometer;

    [locationManager startUpdatingLocation];    ◄─┐
                                                   ❷ Make request to
}                                                    get location


- (void)locationManager:(CLLocationManager *)manager    ❸ Delegate method
    didUpdateToLocation:(CLLocation *)newLocation          from protocol
    fromLocation:(CLLocation *)oldLocation      ◄─┘
```

---

[7] http://developer.apple.com/iphone/

```
{                                              ④  Disable updates
                                                   to save power
    [manager stopUpdatingLocation];        ←┐

    printf("latitude %+.6f, longitude %+.6f\n",    ⑤  Print
            newLocation.coordinate.latitude,           location
            newLocation.coordinate.longitude);    ←┐

}
```

This code example creates the location manager if it doesn't already exist ❶ and then makes the request to get the location ❷. The didUpdateToLocation function gets the location value ❸, stops updating the location request to save the battery ❹, and then shows the retrieved location value ❺.

Now let's look at how the same task is done on the Android platform.

7.3.2 Android example

The next listing displays an example of getting location on an Android[8] device.

Listing 7.2 Using the Location API on the Android

```
public class helloworld extends Activity {    ←——❶ Declare main activity class

    //@Override

    public TextView tv = null;
    public LocationManager locationManager = null;

    public void onCreate(Bundle icicle) {         ←┐
                                                   ❷ Call when activity
        super.onCreate(icicle);                       is created

        this.tv = new TextView(this);

        this.locationManager =
        (LocationManager)getSystemService(LOCATION_SERVICE);  ←┐ Get location
                                                                 manager
        String LOCATION_CHANGED = "location changed";     ❸   from system

        IntentFilter filter = new IntentFilter(LOCATION_CHANGED);

        myIntentReceiver receiver =
        new myIntentReceiver();                       ←┐
                                                       Create new
        registerReceiver(receiver, filter);        ❹ intent receiver

        List<LocationProvider> providers = locationManager.getProviders();

        LocationProvider gpsprovider = providers.get(0);
```

---

[8] http://developer.android.com/index.html

```
        Intent intent = new Intent(LOCATION_CHANGED);

        locationManager.requestUpdates(gpsprovider,
            0, 0, intent);
                                                        ⑤ Request updates from
        setContentView(tv);                                location manager
    }
                                                        ⑥ Call when location
    public void updateLocation() {              ⊲          value is retrieved

    URL urlConn = new URL("http://www.google.com/");

        URLConnection httpConn = urlConn.openConnection();
                                                        ⑦ Get location
        Location location =                                 value
    this.locationManager.getCurrentLocation("gps");   ⊲

            this.tv.setText("Hello, World. "
              + location.convert(location.getLatitude(),
                ➡location.FORMAT_DEGREES)
    + ", "
             location.convert(location.getLongitude(),
                ➡location.FORMAT_DEGREES));
                                                        ⊲  Display retrieved
    }                                                   ⑧  location value


    }
```

This code example has a main activity class ❶ that gets the location manager ❷ from the system ❸. It creates an intent ❹ and starts requesting location updates from it ❺. When the location value is retrieved, updateLocation ❻ is called. This function gets the last location value ❼ and displays it on the user interface ❽.

Now let's look at the same task for a generic Java ME platform.

7.3.3   *Java ME example*

Our next listing displays an example of getting location on a Java ME[9] device, such as a BlackBerry or some models of Samsung, Motorola, Nokia, or Sony Ericsson.

Listing 7.3   Getting location in Java ME

```
Criteria cr= new Criteria();
                                                        ❶ Set criteria for
                                                           selecting location
cr.setHorizontalAccuracy(500);                  ⊲

LocationProvider lp= LocationProvider.getInstance(cr);  ⊲
                                                        ❷ Get instance
Location l = lp.getLocation(60);                           of provider
```

_____

[9] mng.bz/o246

```
Coordinates c = l.getQualifiedCoordinates();
                                                        ◁┐  Request
if(c != null ) {                            ◁┐          ❸  location
                                             │  Use coordinate
    double lat = c.getLatitude();          ❹  information
    double lon = c.getLongitude();
}
```

This code sample shows how to set accuracy, here to 500 meters horizontally ❶, get the LocationProvider from the system ❷, get the location value and set a one-minute timeout ❸, and use it ❹.

7.3.4 *Palm webOS example*

On the webOS platform,[10] services enable access to low-level hardware capabilities such as GPS and accelerometer data and higher-level data services such as Palm Synergy, cloud services, and any other web service APIs.

The following listing displays an example of getting location on a webOS device, such as the Palm Pre.

Listing 7.4 Accessing the location service on webOS

```
                                              ❶  Call location service
this.controller.serviceRequest(
    ➡'palm://com.palm.location', {         ◁┘

    method:"getCurrentPosition",
    parameters: {},                          ❷  Call when GPS
                                                 data is retrieved
    onSuccess: this.onSuccessHandler,      ◁┘

    onFailure: this.onFailureHandler       ◁┐
    }                                          Call if GPS data
);                                         ❸  can't be retrieved
```

This code example shows how to make a location request ❶ and how to set the callback functions to be called depending on whether the request succeeds ❷ or fails ❸. Note that the onSuccess function may be called multiple times if the service is designed to return a series of results over time, such as GPS tracking data.

---

[10] http://developer.palm.com/

7.4   *Summary*

Keep the following connectivity guidelines in mind when designing location-based services:

- Handle unavailability of services gracefully. The user's location may not always be available, for any of several reasons.
- The device is cut off from any of the location methods it supports, for example, in a tunnel or on an airplane.
- The user withholds permission to release the information.
- No location provider that the device supports is available.
- Depending on the method used, determining the location may take a long time. The delay may be so long that the result isn't useful in, for example, a navigation application. Keep the user informed.
- Location service fees, typical of network-assisted location methods, can add up quickly, so don't overuse fee-based services.
- Minimize battery use. Turn off GPS when not necessary.
- Always optimize the accuracy of the location fix to the specific purpose of the fix. If low accuracy is acceptable, request low accuracy from the underlying service.
- Always keep the location data of the user safe.

Server-side integration

This chapter covers

- Creating a fast and efficient server
- Choosing a database for your server
- Performance tips
- Third-party GIS platforms

A mobile application is only as good as the server backbone behind it. The server that communicates with a mobile app provides it with all the shared and reference data, processes all the user requests that come from the mobile app, and updates the backend database as necessary. The server makes sure the mobile app is synchronized with the latest data and information, as well as making sure users are authorized and have permissions to perform certain actions. The servers usually sit at a single location; however, cloud solutions are becoming more and more popular. Especially for an LBS application with a rich point of interest (POI) database and powerful search functionality, the server becomes even more crucial. Users of your LBS app will switch to another app instantly if your server can't respond to user requests correctly and in a timely fashion. In the age of hyper-competition with low-cost startups, you can't afford the risk of not implementing your backend in the best way possible.

In this chapter, we'll look at what an LBS server does, how to build one with some code samples, and also some tips and pointers on optimizing the whole infrastructure. First, let's look at what a server does in an LBS application.

8.1 Server functionality

An LBS server provides most of the functionality for the mobile clients. An LBS server can be a single server running over a simple database or it can be a scalable cloud solution that's spread over multiple databases. No matter how complicated or simple, all LBS servers share some common characteristics, and they provide a common set of functionality. Now let's look at what a typical LBS server does to understand the scope and responsibilities of an LBS server:

- *Manage end users*—Log in and log out end users and handle their permissions to access and update data. In most applications, a user has to log in to the system to be able to access the appropriate resources, for example, the content that they have created previously in the application. For location-based social networks, users have to log in to update their location and other data.
- *Serve map tiles*—Render and serve map tiles to the clients. The LBS server sends the appropriate map tiles rendered with the preferred styles (terrain, satellite, hybrid, and so on) to the client. Please see section 3.3 and section 8.6 for more on this.
- *Manage the locations and states of dynamic entities*—Insert, update, and remove locations of dynamic entities, such as users and vehicles that are being tracked. Especially for location-based social networks, each user is a dynamic entity that can move around the map. The LBS server has to keep track of the location of each dynamic entity in the system.
- *Manage user-generated content*—Insert, update, and remove user-generated content (UGC), such as reviews for businesses or favorite locations. In most LBS applications, users can create location content such as their favorite spot in the park or where they're having their birthday party. The LBS server saves and indexes all UGC.
- *Manage POIs*—Import and manage POIs (as shown in figure 8.1) from multiple sources. The LBS server imports POI data from third parties and indexes it so that it can serve relevant POI data to the clients.

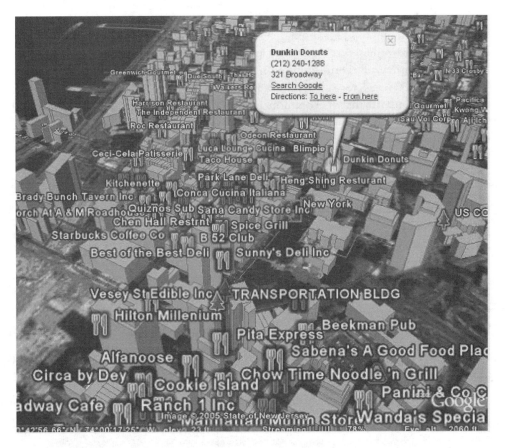

Figure 8.1 Various different types of POIs seen in an LBS application

- *Dynamic search*—Search and return dynamic entities, such as users, around a given location. This is the same as static search except the entities returned are dynamic, such as users and vehicles.

- *Routing*—Find and return the route between two given locations. The LBS server finds the best route between two given locations and returns the turn-by-turn navigation information to the mobile client, as shown in figure 8.2.

- *Alerts*—Alert for certain events, such as fencing. Fencing allows an alert to be sent to a client when a user enters a region (static fencing) or when two dynamic entities are close to each other (dynamic fencing).

Now that you've learned about different server functions, let's look at how you can structure your server so that it can talk to a wide variety of clients. Although there are many ways a server can talk to a mobile client, standardizing on common methods is always the best way to be able to reuse existing software components. For example, you can create a proprietary communication mechanism between your server and your mobile app, but if you do this, you won't be able to use any open source servers or client libraries that are widely available. Also, in the future, if you want others to communicate with your server too, you'll be in a tough spot, requiring them to learn your proprietary way of communicating with your server. Now let's look at the most commonly accepted ways of communicating between a server and a mobile app.

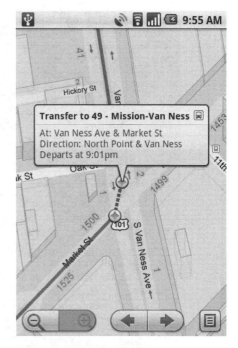

Figure 8.2   Results of a routing request displaying turn-by-turn directions

8.2   Server APIs

Server functionality is usually accessed through an HTTP API call, such as the example shown here:

```
http://api.example.com/poi/get/?lat=45&lng=-72
```

In this example, the API call returns all the POIs near latitude 45 and longitude 72. The way the API is structured is called RESTful, and the results of this API call can be in many different formats, but the most common formats are XML and JSON, which are simple text formats that can be easily parsed using a common open source library. First let's look at what a discussion of a RESTful API call.

8.2.1   REST

Representational state transfer (REST) is a style of software architecture for distributed hypermedia systems such as the World Wide Web.

REST-style architectures consist of clients and servers, as shown in figure 8.3. Clients initiate requests to servers; servers process requests and return appropriate responses. Requests and responses are built around the transfer of representations of resources. A resource can be any coherent and meaningful concept that may be addressed. A representation of a resource is typically a document that captures the current or intended state of a resource, such as `poi` in our example, as shown in listing 8.1. Resource `poi` is then applied with the action get in our example.

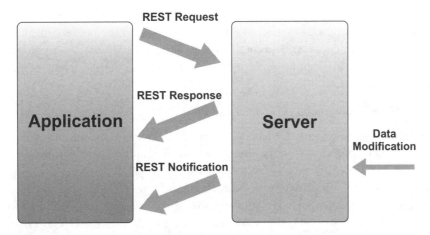

Figure 8.3 Applications and servers exchange data using REST. The application makes REST requests from the server, and the server sends the application REST responses and notifications (source: mng.bx/272K).

Servers mostly return data as text for cross-platform compatibility, in the form of XML or JSON.

8.2.2 *XML data exchange format*

XML (Extensible Markup Language) is a simple text-based data exchange format. XML is a set of rules for encoding documents as text. HTML is also a form of XML, and hundreds of XML-based languages have been developed, including RSS, Atom, SOAP, and XHTML. XML is a common data exchange format because you can easily represent any kind of data in XML in a structured way. The following listing is a simple XML example that contains some POIs.

Listing 8.1 An XML example

```
<?xml version="1.0" encoding='UTF-8'?>
<pois>
    <!-- This is an XML comment -->              Comment in
                                                 XML code          ❶ source XML object
                                                                      contains attribute url
    <source url="http://example.com"/>

    <poi>                      ❷ poi XML object contains other XML objects
        <name>Grand Central Station</name>
        <rating>5.0</rating>                       name XML
    </poi>                                       ❸ object's value
    <poi>
        <name>Empire State Building</name>
        <rating>5.0</rating>
    </poi>
</pois>
```

This XML example shows that XML objects can contain attributes ❶, other objects ❷, and values ❸. For example, the poi tag contains name and rating tags.

XML is a comprehensive text format that can represent any data, but sometimes it may be too heavy a representation when the transmission time between the server and the client is of concern. And because of this, even though XML is a common data exchange format, its popularity is rapidly decreasing with the advent of the much lighter JSON format.

8.2.3 *JSON data exchange format*

JSON, short for JavaScript Object Notation, is a lightweight computer data interchange format. It's a text-based, human-readable format for representing simple data structures and associative arrays (called *objects*).

LBS apps that retrieve extensive location, map, and POI information from servers definitely need to pay attention to transmission time, because using heavy formats can unnecessarily increase wait times for end users, which can spell doom for your application.

You can see the same data example as in in JSON format in listing 8.2. As demonstrated by this example, which contains some POIs, JSON is a lighter format than XML and should be preferred whenever large amounts of data have to be exchanged between a client and a server.

Listing 8.2   A JSON example

```
    {                                    Comment              ❶ pois key contains
// This is a JSON comment                in JSON                 key-value pairs
        "pois" : {
            "source": "http://example.com",
            "poi": [                                           source key
                {                                            ❷ maps to http://
                    "name": "Grand Central Station",
                    "rating": "5.0"
                },
                {
                    "name": "Empire State Building",
                    "rating": "5.0"
                }
            ]
        }
    }
```

In this JSON example, a key can contain a number of key-value pairs ❶ and a sample key-value pair ❷. For example, the poi tag contains two objects that have name and rating tags. As you've seen, overall an LBS app can save enormous amounts of time by sending and receiving data in the light JSON format.

Now let's look at how to store and manipulate your LBS data on the server.

8.3 *Spatial databases*

Spatial data is a key part of LBS applications. Also known as *geospatial data* or *geographic information*, spatial data is the data or information that identifies the geographic location of features and boundaries on Earth, such as natural or constructed features, oceans, and more. Spatial data is usually stored as coordinates and topology and is data that can be mapped. LBS servers need to store and access spatial data efficiently, because this is a large part of their functionality.

Databases that are capable of storing and manipulating spatial data efficiently are important for LBS servers, because each data structure and all functionality require spatial operations, such as storing latitude and longitude of objects, and operating with respect to this location data, such as searching for nearby objects.

Spatial databases usually support the data types shown in figure 8.4. As you can see, storing, retrieving, and manipulating these spatial data types are compute-intensive and require efficient databases to deal with them. Now let's start looking at available spatial databases that you can use in your LBS servers.

8.3.1 *PostgreSQL and PostGIS*

PostgreSQL and PostGIS are commonly used spatial databases in LBS applications. PostGIS especially provides unprecedented speed and functionality that's invaluable for LBS applications. PostgreSQL[1] is an object-relational database management system (ORDBMS). It's released under a BSD-style license and is thus free and open source software.

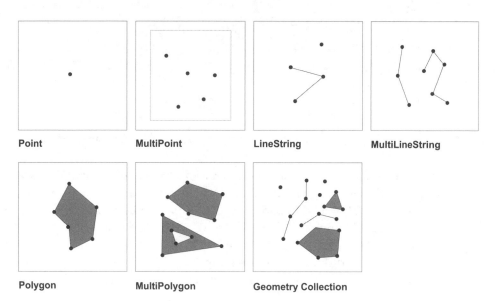

Point   MultiPoint   LineString   MultiLineString

Polygon   MultiPolygon   Geometry Collection

Figure 8.4 Common spatial data types

---

[1] http://www.postgresql.org/

PostGIS[2] is an open source software program that adds support for geographic objects to PostgreSQL. In effect, PostGIS spatially enables the PostgreSQL server, allowing it to be used as a backend spatial database. PostGIS follows the "Simple Features for SQL" specification[3] from the Open Geospatial Consortium.[4] As such, PostGIS includes the following:

- Geometry types for Points, LineStrings, Polygons, MultiPoints, MultiLineStrings, MultiPolygons, and Geometry Collections, as displayed in with examples
- Spatial predicates for determining the interactions of geometries
- Spatial operators for determining geospatial measurements like area, distance, length, and perimeter
- Spatial operators for determining geospatial set operations, like union, difference, symmetric difference, and buffers
- R-tree-over-GiST (Generalized Search Tree) spatial indexes for high-speed spatial querying
- Index selectivity support, to provide high-performance query plans for mixed spatial/nonspatial queries

The following listing shows examples of various different geometry types.

Listing 8.3   Examples of geometry types supported in PostGIS

```
Point
Example: POINT (10 10)
LineString
Example: LINESTRING( 10 10, 20 20, 30 40)
Polygon
Example: POLYGON ((10 10, 10 20, 20 20, 20 15, 10 10))
Multipoint
Example: MULTIPOINT(10 10, 20 20)
Multipolygon
Example: MULTIPOLYGON(((10 10, 10 20, 20 20, 20 15, 10 10)),((60 60, 70
70, 80 60, 60 60)))
GeomCollection
Example: GEOMETRYCOLLECTION(POINT (10 10), POINT(30 30), LINESTRING(15
15, 20 20))
```

This code example shows how to declare various types of geometry in PostGIS, such as Point, LineString, Polygon, MultiPoint, MultiPolygon, and GeometryCollection. For example, a neighborhood boundary in an LBS app can be efficiently represented by a Polygon or MultiPolygon.

The PostGIS implementation is based on lightweight geometries and indexes optimized to reduce disk and memory footprint. Using lightweight geometries helps servers increase the amount of data migrated up from physical disk storage into RAM,

---

[2] http://postgis.refractions.net/
[3] http://www.opengis.org/docs/99-049.pdf
[4] http://www.opengeospatial.org/

improving query performance substantially. Now let's look at another popular database, MySQL, that has some added-on spatial support.

8.3.2 *MySQL spatial support*

MySQL (now part of Oracle, Inc.) is a relational database management system (RDBMS) that has more than 6 million installations. MySQL is often used in free software projects that require a full-featured database management system.

MySQL supports spatial extensions to allow the generation, storage, and analysis of geographic features. Spatial indexes also optimize search operations. With the help of a great variety of multidimensional indexing methods that have previously been designed, it's possible to optimize spatial searches. The most typical spatial searches are the following:

- Point queries that search for all objects that contain a given point
- Region queries that search for all objects that overlap a given region

Spatial extensions to MySQL support the following geometric classes:

- Geometry (non-instantiable)
- Point (instantiable)
- Curve (non-instantiable)
- LineString (instantiable)
- Line
- LinearRing
- Surface (non-instantiable)
- Polygon (instantiable)
- GeometryCollection (instantiable)
- MultiPoint (instantiable)
- MultiCurve (non-instantiable)
- MultiLineString (instantiable)
- MultiSurface (non-instantiable)
- MultiPolygon (instantiable)

For example, a bus route in an LBS app can be represented by a MultiLineString, which can be handled by MySQL efficiently. Still, spatial support for MySQL is not as efficient and well established as that for PostGIS. Now let's look at the spatial support in the database from Microsoft.

8.3.3 *Microsoft SQL Server spatial support*

Microsoft SQL Server is a relational model database server produced by Microsoft. LBS applications that run on Microsoft platforms need to understand Microsoft SQL Server to see if it suits their needs.

SQL Server 2008 adds geospatial support to the SQL Server product suite. This allows the storage of spatial data in SQL tables (in the form of points, lines, and polygons) and a set of functions to allow the manipulation of this data. Also included are new spatial indexes to support the execution of these functions.

SQL Server 2008 supports two different spatial data types:

- *GEOMETRY*—This data type stores data in projected planar surfaces.
- *GEOGRAPHY*—This data type stores data in an ellipsoidal model.

The geometry types include the following:

- *Point*—A point is an object representing a single location. It always has an X coordinate and a Y coordinate and may additionally have an elevation Z and a measure M.
- *MultiPoint*—A MultiPoint object is a collection of points. It differs from a LineString and a Polygon because there are no implied connections between the points in the collection. Because of this, the boundary of a MultiPoint object is empty.
- *LineString*—A LineString is again a collection of points. This differs from the MultiPoint object because the points are in sequence and the LineString object also represents the line segments connecting the points.
- *MultiLineString*—A MultiLineString is a collection of LineStrings.
- *Polygon*—A Polygon is a collection of points representing a two-dimensional surface. A Polygon may consist of an exterior ring and a number of interior rings. For a Polygon object to be a valid instance, the interior rings can't cross one another.
- *MultiPolygon*—A MultiPolygon is a collection of Polygons.
- *GeometryCollection*—A GeometryCollection is a collection of geometry (or geography) objects.

The next listing shows how to create a spatial table and import data into it. The code first creates tables with geometry fields. Then it inserts data into these tables.

Listing 8.4   Example code for creating a spatial table and importing data into it

```
CREATE TABLE Districts ( DistrictId int IDENTITY (1,1), DistrictName
nvarchar(20), DistrictGeo geometry); GO       ❶ Create new table in database
CREATE TABLE Streets ( StreetId int IDENTITY (1,1), StreetName
nvarchar(20), StreetGeo geometry); GO
INSERT INTO Districts (DistrictName, DistrictGeo) VALUES ('Downtown',
geometry::STGeomFromText ('POLYGON ((0 0, 150 0, 150 150, 0 150, 0 0))',
0));                                          ❷ Insert new value into table
INSERT INTO Districts (DistrictName, DistrictGeo) VALUES ('Green Park',
geometry::STGeomFromText ('POLYGON ((300 0, 150 0, 150 150, 300 150,
300 0))', 0));
INSERT INTO Districts (DistrictName, DistrictGeo) VALUES ('Harborside',
geometry::STGeomFromText ('POLYGON ((150 0, 300 0, 300 300, 150 300,
150 0))', 0));
INSERT INTO Streets (StreetName, StreetGeo) VALUES ('First Avenue',
geometry::STGeomFromText ('LINESTRING (100 100, 20 180, 180 180)', 0)) GO
INSERT INTO Streets (StreetName, StreetGeo) VALUES ('Mercator Street',
geometry::STGeomFromText ('LINESTRING (300 300, 300 150, 50 51)', 0)) GO
```

In this example, you see how to create new tables ❶ and insert values (rows) into them ❷. We create the tables Districts and Streets. Then we insert three rows into Districts and two rows into Streets.

Now that you've seen the offering from Microsoft, let's look at the offering from the biggest database company in the world, Oracle.

8.3.4 *Oracle Spatial*

Oracle Spatial[5] forms a separately licensed option component of the Oracle database. If you need an industrial-strength LBS database or if you're building on top of an existing Oracle database, Oracle Spatial is another solution for your LBS app. Oracle Spatial aids users in managing geographic and location data in a native type within an Oracle database, potentially supporting a wide range of applications from automated mapping/facilities-management and geographic information systems to wireless location services and location-enabled e-business.

Oracle Spatial consists of the following:

- A schema that prescribes the storage, syntax, and semantics of supported geometric data types
- A spatial indexing system
- Operators, functions, and procedures for performing area-of-interest queries, spatial join queries, and other spatial analysis operations
- Functions and procedures for utility and tuning operations
- A topology data model for working with data about nodes, edges, and faces in a topology
- A network data model for representing capabilities or objects (modeled as nodes and links) in a network
- A GeoRaster feature to store, index, query, analyze, and deliver GeoRaster data (raster image and gridded data and its associated metadata)

Oracle is an industrial-strength solution, just like the DB2 database offering from IBM.

8.3.5 *IBM DB2 Spatial Extender*

DB2 Spatial Extender allows you to store, manage, and analyze spatial data (information about the location of geographic features) in DB2 Universal Database along with traditional data for text and numbers.

With this capability, you can generate, analyze, and exploit spatial information about geographic features, such as the locations of office buildings or the size of a flood zone. DB2 Spatial Extender extends the function of DB2 Universal Database with a set of advanced spatial data types that represent geometries such as points, lines, and polygons and many functions and features that interoperate with those new data types. These capabilities allow you to integrate spatial information with your business data, adding another element of intelligence to your database.

---

[5] http://www.oracle.com/technology/products/spatial/index.html

Now that you've learned about all the database and API options, let's look at how you can have your server running at maximum performance no matter how many millions of users you get.

8.4 Performance

It's imperative that your server be optimized for the most time-consuming operations such as search and updating of a large number of entities. As you can expect, as data size grows, the time to complete complex operations grows exponentially, so it's important to employ optimization techniques to implement a responsive server. Caching is one of the most efficient techniques to increase server performance.

8.4.1 Caching

LBS servers are often hit with similar queries, and they access their databases to read the same objects over and over again. Caching the results of the queries and caching the objects in memory save a tremendous amount of time, in some instances up to 90% improvement over noncaching servers.

The most common mechanism of caching objects in memory is Memcached. Memcached[6] is a general-purpose distributed memory caching system developed by Danga Interactive for LiveJournal but is now used by many other sites. It's often used to speed up dynamic database-driven websites by caching data and objects in memory to reduce the number of times an external data source (such as a database or API) must be read. Memcached is distributed under a permissive free software license.

Memcached is very easy to use, as you can see in figure 8.5. Instead of dynamically querying your database for every request, you cache the results of the previous queries in Memcached and use the cached values whenever possible to avoid hitting the database. Each database hit takes multiple orders of magnitude longer than using cached values.

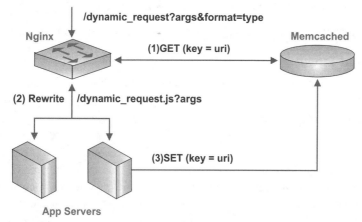

Figure 8.5 The basic operation of Memcached (source: mng.bz/001q)

---

[6]　http://memcached.org/

The following sample pseudo code accesses a database to read the contents of a user object:

```
function get_user_from_id(int id) {

  result = db_select("SELECT * FROM user WHERE id = ?", id);
  return result;

}
```

This code interacts with the database directly every time, and it will be slow because of this.

The following listing shows the same code after Memcached is integrated into it to cache the user object, so that the second time this function is called, it will return the user object from memory instead of reading from the database.

Listing 8.5 Example code with Memcached

```
function get_user_from_id (int id) {


    result = memcached_fetch("userindex:" + id);            ❶ Check if
                                                              object exists

    if (!result) {                                          ❷ Get it from
                                                              database
        result = db_select("SELECT * FROM user WHERE id = ?", id);

        // and insert the object into memcached
        // so next time we can find it in memcached
         memcached_add("userindex:" + id,  result);
    }
    return result;
 }
```

This code checks Memcached before requesting from the database ❶ and gets the user object from the database ❷ only if it isn't already in Memcached. Because of this, the code is fast compared to the code in listing 8.6.

Now that you've learned about some of the issues related to writing an efficient and fast LBS server, let's look at an example.

8.5 *Returning POIs example*

Let's look at how we can write a simple LBS server request that can return POIs near a given location.

First we need to create a database table and import our data into it, as shown here. This code first creates a table and then inserts data into this table.

Listing 8.6   Creating a PostGIS table and importing POIs into it

```
create table poi_locations (gid int4, poi_name varchar);          ➊ Create table
select AddGeometryColumn
('db_mapbender','poi_locations','the_geom','4326','POINT',2);
insert into poi_locations values ('1','Times Square',GeometryFromText
('POINT(-72.060316 45.432044)', 4326));          ➋ Insert records into table
insert into poi_locations values ('2', 'Empire State',GeometryFromText
('POINT(-72.6764 45.8916)', 4326));

...
```

This code sample creates a table ➊ and inserts many rows ➋ that represent the POIs.

Now let's see how to access this table and search data in it using PHP, as shown in listing 8.7. PHP is one of the most common server languages. It's widely used and hence there's extensive support for it in terms of developer communities and available open source libraries. Ruby, Python, and Java are other popular alternatives.

Listing 8.7   PHP code that searches the database for nearby POIs

```
<?php

// get.php                   ⟵   As http://x.com/poi/get/
                                  ?lat=45&lng=-72        ➊ Get lat
                                                            and long
$lat = $_REQUEST['lat'];      ⟵
$lng = $_REQUEST['lng'];                                 ➋ Connect
                                                            to database
$dbconn = pg_connect("dbname=myapp");       ⟵

$query = "SELECT the_geom, poi_name FROM poi_locations WHERE
          ST_DWithin(the_geom, 'POINT($lat $lng)',1000)";    ⟵
                                                               Query
$result=pg_query($dbconn, $query);                          ➌ database

while ($row = pg_fetch_row($result)) {      ⟵——————  ➍ Loop through results

    echo json_encode($row);      ⟵
}                                           Return results
                                         ➎ as JSON
pg_close($dbconn);           ⟵
                                  Close this
?>                             ➏ connection
```

This code example first gets the lat and long from the request ➊, then connects to the database ➋, and gets all the POIs around that lat/long ➌. It returns each of them ➍ as JSON ➎ and then closes the connection ➏. This is a common example of how most LBS servers work. As you move around, the LBS server continually sends you updated POI information using this code.

Sometimes, instead of writing an LBS server from scratch, you may be able to use a third-party LBS server. Now let's look at your options when it comes to efficient third-party LBS servers.

8.6   *Third-party LBS servers*

There are many LBS servers available for licensing or use. If your application doesn't require customization, you can use these GIS systems as your backend. Some of these GIS systems even allow for minor customizations through built-in scripting languages.

8.6.1   *MapServer*

MapServer,[7] shown in figure 8.6, is an open source development environment for building spatially enabled internet applications. It was developed by the University of Minnesota. MapServer was originally developed with support from NASA, which needed a way to make its satellite imagery available to the public. MapServer is now a project of OSGeo[8] and is maintained by a growing number of developers from around the world.

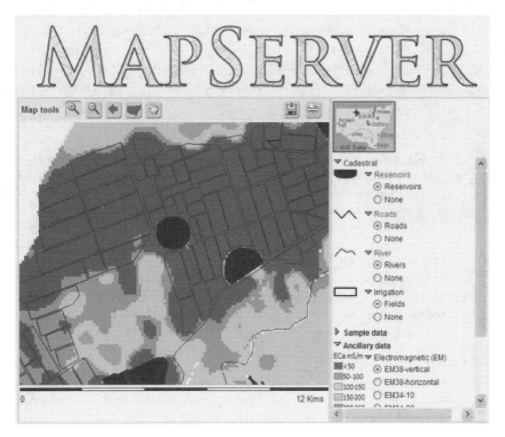

Figure 8.6   MapServer client view

---

[7]   http://www.mapserver.org/
[8]   http://www.osgeo.org/

MapServer is not a fully featured GIS server, but it has been in development for a long time and can be used in many applications easily. It supports advanced cartographic output with the following features:

- Scale-dependent feature drawing and application execution
- Feature labeling including label collision mediation
- Fully customizable, template-driven output
- TrueType fonts
- Map element automation (scalebar, reference map, and legend)
- Thematic mapping using logical- or regular expression–based classes
- Support for popular scripting and development environments (PHP, Python, Perl, Ruby, Java, and .NET)
- Cross-platform support (Linux, Windows, Mac OS X, Solaris, and more)
- Support of numerous Open Geospatial Consortium (OGC) standards, such as WMS (client/server), nontransactional WFS (client/server), WMC, WCS, Filter Encoding, SLD, GML, SOS, and OM

MapServer's advantages are its stability and the wide support that comes with being open source. If you need more solid commercial support, then ESRI's ArcGIS server is a good alternative.

8.6.2 *ESRI ArcGIS Server*

ArcGIS Server[9] is a GIS software package made by ESRI to provide web-oriented spatial data services. Since version 9.2 ArcGIS Server also includes the spatial data-management software (formerly known as ArcSDE). If you're looking for professional support and assistance for your server on an ongoing basis, ArcGIS is a good solution.

ArcGIS Server supports software development on the .NET Framework and the Java programming language. ArcGIS Server services can be consumed by web browsers, mobile devices, and desktop systems. ArcGIS Server supports interoperability standards such as OGC and W3C. Several services, including mapping services, geocoding services, geodata management services, geoprocessing services, virtual globe services, and network analysis services, are available via a SOAP API and a REST API.

Now let's look at another commercial LBS server, Maptitude.

8.6.3 *Maptitude*

Maptitude[10] is a mapping software program created by Caliper Corporation that allows users to view, edit, and integrate maps. The software and technology are designed to facilitate the geographical visualization and analysis of either included data or custom external data. This commercial application for Microsoft Windows includes the following abilities:

---

[9] http://www.esri.com/software/arcgis/

[10] http://www.caliper.com/maptovu.htm

- Creating map displays
- Enhancing reports and presentations with maps
- Finding geographic patterns that can't be seen in database tables and spreadsheets
- Answering geographic questions that impact business operations
- Sharing geographic data with a workgroup, department, or organization

Maptitude is mainly targeted at business users but competes at all levels of the GIS market in many different sectors. It integrates with Microsoft Office, works with data mapping from various sources including Microsoft Excel, and includes a proprietary BASIC-like programming language (Caliper Script) within a development interface (GISDK) that allows automation of the Maptitude environment.

8.6.4 GeoMedia

GeoMedia[11] is the technology suite of software components in Intergraph Corporation's GIS family of software products. It was developed as client or server software specifically for the Microsoft Windows environment, as shown in figure 8.7.

Figure 8.7 GeoMedia client view

---

[11] mng.bz/B8w8

The core technology of GeoMedia makes it possible to simultaneously read data directly from multiple GIS data sources, which include

- Shapefiles (ESRI)
- ESRI Coverage (ESRI)
- ESRI SDE via FME plug-in for GeoMedia (ESRI)
- AutoCAD DWG, AutoCAD DXF (Autodesk)
- MicroStation DGN (Bentley Systems)
- Oracle Spatial (Oracle Corporation))
- MapInfo (MapInfo)
- FRAMME (Intergraph)
- Modular GIS Environment (MGE) (Intergraph)
- GeoMedia warehouses on the base of Microsoft Access or Microsoft SQL Server (Intergraph)

Next let's look at another commercial offering, MapInfo Professional.

8.6.5   *MapInfo Professional*

MapInfo Professional[12] is a desktop mapping system software product produced by MapInfo Corporation. MapInfo Professional has the ability to combine and display, on a single map, data from a variety of sources in different formats and projections. The software is capable of overlaying raster and vector layers on the same map; the former can be made semitransparent, so that they can serve as more than mere backdrops. MapInfo is typically used for analyzing prebuilt map data layers.

Next we'll look at a very advanced LBS server from Microsoft, the MapPoint server.

8.6.6   *Microsoft MapPoint*

MapPoint Web Service[13] is an XML-based web service that enables developers to integrate location-based services, such as maps, driving directions, and proximity searches, into their applications and business processes, as shown in figure 8.8.

MapPoint Location Server is a component of MapPoint Web Service that allows the integration of real-time location into business applications. It provides access to location providers that integrate with mobile operator networks and acts as a proxy between the real-time location data and services provided by those networks and the MapPoint Web Service.

MapPoint Location Server is available to customers with a valid license agreement for the MapPoint Web Service. If you're deploying an enterprise-grade LBS application and need scalability and solid support and have the budget, MapPoint is a good alternative.

---

[12] mng.bz/3Ii3
[13] http://www.microsoft.com/mappoint/

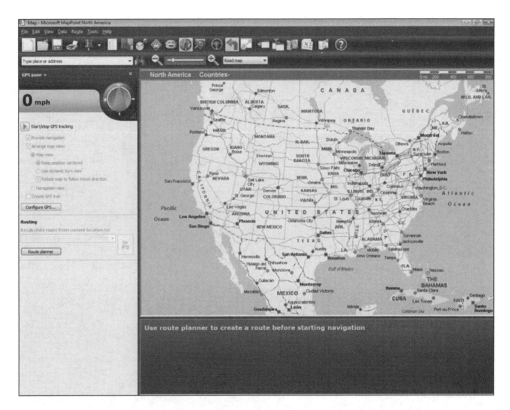

Figure 8.8 Microsoft MapPoint client view

We've now analyzed all the viable third-party options for LBS servers. It's important to be very careful when picking a server because it's a big investment in terms of time and money.

8.7 Summary

The server is a crucial part of your mobile LBS application. If you don't pick the right approach, technologies, and databases, your mobile application might end up slow and unresponsive and users will switch to another application quickly.

Performance is very important. As database size grows, performance degrades exponentially, so cache anything you can. Then start analyzing and profiling your server requests, find bottlenecks, and cache more. Most of the time, profiling service requests exposes problems in unexpected places. Also, performance test all your target platforms with less-than-ideal network connections. You can also stress test your server to see what will happen if your application is highly successful.

Explore third-party GIS system solutions first. If none fit your application, then implement your own custom server. But most of the time, most applications need their own custom server if you're doing anything other than getting and viewing data.

Load balance your server, both for processing and for data access. Set up your database with replication so that if something bad happens, your service won't be interrupted.

In the next chapter, we'll start looking at the privacy issues surrounding LBS applications.

Part 3

Creating winning LBS businesses

In this last part of the book, we explore the business side of LBS mobile app development, which will increase your chances of having a widely adopted, successful, and profitable development effort.

We mentioned in the introduction to the book that we recognize that application developers are increasingly also entrepreneurs.

For this reason, in this final part, we go into different options for financing and building your business as well as how to make your application rise above the rest in the competitive world of mobile applications.

As with most newly launched web or mobile services, monetization plays a big role in making any new venture a success. Chapter 9 discusses different monetization models you can use and shows how you can match the perceived value of your application or service with the right monetization model. It also explores the freemium model as an ever-popular way for monetizing digital services.

Privacy fears continue to make headlines, so chapter 10 explains exactly how you can minimize privacy concerns and build the right controls into your application.

Chapter 11 provides some useful tips to ensure your application makes a splash in the increasingly competitive universe of apps. The last chapter will take you through some recommended business steps to protect your ideas and your app business—a vital but sometimes forgotten part of your entrepreneurial endeavors.

After reading this final part of the book, you will be able to flesh out a winning business strategy to match your winning application and maximize the chances of success in the upcoming world of mobile apps.

Monetization of location-based services

There is no such thing
as a free lunch.
—Author unknown

This chapter covers
- The consumer as a source of revenue
- Businesses as a source of revenue
- Monetizing IP

The old adage popularized by Milton Friedman is beginning to apply to an ever-greater number of mobile and web services, with LBS being no exception. Although the principle of a free or subsidized service was commonly used to prompt early adopters to try out LBSs (particularly in the case of location-based social networks), global economic conditions since the 2008 credit crisis have brought monetization to the fore.

Today's investors in mobile start-ups expect a clear, credible, and sustainable plan for generating revenues. Gone are the days where it was enough to build a large base of users by offering a free service. Entrepreneurs back then didn't worry about making money out of their venture. They sat back and hoped they caught the interest of a larger corporation that could buy them out. Fast-forward to today, and revenues from location-based services add up to over $3 billion per year.[1] This means that transforming your ideas into tangible revenue generators is now within reach!

The revenue models available to entrepreneurs are varied, and it's worth noting that some follow a cycle that increasingly tracks the evolution of the real economy as much as the evolution of the mobile ecosystem. Take mobile advertising, for example. Whereas up to the period preceding the subprime mortgage crisis, advertising was a sufficient generator of revenue in itself to sustain LBS start-ups, this abruptly stopped around 2008. From a position of a severe mobile advertising shortage of inventory, the situation flipped to a massive surplus, with steep drops in mobile advertising rates.

As conditions become more competitive, the likelihood of developing a sustainable business by relying purely on a fixed formula of simple ad banners is very small. And although the market for location-based advertising has been evolving worldwide, it's still far from mature. This leaves gaps between the supply and demand of location-based adverts in specific areas and so can make it more difficult to obtain sustainable revenues. The good news, though, is that creative thinking by entrepreneurs can reap great rewards even in difficult times. Take Chicago-based Groupon, for example. Founded at the beginning of 2008, Groupon offered deep discounts on local deals (which essentially represents a more sophisticated version of location-based advertising). It became profitable after six months and was already generating close to half a billion dollars by 2010.

Similarly, the multitudes of start-ups that have vied to win the hearts and minds of the consumer with the intention of converting them into paying customers have met with increased resistance from consumers. This has forced companies to undertake extended soul-searching and, in some cases, forced them to switch focus from the business-to-consumer (B2C) sector to the business-to–business (B2B) sector.

So what is the answer to being able to build a solid business model on top of an innovative LBS application? How are you going to make money from the application you spent hours, weeks, or months developing? Of course, the answer will depend not only on which customer is being targeted and what amount of perceived valued is being delivered but also on the specific market and economic environments of the moment. The key is to understand the range of options that are available so as to be able to recognize which set fits the current circumstances best, flexibility being the best ally of the successful startup (if at first you don't succeed with one approach, try and try again!).

In this chapter we'll explore many different options for generating revenue, using the B2C model and the B2B model. Within the B2C model, we'll make a distinction between charging for accessing a service and charging for displaying content within the service. Within the B2B model, we'll distinguish between charging for mobile "real

---

[1] "Location Based Services on Mobile Phones," *The Economist*, March 4, 2010; available at mng.bz/LT86.

estate" (the screen space of your application) and charging for aggregated location data obtained by the application over time.

9.1 The consumer as a source of revenue

There are some clear advantages (at least on paper) for an LBS company to charge the end consumer directly—it's more immediate, it's a more scalable mass market, and there may be fewer barriers to entry compared to the business-to-business sector. The disadvantages are that the consumer is more fickle and unpredictable (and more likely to respond to fads, for example) and also tends to cut down on discretionary expenditures if circumstances are unfavorable.

Today, many of the new LBS startups target the consumer directly, in some cases exclusively. The more common way to make money out of providing the service to the end consumer can be referred to as *gateway charging* and is discussed next.

9.1.1 Gateway charging

Gateway charging involves charging the end consumer for accessing a service or application on a mobile phone. These charges can be either one-off or recurring (monthly or annually).

One-off charges are typically applied to consumers downloading LBS applications from application stores, which contain built-in transaction mechanisms for debiting customers (more on application stores in chapter 11). Once the customer has downloaded the application and installed it on their mobile device, there are no further charges for using the application. In some cases, future software updates are made available for an extra charge.

While it's clearly very tempting to charge for an application, a word of caution is necessary. Charging for an application can mean that overall downloads are significantly reduced compared to offering a free application. The ratio in some cases can be 400:1 (downloads for the free application versus charging for the same application).[2]

You can see this effect in the figure 9.1, where the introduction of charging led to a dramatic acceleration in the number of downloads in the fairly typical case of the Galaxy Impact iPhone application. Although the application in question is not specifically an LBS and the effect of *switching* from a free to a paid application may be different from *starting out* by offering a paid application, there's no question that free applications receive higher downloads.

It's also necessary to balance the option of charging a one-off fee for an application to that of obtaining revenue indirectly via advertising within the application (discussed later in this chapter).

---

[2] Bo Wang, Bokan Technologies, TechCrunch, March 22, 2009; mng.bz/YqZB.

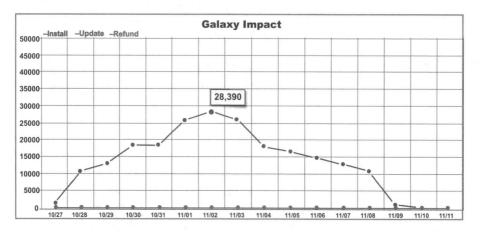

Figure 9.1   Impact of introducing charging (on November 9) on the number of downloads of the Galaxy Impact iPhone application (source: see footnote 2)

A variation on the one-off charging mechanism is to initially offer a basic (or "lite" version) of the application for free and then convince consumers to upgrade to a paid version (typically by offering extra features, better connection speeds, or extra content). This model, known as a *freemium model,* can also involve in-app purchases, as discussed in section 9.1.2. It's worth noting that studies by a mobile phone operator showed that, over a length of time of at least a year, at least 15% of consumers upgrade from a free to a paid service.[3] This means that freemium models represent a good way to introduce your application to the wider public, while retaining the ability to charge consumers in the medium term.

Recurring charges are a more appealing option for mobile startups because they guarantee a certain continuity of cash flow and promote "stickiness" of their service, because the consumers who subscribe to a mobile service are unlikely to then unsubscribe (particularly where the subscription cost is charged through the mobile operator bill).

Services like Loopt in the United States (mentioned in chapter 5) initially charged a monthly subscription through the mobile operator. Today this model has been dropped by location-aware and location-based app developers (although it's still in place among navigational aid companies like Telmap).

In general, services with a higher perceived value by the consumer obtain better results through recurring charges, while leisure-type applications, such as location-based social networks, have a tendency to work best on an impulse-buy, one-off charging basis.

Apart from deciding whether to charge one-off or recurring access fees, developers need also to consider whether their application has mass-market appeal as well as perceived value. This can help determine which strategy to follow when deciding how

---

[3]   Olivier Laury, Bouygues Telecom, "Finding the Right Strategies for Location-Based Services," Seminar, Mobile World Congress, February 2009.

to price the application (free or not). It can also help to determine whether to include advertising or not.

Figure 9.2 offers a simplified model in the form of a decision matrix to assist developers with a consumer application in choosing between the following alternatives:

- A free lite version (basic application with reduced features), with no ads
- A free application supported by ads
- A paid application with no ads
- A paid application with ads

Freebie applications are shown in the lower-left quadrant of the matrix. When it comes to monetizing an application, there's clearly no interest in giving it away, especially if it isn't supported by ads. But in the case of low-value/low-market-potential applications, this is often the only choice possible. It's typically used for marketing purposes by big brands. It can also be used as part of the freemium model, to introduce a basic, free application first with the intention of adding premium features in the future.

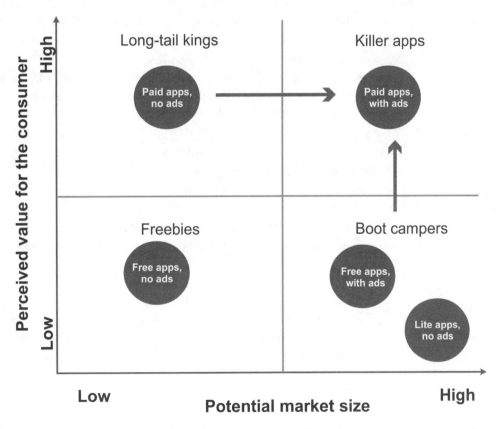

Figure 9.2 Application value/market decision matrix showing alternative charging strategies according to the perceived value and potential market size of new applications

Long-tail kings are those applications that address a small but definable niche within the market with a high-value proposition (we defined the long tail of marketing in chapter 5). Developers can charge a premium price for their application and don't need to include advertising as a result (this also ensures they maintain a good-quality customer experience). Long-tail kings, shown in the top-left quadrant, can try over time to extend their appeal to other market segments.

Killer apps rule over the mobile landscape. By offering great value to the consumer within a mass market, they can use their dominant position to not only charge for their application but also generate regular advertising revenue. Other applications continually aspire to become killer apps, although most never make it. The Angry Birds gaming application was a global success story that offered a version for purchase as well as an ad-supported version (albeit on different mobile platforms).

Boot campers are those applications that hold great promise, because they have a large market potential, but don't hold a great deal of perceived value in the eyes of the consumer. Boot campers have to work extremely hard (hence the name) to work their way out of their quadrant by convincing consumers of the value they offer.

Developers need to ask themselves the following questions before deciding to charge for their application or include adverts (or both):

- *Does my application have a high amount of perceived value?*
  It may seem obvious, but if there are dozens of competing applications offering something similar, the answer is probably, no. If you are a first mover offering something new, the answer is probably, yes.

- *Does my application address a niche market?*
  If it does, you can't rely on a small number of users to generate substantial ad revenues (more on this later in this chapter).

- *Will the inclusion of adverts affect the overall user experience for my customers?*
  If adverts block parts of the screen or pop up at unwarranted moments, users will grow annoyed quickly and ditch your application fast.

- *Can I provide updates to my application with enough new functionality to get users to pay for them?*
  If you think this is the case, then a lite application can be a good first step.

- *How long is the life cycle of my application likely to be?*
  For gimmicky applications, the life cycle is likely to be very short, because consumers will get bored quickly. Charging a higher price when the application is first released and then reducing the price is the sensible option.

- *Is my application a social networking type of application?*

  It's not possible to charge for a sustainable period of time any fees for social networking type applications. Although first movers such as Loopt were able to maintain a charging policy for a long time, the market today expects these applications to be free. All Loopt apps today are available on a free-to-use basis.

- *Can I provide any in-app purchases from my application?*

  Led by Apple's steps to push out micro-payments platforms, in-app purchases are not only becoming more popular across different development platforms, but they're also becoming ever easier to adopt. They can provide significant revenue streams (see the next section) and offer a genuine alternative to charging on a download basis.

Clearly, there's no one-size-fits-all solution, so it's possible that even where a certain charging mechanism seems the obvious solution, it may not lead to the desired result because of market timing, competitor applications, and other factors. The key in this still relatively new area is to experiment sensibly with as many different approaches as possible and work out over time what works best for your specific type of application.

9.1.2   In-app charging

An area that has created a lot of expectations but remains almost virgin territory when it comes to LBS is that of charging for specific functions within the application itself. This is known as *in-app charging* or *micro-payments* (given that the dollar amounts involved tend to be small).

Part of the reason that this area is attracting attention is that companies like Apple are now facilitating in-app purchases following the release of their OS 3.0 in July 2009. This means that micro-payments are slowing becoming more mainstream (and are already an integral part of BlackBerry, Nokia Ovi, and Android application stores). The other part is because of the parallel often drawn between the fixed internet web and the mobile internet. Within traditional websites normally accessed through a PC, a number of companies have successfully introduced freemium pricing models. Here the consumer has access to the main features of a site for free but is required to pay a one-off or regular payment in order to access additional features.

It's useful at this stage to draw an example from the web to illustrate this idea. For example, leading professional social networking site LinkedIn offers free membership, but for a paid subscription additional features are available. A Business Plus subscription, priced at $49.95, allows members to message up to 10 other members and search up to 500 profiles at a time from the LinkedIn member database. Figure 9.3 shows the range of premium subscriptions offered by LinkedIn. The company's pricing strategy has been so successful that it's now generating profits and is listed on the stock market.

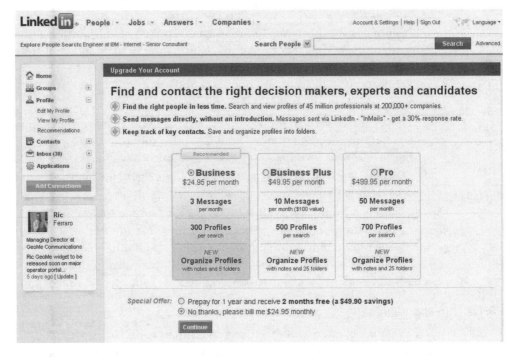

Figure 9.3   LinkedIn has developed a successful freemium model by offering three types of premium memberships at different rates, on top of its basic, free membership.

Another leading pioneer from the web world and precursor of in-app charging was Habbo Hotel. Habbo Hotel was launched in 2000 as a "web community within a virtual world" aimed at teenagers and by 2007 had achieved phenomenal success with over 75 million user profiles and a business model based heavily on virtual gifts. Although the main idea of Habbo Hotel was that of creating a social network for kids, the real significance was in its groundbreaking proposition of building its entire monetization model on virtual gifts and freemium pricing. Users could join for free but then had to pay to build their own virtual world, purchasing virtual furniture (or "furni" in Habbo-speak) using Habbo coins (exchangeable for real currency). In addition, users can purchase special effects, such as the ability to be temporarily "invisible" or to create an "explosion." By 2007, 90% of Habbo's $60 million-plus global revenue came from the sale of virtual gifts or special effects.

A current-day version of Habbo Hotel is Farmville, a real-time farm-simulation game available as an application on Facebook since June 2009. The game allows members to manage a virtual farm by planting, growing, and harvesting virtual crops and trees and raising livestock. With 58 million-plus users and 500,000 virtual tractors sold on any given day, Farmville (see figure 9.4) has generated revenue right from its launch.

Figure 9.4 **Farmville's virtual world allows users to network with members of the community, create their own unique online identity, and personalize their virtual farm with farming implements available in the online store.**

Within the mobile world, an early adopter of the freemium model originally pioneered by Habbo Hotel has been UK-based mobile dating-cum-social-networking site Flirtomatic. Founded in 2006, the company has been something of a benchmark in the mobile industry for the successful deployment of its freemium strategy based on the catchy idea of online flirting and extensive offer of virtual gifts. The company has generated in excess of $15 million by selling these gifts to its 1 million-plus member community within two years from launch.

Flirtomatic's virtual gifts range from a simple "flirtogram," a flirty personal message, to a "snog," or kiss, and can be purchased using Flirt points, the Flirtomatic currency. Flirt points can be purchased by credit card or paid directly from the user's phone bill. Figure 9.5 shows mobile screenshots with typical user messaging options and virtual accessories available through the use of Flirt points. Although the whole idea may on the surface sound frivolous, sales of virtual goods have been going strong in Asia for some time and are roughly worth $1.5 billion worldwide,[4] though this number includes web as well as mobile sales.

---

[4] Susan Wu, Charles River Ventures, TechCrunch, June 20, 2007 (guest post); mng.bz/1P62.

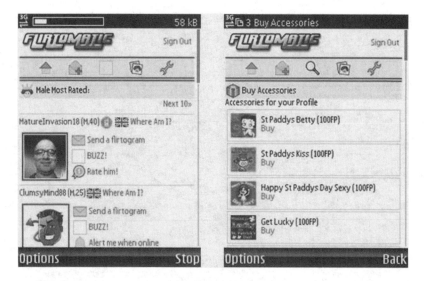

Figure 9.5   Mobile screenshots showing a typical Flirtomatic profile page and a range of actions and virtual gifts that can be purchased, ranging from a flirtogram to various accessories

Apple launched its own in-app payments platform in August 2009 with a number of specific features, including the possibility for developers to charge within an application that's given away. More important, Apple made micro-payments easy for the consumer by tying payments to their iTunes store credit card details already on record.

This means that developers can now charge for premium services as well as virtual goods. For example, developers could theoretically charge users of a social network to be notified when a special offer is available near their location (through the iPhone Push Notification alert feature shown in figure 9.6).

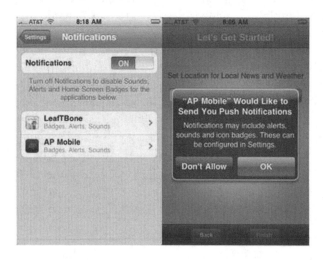

Figure 9.6   Screenshots of the AP Mobile iPhone app using push notification. This is one of the new features that can be charged to the consumer within Apple's micro-payments platform.

Apple's iTunes App Store identifies three types of in-app purchases possible:

- *Consumable products* must be purchased each time the user needs that item. For example, one-time services (such as access to more advanced gaming levels) are commonly implemented as consumable products. This means that if the purchase is made today, and the user wants to purchase it again tomorrow, he will be charged again when he attempts a purchase.

- *Non-consumable products* are purchased only once by a particular user. Once a non-consumable product is purchased, it's provided to all devices associated with that user's iTunes account. Store Kit (Apple's software framework that connects to the App Store on the application's behalf to securely process payments from the user, see figure 9.7) provides built-in support to restore non-consumable products on multiple devices.

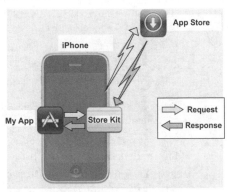

Figure 9.7 Apple's Store Kit is the go-between from an iPhone application to the App Store, allowing users to purchase approved items by showing premium content available and authorizing individual micro-payments. (Source: mng.bz/qbJg)

- *Subscriptions* share attributes of consumable and non-consumable products and are the most complicated option. Like a consumable product, a subscription may be purchased multiple times; this allows you to implement your own renewal mechanism in your application. However, subscriptions must be provided on all devices associated with a user. In-app purchases expect subscriptions to be delivered through an external server that you provide. As a developer, you have to ensure that anything that's subscribed by the user is available across all of the user's iTunes-synced devices when they're purchased from one device. Therefore, don't lock in-app purchases to UDIDs.

Two important points to note are that, first, in-app purchases can't be used to deliver product updates. Changes to the binary code have to be submitted separately. But if you're a game developer, then game data, maps, levels, and other data files are allowed for in-app purchase. Secondly, every product to be sold via the micro-payment process has to be previously approved by Apple, in a similar way to the vetting process used for applications.

To create a micro-payment within an iPhone application, you first need to add the Storekit.Framework to your project.[5] Once you've verified that there are no parental restrictions on the device, you can retrieve the product information to populate the

---

[5] Mugunth Kumar, "iPhone tutorial—In-App Purchases," October 18, 2009; available at mng.bz/30r5.

application's user interface. This can be done with a few lines of code, as shown in the following listing.

Listing 9.1   Retrieving the product information and populating the UI

```
- (void) requestProductData                          ❶ Create request
{                                                       object and initialize it
SKProductsRequest *request= [[SKProductsRequest alloc]  ◄
initWithProductIdentifiers: [NSSet setWithObject: kMyFeatureIdentifier]];
request.delegate = self;
[request start];                          ◄────────❷ Start request
}
- (void)productsRequest:(SKProductsRequest *)request didReceiveResponse:
       (SKProductsResponse *)response
{                                         ◄────────❸ Implement method
NSArray *myProduct = response.products;                    ◄┐
 [request autorelease];                                      │ Store incoming
}                                                          ❹ │ info
```

This code example shows how to request product information from a source and then save that data. The code first creates a request object ❶ and then starts the request action ❷. If the request is successfully returned ❸, the code caches the returned information ❹.

You'll then need to set up a transaction observer to allow you to receive the callbacks from the iTunes App Store in case the payment is interrupted (for example, if a call is received during the transaction). This is shown in the next listing.

Listing 9.2   Create a transaction observer to receive callbacks from the iTunes App Store

```
MyStoreObserver *observer = [[MyStoreObserver alloc] init];
[[SKPaymentQueue defaultQueue] addTransactionObserver:observer];
```

This code example creates an observer for this store and sets it to the variable observer.

To implement the callback and handle the three types of transaction (purchased, failed, and restored), you should be ready to receive these notifications as soon as you open the app. The best place to initialize it is in `applicationDidFinishLaunching` or an equivalent method. You can use the following code to do this. This function goes through all the updated transactions and takes action on each of them.

Listing 9.3   Implementing the callback

```
- (void)paymentQueue:updatedTransactions(SKPaymentQueue *)queue
updatedTransactions:(NSArray *)transactions          ❶ Go through each
{                                                       transaction in array
for (SKPaymentTransaction *transaction in transactions)  ◄─┘
{
switch (transaction.transactionState)                ❷ Take action to
{                                                       purchase feature
case SKPaymentTransactionStatePurchased:             ◄─┘
 [self provideContent: transaction.payment.productIdentifier];
break;
```

```
case SKPaymentTransactionStateFailed:                    ◁─────── ❸ Display error here
if (transaction.error.code != SKErrorPaymentCancelled)
{
}                                                                 ❹ Restore app as if it
break;                                                              was purchased
case SKPaymentTransactionStateRestored:                  ◁
[self provideContent:
     transaction.originalTransaction.payment.productIdentifier];
default:
break;
}
  [[SKPaymentQueue defaultQueue] finishTransaction: transaction]; ◁┐
}                                                                   Remove
}                                                                 ❺ transaction
```

This code example shows how to go through each transaction ❶ and process all the different states, for the purchased state ❷, or the failed state ❸, or the restored state ❹. The code then removes the transaction from the queue ❺.

The purchased and failed states are seemingly straightforward. You'll receive a restored transaction message if your app was quit before the transaction completed. You should always do the same thing when your purchase is either new or restored. If you want to charge your users for every download, then you should probably set the in-app purchase to be a consumable item. But be sure to use that only for purchases that are really consumable, like a live radio show or a podcast, and not for unlocking additional levels. Users expect that a level they've unlocked will stay unlocked forever.

There are three important things to note here:

- You should remove the transaction from the payment queue once the transaction is complete. Otherwise, the transaction will be attempted again, which isn't what the users expect (and your app will most likely get rejected).
- You should provide the content (or unlock the feature) before completing the transaction, anticipating the success of the transaction when the asynchronous payment notification is complete. When you receive the message SKPaymentTransactionStatePurchased, it means that the user's credit card has been charged.
- You shouldn't display an error when the transaction fails because the user rejected it.

Now that your architecture is ready, you can go ahead and initiate the purchase by calling the function in the following listing when the user clicks your Buy button on the UI.

Listing 9.4   Initiating an actual purchase

```
SKPayment *payment = [SKPayment
     paymentWithProductIdentifier:myGreatFeature1];
[[SKPaymentQueue defaultQueue] addPayment:payment];
```

This example creates a payment object and sets it to the variable payment.

Now you've finished and are ready for that vital development phase: testing to make sure the in-app purchase is working correctly (note that you'll have to do this directly on your device, because it won't work from a simulator).

Micro-payment systems hold great promise for developers, because they give developers greater control and flexibility over in-app purchases of premium services. Some detractors point to the fact that customers can't be bothered to enter into transactions for minute amounts of, say, less than US$1. Developers can avoid this problem by using their own made-up currency (like Flirtomatic's Flirt points). This means that customers can pay larger amounts to build credit within the application that can be used for multiple future purchases.

One-off charges can also be applied to premium content within the application. For example, local weather forecasts from providers like weather.com can be offered as an add-on layer to the basic application.

A well-established method for one-off charging is premium Short Messaging Services (SMSs), or text messages. This allows small payments to be collected by billing the subscriber directly through their phone bill, with the developer sharing in the revenue being generated. The benefits of this method include *simplicity* (from the point of view of the user) and *reliability* (it's tried and tested technology), with the drawbacks being *dependence* on mobile operators and operator *commissions* (because the operators tend to take a significant cut of revenues).

Premium SMSs are a well-established method for one-off charging

Advantages include the following:

Ease of use—Premium SMSs are still the easiest overall billing mechanism for one-off charging. By sending the required message request to a short code, mobile subscribers automatically receive a charge in their next phone bill.

Security—Premium SMSs offer secure transactions given that no payment information needs to be exchanged.

Reliability—Premium SMSs have been in place for many years (since the days of premium ringtones) and offer a reliable premium payment platform.

Disadvantages include the following:

Dependence on mobile operators—Because premium SMSs rely on the mobile operator's network (which assigns the short codes and bills the customer), an agreement needs to be in place to use them.

Operator commissions—Mobile operators take a significant cut from revenue share agreements with content providers. The percentage fluctuates, but it can be as high as 60%.

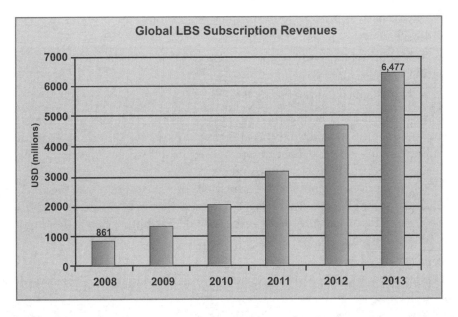

Figure 9.8 Global LBS subscription revenues (USD millions) from 2008 (actual) to 2009–2013 (forecast)

9.2 *Businesses as a source of revenue*

Despite the B2B market for LBS applications being still pretty much in its infancy, it's an area with enormous untapped potential. Not only are global LBS subscription fees already at $861 million (2008),[6] but they're forecast to more than triple within three years (see figure 9.8 for the forecast growth for 2009–2013). In addition, global mobile advertising spend is already close to US$2 billion globally (2008) with the expectation that LBS mobile advertising will, over time, account for an increasing part of this.

There are three overall ways in which revenue streams can be obtained from businesses when it comes to your mobile application:

- Charges for occupying screen space within the application, or real estate charging
- Charges for using aggregated user profile data collected via the application
- Charges (licensing fees) for using intellectual property (IP) associated with the application

9.2.1 *Real estate charging*

When we think of mobile real estate, it's useful to take the same approach a bricks-and-mortar estate agent, or realtor, would take. This means defining exactly how the

---

[6] Informa, "Current State of the LBS market: Backdrop and Outlook," presentation by Jamie Moss, May 12, 2009.

overall property is broken down. In the case of mobile applications, we have the following elements:

- Mobile web page where application can be downloaded from
- Opening splash screen
- Main application screens or views

Advertising can then be included by either inserting a mobile ad banner (the more common choice) or allowing the advertiser to sponsor the whole application (this may involve inserting a banner plus featuring the advertiser's logo and content within the application). These are visible in figure 9.9.

Once developers have decided which bits of real estate to use, the next step is to make the most effective use of this advertising space. To do so, you need to understand the different actions that can be included within an application and used for mobile advertising.

MOBILE ADVERTISING

The Mobile Marketing Association defines the following main clickable actions available to a mobile advertiser:[7]

- *Click to call*—Users place an outgoing call to the content provider or advertiser.
- *Click to locate*—Users find, for example, the closest car dealer or movie theatre, enabled by location-based services.

Figure 9.9   Different elements of real estate property offering application developers the chance to monetize their application (in order from the left): an application download page, a sponsored splash screen, and a main application page containing an advertising banner

---

[7] "Mobile Advertising Overview," January 2009, Mobile Marketing Association; http://www.mmaglobal.com/mobileadoverview.pdf.

- *Click to order brochure*—Users receive marketing materials by supplying their postal address.
- *Click to enter competition*—Users enter text or sweepstake to win prizes.
- *Click to receive email*—Users receive an email and a link to an online site by supplying their email address.
- *Click to receive mobile coupon*—Users receive an electronic coupon on their mobile phone that can be redeemed immediately at a participating merchant.
- *Click to buy*—Users make a purchase paid for with a credit card, or added to their monthly mobile bill, or using some other form of mobile payment.
- *Click to download content*—Users download content, including logos, wallpapers, or ring tones, onto their mobile phone.
- *Click to enter branded mobile website*—Users click a banner to get connected to a standing or campaign-specific mobile website.
- *Click to forward content*—Users forward relevant content to friends, creating a viral campaign effect.
- *Click to video*—Users click a banner to view an advertiser's commercial for a product or service.
- *Click to vote*—Users reply to a message ballot or poll from their mobile phone and provide marketers and brands with valuable research insights.

You can include one or more of these clickable actions within your mobile application. A key factor that you must consider is whether the clickable action takes the user outside the mobile application (for example, clicking a web link within an iPhone application). Where this is the case, the potential advertising revenue has to be weighed against the potential detrimental effect on the user experience. Clearly, less-intrusive advertisements will lead to better overall results in terms of ad views and revenues.

Ultimately, the goal for the developer is to obtain as high a number of clicks or views as possible from each advert included in the application (depending on whether the advert is sold on cost-per-click (CPC) or cost-per-thousand impressions (CPM) basis, because this determines the payment to the developer.

CTR (click-through rates) and CPM are common ways of measuring the effectiveness of an ad campaign. The amount of ad revenue a publisher of the advert (the owner of the application) receives is calculated either according to the ad impressions or the amount of clicks generated to the ad.

Because CPC, or what the advertiser is charged for each click generated on an ad, is typically calculated using an auction mechanism, the rates fluctuate from one advertising campaign to another but are often below $1.00. CTRs tend to be higher for mobile ads than for web ads and can average around 5%. This will be higher in the case of a more targeted advertising campaign (for example, if your application is travel related and the advertiser is an airline company).

More information on best practices in displaying mobile adverts with further examples can be found in the guidelines issued by the Mobile Marketing Association, the leading global body setting standards in mobile advertising. You can read this at www.mmaglobal.com/bestpractices.pdf.

The more common option for publishing mobile adverts is to use a third-party mobile advertising network, because it can be implemented faster than developing a solution in-house. There's been a mushrooming of mobile advertising worldwide in recent years, with the better-known players today being AdMob, Smaato, and Admoda.

Displaying ads in your mobile application is as simple as calling a mobile advertising network server, such as AdMob, and getting the text or graphics for the ad. Most ad networks provide libraries for mobile and server platforms. Listing 9.5 displays how to insert AdMob ads into your mobile website, and listings 9.6 through 9.9 display how to insert AdMob ads into your Android application.

Listing 9.5   Inserting an AdMob mobile ad into a mobile website using Python, Django

```
from urllib2 import urlopen
from urllib import urlencode          ◁──┐  Import
                                          │  required classes
try:
    # Python >= 2.5
    from hashlib import md5

except ImportError:
    # Python < 2.5                           Import md5 class
    import md5                        ◁──┘  depending on version

def admob_ad(request, admob_params=None):   ◁──   ❶ Implement
                                                    main function
    """
    Given a Django "request" object and dict of
    admob parameters returns a Admob ad.

    If no ad can be retrieved displays a one pixel

    Admob tracker image.

    Usage:

    def my_view(request):

        admob_dict = {}
        admob_dict["admob_site_id"] = "required_admob_site_id"
        admob_dict["admob_postal_coode"] = "optional_postal_code"

        admob_dict["admob_area_code"] = "optional_area_code"
        admob_dict["admob_coordinates"] = "optional_coordinates"
        admob_dict["admob_gender"] = "optional_gender"
```

```
        admob_dict["admob_keywords"] = "optional_keywords"
        admob_dict["admob_search"] = "optional_search"

        ad = admob_ad(request, admob_dict)

        return HttpResponse(ad)

"""

admob_mode = "test"                            ◄—   Change to "live"
                                                    when ready to deploy

admob_endpoint = "http://r.admob.com/ad_source.php"

admob_version = "20080714-PYTHON"
admob_timeout = 1.0
admob_ignore = ("HTTP_PRAGMA", "HTTP_CACHE_CONTROL",
➥ "HTTP_CONNECTION", "HTTP_USER_AGENT", "HTTP_COOKIE",)

admob_post = {}                 ◄———❷ Start building URL

admob_post["s"] = admob_params["admob_site_id"]    ◄—  Declare required
                                                        parameters

admob_post["u"] = request.META.get("HTTP_USER_AGENT", None)  ◄—  Declare meta
                                                                 parameters

admob_post["i"] = request.META.get("REMOTE_ADDR", None)

admob_post["p"] = request.build_absolute_uri()

admob_post["t"] = md5(request.session.session_key).hexdigest()

                                                   Declare hardcoded
admob_post["e"] = "UTF-8"             ◄—            parameters

admob_post["v"] = admob_version

                                                        Declare optional
admob_post["ma"] = admob_params.get("admob_markup", None)  ◄—  parameters

admob_post["d[pc]"] = admob_params.get("admob_postal_code", None)

admob_post["d[ac]"] = admob_params.get("admob_area_code", None)

admob_post["d[coord]"] = admob_params.get("admob_coordinates", None)

admob_post["d[dob]"] = admob_params.get("admob_dob", None)

admob_post["d[gender]"] = admob_params.get("admob_gender", None)

admob_post["k"] = admob_params.get("admob_keywords", None)

admob_post["search"] = admob_params.get("admob_search", None)
```

```
for k, v in request.META.items():

    if k not in admob_ignore:
        admob_post["h[%s]" % k] = v


for k, v in admob_post.items():

    if v is None or v == "":

        admob_post.pop(k)

  if admob_mode == "test":

    admob_post["m"] = "test"


admob_success = True
try:
    admob_data = urlencode(admob_post)

    admob_file = urlopen(admob_endpoint, admob_data)

    admob_contents = admob_file.read()
    if admob_contents is None or admob_contents == "":

        admob_success = False
except Exception, e:

    admob_success = False

if not admob_success:

    admob_contents = "<img src=\" http://t.admob.com/li.php/
c.gif/%(admob_site_id)s/1/%(admob_timeout)/%(absolute_uri)s
\" alt=\"\" width=\"1\" height=\"1\" />"  \s

      % {"admob_site_id" : admob_params["admob_site_id"],

          "admob_timeout" : admob_timeout,
          "absolute_uri" :
 md5(request.build_absolute_uri()).hexdigest()}


# print 'Connecting to: %s' % admob_endpoint
# print 'Sending Parameters:'
# print admob_post

# print 'Got reponse:'
# print admob_contents

return admob_contents
```

Strip none and empty values ⟵

❸ Set text on GUI element ⟵

Turn on for debugging ⟵

In this example the main function that's implemented ❶ returns an AdMob ad given a Django request object and dictionary of AdMob parameters. The example starts building the request URL ❷. After adding all the parameters, the code makes the request to the server ❸ and receives the AdMob ad to be displayed on the screen. If an ad can't be retrieved, the code displays a placeholder instead of the ad. This is important because if you leave the ad space blank, then your page flow will be broken.

Now that you've seen how to insert ads into a mobile website, look at listings 9.6 through 9.9, which show how you can insert AdMob ads into your Android application. We start by creating the activity, as shown here.

Listing 9.6   Create a new activity

```
package org.ifies.android;                              Import required
import com.admob.android.ads.AdView;                    classes
import android.app.Activity;
import android.os.Bundle;                                     Declare main
import android.widget.TextView;                               activity class
public class AdmobExample extends Activity{

  @Override
  public void onCreate(Bundle savedInstanceState) {        Get pointer to
    super.onCreate(savedInstanceState);                    GUI element
    this.setContentView(R.layout.admob_example);
    example_message = (TextView) findViewById(R.id.example_message);

    example_message.setText("This is an example of AdMob
      for Android");                                        Set text on
    example_adview = (AdView) findViewById(R.id.ad);        GUI element
    example_adview.setVisibility(AdView.VISIBLE);

  }                                                         Make element
  private TextView example_message;                         visible
  private AdView example_adview;
}
```

This code example shows how to insert an AdMob ad element into your Android application and how to display the ad. The example first declares the main activity class ❶ and then gets the pointer to the AdMob GUI element ❷. It then sets the text of this GUI element ❸ and makes it visible ❹. It's important to check for errors and cases where there are no ads returned from AdMob. Also, Android has a permissions system based on requests. When a user installs an application, the application makes requests to access certain privileges on the device, such as accessing the location or accessing the camera. In this case we have to add our AdMob publisher ID as a manifest for the application. We now must create the view, as shown in the next listing.

Listing 9.7   Create the view that will display the ads

```
<LinearLayout
  xmlns:android="http://schemas.android.com/apk/res/android"
```

```
xmlns:app="http://schemas.android.com/apk/res/org.ifies.android"
android:orientation="vertical"
android:layout_width="fill_parent"

android:layout_height="fill_parent"
android:layout_gravity="bottom">
```

With this simple view created, we now need to create attars.xml. Inside the file, we'll declare our new styleable.

Listing 9.8   In your res directory, under values, create a file called attars.xml.

```
<resources>
    <declare-styleable name="com.admob.android.ads.AdView">
    <attr name="backgroundColor" format="color" />
        <attr name="textColor" format="color" />

        <attr name="keywords" format="string" />
        <attr name="refreshInterval" format="integer" />
        <attr name="isGoneWithoutAd" format="boolean" />
```

And finally, we show you how to amend the manifest XML file.

Listing 9.9   Add some permissions and your publisher ID to the code.

```
<meta-data android:value="YOUR PUBLISHER KEY"
    android:name="ADMOB_PUBLISHER_ID" />
```

As you've seen, it's easy to insert mobile ads into your mobile apps using the ad network–specific libraries, in this case the AdMob Android library.

It's worth pointing out that although a few of the major mobile advertising networks purport to have the capability to deliver location-based adverts (that is, dynamically changing local ads within an LBS application), none have rolled out the service on a major scale. This is despite the fact that research suggests that the majority of mobile subscribers would be willing to receive localized ads within their LBS application, especially if this links to a money-off promotion within a store.

New location infrastructure providers are beginning to step into the gap in the market left by the major mobile ad networks by setting up highly localized ad services. Companies like Placecast, for example, offer a location-based ad network in the United States, and others, like Maporama (France), offer this service in Europe though tie-ups with mobile operators.

Nokia, through its Ovi Maps service, now also offers advertisers the possibility to target their ads through real-time location detection obtained by the Nokia device. For example, in figure 9.10 below, a local weather forecast is shown with an embedded ad for a nearby Subway outlet in the city of Helsinki.

Figure 9.10 Example screenshots from Nokia's Ovi Maps service, showing how location-based ads can be embedded within a local weather forecast. Clicking on the ad banner takes the user to details of a store and a map of its exact location.

A good example of the shape of things to come is from Japan, where Otetsudai Networks (shown in figure 9.11) launched a service in 2008 that connects employers and workers for random, short-term temporary tasks using text messages and GPS on mobile.

Let's say a restaurant is short-staffed on a Saturday night and needs an extra hand washing dishes in an hour. The manager logs onto Otetsudai Networks via her mobile phone, fills out a simple criteria form, and hits Send. Otetsudai Networks instantly dispatches hundreds of text messages to potential workers within a reasonable distance of the restaurant's location to alert them of the opening. Within minutes, responses arrive in her inbox with potential employee information—qualifications, ratings, and sometimes even a photo and a personal message expressing interest. If a candidate doesn't fit the bill, the manager can turn the person down. If she finds someone suitable, she hits Hire. The employer pays Otetsudai a finder's fee by credit card equivalent to 50 percent of the job's expected salary; the worker just has to pay transportation costs to get to the job site.[8]

---

[8] Lisa Katayama, "Tokyo upstart offers freeters mobile flexibility," *Japan Times*, June 4, 2008; available at mng.bz/e67Z.

9.2.2   *Location data charging*

As the numbers of generic LBS applications increase and competition from "me-too" products multiplies across different mobile platforms, some companies have decided to get to the roots of the value proposition of LBS. The value, especially in the future, is seen not only in the application itself but also within the masses of location data being captured by the users of the application.

A well-publicized example is that of Google Maps. Google Maps for Mobile, its mobile version of the popular mapping software, initially located mobile users with a high degree of error (sometimes placing them kilometers away from their real location). This was because they were relying on cell tower triangulation (see chapter 2) but didn't have an up-to-date database of the exact location of the cell towers. As the user base built up, Google collected location data on cell tower IDs each time a user connected to its service. Over the space of a few years, Google has built up arguably the most complete Cell ID database in the world.

Even though Google doesn't charge the end user for this data, it does charge businesses indirectly for it. This is because Google Maps for Mobile relies on the data collected from users to be able to locate people, and it is this feature that businesses ultimately pay for. It also allowed Google to effectively bypass mobile operators completely and to be able to feature location detection independently and for free!

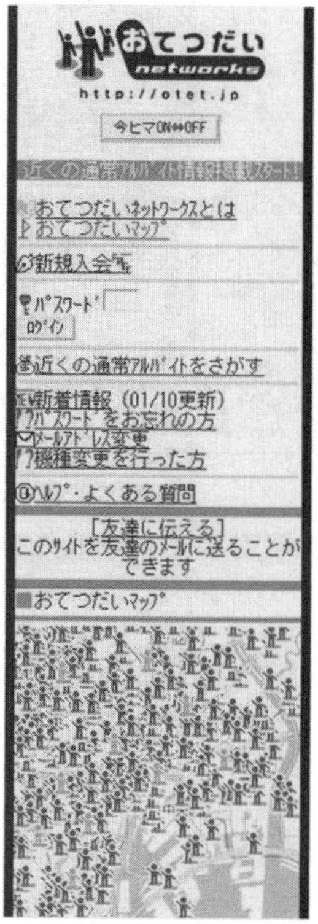

Other companies have also set themselves up as location data handlers, capturing and processing data aggregated from multiple mobile sources and then offering location intelligence to third parties. One such example is US-based Sense Networks.

Figure 9.11 Screenshot of Otetsudai Network's innovative mobile solution. Otetsudai connects local labor requests (visible through colored icons on the map) with local labor supply by using GPS on mobile phones.

Sense started by launching in 2008 a proof-of-concept consumer application, Citysense, in San Francisco. Subscribers who downloaded the software to their mobile phones agreed to be tracked and placed into a "tribe," or group of like-minded people. The visual representation of this social clustering can be seen in figure 9.12, with higher people densities represented by deeper red patterns. A "Young & Edgy" user (shown as a red dot on the application) looking for company at 1:00 a.m., say, could open a city map on her phone to find which clubs were pulsing with fellow red dots.

Sense then focused on crunching mobile data for businesses, including advertisers. It could then show how specific tribes clustered where specific beer promotions were taking place in San Francisco and convince advertisers of the value of extending the promotion to other bars in the city that attracted dots of the same color. Sense is able to monetize its service by charging mobile carriers and brand owners for the required market intelligence to run more effective mobile campaigns. In a way, Sense has stepped in the space being left open by the major mobile advertising networks that are currently unwilling to provide targeted, location-based advertising.

It's worth noting that several location-based mobile social networks allow users to vote for their favorite locations (New York–based Centrl is a good example of this). Companies that can unlock the value of these popular spots in the city to give brands and advertisers new consumer insights hold great potential. But the value of the data and the options to sell that data aren't limited to advertisers.

Indeed, more and more businesses are becoming hungry for location data. Retailers in particular are great candidates for this kind of information.

For example, when Johnny's Lunch, a quick-service restaurant in the United States specializing in hot dogs, decided to branch into franchising, it turned to location intelligence. Location intelligence played a vital role in how the company planned and executed its expansion by identifying its target customer and ideal markets.[9]

Figure 9.12   Sense Networks' BlackBerry application showing heat maps based on where users of mobile social networks cluster together. This allows ads to be served to tribes of consumers based on their patterns of behavior.

9.3   *Monetizing IP*

Chapter 12 in this book will examine the issues of intellectual property (IP) to allow developers to safeguard their investment in their applications. But don't forget that the IP within applications can also be unlocked to provide revenue for the developer. The two main ways of doing so are by licensing and white labeling.

9.3.1   *Licensing*

Licensing the application to third parties normally takes the form of a technology license agreement. Your ability to license may be assisted by successfully patenting your IP, with US-based developers generally having more possibilities for patenting software than non-US-based ones. More detailed information is available from the World Intellectual Property Organization (WIPO).

---

[9]   Matt Marshall, "Sense Networks gets $6m in hotly contested deal for 'tribe' advertising," SocialBeat, June 26, 2009; mng.bz/e67Z.

The advantages of licensing are that you retain ownership and control over the use of the intellectual property right and that you can maximize your commercial returns by obtaining a continuous royalty stream. The disadvantages are that you still have to maintain, police, and enforce your intellectual property right.

In general, a license can be granted either on an exclusive basis or a non-exclusive basis. If you grant an exclusive license to a third party, this means that only that third party will, for the duration of the license, have the right to use the intellectual property in accordance with the contractual terms agreed on. For this very reason, you should expect to be paid a much higher royalty for an exclusive as opposed to a non-exclusive license.

On the other hand, if you grant a non-exclusive license, this means that you can continue to enter into additional non-exclusive licenses with other third parties.

Before entering into license negotiations, you should consider the following:

- Whether you want to enter into an exclusive or non-exclusive license.
- Price and payment structure.
- What geographic area you want the license to cover.
- How long you want the license to last.
- Whether the licensee can grant sublicenses.
- How to deal with the ownership and availability of improvements (relevant to patent licenses).
- How much technical assistance should be provided by the licensee to the licensor and how much it will cost. Because this a major cost element of providing the license, it's likely to require the most time within the negotiation process.
- The marketing obligations on the licensee and the marketing support from the licensor.

If you decide to go down the licensing route, you should consult a specialized trademark and intellectual property attorney.

9.3.2   *White labeling*

A white label product or service is a product or service produced by one company (the producer) that other companies (the marketers) rebrand to make it appear as if they made it. Although you can do this by sharing both the mobile application and the server backbone (that processes requests from the application), the recommended approach is to use an API model. This protects the IP of the application by exposing only certain elements to the buyer of the solution.

For example, GyPSii offers the GyPSii Open Experience API targeted at handset manufacturers. The idea is to allow these manufacturers to incorporate location-based social networking functionality into embedded mobile clients and applications. GyPSii's solution, in fact, is offered for free to the market.

Figure 9.13 Screenshots from Lonely Planet's range of iPhone City Guide applications, which currently are available in 20 different versions for cities around the world

An interesting niche market segment for white label LBS solutions is that of high-value travel content providers (like Lonely Planet City Guides, shown in figure 9.13). They can charge high prices for their applications (each Lonely Planet iPhone City Guide is priced at around $20 on the iTunes store, for example) and offer good revenue share opportunities to the developer company.

9.4 Summary

LBS offers developers great opportunities to capitalize on their efforts by tapping into a burgeoning market for location-aware applications and services. The B2C market is sometimes a first port of call for many developers, where they can experiment with new ideas and test demand before charging for their product or venturing into the B2B market. From one-off charging for applications to freemium models and advertising, there are now more ways than ever before to make money from mobile applications. The key to success is to make a sensible guess at which approach may work best initially (analyzing your market potential and understanding the perceived value of your application), learn from any mistakes, and adapt according to feedback from the market.

In such an innovative environment, flexibility is fundamental to staying on top of developments. This is especially the case when it comes to mobile advertising, which offers developers an ever-greater range of options for maximizing valuable screen space. By testing as wide a range of different types of campaigns and clickable actions as possible, you can make sure you reap the just reward from your efforts over time.

The privacy debate

10

We started part 3, the final part of the book, by discussing in chapter 9 the different ways in which we can monetize location-aware applications and services. Where these services are directed at the general public, extra care is required because of the ongoing debate over privacy of location data.

If you were to survey an expert panel of mobile and web professionals about what they thought was the number-one hurdle to a wider and faster spread of LBS, we'd bet a large sum of money that their answer would be "privacy concerns."

More and more, the terms *privacy* and *location* are mentioned together (try Googling for the two terms together, and you'll get over 1,980,000,000 entries), and the driver behind this is that people value their locational privacy above all other types of privacy (religious privacy, cultural privacy, behavioral privacy, and so on).

Because of this, any LBS developer or entrepreneur worth their salt needs to pay special attention to their customers' attitudes to privacy:

- What is the general public afraid of?
- How can you allay their fears?
- Is there a price on privacy?

As well as answering these questions, LBS pioneers need to understand that there's still a degree of irrational fear of privacy being invaded by new-fangled technologies. This makes it essential to educate the general public (and your customers) about this topic by properly informing them of their rights and how their privacy will be respected.

But you can do this only if you have a good grasp of what we mean by *privacy*, especially when it comes to location, and this chapter sets out to give you the essential information to safely navigate the choppy waters of the privacy debate. This means that if you're a developer building consumer-targeted applications, you'll be able to, at the very least, comply with privacy legislation and avoid nasty fines. By tailoring your service to allay privacy fears, you may also carve out a stronger position within the consumer market.

10.1   What do we mean by privacy?

That privacy has acted as a brake on the early adoption of LBS is perhaps the only aspect of the privacy debate that's beyond question. This has been fueled by popular imagery of big brother–like spying on private individuals and, in a sense, by a growing voyeuristic instinct in the population at large (witness the success of reality TV shows like *Big Brother, Temptation Island,* and others).

But what do we mean by privacy, and why are so many people worried about losing it?

10.1.1   Defining privacy

Privacy is the ability one has to control personal information about oneself.[1] An infringement of privacy can be seen as a reduction in a person's freedom to control his or her personal information. Privacy can be also seen as "the right to be left alone" or the condition in which people have limited access to personal affairs and information of others.[2]

Concerns about privacy relate to the confidentiality of accumulated individual data and the potential risks that individuals experience over the possible breach of confidentiality. In extreme circumstances, improper handling of location information can place individuals in danger or seriously jeopardize their social life or finances.

---

[1]   W. A. Parent, "Privacy, Morality, and the Law," in *Philosophy and Public Affairs* vol. 12, no. 4 (1983):269–88.

[2]   Philip Brey, editorial introduction, "Surveillance and Privacy," in *Ethics and Information Technology* 7, no. 4: 183–84.

The fact that privacy is a very wide concept has prompted some observers to narrow the exact meaning of privacy for digital services that use location. The term *locational privacy* (also known as *location privacy*) was coined in 2009 to describe

The ability of an individual to move in public space with the expectation that under normal circumstances their location will not be systematically and secretly recorded for later use.[3]

By managing locational privacy, you can protect private individuals from malicious interrogation of location databases to answer the following sorts of questions:

- Did you go to an antiwar rally on Tuesday?
- Did you walk into an abortion clinic?
- Did you see an AIDS counselor?
- Have you been checking into a motel at lunchtime?
- Were you the person who anonymously tipped off safety regulators about the rusty machines?
- Which church do you attend? Which mosque? Which gay bars?
- Who is your ex-girlfriend going to dinner with?[4]

Several studies have conceptualized privacy concerns in more detail: The Concern for Information Privacy (CFIP) instrument was developed by Smith et al.,[5] which identified four dimensions of information privacy concerns:

1 *Collection* reflected the concern that extensive amounts of personally identifiable data are being collected and stored in databases.

2 *Unauthorized secondary use* reflected the concern that information is collected from individuals for one purpose but is used for other secondary purposes without consent.

3 *Errors* reflected the concern that protections against deliberate and accidental errors in personal data are inadequate.

4 *Improper access* reflected the concern that data about individuals is readily available to people not properly authorized to view or work with that data.

These four key privacy concerns are illustrated in figure 10.1.

It's essential that developers and providers of LBS take into account these four dimensions when rolling out LBSs in order to prevent potential privacy breaches.

Now that you understand what we mean by the term *privacy* and the generalized concerns it may provoke, we can look into the different sides of the privacy debate and some more specific concerns that have arisen.

---

[3] Andrew J. Blumberg and Peter Eckersley, "On Locational Privacy, and How to Avoid Losing It Forever," August 2009, available at http://www.eff.org/wp/locational-privacy.

[4] Ibid.

[5] H. J. Smith, J. S. Milberg, and J. S. Burke, "Information Privacy: Measuring Individuals' Concerns about Organizational Practices," *MIS Quarterly*, vol. 20, no. 2 (1996): 167–96.

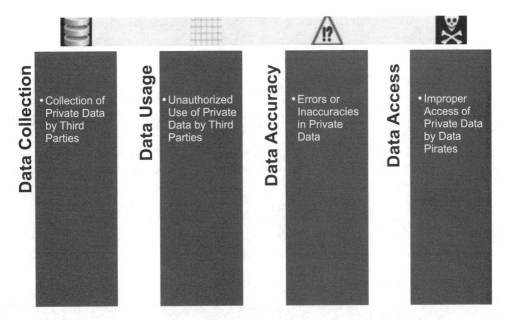

Figure 10.1 **The four pillars of privacy concerns (adapted from the CFIP Instrument by Smith et al.),** **which include data collection, data usage, data accuracy, and data access, summarize the current fears** **surrounding privacy within the general public.**

10.2 *The privacy debate*

The debate over privacy isn't a recent one, but the digital revolution has stoked the fire of controversy and caused heated social, economic, and political discussions around the globe. In this section, we'll look at what makes privacy controversial and what privacy threats exist today. We'll consider concerns over relatively new push technologies that send information to mobile users automatically by detecting their exact location. We'll also look at how placing control back in the hands of users through the opt-in concept can be an effective way of overcoming controversy.

Questions (many of which remain unanswered) surrounding privacy abound, and there's such a myriad of conflicting interests that the debate continues to grow unchecked:

- Who is responsible for privacy?
- Is it up to the individual or the state to govern privacy?
- When is it acceptable to forego privacy?
- When and how should individuals be notified about potential privacy breaches? By whom should they be notified?
- Is it possible to put an economic price on privacy?
- Where should the ethical and commercial lines be drawn in order to respect people's right to privacy?

- Should privacy protection in the digital world mirror the same safeguards of the real world?
- Is it acceptable to market certain services according to the real-time location of individuals?

Much of the concern surrounding privacy is not only that private information is collected but that it's happening "pervasively, silently, and cheaply." Although it's clear that unless you're a hermit living on a desert island, complete privacy is impossible, it's perhaps the ease with which detailed personal information can be gathered and processed that spooks the general public. Indeed, in the world of today and tomorrow, private information is quietly collected by ubiquitous devices and applications and available for analysis to many parties who can query, buy, or subpoena it—or pay a hacker to steal a copy of everyone's location history.[6]

We'll now look in a bit more detail at the privacy threats that users face and how a breach of security can impact these users.

10.2.1 Privacy threats

The four concerns highlighted by the CFIP instrument translate into a variety of privacy threats, which can be grouped in the following broad categories:

- *Spamming*—The flooding of an individual's inbox with unsolicited messages
- *Phishing*—The criminally fraudulent process of attempting to acquire sensitive information such as usernames
- *Identity theft*—A form of fraud in which someone pretends to be someone else by assuming that person's identity, typically in order to access resources
- *Undisclosed government usage*—Used by government agencies for taxable status verification, for example
- *Malicious use of personal data*—By competitors, stalkers, bullies, and the like

Figure 10.2 matches the probability of these varied instances of security breaches (or privacy incidents) with the impact that they would have on the individuals concerned.[7] It helps to understand that even a seemingly innocuous tracking of online activity (such as online banking), point A on the chart, exposes individuals to significant risks (such as unauthorized bank transfers).

It also suggests that even the use of aggregated personal profiles (point B on the chart) carries significant risks for personal privacy, helping us to understand the rigorous checks and balances that developers need to juggle to deliver an LBS acceptable to the various parties involved.[8]

---

[6] Blumberg et al., "On Locational Privacy."

[7] David Riphagen, Probability Impact Matrix of Privacy Incidents, October 23, 2008. "The Online Panopticon. Privacy Harms for Users of Social Network Sites," 3TU (TU Delft, TU Eindhoven, and University of Twente), Centre for Ethics and Technology.

[8] David Riphagen, "Privacy infringement—Directions for protecting users' privacy online," June 25, 2007.

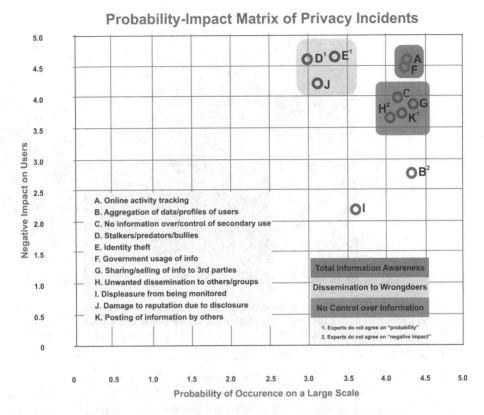

Figure 10.2 Probability - Impact Matrix of Privacy Incidents shows the likelihood of different privacy breaches occurring and the negative consequences (from minor to serious impacts, such as identity theft). (Source: David Riphagen; reproduced with permission)

A good example of the kind of controversy that privacy issues can stir up is provided by the case of the Google Street View service, shown in figure 10.3 (an add-on to Google Maps providing 360-degree street-level views of places around the world). Launched in different countries from 2008 onward (from the United States to Europe to Japan), the service has repeatedly met with public outcries of indignation over privacy infringements and more than the occasional lawsuit.

Individuals are particularly upset that photos of their private homes are now available for everyone to see and that, in some cases, the faces of people snapped in the photos contained in Street View are recognizable—you can see not only the private home of someone but also the face of the person living there.

Google's point of view was succinctly stated in one lawsuit filing in the United States:

Complete privacy does not exist.

Figure 10.3   Screenshot of Google Street View (part of Google Maps) shows snapshots of street scenes in several countries across the world (from Japan, the United States, and Europe) but the service stirred controversy for infringing personal privacy because real people were depicted at specific locations.

Although Google generally doesn't break any laws in providing the service, the passionate nature of the privacy debate means that reactions are strong. One commentator, Osamu Higuchi (himself an IT professional), was highly critical of Street View in Japan and is representative of how culture plays a large role in determining the acceptability or not of potentially intrusive services:

> *In our way of living, you do not unilaterally, and in a machine-readable form, lay open people's living spaces to the whole world.*

Other commentators complained that although it's true that Street View does nothing other than present the same images anyone walking down the streets represented could see anyway, in reality Google is presenting a view to the entire world from the eye level of a person who is over 2.5 meters high, a person like none who actually exists.

Although the extent of the reaction has differed according to culture, overall Google has been forced many times to make faces, buildings, or sites invisible at the request of governments. It was perhaps Google's brush at stoking the fire of the privacy debate that has led both global social networking giants Facebook and MySpace to initially block the rollout of the location add-on features to their service (though in 2010 Facebook rolled out Facebook Places in the United States and then in Europe). This is good news for start-ups offering location-based social networking, with newbies foursquare and Texas-based Gowalla (you saw them in chapter 5) expanding rapidly.

Now that you understand the specific privacy threats that individuals may face through unauthorized access to private data, we can move on to consider how push location methods are adding an extra fear specifically related to location. For every problem there's a solution, so we'll wrap up the next section by seeing how opt-in methods can be a useful way to allay this location privacy fear.

10.2.2 *Push versus pull location*

As you first saw in chapter 1, privacy legislation makes a distinction between subscribers of communication networks, such as mobile, who are actively requesting a location-aware service by opting in (and so consent to revealing their location) and those who are opting out. This difference in behavior is critical, because most of the privacy issues for LBS center on the idea of being tracked without knowing it.

Although the opt-in capability appears on the surface to be a convenient solution to the privacy issues of LBS, it's worth bearing in mind that this is only part of the answer. The deck is stacked against people choosing to take inconvenient measures to protect their privacy: it's often too hard for the average consumer to understand what options there are to avoid a location being recorded and too hard to keep researching these questions as they interact with new LBS services. In today's digital age, people haven't been able to adjust quickly enough to the advances in technology to intuitively choose the right option.

Whether the subscriber opts in or not determines which type of LBS service can be delivered:

- *Active use, or pull*—The location is requested by the consumer. Typical examples are location information (weather, local search) and navigation.
- *Passive use, or push*—The request for location is not initiated by the consumer. Typical examples are buddy finding and fleet tracking. Marketing companies can also potentially use push services to offer certain services available in certain places according to the real-time location of individuals, though the fear of LBS spamming is curbing this activity at the moment. Ironically, using location as an additional target parameter would allow advertisers, at least in theory, to send fewer and more relevant commercial messages, benefiting both the end user and the advertiser.

Subscribers who opt out can't use push services, because these work only where the mobile device has been allowed to track its own location.

Opting in versus opting out

The opt-in concept is fundamental to how LBS services manage privacy today. Privacy legislation has adopted this concept, and consumers are increasingly familiar with the notion. It's important to note though that much (if not all) of the general public opt in on the basis of trust, without fully acknowledging the TOS (terms of service) of the LBS.

The whole idea of opting in and opting out is to give the individual control. To a great extent, it appears that individuals' privacy concerns are affected by the level of control inherent in the delivery mechanisms of location content (that is, pull or push).[9] Because in pull-based LBS, the individual exercises greater control over the interaction, the decision to initiate contact with a service provider is voluntary, and location information is provided only to complete the requested transaction (for example, to inform the individual of the location of the nearest taxi). In contrast, in push-based LBS, the location information is tracked to target individuals who will likely be sent unsolicited information/services when they appear within the vicinity of, say, a retail store.

General consensus exists about using opt-in procedures to seek approval from users to capture and use their positioning history. There's disagreement as to whether this should happen on a case-by-case basis or once and for all. Although the first approach may not be acceptable from a usability perspective, the second may lead to some customers no longer being aware about their location data being shared.

In some cases, the decision of how to implement opt-in procedures will be out of the hands of the LBS service provider. Several mobile operators impose strict conditions for consumer-oriented LBS applications (such as friend-finder services) in order to shield themselves from the possibility of privacy breach lawsuits. "When in doubt, take the safest option" seems to be the common credo among mobile operators, despite openly attempting to foster openness and innovation.

Although things are changing, it's worth spending a few moments to understand which players are involved in managing the privacy game, from mobile operators to developers.

10.3   Who manages the privacy of LBS?

Five key players are involved in determining how the privacy of LBS is managed (excluding governmental agencies and lawmakers). Not all have an equal say, and the role of some players is being quickly reinvented. These players are[10]

- Mobile network operators
- Handset vendors
- Location aggregators
- Third-party developers
- Internet companies

---

[9] Heng Xu, Sumeet Gupta, Pan Shi, "Balancing User Privacy Concerns in the Adoption of Location-Based Services: An Empirical Analysis across Pull-Based and Push-Based Applications," available at https://www.ideals.illinois.edu/handle/2142/15224.

[10] Claire Boonstra, Guus van Knippenbergh, Sander Meijers (Open Mobiel Internet Initiative—OMI2), "Location Based Services on Mobile Internet," November 2008, available at http://sprxmobile.adix.nl/wp-content/uploads/2008/11/final-lbs-whitepaper-final-nov-2008.pdf.

Mobile operators and their view on privacy

As a developer of LBS, you should be aware that most mobile operators take a very conservative view of privacy. If your plans include being on portal or on deck as a high-lighted LBS service with the mobile operator, you should consider adding extra privacy protection measures.

We'll now look in detail at each of these five players involved in managing privacy:

- *Mobile network operators*—Fortunately for the mobile ecosystem, the so-called walled gardens, which were set up by mobile network operators (MNOs) in order to control exactly what services were delivered to customers, are crumbling. Until recently, carriers controlled the whole LBS value chain. They were the only entities having access to the position of the user via control-plane technologies and at the same time initially generally allowed only hosted, carrier-branded, third-party applications, blocking GPS functionality to all other applications. If you weren't one of the few chosen ones to feature on deck with the mobile operator, you were left scraping the barrel at the long tail end of marketing. Instead, we're seeing what can be referred to as open playgrounds being created by mobile operators. These are dedicated developer environments with relatively streamlined procedures for bringing new apps to market.

  This doesn't stop MNOs from simultaneously imposing limitations on accessing their location platforms. Almost no MNO currently offers anything other than pull mechanisms for location detection by consumer LBSs (the user has to request to be located), although the push mechanisms discussed previously (tell me automatically where I am and push relevant info to me) would yield the greatest benefits to the user.

- *Handset vendors*—Some handset vendors such as Nokia are gradually taking over the role of carriers in the LBS value chain by providing their own A-GPS service on Secure User Plane Location (SUPL)–compatible handsets. As such, Nokia acts as the gatekeeper of the users' privacy. The recent announcement to open up access to Ovi Maps to third-party developers makes this role even more important. Nokia uses location data to establish reference databases of Cell IDs and Wi-Fi hotspots in order to offer alternative positioning capabilities in indoor environments to its end users.

- *Location aggregators*—In an attempt to open up their location assets and generate additional revenue, North American carriers such as Sprint are starting to partner with location aggregators such as uLocate, WaveMarket (now called Location Labs), and LOC-AID, through whom third-party developers obtain access to location data. In many cases the aggregator takes over the carrier's privacy gatekeeper role.

- *Third-party developers*—The arrival of the SUPL standards has made installing any third-party LBS application on any GPS smartphone possible. Importantly, it's now up to users to protect their own privacy by checking the trustworthiness of the developer before deciding to opt in. Users are the gatekeepers of their own privacy by controlling which applications to install.
- *Internet companies*—With the arrival of geo-enabled mobile web browsers and LBS applications, privacy control is being put squarely in the hands of internet companies such as Google, which offers applications such as Mobile Maps including local search and the Latitude friend-finder and social networking solution. As the barriers between mobile and traditional web continue to blur and greater convergence is achieved, internet companies are likely to have a greater role in managing privacy on mobile devices.

10.4   *Privacy legislation*

In 1995 the European Union adopted a series of directives (now in force across the EU), dealing with privacy of users of LBS, which are the subject of ongoing amendments to keep them relevant to changing technology. According to the EC directives regarding privacy (95/46/EC, 97/66/EC, and 2002/58/EC IV), three key principles must be followed when deploying LBS: disclosure, consent, and data security. The main thrust behind each principle is summarized here:

1 *Disclosure*—Any company that acts as a location data collector should disclose to consumers what kind of data is being collected about them and the purpose or use of such collection. Transparency by the data collector is key within this principle.

2 *Consent*—The data collector should obtain the data subject's consent before collecting their personal data. This is also referred to as opt in and opt out for the use of location.

3 *Data security*—Data collected should be protected by adequate security measures against accidental loss, theft, disclosure, destruction, illegal processing, or something similar. Archiving of personal location data can be done only with the explicit approval of the user.

10.4.1   *Avoiding the data privacy booby traps*

Some general guidelines are available to help LBS developers and entrepreneurs comply with privacy legislation on personal data, alleviate privacy concerns of the users, and avoid potential litigation:

- Don't collect data in the first place.
- If you have to collect data, don't store it.
- If you really have to store data, anonymize it.
- If you really need to store data and can afford to, encrypt it.

Avoid legal compliance costs

If a corporation retains logs that track individuals' locations, it may be subject to legal requests for that information. Such requests may come in different forms (including informal questions, subpoenas, or warrants) and from different parties (law enforcement or civil litigants). There are complex legal questions as to whether compliance with a particular request is legally required, optional, or even legally prohibited and a liability risk.

This legal complexity may even involve international law. For instance, US corporations that also have operations in the European Union might be subject to European data-protection laws when EU citizens visit the United States and use the US company's services.

Corporations with large locational datasets face a risk that lawyers and law enforcement will realize the data exists and begin using legal processes to obtain it. The best way to avoid this costly compliance risk is to avoid having identifiable location data in the first place.[11]

DON'T COLLECT DATA IN THE FIRST PLACE

This may seem easier said than done, and it's inevitable that perhaps some data is collected. While limiting data retention is an important protection for privacy, it's no substitute for the best protection: not recording that information in the first place. It's worth dedicating time and effort to really consider which information absolutely needs to be collected. If you're unsure of whether some data is needed, the best default approach is not to collect it.

IF YOU HAVE TO COLLECT DATA, DON'T STORE IT

LBS providers should retain user location information only as long as business needs require, and then they must destroy or render unreadable such information on disposal. If it's necessary to retain location information for long-term use, where feasible, LBS providers should convert location information to aggregate data (see the next point).

Because storage space is cheap and getting cheaper, nowadays it's more a case of resisting temptation by not storing data, because this is often the path of least resistance. If you have to store data temporarily, be aware that secure deletion tools are necessary to make sure that deleted data is really gone.

IF YOU REALLY HAVE TO STORE DATA, ANONYMIZE IT

The majority of LBS services store data at an aggregate level only, grouping personal usage history by geography (neighborhood, city, country), gender, age, or other variables. This aggregation makes it possible for third parties to use the information while protecting the anonymity of individual users. We should note that even the existence of location databases stripped of identifying tags can leak information.

---

[11] Blumberg et al., "On Locational Privacy."

For instance, if you know that John is the only person who lives on Brocko Bank Lane, the datum that someone used a location-based service on Brocko Bank Lane can be reasonably linked to John. Generally speaking, one solution to this problem is to restrict the use of location-based services to high-density areas, though this may not be a practical solution in some cases.

IF YOU REALLY NEED TO STORE DATA AND CAN AFFORD TO, ENCRYPT IT

Using cryptography and careful design to protect location privacy from the outset requires engineering effort. It's not a cheap solution and tends to be used more widely with highly sensitive information (such as financial records). Modern cryptography allows data processing systems to be designed with a whole spectrum of privacy policies, ranging from complete anonymity to limited anonymity to support law enforcement. Although not cheap, data encryption provides both the LBS user and the service provider with the greatest peace of mind.

Now that we've looked at specific data storage issues related to location data, it's worth seeing how best practice guidelines have filled the gap in the current privacy legislation. Although there's no legal requirement to comply with these guidelines, this is advisable as tighter and more specific legislation comes into place over time.

10.4.2 *Best practice guidelines: Cellular Telephones Industries Association*

The Cellular Telephone Industries Association, or CTIA, publishes recommendations on how LBS services should deal with privacy legislation, particularly referring to how the responsibilities should be allocated between the mobile operator or wireless carrier and the LBS application provider. The CTIA bases its recommendations on three cardinal principles, those of notice, consent, and safeguards.

Rewarding the user for providing location data

Users of mobile services are increasingly becoming aware of the value their location data represents to LBS vendors. In the advertising space, users have come to expect something in return when agreeing to receive advertising messages on their phones. Both in Europe and the United States, LocatioNet is offering a free navigation service subsidized by advertising. Although for the time being it might be difficult for many vendors to have the cost of their services fully covered by advertising, they should at least offer discounts to users who opt in for advertising.

Similarly, the "free services in return for access to location history" paradigm will start to gain momentum. This is particularly true for applications such as TomTom MapShare, where location data is used to improve the quality of the service. The same holds for Google and Nokia, which have used location data from private individuals in the past to build reference databases of base station Cell IDs and Wi-Fi hotspots.

There's something fundamentally unethical about letting users pay full price for information they've helped to collect. All players in the location ecosystem will have to realize that the location goldmine comes at a price.

Table 10.1 maps out the different responsibilities in the case of a typical LBS application, clearly highlighting areas that require consent and notice.

The CTIA suggests that LBS providers should give notice, especially if location information is to be used for any purpose other than providing the LBS itself. It goes on to distinguish between implicit and explicit consent, to account for the fact that some users may not be aware of or be in a position to control the tracking of their position, for example, in the case of fleet tracking or employee monitoring. Here, consent would be implicit or reasonable based on the case of the employee's work contract.

The CTIA also states that LBS providers must allow LBS users to revoke their prior consent to disclose location information to all or specified third parties. Where technically feasible, LBS providers may provide for selective termination or restriction of individual LBS applications upon LBS user or wireless carrier account holder request (see table 10.1).

In terms of safeguards, the CTIA makes the following recommendation on the security of location information:

> *LBS Providers should employ reasonable administrative, physical and/or technical safeguards to protect a user's location information from unauthorized access, alteration, destruction, use or disclosure. LBS Providers should use contractual measures when appropriate to protect the security, integrity and privacy of user location information.*

As a final protective measure, it recommends that LBS providers should provide a resource for users to report abuse and provide a process that can address that abuse in a timely manner.

A wireless carrier provides its users with a wireless device having on-deck access to a mapping service enabled by third-party software. The wireless carrier provides the user's location information to the third party, which in turn informs the user of services in the area.

In the final part of this section on privacy legislation, we'll look at how mobile companies in the LBS ecosystem have been able to meet legal requirements in ways that attempt to minimize the impact on performance of location-aware applications.

Privacy International, an NGO advocating for privacy

Privacy International (PI) is a human rights group formed in 1990 as a watchdog on surveillance and privacy invasions by governments and corporations. PI is based in London, England, and has an office in Washington, D.C. Its campaigns around the world aim to protect people against intrusion by governments and corporations that seek to erode the right to privacy. It believes that privacy forms part of the bedrock of freedoms, and its goal is to use every means to preserve it. At the moment, PI doesn't offer anything resembling a stamp of approval for companies adopting good privacy conduct, and this remains a need waiting to be filled.

Table 10.1   Best practices and guidelines for location-based services according to the US-based CTIA, making a clear distinction between the responsibilities of the wireless carrier/mobile operator and the LBS application provider

Wireless Carrier	Application Provider
A wireless carrier is an LBS provider because it provides the location to the third party.	An application provider is an LBS provider because it receives location information from a wireless carrier to provide an LBS to a mobile user.
The wireless carrier should provide a notice to its account holder that: • the device is location-enabled; • an authorized user may use a location application available on deck or on the main menu; • by initiating the service, the account holder authorizes the disclosure of the user's location to the third party whenever the LBS is used; • it may retain information regarding the user's location and use of the LBS for as long as it has a business need; • the user should review the application provider's privacy policy to understand how it uses and protects location information; • the user should not initiate the service if he or she does not want to share location information with the third-party application provider; See Section 4.A as an example.	The application provider should provide notice to the LBS user that: • the user's location is being collected in order to provide the service; • the location information (will/will not) be disclosed to others; • the location information is retained only so long as necessary to provide the service (e.g., to provide the location of the nearest ATM to the LBS user's location on the map); • aggregate location information may be created by removing or obscuring personally identifiable information; • aggregate location information may be used to provide location-sensitive advertising; • no further notices or reminders will be provided.
By purchasing the wireless service with location-enabled services, the account holder agrees that the wireless carrier may disclose a user's location information to the third-party application provider.	The user agrees to the terms and conditions governing the service.

10.5   *Complying with privacy legislation*

Developers have at their disposal five main tools to both curb privacy fears and comply with privacy legislation:

- Setting user profiles
- Opt-in screens
- Fuzzy location
- Terms of service
- Geofencing

We'll take a look at each of these tools in turn, with some practical examples from live applications where appropriate.

10.5.1 *Setting user profiles*

Many LBS vendors include settings and features in their applications in order to allow users to manage and control their privacy.[12] For example, Google Latitude gives users the option to be visible or invisible to their friends. The full range of settings that can be adjusted is potentially limitless and can include controls over the following:

- Who sees what (Let co-workers see what I do near the office but not elsewhere.)
- Which locations are private and which are public (My home location is always private.)
- Whether others can contact or add users according to proximity (I don't want to appear in public listings.)
- How recent a location trail is (I want to share my last known location with a 24-hour delay.)

Ultimately, a balance needs to be found between sufficient levels of privacy protection and the overall customer experience. Settings should also be as flexible and user friendly as possible. In particular, the user should be able to easily switch off location sharing at any time.

Similarly, settings defining when and which locations are shared add to the overall feeling for the end users of being in control. Manual settings greatly deteriorate the user experience, with many users forgetting to switch on and/or configure their applications on a continuous basis. Some LBS applications put full control in the hands of the end user by allowing only manual position sharing; users decide when and where to share their location, either via address input or by clicking their position on a map. This lowers the temporal resolution of location data.

Nokia has attempted to combine privacy setting flexibility with ease of use by allowing users to share locations selectively but automatically, based on matching current positions and predefined favorite places. Locations are broadcast only when users are at or near a publicly defined and allowed place that doesn't require the user to take any action.

Dynamic or more intelligent ways of regulating settings (with the possibility of porting preferred location settings from one service provider to another) ultimately point the way to managing user settings in the future.

10.5.2 *Opt-in screens*

You saw in section 10.2 how the opt-in concept was essential to comply with basic privacy standards of LBS. In practice, regular opt-in reminders should be issued. How this is done will vary slightly according to both the mobile operator (for on-deck services)

---

[12] Dominique Bonte, "Exploiting the Location Goldmine While Respecting Privacy—A Delicate Balance," ABI Research.

and the mobile development platform being used. On some Nokia devices running Symbian OS, for example, the device may force an opt-in message every time location is being tracked. On the iPhone it's more typical for one-off opt-in screens to be used rather than repeat ones. Figure 10.4 show typical iPhone screenshots of the Starbucks and AccuWeather applications' opt-in screens. Both of these applications can only deliver meaningful results if the opt in is accepted, so in reality users have little choice to opt out if they want to use the application.

Some argue that the biggest issue with opting in is the lack of information provided to the user about how often and for what purpose the location data will be used. In the case of Google Maps at launch, users didn't understand they were contributing to Google's efforts to build a reference database of Cell IDs and Wi-Fi hotspots used as alternative positioning technologies to complement GPS for indoor coverage.

Opt in is clearly a more sensitive issue when it comes to social networking applications, particular those that are open to the general public. The Dopplr iPhone application is a good example of opt in linked to user settings, which allows users to find relevant information around them, based on their location (opt in) but at the same time keeping their location footprint private (opt out). The relevant screenshots from the Dopplr application are shown in figure 10.5.

Opt-in screens have their value, but another way to protect privacy in LBS applications is to use a "fuzzy" position instead of a precise one, which we cover next.

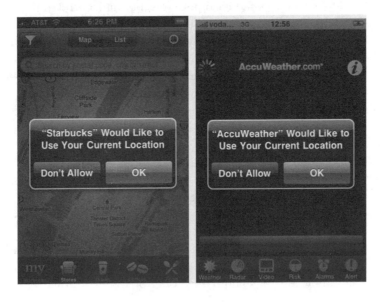

Figure 10.4   iPhone screenshots of the Starbucks and AccuWeather applications' opt-in screens

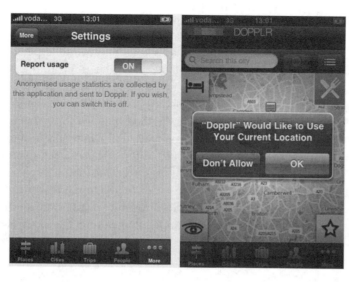

Figure 10.5　Screenshots from the Dopplr iPhone application, showing how users can opt in to use their current location to view local services or people but opt out from granting access to their private location data or footprint for use within anonymized statistics

10.5.3　Fuzzy location

A popular way to protect privacy is to share a fuzzy position instead of precise GPS coordinates. Inaccurate location sharing was and still often is the only possibility on non-GPS handsets. Although alternative positioning technologies based on Cell ID and Wi-Fi are becoming more widespread, they don't offer the same accuracy as GPS. Reducing accuracy is also offered as a deliberate privacy protection measure on GPS handsets, sharing neighborhood or city location attributes instead of precise coordinates. At the same time, the reduction of the spatial—but also temporal—accuracy of location information limits both the user experience and the usefulness of the historical location data to third parties.

10.5.4　Terms of service

A good terms of service (TOS) agreement is an essential part of any location-aware application, and erring on the side of caution is a sensible play when it comes to privacy protection. For example, Centrl (a US-based LBS provider) adopts a safe policy by keeping the user's last known location for a week and doesn't store the user's location history. If the user doesn't log in for more than a week, the last location is also removed. (You can read GyPSii's full TOS here as a useful benchmark: http://corporate.gypsii.com/content/view/8/.) GyPSii also anonymizes data on user behavior it stores by aggregating it in line with other LBS services, like Dopplr.

10.5.5　Geofencing

Geofencing is a relatively new development within the area of location-aware apps. A geofence is a virtual perimeter for a real-world geographic area. The basic concept is to allow users to draw virtual fences around neighborhoods or other locations where a user may want to allow a location service to know where they are and places where they prefer not to. In this way, geofencing can be used to test whether presence inside the fence is true or false in order to trigger some sort of action.

A developer may set a dynamic geofence (that is, a radius around a specific type of location, such as a supermarket chain) or a static one (that is, around a school or home location).

The interesting idea from a privacy point of view is that it allows users to set their own blackout areas, where their location will always be unknown to the mobile application that's active. Alternatively, a geofence may be used to trigger push notifications (which we explored in section 10.2). Users could automatically check in to services like foursquare when entering the geofence of a particular location.

In the last section of this chapter, we looked at some practical guidelines for complying with privacy legislation when applied to location-aware applications on mobile devices. Although it's difficult to cover every individual potential privacy issue that may arise, the set of tools at the disposal of developers that we covered provides good compliance with current privacy legislation.

10.6   *Summary*

Privacy remains a hotly debated area for location-aware or location-based services, with opinions heavily polarized between those who believe online privacy no longer exists and those who wish to preserve total control of their private life (without perhaps realizing that true privacy is a utopia in today's digital age). The debate is likely to be around for a while yet, and service providers should play their cards wisely by complying with legislation and promoting transparency over data usage. Increasingly, the ability to demonstrate reliable privacy protections will offer firms a competitive edge if they can persuade their customers that their service offers more robust and trustworthy privacy protections. As we continue to move toward always-on services with continuous real-time updates, the challenges of dealing with the increased complexity and volume of private data will grow. Successful location-based services will need to strike a balance between crafting a simple-to-use application and one that simultaneously allows the user to always be in control over what they reveal, to whom, and when.

With competition intensifying and better and better apps being rolled out, allowing users to easily discover your star application is vital to guarantee your success. In the next chapter, we'll consider the key aspect of application distribution to ensure the best result from the development efforts involved in building your location-aware application.

Distributing your application

This chapter covers

- Choosing the right distribution strategy
- Publishing your application
- Getting others to discover your app
- Distributing through third parties

In the previous chapter, we covered the bases of the privacy debate surrounding the use of location-aware applications and how to make sure your applications comply with privacy guidelines and legislation.

In this chapter, we'll talk about how best to compete for attention among the increasing number of applications available in app stores today. We'll look at how to select the right distribution strategy for your app, how to publish the app in practice, and which third-party channels can be used to distribute your app.

11.1 A product is only as good as its distribution

With a universe of applications now comprising over 500,000 applications on more than eight different mobile development platforms, distribution is more crucial than ever before in making sure that your target audience sits up and takes notice of the great application you've just developed. Put simply, good distribution will propel your app into superstardom, whereas bad distribution will confine it to oblivion.

While making a great app is a noble intention, the truth is that today consumers have thousands of great apps to choose from. The good news is that mobile users have developed a constant craving for new apps and will act on impulse to obtain them. By making sure your app is within reach, you'll raise your odds of success dramatically.

Before deciding how to publish your app and which distribution channel to utilize, you'll need to answer some fundamental questions about your objectives for the app. This will include defining your target market. For example, if you developed an application that maps traffic cameras on US highways (but nowhere else), then there's little point in focusing on global distribution platforms; sticking to the ones in the United States is more logical.

Does your application have a short or limited shelf life (maybe you have a tie-up to a movie release or a big sporting event for next month)? Then don't count on distributing on-portal with a mobile operator; distribution agreements for on-portal presence can take up to 12 months to negotiate.

In this section, we'll look at which questions to ask yourself in order to allow you to make the best choice for distribution; we'll use a decision tree model to help picture the various outcomes.

11.1.1 *Distribution platform decision tree model*

Once you've decided who your target market for your application is (chapter 5 offered you some ideas on this), you can get a general feel for the direction you need to head in by following a simple decision tree (see figure 11.1). Clearly, like any model, this deliberately oversimplifies the multiple variables at work. It comes with a few disclaimers. Not only is the whole "App Planet" (to give it the name from the GSMA) or universe of app stores and apps subject to constant change, but clear differentiators between app stores are decreasing. The model should give you, though, a general sense of which direction to take with your app. Four key distribution platforms are available to developers:

- Independent app stores
- Operator-backed distribution
- Handset manufacturer (OEM) app stores
- Operating system (OS) stores

For the sake of simplicity of this model, OEM and OS stores have been grouped together, though they are treated separately in the rest of this chapter. Also, operator-backed distribution can take the form of on-portal presence (fundamentally, the mobile operator will preload the app on its portal so that no downloading is required) or operator app store distribution.

Tips on selecting the right distribution strategy

Choosing the right strategy to let the world know about your creative app requires some careful thought prior to launching into what can be a time-consuming and potentially expensive process.

You need to address five fundamental questions:

- Who is your app for?
- Which geographical market are you going for?
- Is the release of your app time critical?
- Is your app for a single operator, operating system, or handset model?
- Is your app free?

The model contains four key decisions, each leading to different outcomes:

- *Decision #1: App price*—If the application needs to be charged out to those who download it, a payment platform is required. The leading independent app store, GetJar, doesn't cater to paid apps yet, so it's unsuitable for anything that isn't free. OEM and OS app stores offer the best payment mechanisms for app charging (though revenue sharing structures differ). In practice, today both the Android Market and the iTunes Store can be just as good channels for distributing free apps as GetJar (or better). Independent app stores are more relevant for targeting feature phone users and the long tail of the market.

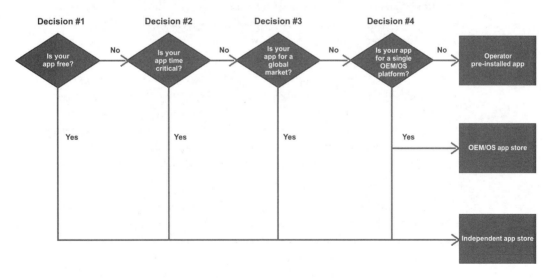

Figure 11.1 Decision tree modeler for selecting the ideal distribution platform based on the four key app criteria (price, geographical target market, desired time-to-market, and platform)

- *Decision #2: Desired time to market*—The average time for developing apps is decreasing, because more and more template-like cookie-cutter tools are available (Golden Gekko's Tino DIY mobile app tool, to name but one). This makes one-off, short-lived, or throwaway apps more and more feasible. In terms of one-off LBS apps, many of these are likely to be simpler locator apps. For example, for a big movie release you may wish to create an app with movie theater locations of the latest movie premiere. For this type of time-critical app, it makes no sense to be stuck in lengthy approval processes imposed by mobile operators (especially if you're looking to charge for the app and make it available on portal). Negotiations with mobile operators to feature on their mobile portal can easily take up to 12 months from start to finish. On the other hand, independent app stores typically have 24-hour approval processes and make the app available within the required time frame.

- *Decision #3: Geographical target market*—Although some app platforms are global in nature (this applies to most independent app stores), operators today stick to a country-by-country approach. Getting your app approved by a global mobile operator within, say, the UK does not grant approval by the same operator in, say, Germany. This makes operators great for localized app distribution. If your app is for a global market, though, it makes more sense to support multiple mobile platforms and not just one OS or a single device type. In practice, it's likely that in this case you'll distribute the app both on independent app stores and single OS or OEM stores, to ensure true global coverage.

  It's also worth noting that if you're going for global markets, different independent app stores will have a different makeup of their user base. Mobile9, for example, has a very strong Asian presence (especially in the Philippines, Malaysia, and Indonesia) but fewer users in Europe.

- *Decision #4: Choice of OS/OEM platform*—This is a tough decision and, given the high degree of fragmentation within the handset market, multiple OS and OEM coverage is the ideal default choice. In practice, the cost of developing on multiple platforms can be too much for smaller developers, who are often forced to choose a favored platform. With the rise of the smartphone segment of the mobile market (and given that's where the greatest growth is happening right now in terms of device sales), it's difficult to ignore iPhone, BlackBerry, and Android devices.

Emerging economies still have high penetrations of standard phones (in some cases over 90%) among their installed device base. Most of these run JME/Symbian apps only. So choice of geography may dictate choice of OS/OEM platforms. Is it worth focusing on a single OEM store as a distribution strategy? Probably not, though the leading OEM store, Ovi, does seem to be picking up pace and can be a useful additional distribution channel for your app (but remember, you can distribute only Symbian S40, S60, Nokia QT, and Maemo OS apps through it).

> **Not all revenue shares are equal**
>
> You should bear in mind that different distributors will offer different revenue-sharing agreements. Although app stores are consolidating toward a standard 30/70 revenue share (that is, 30% commission paid to the app store, 70% paid to the developer), mobile operator agreements fluctuate widely according to the type of application, the operator itself, the country of distribution, and many other factors. In most cases, operators will offer at best a 50/50 revenue split (i.e., only 50% paid to the developer), but operator commissions as high as 70% are not unheard of.

11.2 Publishing your app

Now that you have a clearer picture of how to pick the right distribution strategy, we can move on to an overview of major app stores available today, both independent ones and stores linked to individual manufacturers or operators, and how to publish your application on the right app store for you. We'll take the example of publishing an app on the iTunes App Store at the end of this section, given it has set the standard for all the other app stores in existence.

11.2.1 Overview of application stores

At least 58 mobile application stores are available today[1] for developers to choose from (and the number is growing fast!), so let's try to make some sense out of the burgeoning array of options out there.

> **A note on mobile content aggregators**
>
> App stores have become extremely popular, and the media have latched onto the hype by continuously covering various app store launches. In many ways, this is justified given that downloading an app is becoming more and more an impulse purchase.
>
> A large number of traditional apps are still being distributed via mobile content aggregators. These are companies that specialize in aggregating mobile content (be it traditional media, ringtones, wallpapers, games, or fancy apps) and that typically hold agreements with multiple mobile operators to provide their mobile portals with mobile content.
>
> Although it's true that mobile content aggregators generally stick to traditional mobile content, they can be an option for location-based applications as well. They are likely to impose strict selection criteria, because their mandate will be largely dictated by mobile operators themselves. These criteria will favor mature apps from established companies that have been out of beta mode for around 12 months.
>
> Zed, one of the leading global mobile content aggregators, holds agreements with more than 130 mobile operators worldwide, for example.

---

[1] App Store Catalog, WipConnector, March 2010, http://www.wipconnector.com/appstores

Figure 11.2   GetJar is the leading independent, global app store with over 50,000 applications available for all mobile OSs (except LiMo) but currently offers only free apps.

As we said previously, mobile app stores come in four main flavors:

- Independent stores (for example, GetJar, shown in figure 11.2)
- Handset manufacturer (OEM) stores (for example, BlackBerry App World, shown in figure 11.3)
- Mobile operator stores (for example, BlueVia)
- Operating system (OS) stores (for example, Android Market)

Figure 11.3   BlackBerry's App World has more than 3,000 applications and is available in more than 20 countries worldwide, with only 20% commission on app sales retained by the manufacturer.

This is simple enough, but each type of store has its own set of objectives, which is worth bearing in mind:

- *Independent stores* position themselves at the creative edge of app development; they encourage small app developers to put their services online for as little cost and as little administrative time as possible. Increasingly, independent stores seek to offer niche products targeted at specific audiences within the long tail of marketing we discussed in chapter 8 (for example, MiKandi targets adults only with adult content). Independent stores generally make their money from high-volume web traffic leading to web advertising revenues (though some specialized stores charge a commission on revenues)

- *Handset manufacturer stores,* like the iTunes App Store, seek to promote their own mobile handset(s) or operating system and make their money from app sales (30% commission in the case of Apple).

They're interested in blockbuster apps that set their handset(s) apart from others and will actively promote (for free) apps that they see as breaking new ground and having mass-market appeal. Incumbent handset manufacturers like Nokia initially launched these stores with the objective of providing a flourishing app market that supported sales of handsets. With manufacturers increasingly moving from hardware to software manufacture, these objectives have shifted, and there's now a bigger focus on turning stores into revenue generators.

The handset manufacturer stores work well where there's a relatively uniform set of supported handsets and a simple app download process. This hasn't been the case with one of the top three stores in this niche, Nokia's Ovi Store. It has met with mixed success following substantial teething problems (from onerous application certification procedures to overly complicated app payment processes).

- *Mobile operator stores* (which to date only some operators have launched) were launched after the success of the iTunes App Store as a knee-jerk reaction and an attempt to restore some control over the mobile app world. Examples of this type are shown in figure 11.4.

They haven't yet managed to thrill operator customers, and initial forays into the area by Vodafone (Betavine) and O₂ (Litmus) were more experimental in nature. Re-launches are now taking place, with Vodafone's App Shop (formerly Vodafone 360) and Telefonica's new mstore.

Figure 11.4 Mobile operator stores, such as Vodafone's Betavine and O₂'s Litmus, have been mainly experimental and point toward future mass-market app store rollouts, such as Telefonica's mstore.

- *Operating system (OS) stores* are a relatively new phenomena launched by the Android movement (see figure 11.5) but now being replicated by others. Lines are becoming blurred because manufacturers like Korea's Samsung are now looking to push their own smartphone platform, bada, as a separate app store.

Figure 11.6 plots some of the more popular global app stores in a matrix, dividing the stores according to whether they're local or global and whether they support just one OS platform or multiple ones. The size of each app store circle is determined by the number of apps available within it, so the iTunes App Store, with 350,000+ apps and and more than 10 billion downloads, looms large above the others. This is despite being a closed development environment for only the Mac OS and one device type. Although the Android Market is still relatively small, its open development environment is encouraging a growing number of developers to focus efforts there, and predictions are that it will come close to matching the iTunes App Store within a year or two.

You can see a summary of the different app store statistics in table 6.3 in chapter 6. For a full listing of all available app stores, WIP Connector provides a regularly updated, global listing at www.wipconnector.com.

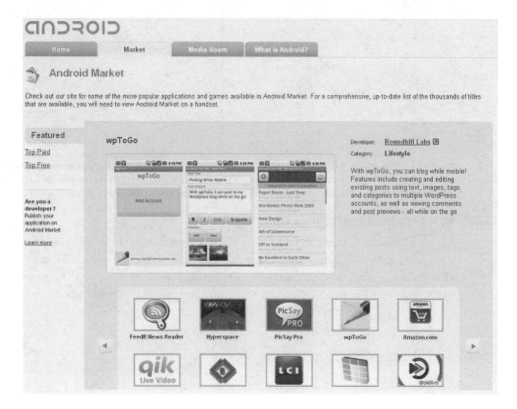

Figure 11.5 The Android Market OS store offers a relatively small but rapidly growing app base of 20,000 and includes trial periods for testing new apps.

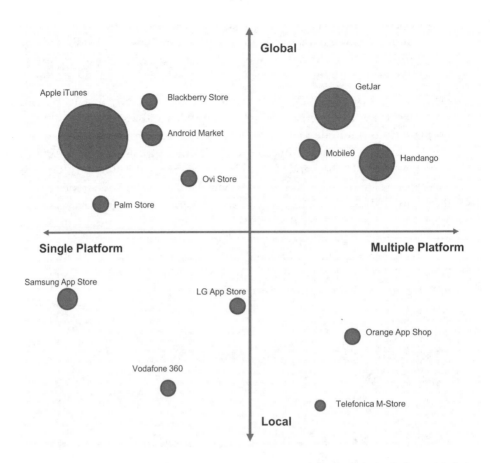

Figure 11.6 **Positioning of key app stores illustrating the dominance by single-platform global stores (iTunes above all) and multiple-platform global stores (typically independent). The size of each circle is representative of the number of applications available in the store (350,000+ in the case of iTunes).**

11.2.2 *How to publish your app on a store*

So, what steps are necessary to publish your app on one of the major app stores? What do you need to do exactly? We'll take the example of the most popular app store, the iTunes App Store, and simulate the publishing process involved. Remember that there are three key prerequisites before you can proceed. You will need

- A credit card
- An iPhone
- An Apple Mac PC

Then go through the main steps highlighted in table 11.1.[2] Steps 3 and 4 have detailed elements that are described in the main text of this section.

Table 11.1 These are the four main steps involved in publishing an iPhone application to the iTunes App Store, from joining the Apple iPhone Developer Program to creating the app build for the application to be uploaded.

Step	Action
1	Join the Apple iPhone Developer Program, shown in figure 11.7. Important: You'll need an iTunes account and must also pay a fee of $99 to be able to upload your application to the store by joining the Apple Developer Program (shown in figure 11.7).
2	Make sure you have the latest Apple development tools. Apple provides developers with a wide range of excellent tools to help them along in the process of app creation. Make sure you have downloaded the latest Apple SDK and Xcode iPhone development environment (which includes a graphical debugger, source editor, and project management tools) on your PC.
3	Create your iPhone build. Important: You'll need to install a distribution provisioning profile prior to creating a build. Also, to follow these steps, you must have the All-in-One layout set in the General tab of the Xcode Preferences. A. Create a distribution configuration. B. Set the target information. C. Set the active configuration. D. Verify the target settings. E. Verify info.plist.
4	Add your application. Note: To do so, you will need the following: A. A name for your application B. A description of what your app does (in as many languages as you wish to support) C. Up to five app screenshots, of which you will have to designate one as the primary one visible in the app store D. A primary category (i.e., Travel) and secondary category (i.e., Entertainment) for your app E. A range of search keywords by which an iTunes App Store search will find the app F. The support URL for you app G. The application URL

STEP 1: JOIN THE APPLE IPHONE DEVELOPER PROGRAM

This process is described in table 11.1.

STEP 2: MAKE SURE YOU HAVE THE LATEST DEVELOPMENT TOOLS

See the note in table 11.1.

---

[2] iPhone Distribution Build Cheatsheet, iPhoneDeveloperTips.com, http://iphonedevelopertips.com/wp-content/uploads/2009/iPhoneDistributionBuildCheatsheet.pdf

Figure 11.7   Apple's iPhone Developer Program offers a wide range of developer tools, including Xcode and Apple Instruments, with step-by-step guidance on Apple's application development best practice.

STEP 3: CREATE YOUR IPHONE BUILD

A. Create a distribution configuration.

1   Select the project name in Xcode (see figure 11.8).

2   Right-click and choose Get Info dialog (or press Command-I).

3   Select the Configuration tab.

4   Click Release in the list of configurations, and select Duplicate from the options along the bottom.

5   Name the new configuration Distribution.

6   Close the window.

Figure 11.8   Within Xcode, you'll need to start creating your project build by choosing a project name for your development project.

B. Set the target information.

1 Select the target (see figure 11.9).

2 Select the Build tab.

3 Right-click and choose Get Info Dialog.

4 Choose Distribution from the Configuration drop-down list.

5 In the Architectures section in the list of settings, choose a Base SDK (for example, Device - iPhone OS 2.2.1).

Figure 11.9 Once you've named your development project, you'll need to select the target before selecting the base SDK for your application.

6 From the Code Signing section, under Code Signing Identity, choose the appropriate profile (for example, Ad Hoc or Distribution Profile).

7 Select the Properties tab.

8 Set the Executable Name (for example, theAstrologerFree). There is a default value here, ${EXECUTABLE_NAME}, which will also work for most projects.

9 Set Identifier to com.domain.*application-name* (for example, com.3SixtySoftware. theAstrologerFree). The default value, com.yourcompany.${PRODUCT_NAME: identifier}, may work for your project. If you run into errors or conflicts with other applications, try replacing ${PRODUCT_NAME:identifier} with a unique string that represents your application name.

10 Set Icon File to Icon.png.

11 Make sure you have an icon that is 57 x 57 pixels, with the name Icon.png in the project.

12 Set the Version # (for example, 1.1).

13 Close the window.

C. Set the Active Configuration.

1 Click the Debug workspace button (see figure 11.10).

2 From the drop-down list (upper left) choose the Device setting you plan to target under Active SDK (for example, Device - iPhone OS 2.2.1).

3 Choose Distribution as the Active Configuration.

4 Click the Project workspace button (the button to the left of Debug).

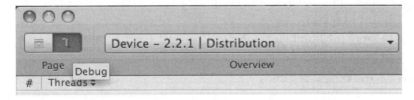

Figure 11.10 You can select an active configuration for your application by accessing the Debug workspace and selecting Distribution as the Active Configuration.

If you're creating an ad hoc distribution, follow these steps:

1 Create a new file (Command-N), select Code Signing, choose Entitlements, and click Next.
2 Name the file Entitlements.plist.
3 Uncheck the Get-Task-Allow check box.
4 Save the file.
5 Make sure the file is at the root of the project hierarchy (that is, drag the file to just below the project name).
6 Select the Target.
7 Right-click and choose Get Info Dialog.
8 Select the Build tab.
9 Fill in the Code Signing Entitlements with Entitlements.plist.

D. Verify the Target settings.

1 Select the Target.
2 Right-click and choose Get Info Dialog.
3 Select the Properties tab.
4 Note the Executable name (for example, theAstrologerFree).
5 Select the Build tab.
6 Scroll down to Packaging.
7 Verify (or input) the Product Name to match the Executable Name from above.
8 Close the window.

E. Verify Info.plist.

1 Click Info.plist in the Resources folder.
2 Check the following:
   – Bundle Display Name—This is the text that will appear on the iPhone Home screen under the icon.
   – Executable Name—This should match what you've entered in the Properties settings.
   – Icon—Must be set to Icon.png.
   – Bundle Identifier—For example, com.3SixtySoftware.theAstrologerFree.
   – Bundle Version—For example, 1.1.

F. Clean and Build

1 From the Build menu choose Clean All Targets.
2 From the Build menu choose Build (Command-B).

STEP 4: ADD YOUR APPLICATION

This is a simple enough process and should take no longer than 30 minutes provided you have all the required information at hand. You must have the following information and submit it when you select Add New Application from the main menu (see figures 11.11 and 11.12):

- A name for your application
- A description of what your app does (in as many languages as you wish to support)
- Up to five app screenshots, of which you will have to designate one as the primary one visible in the app store
- A primary category (for example, Travel) and a secondary category (for example, Entertainment) for your app
- A range of search keywords by which an iTunes App Store search will find the app
- The support URL for your app
- The application URL

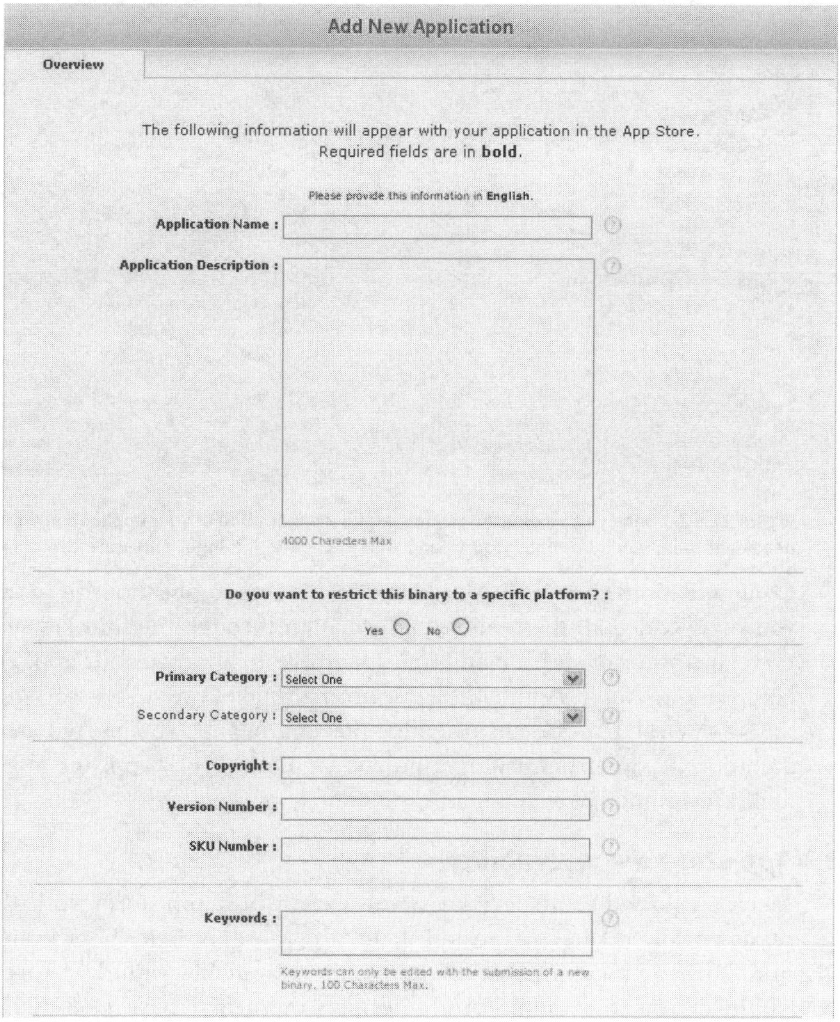

Figure 11.11 Selecting Add New Application from the main menu within the iTunes developer area takes you to a series of screens with mandatory input of information for your application, including a full description and the app categories it fits into.

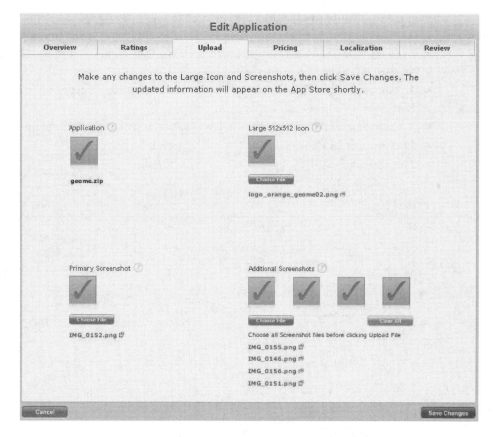

Figure 11.12   Once you've created the name and a description of your application within the iTunes developer area, you'll be requested to add your application, a logo, and up to five screenshots.

Congratulations! You've just published your first application on an app store! Now you've uploaded all the required information through the four key steps that we covered, and you can sit back and wait for Apple to approve your app. For applications complying to Apple's guidelines, this normally takes two to five working days.

Now we can plan for ensuring that the amazing app you just published receives the attention it's due from its target public. We'll do this by applying app store discoverability techniques, covered next.

11.3   App store discoverability

A certain shroud of mystery surrounds exactly how app stores work, with the various players involved keeping most of their cards close to their chest. Even basic information, such as total number of applications available within a store, is sometimes withheld from the public. And although there may have been 3 billion reported downloads from Apple's iTunes store, it's anyone's guess how many of the apps downloaded were later removed from the device.

First, the bad news: getting consumers to discover or find your app within an app store is difficult. The iTunes App Store is a case in point: with more than 140,000 apps available in more than 30 individual country stores, finding an app you don't know the name of is extremely difficult. Most users discover apps by browsing the top 25 or the most popular apps by category from their iPhones. A small minority stray from this pattern of behavior.

Now, the good news! You can significantly increase the odds of your app becoming popular by understanding the dynamics of how app stores work. To avoid getting lost in this murky world of app stores, developers should never lose sight of your prime objective: to get the wider public to discover, examine, and download your app. A good discoverability strategy will consider the following:

- App reviews
- App rankings
- App analytics
- App discoverability services

We'll now look at each of these in more detail so you can come to grips with how to use the tools at your disposal to best effect.

11.3.1 *App reviews*

When it comes to app reviews, it seems obvious that the priority is to get good reviews by having a great product. It also goes without saying that your app should be fully tested before it hits the shelves. An initial bad review is difficult to reverse.

But you should note that the process of submitting a review is not necessarily a fair one. The only time users are actively prompted to submit a review for iPhone apps is when they remove the app from their device. If you're removing it, chances are you don't like the app. This means many reviews are skewed toward negative feedback.

How do you get a good review? Experts agree that an app offering something unique *plus* a great user interface *equals* happy customers. Cookie-cutter apps are unlikely to win the hearts and minds of fickle customers.

Do reviews affect rankings? The answer is no—or at least not directly. Rankings measure downloads, not degree of satisfaction.

11.3.2 *App rankings*

So, what exactly do we mean by app rankings and how are these measured? Rankings work by taking the most downloaded apps within a short space of time, typically 24 hours. Lists are typically of the top 10, top 25, or top 100 applications. Because they're regularly updated, there's a lot of upward and downward movement within the list, but entering the list as a newbie itself requires considerable effort.

Some app stores, like iTunes and Android Market, publish rankings within the store itself, and tools such as App Gems (see figure 11.13) or App Rank allow monitoring of rankings globally for the top 300 iPhone apps.

Why are rankings important? Simply put, the better the ranking, the greater the downloads your app will receive because it gives your app greater exposure. Getting ranked is critical to the success of your app and the only way users will download your app in large numbers. This correlation can be seen in figure 11.14, which shows the direct link between the TripIt iPhone app's rankings and the number of downloads it obtained.

According to Pinch/Flurry, the leading mobile analytics tool, appearing on the Top 100 list on the iTunes App Store increases new users by 2.3 times daily. If you rank in the Top 10 or Top 25, as you'd expect, the daily user increase multiple is higher. To get into a Top 25 ranking, you need 20,000 daily downloads, dropping to 5,000 daily downloads to get into the Top 100. In terms of usage, only 1% of total downloaded apps are accessed on any given day, with paid apps retaining users longer than free apps.

Figure 11.13   App Gems screenshot from the iPhone application that allows users to monitor global rankings of other iPhone applications

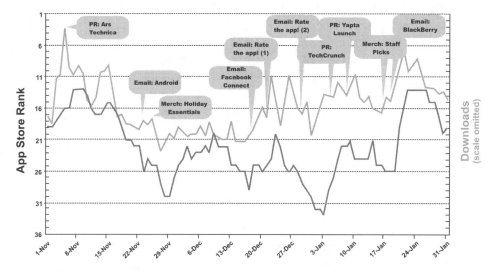

Figure 11.14   TripIt for iPhone charting of its app store rank and the number of downloads of the application, showing the strong correlation between these two variables. The lower line shows the iTunes App Store rank of the TripIt iPhone application for a three-month period from November 1 through January 31. The upper line shows the number of downloads of the TripIt iPhone application over the same period. As rankings drop, such as on the week of November 22, so does the number of app downloads. As rankings increase, such as on the week of January 17, so does the number of app downloads.[3]

---

[3] Developer Secrets: Increasing App Store Sales; San Francisco, February 8, 2010 presentation, Will Aldrich, TripIt, mng.bz/q144

How do you maximize rankings? While there's no secret formula, there are three elements you can manage:

- *Pre-launch promotion*—Start building buzz about your app before it launches. Email people who write about things that relate to your app and see if they will talk up the upcoming release of your app.
- *Release plan*—Plan for multiple releases. Don't pack your app with every single feature you want to offer in the very first release. Make your dream list for the app and make sure that the app is designed to incorporate all of the features at some time in the future. Then periodically drop new versions of the app to boost app store sales.
- *Ongoing marketing*—Successful marketing of your app is the key to making it to the big league. A combination of advertising and viral marketing has proven effective for many popular apps. We'll look at viral marketing later in the chapter.

When it comes to advertising, the key tool in your toolbox is cross-app advertising. Typically, this will take the form of a banner, with a click-to-download option, taking the user to the relevant section of the app store.

These cross-app adverts have to account for the fact that most app lifecycles are brief (so short ad bursts are better that drip-feed adverts; see figure 11.15 for the effect of a short advertising burst on rankings for the Mixology app) and must also weigh the cost/benefit of advertising (that is, payment to obtain one download versus income from each downloaded app).

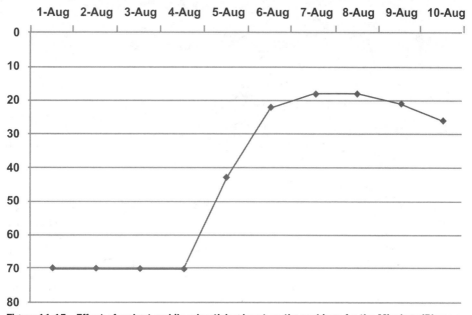

Figure 11.15 Effect of a short mobile advertising burst on the rankings for the Mixology iPhone app, showing a sharp spike in rankings within two days of launching the campaign (source: AdMob)

App analytics are largely focused on measuring app downloads (by market, device, and so on) but increasingly on measuring the impact of marketing activity on the rankings and downloads of apps.

11.3.3 App analytics

As you saw at the beginning of the chapter, a key decision is whether your app will be free. It's a simple fact that, overall, free apps get greater downloads, driving up rankings. If you have a free app, you'll want users to return again and again to the app (have multiple sessions) and keep the app running for as long as possible. This is the driver for app impressions and advertising revenues (which keep most free apps in business). Using free monitoring tools available from the likes of Flurry Media will allow you to keep tabs on user sessions and session times. Flurry Media provides a dashboard-style monitoring tool (shown in figure 11.16), which offers a full breadth of statistics covering user sessions, geographical origin of users, and, for multiple-platform apps, a split of usage among the various devices being used.

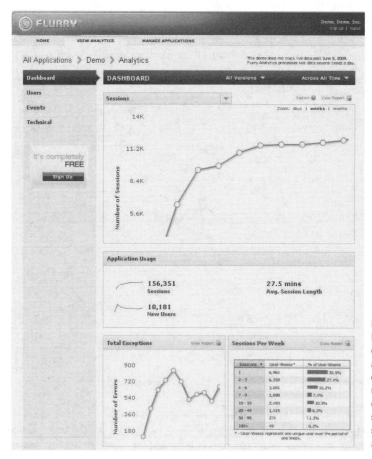

Figure 11.16   Flurry Media offers a dashboard-style free analytics tool, allowing developers to track users' sessions and the duration of these sessions to assess how successful the app is in achieving its targets.

These statistics are helpful in molding an app distribution strategy, given that a large degree of trial and error is involved. How do you know if a €4.99 or €2.99 price point is better for your app? You lower/increase the price and see what happens.

11.3.4 App discoverability

You just saw how cross-app advertising can drive app downloads. There are other free ways to get users to discover your app even if it doesn't get ranked or reviewed within the app store.

A large number of sites have recently popped up to help consumers search for apps beyond the traditional (and sometimes bewildering) confines of individual app stores and can be grouped into the following categories:[4]

- App aggregators, like Apptism, AppShopper, and 148Apps
- App review sites like AppVee, AppStoreHQ, and AppCraver
- App social recommendation sites like Appsfire, Yappler (figure 11.17), and AppBoy

App aggregators republish existing app listings but offer a different user interface intended to be more user friendly. App review sites include specialist comments on individual apps, with the intention of screening the best ones on an ongoing basis.

App social recommendation sites have a lot of potential to add value by telling users what their friends are using and, when integrated with popular social networks like Facebook, can offer apps great word-of-mouth leverage (which we'll explore in the next section). Yappler offers one of the best user interfaces among these sites (shown in figure 11.17), with the possibility of sharing iPhone app lists on Twitter and Facebook and via email.

Finally, it's worth remembering the freemium monetization strategy first covered in chapter 8. There you saw that a popular strategy for monetizing an application is to offer it for free first and then provide a premium version. This means that the free app can include prompts to allow users to discover the premium app (for example, with a pop-up notification after, say, 10 user sessions).

11.4 Distributing through third parties

As well as using the direct distribution techniques mentioned previously, developers (and their companies) can also look to third parties to promote cross-marketing of their application and so stimulate distribution through their channels. We'll look now at both content partners and WOM (word-of-mouth) channels.

11.4.1 Distributing through content partners

The opportunity of getting added exposure for your application by distributing it through content partners is often overlooked by developers, because it does require a bit of extra homework (and legwork!).

---

[4] iPhone App Store Statistics, Mjelly, 9th November 2009 http://blog.mjelly.com/2009/11/iphone-app-store-statistics.html

Figure 11.17   Yappler is one of several app social recommendation sites allowing users to recommend their favorite apps to their friends, as well as check out some useful aggregate statistics on app prices over time.

But what exactly is a content partner? A content partner is a company that's not directly involved in mobile applications but has its own proprietary media (be it news, photos, videos, or other media types).

It can be

- A photo-sharing website (like Panoramio)
- A business listings site (like Yelp)
- A social networking/media website (like movie community Rotten Tomatoes)

In many cases, it's possible to negotiate something akin to a media contra-deal with the partner. This means that while no money changes hands, each party offers a cross-marketing opportunity to the other. Thus, it can be a very effective way of dramatically increasing the distribution opportunity of an application at a fraction of the cost (or no cost) of an advertising campaign.

Where there's mutual benefit for both the content partner and the mobile app developer, an opportunity exists to develop a long-term partnership. The Flixster movie app developed an effective partnership with the Rotten Tomatoes movie-buff community site, later acquired by Flixster (see figure 11.18), that was instrumental in making it the leading movie application available on the iPhone.

Travel application TripIt also developed a number of partnerships with travel sites, including the travel fare–monitoring site Yapta.com that propelled it to a leadership slot within the travel app segment.

Figure 11.18 Flixster developed an effective partnership with Rotten Tomatoes that gave its iPhone app extra exposure for a fraction of the cost of an advertising campaign.

11.4.2 *Distributing through word-of-mouth marketing*

If you have the good fortune of having access to a large marketing budget, traditional advertising can be a great tool to raise awareness of your app. But even if this is the case, *continued* awareness will feed on word of mouth, or social recommendation, to prop up the spread of the application.

While word of mouth relies ultimately on how good an application is at meeting the wants and needs of its target segment, it can be helped along. There are three main enablers that should be integrated into the marketing plans of any application rollout.

SOCIAL MEDIA

Effectively creating and enabling word-of-mouth advertising through online social networks can be one of the most powerful (and cost-effective) means of promoting your app. Market segments already congregate around certain social networks (Facebook and others), blogs (like TechCrunch), and other online properties. By effectively leveraging these, you can not only reach your target audience but also empower them to become marketers for your product, further lengthening your reach.

A good social media strategy will identify which people or sites can promote a virtuous cycle of app propagation by incorporating the following factors:[5]

- *Viral marketing*—This relies on consumers to communicate the app benefits and spread the app (and act as "app evangelists"). Good viral apps make it easy to "share the good news" by having a referral mechanism (an integrated SMS message or mail recommendation that fires off at the click of a button).

- *Buzz marketing*—Getting consumers to hype the app by talking about it. It helps if you're bringing something genuinely new or topical to the market. You can also ride existing hype waves (such as the social networking hype).

- *Influencer marketing*—Getting opinion leaders to spread the news about your app (normally at a price) gives you control over what's being said as well as has an immediate social impact given the number of followers influencers have.

TRADE EVENTS

Trade events today encompass a wide array of formats and prices to suit every flavor. They range from trade shows (three of the world's biggest mobile-related events being the Mobile World Congress, the International Consumer Electronics Show, and the CTIA convention), to conferences, professional networking meetings, and start-up competitions (like the Red Herring 100).

For bootstrapped start-ups, innovator contests provide a cost-effective way of promoting your wares. The O'Reilly Where 2.0 conference is the key event in the US for location-aware start-ups, while in Europe, LeWeb Paris conference holds a key Startup contest (though this is for a wide range of startups, not just location-related ones). Be warned, though! Competition is very tough, and not all innovator contests have the same impact on the media!

PR ACTION

Press releases and PR can be very effective if you're trying to reach a well-defined market segment that congregates around certain media properties or websites. A number of boutique PR agencies specialize in helping tech start-ups, occasionally accepting company shares in promising start-ups instead of hard cash payments to cover their fees. In the fiercely competitive world of technology, you can get great value from having experts at spreading the word doing the PR for you. Good PR can lift your app from being lost in the noise to becoming a newsworthy media darling. Many PR companies have a focus on specific niches, such as technology, startups, or the mobile sector. IF Communications and Ink Communications are two examples of this.

You can read more on this area in *Word of Mouth Marketing: How Smart Companies Get People Talking*, by Andy Sernovitz (Kaplan, 2009).

---

[5] "The Insiders Guide to Word of Mouth Marketing" White Paper, DotMobi Resource Centre, 2009 http://mobithinking.com/word-of-mouth-marketing

11.5 *Summary*

Good apps make news.

The iPhone has democratized what was previously the reserve of a geeky few by making it easy and fun to download an application onto a mobile device. Consumers crave good apps and are prepared to purchase them on impulse the same way they'd buy a candy bar. Where plenty of good apps are on display, the ones that win out will be the ones that are more visible (like those candy bars next to the cash register) or more top-of-mind with consumers.

This chapter has been about choosing the right store for your merchandise, taking advantage of app analytical tools to test-market your app, and making the most of marketing techniques to get the world to discover your app. With the number of app stores set to grow dramatically and with the number of apps consumers can choose from already increasing exponentially, developers need to aspire to app superstardom if they want to succeed.

In the next and final chapter, we'll look at the last pillar of creating winning location-aware and LBS businesses: securing your business idea.

Securing your business idea

12

> *I keep six honest serving men: They taught me all I knew: Their names are What and Why and When and How and Where and Who.*
>
> —Rudyard Kipling

This chapter covers

- Setting a strategic plan for your business
- Funding your business strategy
- Securing your business strategy

It's often said that one year in the mobile business is the same as five years in any other sector of the economy. With such a dynamic environment, developer-entrepreneurs will need to define, adapt, and grow their business using all possible tools at their disposal. A great plan, the right funding, and proper protection of your intellectual property will set the odds of success firmly on your side.

If you've followed the steps in the book up to this point, then you'll have created your own location app concept, built it, and distributed it. This chapter will take you through the next step, which is building and securing a business around your app development efforts. We'll look at how to build a business plan based on the core values of your team or business. We'll then consider how to fund your great business idea with the right source of financing, before wrapping up with ways in which you can secure your business going forward.

12.1 Strategic planning

Strategic planning can be defined as the setting of long-term goals and objectives backed by a specific action plan. It can also be defined as the guide to the what, who, how, where, and when of your business idea.

Whichever definition you choose, the bottom line is that strategic planning is fundamentally about helping you make decisions. Good strategic planning allows you to make *good decisions*, because it involves thinking *today* about decisions you may need to make *tomorrow*, for example:

- How will you sell your application or service?
- Who will you sell it to?
- How will you fight off the competition?

These questions require a great deal of thought and time. Once you have the answers, you'll be able to compile them into a business plan. This will serve as a road map at the start of your entrepreneurial journey. But before you begin compiling your plan, you'll need to choose the right strategy for your business.

12.1.1 Choosing the right business strategy

Life is about choices. Creating and running your business is no different. There are infinite possibilities but only a finite amount of resources available to develop them. Once you've established what kind of service you're going to develop and launch, you'll need to build a sustainable business around it that makes the most of your enterprise's core strengths.

A good model for kicking off your thought process involves thinking of your core values. These are the unique skills and culture that lie at the heart of your venture. Looking at your core values can help you decide whether you should focus on the product, the process, or the customer. You can see this model in figure 12.1.

PRODUCT LEADERSHIP

Product leadership means making the most innovative, cutting-edge products in the market. Apple's iPhone is an example of product leadership within a company whose core value is marketing know-how. In another example, Android app developer Ecorio was able to establish an early product lead with the launch of their carbon-offsetting LBS application, shown in figure 12.2. This allowed them to win one of the Android Developer Challenge prizes offered by Google in 2008. Like many start-ups, despite their initial success, Ecorio struggled to grow their business. We'll look at some strategies for growth in section 12.1.3.

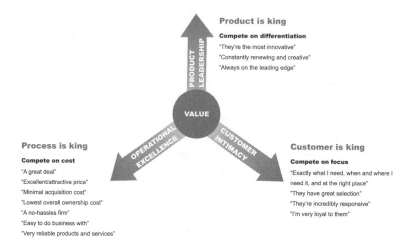

Figure 12.1   **Strategic choices available to a start-up include product leadership, operational excellence, and customer intimacy, and derive from the core values of the company.** [1]

OPERATIONAL EXCELLENCE

This involves being the most cost-effective producer and providing great value for the money to your consumers. Korean mobile manufacturer Samsung has been able to drive greater efficiency through its manufacturing process compared to competitors like, say, Motorola, and so rapidly gained market share in the last three to five years. As a mobile application developer, one of the ways you can achieve a low cost base is by basing your software team in emerging economies with strong skill bases, like Poland, Ukraine, or Russia.

CUSTOMER INTIMACY

This means putting the customers first at every contact point they have with the company. Full customer satisfaction is at the core of the service offered by companies adopting this strategy. Zappos, whose e-shop storefront is shown in figure 12.3, is an example of an online company that started out with a clear goal: to place the customer first. Customers can return goods within 365 days of purchase, compared to the 30 days offered by Amazon

Figure 12.2   **Ecorio launched its green Android LBS application in August 2008 and established an early product leadership after receiving the Android Developer Challenge prize. The application helps users reduce their CO_2 emissions.**

---

[1]   Source: White paper by Mark A. Zawacki, "Startup Candy Vol. 1," The Milestone Group, November 2009.

(it's perhaps fitting that Amazon closed the acquisition of Zappos in November 2009, citing the unique Zappos customer-based culture as the key deciding factor).[2]

Having considered what your core business values are, you can now move on to formulating a winning business strategy to build on these within the context of a business plan.

12.1.2 Formulating your business strategy—the business plan

Most entrepreneurs will, at some point or another, be required to create a business plan. This is a document ranging from 10 to 100 pages describing the company's product, employees, marketing plan, and financial plan. It describes what you're trying to achieve with your (new) product, why it's better than others, and how it'll make money for those who invest in the business. The writing of a business plan is a great exercise in discipline, because it forces entrepreneurs to consider all key aspects that may affect their business idea.

It's also a daunting exercise for many, because it requires a lot of thought and analysis (which can lead to analysis paralysis!) and can take a very long time to complete (months, in some cases). Whether you have to write a business plan or not, *thinking* about what you would write is highly recommended. It'll probably lead you to obtain outside views on your own business brainchild, which can provide constructive criticism to help enhance your idea.

Figure 12.3 **Zappos is a well-known example of a company that started out with a clear "Customer is king" strategy, aiming to wow its online clients.**

---

[2] Sarah Lacy, "Amazon-Zappos: Not the Usual Silicon Valley M&A," *Business Week*, July 30, 2009; available at http://www.businessweek.com/technology/content/jul2009/tc20090730_169311.htm.

As part of the exercise of writing the plan, it's possible that you'll expose your business idea to outside people for the first time, so it's worth bearing in mind a few points as you do this:

- Most people (if *they* are being honest and *you* are being entrepreneurial) will tell you that your idea will never work because of a whole host of reasons. You need to be sufficiently convinced of your own beliefs to cope with this!
- You'll be told that something similar already exists. You need to be prepared to explain why your idea is different/better.
- You'll be asked intimate questions about how you'll make your idea work. The temptation here is to be over-defensive of your pet project. Don't fall into this temptation. Be prepared to freely share all aspects about your project (except for the "magic formula," if you have one).

It's best to think of your business plan as a fluid, changing document, as opposed to a one-off manuscript or definitive guide to your great business idea. We live in competitive times. You need to deal with that. You may not have a competitor today, but you may tomorrow. You'll need to adapt your plan to allow for this. This means the key is to write as short a business plan as you can (the people who matter will read only your executive summary anyway!). You should be able to describe your venture in sufficient detail in a 10–15 page document. You can always add to it later if you have to. In some cases, you may have to rewrite most of the plan completely and throw away the first one, so it pays to be concise!

Try to break up your plan into key sections that you can update quickly as things change. This is fundamental when covering the following areas:

- Competitor overview
- Market predictions
- Financial projections
- Business assumptions

You can find a typical business plan outline structure, with the breakdown of sections, in appendix B.

Finally, be aware that a business plan is both a mental and a communication exercise. You're disciplining and structuring your thoughts so that you can explain your business idea clearly and concisely. You'll use your plan to convince future customers and stakeholders. Remember that the plan is unlikely to reflect reality, but so long as you've considered different possible scenarios within it, it should offer some guidance even when circumstances change.

Do's and don'ts of business plan writing

Do...

- Share your business idea and plan freely, especially with future customers.
- Prepare an explanation of why your idea is different from what exists already.
- Learn to explain your idea in terms your mother could understand.
- Make a note of constructive criticism. Think of your business plan as a fluid document.
- Treat your plan as a live or fluid document; update it often.

Don't...

- Be overprotective of your idea.
- Get caught in the negative "can't-do" culture of reviewers.
- Expect your plan to have unlimited shelf life. It'll expire faster than you realize.
- Be shackled by your plan. It won't reflect reality.

For example, suppose you stated in your plan that you were going to spend $50,000 on advertising in the first quarter, but you spent $150,000 instead. This doesn't matter, so long as you did so for a good reason (you generated $500,000 in revenue as a result, for example) or had anticipated a business plan scenario where greater advertising spend might be required. Don't be shackled by the constraints of an inflexible business plan.

12.1.3 *Strategies for growth—external partnerships*

If you consider the overall life cycle of a company, from creation to liquidation, there's a well-documented "funnel effect." Of perhaps 100 companies that are created, on average only 25%–30% make it through the first three years. One of the reasons is related to the company's growth and particularly to getting the *right balance* of sustainable growth. This is growth that's neither too fast nor too slow. Grow too quickly and you'll stretch your resources too thin. Grow too slowly and your more nimble competitors will overtake you.

We mentioned previously that Ecorio, despite winning the Google Android Developer Challenge prize in 2008, was unable to grow their business since then and didn't capitalize on their window of opportunity. One of the reasons was that the business was a side project of a group of college students, with the skills but not the resources to expand their idea. A great strategy for growth for start-ups with limited resources is to develop external partnerships (or special relationships, as they're sometimes referred to).

External partnerships can take multiple forms, such as these:

- Financing partnerships (like the funding arrangements we'll examine shortly)
- Agency arrangements (getting a PR agency to publicize your company)
- Licensing (commercializing your product through third parties)
- Cross-marketing agreements (undertaking reciprocal marketing between two companies)
- Research agreements with public bodies (through research grants or by obtaining free use of university technology resources)

These types of agreements give an entrepreneur the ability to leverage their limited resources and behave like a much bigger company. They also help establish the start-up's credentials and give them a much wider public exposure than would otherwise be possible.

Before entering into these agreements, it's worth considering whether the cooperation will be beneficial for both parties. A mutually beneficial agreement is likely to yield better results than a one-sided agreement. Prior to entering into a binding legal agreement, it's common for a memorandum of understanding, or MOU, to be drafted and signed by both parties. This is where you'll need to spell out the objectives of the agreement. In tandem with this, it's common to sign a non-disclosure agreement (NDA) that aims to protect both parties from the threat of competition. You should note that the NDA is pointless unless you genuinely trust the party you're doing business with, and you can't rely on it to shield you from unethical business practices.

12.2 *Funding your business strategy*

Writing your business plan is a huge leap forward in securing your business idea. If you've completed your plan recently, congratulations! More often than not, to convert your plan into reality, you'll need funding of some sort. We're going to look at four main sources of funding next and how to find the right one to match your business plan. Before we look at each funding source, we'll consider briefly how different funding types can be matched to the stage of growth the business is in.

12.2.1 *Matching funding to stages of business growth*

There are four main sources of funding available to a new venture:

- Bootstrap funding
- Friends, family, and fools (FFF, or "the three Fs") funding
- Business angels (also known as informal investors or private investors) funding
- Venture capitalists (VCs) funding

It's advisable to match the stage of growth your company is in with the appropriate investment. If you're still at the ideas stage and setting up a core team for your company, there's little point in seeking a $10 million investment. Similarly, if you've already received VC funding, you'll tend not to seek business angels any longer. It's useful to be aware of the terminology investors use to label which phase you're in with your company's growth. These are the five phases:

- *Concept*—You have a brilliant idea but little else.
- *Seed*—You've begun to define your business model and create your product.
- *Start-up*—You've assembled a team and started operations/sales.
- *Growing*—You're expanding into new products and/or markets.
- *Mature*—Your own growth has peaked and you have to buy other businesses to grow.

Figure 12.4 shows how each phase of investment (concept, seed, start-up, growing, and mature) is matched by a different type and size of funding.

Now that we've looked at how to match funding with the stage of growth the company's in, we can consider each funding source in turn, starting with bootstrap funding.

How to identify your ideal investor

Like in dating, if you expect to make progress with your potential partner, you need to do your homework. Spend some time thinking about whom your ideal investor is and what qualities you would like them to have, so that you are able to recognize them when you meet them.

Ideally you want an investor who

- Has extensive business experience with prior start-ups and knowledge of the target industry for your venture
- Has other investments that are complementary to your business
- Takes a collaborative approach and demonstrates a desire to help founders enhance your company's investment appeal and build the business
- Has strong networks for business development and the ability to fill in the gaps in your business plan (such as helping to build the management team, board, and advisors in early-stage ventures)
- Is willing to invest time, skills, and money with founders
- Is well-connected in the investment community (both locally and internationally) with investment partners from the fund's network that may be attractive co-investors for your financing
- Has a solid track record of leading or making investment deals happen
- Has a history of successful business building and exits, with strong networks for business development for your venture

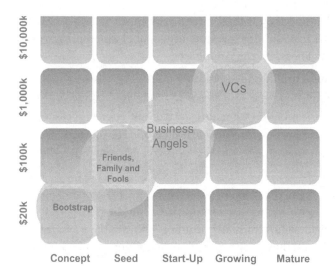

Figure 12.4   A company will need different amounts and types of funding according to which one of the five stages of development it's in: concept, seed, start-up, growing, or mature.

12.2.2 *Bootstrap funding*

This means funding your business without any external parties' involvement. Typically, this means that the funding comes from sales to existing customers, though it can also come from other sources of income of the entrepreneur (like a part-time job). Bootstrap funding amounts vary but range typically from $5,000 or $10,000 up to $20,000. The company's working capital (the difference between what your customers pay you and what it costs you to deliver a service to them) is often temporarily funded by the entrepreneur's bank overdraft or credit card. Companies such as Dell and Microsoft were originally bootstrapped, and it remains a common option today. Ross Perot famously started EDS with $1,000 and turned it into a multibillion-dollar enterprise.

The advantage of bootstrapping is that you can develop your business independently without interference from external parties. The disadvantage is that you'll probably take longer to grow your business than if you had additional, external funding. You may also get distracted by being pulled by different customers in different directions.

If you decide to bootstrap your business, you'll need to behave differently than a well-funded business. This will mean the following:[3]

- Getting operational quickly
- Looking for quick break-even, cash-generating projects
- Offering a high-value product
- Not trying to hire an expensive "crack team" for your venture
- Not growing faster than you can afford to

---

[3] Adapted from Amar Bhide, "Bootstrap Finance: The Art of Start-ups," *Harvard Business Review* 70, no. 6 (November 1, 1992): 109.

- Focusing on cash and not market share
- Getting to know your bank manager right from the start

12.2.3 *Friends, family, and fools funding*

Where your business idea needs larger amounts of funding than that available in boot-strap mode, entrepreneurs can recur to the three Fs of friends, family, and fools. Three Fs funding covers investments between $10,000 and $100,000. This can be a good option to allow you to develop a working prototype and then pitch to larger investors for serious money to fund full-scale development of your business. Be prepared to lose your friends if your business doesn't do as well as planned, and make time to keep everyone informed of developments.

If you move on to obtaining larger investors, be aware that the Pareto principle, or the 80-20 rule, normally applies: your smaller stakeholders may take up 80% of your time dedicated to dealing with investor issues despite putting in only 20% of the funding.

12.2.4 *Business angel funding*

Business angels (also known as informal investors or private investors) are private individuals who invest their own money in high-potential start-ups in exchange for a share in the company and who also contribute their specific sector of business expertise and their personal network of contacts. Business angels typically invest from $50,000 to $300,000. Business angels play a crucial role as providers of early-stage, informal venture capital and competences at the seed and/or development stages of the business lifecycle. Many business angels are successful entrepreneurs who have typically sold their own business and have the interest and the capital to fund similar ventures.

Although in theory you can access business angels through formal networks and associations (for example, the European Business Angel Network, or EBAN, brings together more than 250 business angel networks and the business angels within), the reality is that without a facilitator you're unlikely to obtain angel funding. A facilitator can be a close personal friend or business contact who's willing and able to introduce you to a trusted business angel. That's why one of the most common traits of successful entrepreneurs is the ability to network, so that they can access the right contact for the right situation.

12.2.5 *Venture capitalist funding*

Venture capitalists, or VCs, are financial firms that provide private equity capital obtained from a group of private, wealthy individuals and institutions. Famous VC names include Sequoia Capital (early investors in Google) and Kleiner Perkins Caufield & Byers. Most investments made are concentrated in California's Silicon Valley. You can see this clearly in figure 12.5, which maps venture capital investment in the United States between 1970 and 2008. You can find a complete listing of over 400 member VC firms in the United States by contacting the National Venture Capital Association.

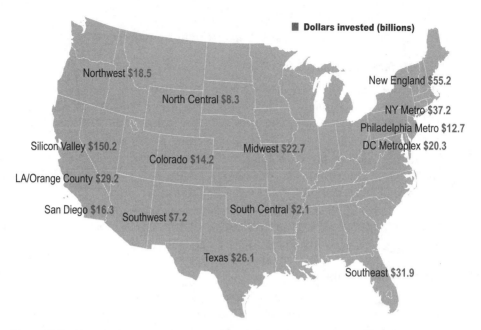

■ **Dollars invested (billions)**

Northwest $18.5

North Central $8.3

New England $55.2

NY Metro $37.2

Philadelphia Metro $12.7

Silicon Valley $150.2

DC Metroplex $20.3

Midwest $22.7

Colorado $14.2

LA/Orange County $29.2

San Diego $16.3

Southwest $7.2

South Central $2.1

Texas $26.1

Southeast $31.9

Figure 12.5   Map of venture capital investments made in the United States ($ billions, by state) between 1970 and 2008, showing a heavy concentration in California's Silicon Valley that dwarfs that of second-place New England[4]

Venture capital firms can either be the dream come true or the worst nightmare of any start-up founder. If things go well, your VC can propel your company into super-stardom by injecting large amounts of capital in your business. Indeed, typically VCs won't invest anything below $1,000,000 and can go up to $20,000,000 or more. If things go badly, you can find you've spent an extraordinary amount of time and effort courting VCs without seeing a single dime from them.

VCs specialize in making high-risk investments. This makes them behave in a particular fashion when it comes to start-ups. You can see how VCs fit into the overall funding equation, together with entrepreneurs and investment bankers, in figure 12.6.

VCs can make money only by exiting their stakes in start-ups using investment bankers' services. Critically, this means that the VC's goals are not aligned with the goals of the company founders, which creates a built-in source of stress in the relationship. Founders prefer reasonable success with high probability, whereas VCs are looking for fantastic hit-it-out-of-the-ballpark success with low probability.[5] A VC fund investing in ten start-ups will expect about seven of them to fail, two of them to trudge along, and one of them to be "The Next Netscape" (TNN). It's okay if seven fail, because the terms of the deal will be structured so that TNN makes them enough money to make up for all the losers.

---

[4] Source: mng.bz/bn45.

[5] White paper by Mark A. Zawacki, "Startup Candy Vol. 1," The Milestone Group, November 2009.

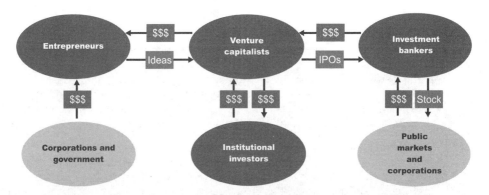

Figure 12.6 How the venture capital model works: Entrepreneurs need money to build their businesses. Institutional investors want high returns. Investment bankers need companies to sell to public markets. Venture capitalists make the market for the other three.

VCs hear too many business plans, and they reject 999 out of 1000. Their biggest problem is filtering the incoming heap to find what they consider to be that needle in the haystack that's worth funding. They get pretty good at saying no, but they're not so good at saying no to the bad plans and yes to the good plans.[6]

Reasons for seeking VC funding include the following:[7]

- The business itself could benefit from the publicity of getting an investment from someone who is thought of as being a savvy investor.
- The investor will add substantial value to the business in advice, connections, and introductions.
- The business can potentially have a big exit or become a large, publicly traded company.
- The start-up founders are not tied to "their way, or the highway" and are happy to give up some control to make the business more successful.

Reasons not to seek VC funding include these:[8, 9]

- The start-up founders are risk averse and are willing to trade a much smaller payout for lower risk.
- The start-up founders are technical without substantial business experience and wish to maintain absolute control forever.
- The investor is mostly "dumb money," that is, someone who doesn't know anything about the field—the proverbial dentist who is happy to give you a half-million bucks but doesn't know the first thing about CPMs and CPCs and CTOs.

---

[6] Adapted from Michael Treacy and Fred Wiersema, *The Discipline of Market Leaders* (Addison-Wesley Publishing, 1995).

[7] Joel Spolsky, "Fixing Venture Capital," June 03, 2003, http://www.joelonsoftware.com/articles/VC.html.

[8] Ibid.

[9] Joel Spolsky, "Raising Money for StackOverflow," February 14, 2010, http://www.joelonsoftware.com/items/2010/02/14.html.

Obtaining funding in times of crisis

First it was the dot-com boom and bust of 2000 and then the financial meltdown of 2009. Although economic cycles are no novelty, the extent of recent recessions has made it even more challenging for start-ups to raise financing. At the peak of financial hysteria in 2009, it wasn't uncommon for some VCs to make it a condition of their investment that the start-up already had both revenues and profits. No surprise then that VC investing almost dried up entirely.

The lesson in all of this is for start-ups to be aware of the need to manage their cash flow prudently, so as to be able to be a suitable funding candidate even when times are tough. It's worth bearing in mind the acronym coined by VC firms, CIMITYM: Cash Is More Important Than Your Mother. This is because a business can survive without your mother but not without cash—harsh, perhaps, but indicative of the VC mentality overall.

If you happen to be seeking funding in times of a credit crisis, then you'll need to demonstrate to a potential investor the ability of your business to generate and pre- serve cash. In practical terms, this translates into connecting future expenditure to future revenue. A common way to do so is by showing the ROI (return on investment) of your marketing and sales initiatives, for example. This can be expressed as a ratio or percentage. A basic calculation is as follows:

```
ROI = (Payback - Investment) x 100 / Investment
```

Let's say you're spending $30,000 on a sales campaign that you expect will generate a return (or payback) of $80,000. Then the formula for ROI will be

```
ROI = $(80,000 - $30,000) x 100 / $30,000 = 167%
```

- You're going into an established field with a lot of competition, and there's no benefit to speed. You're better off slowly building a niche business and growing from there, quietly taking one customer at a time away from the competitors.
- The product is immature and unproven, in which case expensive marketing efforts will be wasted, proving to the world how bad your product is.

Should you be successful in obtaining venture capital funding, your start-up will be submitted to a process of scrutiny, or due diligence. The extent of this will vary accord- ing to the type and size of investment, but it's best to expect it to last several months. Part of the process will involve setting a *pre-money* and *post-money* valuation for your start-up. This will determine how much of your start-up's shares (or equity) will need to be handed over to the VC firm in exchange for their investment. Valuing the start- up is a subjective exercise and open to a great deal of negotiation between entrepre- neur and investor. (You can find a great guide to negotiation in the book by Herb Cohen, *You Can Negotiate Anything*.)[10]

---

[10] Herb Cohen, *You Can Negotiate Anything* (Bantam Press, 1982).

The easiest way to calculate the pre-money value of your start-up is to benchmark it against the value of similar start-ups that recently received investment. The post-money value is the value of your start-up after an external investment has been made. The portion of the company owned by the investors after the deal will be the number of shares they purchased divided by the total shares outstanding:

```
Fraction owned by VC = shares issued to VC ÷
total post-money shares outstanding
```

For example, if your pre-money valuation was $6m, and a VC firm invested $12m, the post-money valuation is $18m. The VC firm will own ⅔ or 66.7% of the business after the investment ($12m / $18m = 66.7%). And if you have 2 million shares outstanding prior to the investment, you can calculate the price per share:

```
Share price = pre-money valuation ÷ pre-money shares
= $6m ÷ 2m
= $3.00
```

You can also calculate the number of shares issued:

```
Shares issued = investment ÷ share price = $12m ÷ $3.00 = 4m
```

The key trick to remember is that share price is easier to calculate with pre-money numbers, and the fraction of ownership is easier to calculate with post-money numbers; you switch back and forth by adding or subtracting the amount of the investment. It's also important to note that the share price is the same before and after the deal.

Once you've passed the due diligence process, you'll be issued a term sheet. This document outlines the terms by which an investor will make a financial investment in your company. Term sheets tend to consist of three sections: funding, corporate governance, and liquidation. Apart from the company valuation that decides the equity assigned to the VC in return for its investment, the VC will look to define a clear exit strategy for its investment. You can see an example of a typical term sheet in appendix C.

We've now completed our look at the four main sources of funding and how to match each of these to the current growth stage of a company. Next, we'll consider how to secure the most valuable of assets resulting from the development of an application: its intellectual property.

12.3 *Securing your business strategy*

Although no one expects you as a developer-entrepreneur to be knowledgeable about the ins and outs of business law, it pays to have an awareness of some basic principles. Intellectual property, or IP, is the term used to describe "creations of the mind." The two main company assets that you can protect by IP law are your brand/logo, or *trademark* (which extends to mobile/web domains), and the intellectual property associated with what you've invented (through *patenting*). By understanding what you can protect and how, you'll be able to secure your development efforts and help build your business around them.

Three practical tips on meeting your ideal investor: network, network, network!

If you're the kind of person who shies away from telling others about yourself, get a business partner who doesn't! As an entrepreneur looking for funding, you'll need to hone your 30-second "elevator pitch" to perfection. You may be called on to use it time and time again and possibly out of the blue (even literally, when meeting someone in the elevator). Where should you network? Anywhere. When? All the time. Get the picture?

Put yourself in the right places to enhance your chances of meeting your ideal investor by joining entrepreneur networks, business clubs, and trade associations and submitting applications to enter your start-up in specific innovator events. Here are some of the global ports of call you should consider to network with potential investors:

Online networks—These are useful for building/maintaining a database of relevant contacts.

- www.linkedin.com
- http://mobiforge.com/

Presence-based business networks—These are great for mingling with fellow entrepreneurs, developers, and investors.

- www.firsttuesday.com
- www.mobilemonday.net
- www.wipconnector.com

Global events—Participating or winning start-up contests at events like these could propel your start-up into superstardom.

- http://www.ctiawireless.com
- http://www.mobileworldcongress.com
- http://www.ted.com
- http://venturebeat.com/events/
- http://www.leweb.net/
- http://techcrunch.com/category/events/
- http://www.demo.com/

12.3.1 *Trademark registration and brand protection*

Trademark registration is subject to national legislation, so the exact procedure to follow depends on which country or countries you're looking to register the trademark for. In the United States, the United States Patent and Trademark Office (USPTO) governs federal trademark registration. It's possible to file for international trademark protection under what is known as the Madrid Protocol. In the European Union, you can (and it is more common to) register for a community trademark, giving protection across the whole of the EU.

When filing for a mark, it's important to bear in mind that other entities may object to your claim (for example, if you attempt to register something similar to an existing brand). Your attorney will normally carry out a quick preliminary check to see if a competing mark already exists. After you file your claim, third parties are given a period (normally three months) during which they can present their objections to your claim.

The normal process is to choose which trading classes you want to register your mark for. These internationally recognized goods and services trading classes (called the Nice Classification), as defined by the World Intellectual Property Organization (WIPO), break down into 45 sections. The classes that directly apply to software developers are these:

- *Class 38*—Telecommunications
- *Class 42*—Scientific and technological services and research and design relating thereto; industrial analysis and research services; design and development of computer hardware and software

If you also need to, for example, sell merchandise with your company's logo on it, you'll have to register for other classes as well.

In general, there are four main types of trademark:

- *The word mark*—A word, for example, with links to the company or the product, or a made-up word or a word that stimulates association with the product or service. This normally means your brand name.
- *The figure mark*—The visual design of the mark, for example, a logo (a word in a special shape that creates a figure) or a picture, a symbol, a label, or letters or numbers that have been given a particular form.
- *The combination mark*—Word and figure marks combined.
- *The outfit mark*—Specially designed packaging or a distinctive detail in or on the item itself.

A trademark must be distinctive for the goods and services you provide. It can be recognized as a sign that differentiates your goods or services as different from someone else's.

Trademarks can't be registered if they

- Describe your goods or services or any characteristics of them, for example, marks that show the quality, quantity, purpose, value, or geographical origin of your goods or services
- Have become customary in your line of trade
- Aren't distinctive
- Are three-dimensional shapes, if the shape is typical of the goods you're interested in (or part of them), has a function, or adds value to the goods
- Are specially protected emblems, like royal emblems
- Are offensive
- Are against the law, for example, promoting illegal drugs
- Are deceptive. There should be nothing in the mark that would lead the public to think that your goods and services have a quality that they do not

In general, a registered trademark must be renewed every 10 years to keep it in force.

A useful point to bear mind in the United States is that any time you claim rights in a mark, you may use the TM (trademark) or SM (service mark) designation to alert the public to your claim, regardless of whether you have filed an application with the USPTO. You may use the federal registration symbol ® only after the USPTO actually registers a mark and not while an application is pending.

The advantages of registering your trademark are as follows:[11]

- It may put people off using your trademark without your permission.
- It allows you to take legal action against anyone who uses your trademark without your permission.
- It allows the authorities to bring criminal charges against counterfeiters if they use your trademark.
- It is your property, which means you can sell it or let other people have a license that allows them to use it.

Frequently asked questions about trademark protection

If I register the logo in black and white, does that mean that the registered trademark would be valid for all colors, or do I need to specify colors that I intend to use?

If you register a trademark, your registered rights are for that mark as filed, for example, in black and white. If you file in a specific color combination, your registered rights will be in that mark in those colors.

Your infringement rights extend to similar marks, so protection may extend to other color combinations. This really depends on the mark, the goods and/or services, and the impact the colors may have.

There are no hard-and-fast rules because each application is considered on its own facts.

How long does it take to register?

If the national or international trademark examiner doesn't raise objections and it isn't opposed, it normally takes around 12–18 months in the United States and 6 months in the European Union to become registered. If objections are raised, or if your mark is opposed, it can take longer.

How much will it cost me?

In the United States, it will cost around $1,500 to register a mark for up to three classes if you do it yourself and easily double that if you're using a lawyer. The cost of registering a community mark in Europe with validity across the 27 EU member states for up to three different classes is roughly the same.

---

[11] Intellectual Property Office, UK Patent Office, http://www.ipo.gov.uk/types/patent/p-about/p-whatis.htm.

12.3.2 *Patenting your development*

Patent law, like trademark law, varies from country to country. Some countries in Asia are notorious for being particularly slack when enforcing patent ownership rights, leading to brisk business in knock-off products. The United States allows inventors to patent software code, whereas European patent law doesn't allow this. Figure 12.7 shows a schematic from Apple's patent filing application in March 2010 for the iGroups software that allows "clumping" of people in a certain location at a certain time. The patent application typically goes into extensive detail on the mechanics of the technology and includes a number of detailed, labeled drawings describing it.

The advantage of the approach to patenting in the United States is that mobile developers have an opportunity to patent their software invention. The disadvantage is that an enormous number of patents are filed, so there's a greater need to be truly

Figure 12.7   One of the schematics from Apple's patent for the iGroups software in March 2010. iGroups uses the iPhone's positioning technology to broadcast and receive position tokens, which are timestamped and so create "clumps" of people who share a location at a given time.

original as well as to carry out extensive research to ensure a similar patent isn't already filed with the USPTO.

If you're looking to obtain patent protection for your software in Europe, patent lawyers may advise you to file for a combined software *plus* hardware patent. The hardware in question doesn't necessarily need to be a new invention, but you'll need to demonstrate that putting the two together leads to a genuinely new capability. In practice, this means that the actions that the user can take, or the *use cases*, need to be fully documented and proven as unique.

WHAT'S A PATENT?

A patent protects new inventions and covers how things work, what they do, how they do it, what they're made of, and how they're made. It gives the owner the right to prevent others from making, using, importing, or selling the invention without permission.

In order for you to apply for a new patent your invention must

- Be new
- Have an inventive step that's not obvious to someone with knowledge and experience in the subject
- Be capable of being made or used in some kind of industry

The patent also allows you to do the following:

- Sell the invention and all the intellectual property (IP) rights.
- License the invention to someone else but retain all the IP rights. You saw this as a possible monetization strategy in chapter 8.
- Discuss the invention with others in order to set up a business based on the invention. Having this protection is useful if you need to provide confidential documentation during the due diligence process imposed by certain investors.

As with trademark registration, it's normal practice to conduct a search to find out if there are prior claims with overlapping technology patents. Two types of searches can be conducted:

- *Patentability search*—A patentability search identifies any patents or other publications relevant to the novelty and inventiveness of your product or process.
- *Freedom to operate patent search*—A freedom to operate patent search finds out if your idea will infringe on another patent that's in force.

WHAT PROTECTION DOES A PATENT GIVE YOU?

The purpose of a patent is to protect the intellectual property of the inventor. Patents prohibit anyone other than the patent holder from making or selling the patented item (or using the business method) without the permission of the patent holder.

Protecting your ownership of an invention is the main reason why you should consider getting a patent. When you want to hold the ownership rights for an invention, it's essential that you file for a patent as soon as possible.

The patenting of technologies is becoming a key source of competitive advantage for technology firms. Some of the tactics used by larger corporations in an attempt to maintain their competitive advantage are controversial. Apart from the standard, defensive patent strategy, where a company files patents primarily to ensure that innovations can be practically used, offensive patenting is on the increase. An offensive patent strategy is designed to build barriers to block competitors from gaining entry to proprietary technologies. Nokia and Qualcomm have been locked in royalty disputes for many years, and, more recently, Nokia has turned its attention to Apple, claiming that Apple "infringed and continues to infringe" on its patents with the sales of its iPhone 3G, iPhone 3GS, iPod Touch, iPod nano, iPod Classic, iMac, Mac Pro, Mac Mini, MacBook, MacBook Pro, and MacBook Air.

You should now have a good overview of the main concepts of how to secure your intellectual property through trademark and patent protection. You also saw how patenting technologies can be a key competitive advantage—and something that large corporations (like Nokia, in the previous example) are prepared to battle intensely for.

Frequently asked questions about patenting

Does the new development need to be fully tested before you can patent it?

No. Under patent law, there's no need to prove that the invention works, as long as it theoretically does so.

How long will it take to patent my development?

It'll depend on the type of patent process chosen. If you're filing for a global patent, under the Patent Cooperation Treaty (PCT), it can take up to 30 months to complete the process. National patents in the United States can take up to three years before they're granted.

How much will it cost to patent my development?

Again, it'll depend on the type of patent. A global patent can cost around $8,000–$9,000 to file.

How can I find out if a similar patent has already been filed?

In the United States, the USPTO offers an online database that you can search for free. In Europe, the Espacenet portal offers the same functionality for European searches.

Nokia versus Qualcomm

The legal wrangling between Nokia and Qualcomm has hit the headlines consistently over the last few years. This is perhaps no surprise given the amount of money involved: Nokia had paid Qualcomm $450 million in 2006 in relation to a license owned by Qualcomm for the CDMA standard. With the newer WCDMA standard coming onboard, Nokia saw an opportunity to reduce its royalty payments to Qualcomm. The tactics of the lawsuit involved Nokia accusing Qualcomm of illegally copying six of its patents for mobile downloading of software applications and for mobile television broadcasts. Nokia also claimed that Qualcomm's contribution to the WCDMA standard was much less than it was to CDMA. Qualcomm's response was to call Nokia's US lawsuit a "typical legal tit for tat" designed purely to affect the ongoing royalty negotiations.

12.4   Summary

Although the creation of a business plan can appear like an abstract art to some, it underpins the ability of entrepreneurs to sell their idea to their stakeholders, chief among which are potential investors. If the start-up needs to grow rapidly, it's likely that it will need to tap into some source of funding sooner or later. In some cases, this will feel like playing a lottery, with the odds stacked against success. By identifying the ideal investor and the best opportunities to be able to present your idea, you can redress the odds in your favor. Having developed your concept and business, it pays to insure it from competitors by securing the intellectual property rights to your brand and software development. Although this process can test the patience of even the most accommodating entrepreneur, it's a worthwhile long-term investment in order to secure your successful business.

Beware of the patent troll

Patent troll is a term used to define a company that files aggressive lawsuits without a justifiable business motivation, but purely for material gain. The activities of patent trolls involve

- Purchasing a patent, often from a bankrupt firm, and then suing another company by claiming that one of its products infringes on the purchased patent
- Enforcing patents against purported infringers without itself intending to manufacture the patented product or supply the patented service
- Enforcing patents despite having no manufacturing or research base
- Although most start-ups will be able to fly under the radar of patent trolls (because they aim for large companies that can pay up big), the lesson here is to make sure your individual patent is specific enough and sufficiently detailed to avoid future problems.

A final word...

Well done on getting through this book on location-aware applications—we hope you enjoyed the journey! As mentioned in the introduction, we've taken the unique approach for a technical manual of blending both the technology and business flavor into one book. We've done this so that you, the reader, can be in a better position to develop killer location-aware apps. We also did it because we recognize that more and more developers have a keen, entrepreneurial streak they wish to capitalize on. We've built into the book some key, practical business knowledge necessary to convert your enterprise into a successful one (and, who knows, maybe among you is the future Mark Zuckerberg of mobile!). This book should have given you a solid overview of how you can use location to make mobile apps effective, fun, and popular. Now you're ready to go out there and write your own chapter in the story of location-aware applications!

appendix A:
Java code examples
referred to in chapter 2

The following listing is an example of the Java code required to fetch the handset location obtained via GPS for use within a Java application.

Listing A.1 Fetching a handset's location from the inbuilt GPS receiver

```
Criteria cr = new Criteria();
cr.setPreferredPowerConsumption(Criteria.POWER_USAGE_LOW
cr.setAddressInfoRequired(false);
cr.setAltitudeRequired(false);
cr.setSpeedAndCourseRequired(false);
cr.setHorizontalAccuracy(Criteria.NO_REQUIREMENT);
cr.setVerticalAccuracy(Criteria.NO_REQUIREMENT);

//cr.setPreferredResponseTime(30);
locationProvider = LocationProvider.getInstance(cr);
```

The next listing is an example of the Java code required to fetch the handset location obtained via A-GPS for use within a Java application while limiting power consumption.

Listing A.2 Fetching a handset's location from the inbuilt AGPS receiver

```
cr.setPreferredPowerConsumption(Criteria.POWER_USAGE_LOW
cr.setCostAllowed(MIDlet.useAssistedGPS);
cr.setAddressInfoRequired(false);
cr.setAltitudeRequired(false);
cr.setSpeedAndCourseRequired(false);
cr.setHorizontalAccuracy(Criteria.NO_REQUIREMENT);
cr.setVerticalAccuracy(Criteria.NO_REQUIREMENT);

//cr.setPreferredResponseTime(30);
locationProvider = LocationProvider.getInstance(cr);
```

This listing shows the format in which the cell/get API key returns information on the user's exact position.

Listing A.3   The cell/get API key will return information in the following format

```
<rsp stat="ok">
<cell range="6000" lac="0" lat="53.4044704705058" nbSamples="47"
    lon="27.4110088888429" cellId="29513" mcc="250" mnc="99"/>
</rsp>
```

appendix B:
Business plan outline

I.   **Cover**
II.   **Executive Summary**
III.   **Table of Contents**

     A.   **Analysis of the Idea and Business Opportunity**

         1. Description of the idea
         2. Why is the idea a good business opportunity as well?
         3. Competitive strategy
         4. General objectives to be reached

     B.   **Presentation of the Entrepreneur or Development Team**

     C.   **Study of the Business Environment**

         1. External factors affecting the project
         2. Forces affecting the market
         3. Analysis of risks, opportunities, and threats

     D.   **Structure of the Company**

     E.   **SWOT (Strength, Weaknesses, Opportunities, and Threats) Matrix**

     F.   **Research and Development Plan**

     G.   **Agreements, Alliances, and Outsourcing**

     H.   **Marketing Plan**

         1. Analysis of the project's target market
         2. Marketing mix
             ▪ Product
             ▪ Place
             ▪ Pricing policy
             ▪ Promotion
         3. Customer relations management

I.   **Quality Management**

J.   **Production Plan**

K.   **Human Resources Plan**

L.   **Financial Plan**

    1. Investment plan
    2. Projected cash flow and other statements
    3. Break-even analysis

M.   **Start-up Program**

    1. Prerequisite conditions
    2. Incorporation process
    3. Raising capital and/or subsidies

N.   **Contingency Plan**

appendix C:
Term sheet for
proposed investment

Anywhere, Date
This term sheet is entered into by Start-Up Company XYZ (hereinafter the "Company"), of Anywhere, U.S.A., and Investor ABC (hereinafter "Investor"), of (Insert Address).

The Company
> Start-Up Company XYZ

Founders
> AN Other
> SO Mebody

Investor
> Investor ABC

Investment
> $1,000,000

Form of Investment
> Equity: Ordinary Shares ("the New Shares")

Structure of Transaction
> The Founders and the Investor will hold shares in the Company. References in this term sheet to the Company shall also apply to Holding as and when appropriate, for example, any restrictions on the transfer of shares or operating matters shall apply to all companies in the group. The final structure of the transaction will be determined following advice from tax and legal advisors.

Use of Proceeds
> The Company will use the proceeds from the new financing for financing business operations according to the Business Plan.

Disbursement Calendar

By Date—$1,000,000

In the event that the Company requires further external funding and the Company and the Investor agree on an appropriate valuation, there is the potential for the Investor to invest further in the Company.

Pre-Money Valuation

The Pre-Money Valuation is $10,000,000 based on a fully diluted number of shares and determines the number of New Shares.

Original Purchase Price per share

The Original Purchase Price per New Share will be based on the Pre-Money Valuation divided by all outstanding shares and shares equivalents, including options granted and options available for grant both under any existing share option plan and under the heading "Share Option Plan" below.

Dividends

No dividends will be payable in the first three years of the Company's life.

Valuation Adjustment & Anti-dilution Provisions

Should further funding rounds or an IPO take place at a lower pre-money valuation than this round's Post-Money Valuation, the Investor(s)'s effective conversion price will be adjusted in such a way that the capital contribution object of this investment round effectively takes place at the lowest pre-money valuation.

Rate of Conversion

The number of Ordinary Shares into which each New Share may be converted will be determined by dividing the Original Purchase Price by the Conversion Price. The initial "Conversion Price" equals the Original Purchase Price. The Conversion Price will be subject to adjustment as set forth under the heading "Anti-dilution Provisions."

Voting Rights

Subject to the applicable law, the Investor shall vote together with the other shares of the Company (on a 1:1 basis) on the basis of the number of Shares.

Anti-Dilution/Pre-emption Rights

In case of increase of the share capital of the Company (except for shares issued to employees/consultants upon exercise of stock options), the Investor shall be entitled to participate up to and maintain the percentage of shares it currently holds in the Company before the contemplated increase. In the circumstance of not wishing to increase their share participation, the Investor shall be entitled (for a period of 2 years from the date of this agreement) to a refund of their original investment plus a nominal 6% interest payment.

Leavers

Should any of the Founders leave the Company as "good leavers" (to be defined) over the coming five years, their shares would be subject to a buyback by the Company at the Company's discretion and then the remainder offered to the other shareholders pro rata to their existing shareholdings. Such buyback would take place at fair market value.

Should any of the Founders leave the Company as "bad leavers," a certain percentage of their shares would be subject to a buyback at nominal value by the Company at the Company's discretion and then the remainder offered to the other shareholders pro rata to their existing shareholdings as follows:

- departs on or before month 12   80%
- departs after month 12 and up to month 24   60%
- departs after month 24 and up to month 36   40%
- departs after month 36 and up to month 48   20%
- departs after month 48   0%

The balance of the shares shall be dealt with as if the Founder was a "good leaver."

Pre-emptive Rights (Transfer)

Right of first refusal applies among shareholders if one of them intends to sell his shareholding or part thereof.

Lock up & Co-sale

Management shall not be allowed to sell, pledge, or otherwise dispose of their shares without the prior written consent of the Investor. After 3 years, the Founders may transfer in total up to a fifth of their respective shareholding, subject to a right of first refusal for the Investor.

The restriction will not apply to transfers to family members, family trusts, the estate of the holder, or affiliates of institutional investors, provided that such transferees agree to such transfer and co-sale restrictions.

The parties whose shares are subject to the foregoing first refusal and co-sale rights will agree not to sell their shares to competitors or entities who invest in competitors.

Tag Along

Subject to the Lock up provisions as here above defined, should one or several of the existing shareholder(s) contemplate(s) to sell any share capital and/or voting right to a third party, such shareholder(s) undertake(s) not to make such transfer without allowing the other shareholders to benefit on a pro rata basis of such contemplated transfer under the same conditions than the ones provided by the third party.

Permitted Transfers

The Investor(s) shall be allowed to transfer their shares to affiliates without triggering tag along rights, pre-emptive rights, veto rights, or other restrictions.

Share Option Plan and Phantom Share Plan

The Investor and the Company will determine a mutually agreeable pool of options for grant under a new Share Option Plan and/or the terms of a new Phantom Share Plan, which will be approved by the board. There will be no increase in the SOP and/or PSP options or the approval of any additional option plans without the consent of the Investor.

Board of Directors

Initially, the board of directors shall consist of five directors. The Investor shall have a right to the percentage of board seats which reflects the percentage of the share capital of the company held by the Investor. Initially the Investor will appoint one director. It will also be allowed one observer at board meetings. The Investor's representatives shall be reimbursed for costs and expenses in attending board meetings.

The other initial directors shall be appointed as follows:
- 3 members nominated by Founders;
- 1 industry expert nominated by the Investor
- 1 or more Non-Executive Directors with industry experience nominated by founders

The Board shall meet physically at least quarterly.

The Investor has the right to nominate the Secretary of the board.

Board Committees

The Board will establish an executive committee comprised of two executive directors and the director appointed by the Investor, which shall meet at least once a month to review the Company's operations and performance.

Restrictive Provisions

For so long as the Company is not listed, the following decisions shall require the prior counselling with the Investor:

1. Altering or changing the rights, preferences, or privileges of the New Shares;
2. Creating or issuing any class or series of shares or other securities having rights or preference equal or superior to the New Shares;
3. Carrying-out a reclassification or recapitalization of the outstanding capital shares of the Company;
4. Increasing or decreasing the number of authorised shares of New Shares;
5. Declaring or paying any dividend or other distribution of cash, shares, or other assets, or the making of redemptions of ordinary shares or the Existing Ordinary Shares;
6. Amending, altering, or waiving any provision of the Company's articles of association that adversely affects the holders of the New Shares;
7. Carrying out any dissolution, liquidation, or other winding up of the Company or the cessation of all or a substantial part of the business of the Company;
8. Determining the substantive terms and conditions and consummation of an IPO;
9. Carrying out a substantial asset sale, transfer, or disposition not in the Company's ordinary course of business;
10. Approval of the annual budget including forecasted burn rate and strategic plan;
11. Changing the size of the board of directors;
12. Become a party to any merger or consolidation with any other corporation, company, or entity;

If the Company has subsidiaries (whether now or in the future), then these restrictions shall apply equally to those subsidiary companies.

Access and Information Rights

The Investor will be entitled to receive from the Company:
- Annual financial statements (including a balance sheet, statement of income, and statement of cash flow), audited by an accounting firm, within 60 days after the end of each fiscal year;
- Quarterly report containing: revenue, gross profit margin, cash flow, sales pipe status, and product development roadmap update within 30 days from the end of each quarter;
- Quarterly review of the burn rate;
- The two previous items will be submitted to the Board each quarter so that the Board can express its position regarding them;
- Annual strategic plan and budget, at least 30 days prior to the first day of the year covered by such plan; and

The Investor(s) and their counsel shall have, at reasonable times and upon reasonable notice, full access to all books and records of the Company, shall be entitled to review them at their discretion, and shall be entitled to inspect the properties of the Company and consult with management of the Company, all subject to standard confidentiality undertakings.

Representations and Warranties

Customary representations and warranties for transactions of this type will be provided to the Investor by the Founders with several and joint liability for each warrantor in case a representation or warranty shows to be incorrect.

Intellectual Property Rights and Inventions

Each Founder and each employee working in the Company shall be obliged to enter into an agreement with the Company to inform it about, and assign to it, all inventions which may be subject to patent or other intellectual property protection.

Covenant Not to Compete

The Founders undertake to neither directly nor indirectly enter into competition, or hold ownership stakes in competing companies, with the Company or any of its subsidiaries as long as they work for the Company (whether as employees, managers or directors) and for a period of 12 months after any such position with the Company ceases and shall for the same period not solicit employees or active customers of the Company and shall not disclose any confidential information of the Company. Competition means any kind of business conducted by the Company at the time of termination of all of the relevant Founder's positions with the Company.

Conditions Precedent to Signing

Customary closing conditions for transactions of this type including but not limited to:
- Completion of satisfying technical, financial (accounting and business plan), legal and human resources due diligence
- Satisfactory review of legal documentation
- Absence of economic and/or regulatory facts or circumstances that may have a direct adverse impact on the value of the Company
- Liabilities according to the current bookkeeping
- Final approval of XYZ's investment committee
- Accuracy of representations and warranties
- Satisfaction with market conditions
- Filing of amended charter documents establishing the rights and preferences of the New Shares

Signing Planning

Signing of this Term Sheet:	Date
Closing:	Date

Drafting

The transaction documents except the investment agreement will be drafted by the Investor's legal advisers.

Exclusivity

The Company shall, and shall ensure that, for 1 month following the signature of this Term Sheet, its directors, employees, and advisers work exclusively with the Investor in the negotiation and issue of the New Shares and neither solicit, reply to offers, nor accept any new financing offers from other parties without the written consent of the Investor.

Furnishing Information

The Company shall during the exclusivity period referred to above provide the Investor with all available information on the Company which the Investor requests.

Governing Law

This Term Sheet shall be exclusively governed by U.S. Law. Place of jurisdiction shall be Anywhere, U.S.A.

Acceptance/Rejection

This Term Sheet shall become effective upon signing by all parties. If this Term Sheet is not signed within one week after it has been signed by the first party, this Term Sheet shall be null and void as against all parties.

Confidentiality and Press Releases

The contents of this Term Sheet, as well as the investment discussions presently underway between the Investor and the Company will be considered confidential by all parties. No press release will be issued at any point in relation to an eventual investment (or other outcome) without the prior approval of the Investor and the Company.

Legally Binding

With the exception of this section and the sections on "Exclusivity," "Governing law," and "Acceptance/Rejection," and "Confidentiality and Press Releases," this Term Sheet is legally non-binding and does not create any obligation for any party.

The foregoing term sheet is intended as an outline and does not purport to include all of the terms and conditions which will be contained in the definitive investment agreement. This summary is provided for discussion purposes only and is not intended as an offer or commitment to purchase, or an offer or commitment to sell, the securities described herein. Except as provided under "Legally Binding," which is intended to bind the parties, the terms are not intended to be binding on any of the parties unless and until definitive documents for the transaction are executed.

_____

Start-Up Company XYZ

_____

Investor

index

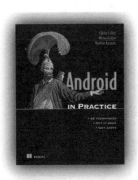

Android in Practice
by Charlie Collins, Michael D. Galpin
and Matthias Kaeppler

ISBN: 978-1-935182-92-4
500 pages, $49.99
July 2011

Android in Action, Third Edition
by W. Frank Ableson, Robi Sen, Chris King
and C. Enrique Ortiz

ISBN: 978-1-617290-50-3
650 pages, $49.99
August 2011

Sencha Touch in Action
by Jesus Garcia and Anthony De Moss

ISBN: 978-1-617290-37-4
375 pages, $44.99
November 2011

Windows Phone 7 in Action
by Massimo Perga, Timothy Binkley-Jones
and Michael Sync

ISBN: 978-1-617290-09-1
375 pages, $39.99
October 2011

iOS 4 in Action
Examples and Solutions for iPhone & iPad

by Jocelyn Harrington, Brandon Trebitowski,
    Christopher Allen and Shannon Appelcline

ISBN: 978-1-617290-01-5
504 pages, $44.99
June 2011

Objective-C Fundamentals

by Christopher K. Fairbairn, Johannes Fahrenkrug
    and Collin Ruffenach

ISBN: 978-1-935182-53-5
355 pages, $44.99
August 2011

iPhone in Practice
by Bear P. Cahill

ISBN: 978-1-935182-65-8
325 pages, $44.99
October 2011

iPad in Practice
by Paul Crawford

ISBN: 978-1-935182-88-7
400 pages, $39.99
October 2011